खंजन नयन

खंजन नयन

अमृतलाल नागर

राजपाल

*अग्रज कथाशिल्पी आदरणीय श्री विमल मित्र के कर-कमलों में
सादर सविनय सप्रेम*

—अमृतलाल नागर

यह पुस्तक सर्वप्रथम 1981 में
राजपाल एण्ड सन्ज़ से प्रकाशित हुई थी।

स्थापित 1912
100 वर्षों की
श्रेष्ठ प्रकाशन परम्परा
राजपाल

₹ 499

ISBN : 9788170280064

KHANJAN NAYAN (Novel) by Amritlal Nagar
मुद्रक : जी. एस. ऑफसेट, दिल्ली

राजपाल एण्ड सन्ज़

1590, मदरसा रोड, कश्मीरी गेट, दिल्ली-110006
फोन : 011-23869812, 23865483, 23867791
website : www.rajpalpublishing.com
e-mail : sales@rajpalpublishing.com
www.facebook.com/rajpalandsons

भूमिका

पश्चिम के कुछ साहित्य पण्डित ऐतिहासिक उपन्यासों के नाम पर नाक-भौं सिकोड़ते हैं। उनका यह मत है कि इतिहास अच्छे उपन्यास के लिए घातक होता है। इसी तरह कुछ इतिहासकारों ने ऐतिहासिक उपन्यासों को कोसा है, उनकी दृष्टि में उपन्यास इतिहास का शत्रु है। इन दोनों ही परस्पर विरोधी बातों में सच्चाई का अंश अवश्य है। मैं भी यह मानता हूँ कि ऐतिहासिक उपन्यास को विशुद्ध इतिहास मान लेना ठीक नहीं। उपन्यास ऐतिहासिक, सांस्कृतिक, सामाजिक, नैतिक-अनैतिक भले ही किसी भी विशेषण से युक्त हो वस्तुतः वह उपन्यास ही होता है, केवल उपन्यास। यह दूसरी बात है कि किसी ऐतिहासिक काल-विशेष के चरित्रों का चित्रण करते समय लेखक उस काल की प्रमुख घटनाओं और नैतिक, राजनीतिक तथा सामाजिक, धार्मिक, संस्कारों को भी चरित्रों के मनोनिर्माण में आवश्यक मानकर उन्हें समाहित कर लेता है।

प्रारम्भ में इस प्रकार के स्पष्टीकरण की आवश्यकता इसलिए समझी कि 'मानस का हंस' उपन्यास पढ़कर गोस्वामी तुलसीदास जी के प्रति अंध धार्मिक श्रद्धा रखने वाले कुछ पाठकों को ऐसी ही कुछ शिकायतें हुई थीं। हो सकता है कि 'खंजन नयन' पढ़कर कुछ सूरांधों को भी वैसी ही शिकायतें हों। उनके लिए अपने सतही मन की औपचारिक सहानुभूति मात्र ही अर्पित कर सकता हूँ। सहृदय सुविद् पाठकों को सूरबाबा के प्रति निश्छल श्रद्धा के दर्शन अवश्य मिलेंगे, यह मेरा विश्वास है।

तुलसी के समान सूर के जीवनवृत्त की ऐतिहासिक प्रामाणिकता भी अधर में लटकी हुई है। इन दोनों ही सन्त महाकवियों की जन्मभूमियाँ पण्डितों की अदालत से अब तक कोई निश्चित फैसला नहीं पा सकीं। सूरदास जी जन्मान्ध थे अथवा बाद में नयनहीन हुए यह बहस अब तक गर्म है और शायद आगे भी रहे। बकौल अकबर इलाहाबादी 'लड़ने को अखाड़ा कायम है मजमून-तराशा क्यों न करें।' इसलिए दोनों ही महान् पुरुषों को नायक बनाकर उपन्यास रचते समय मैंने अपने ढंग से

ही इस समस्या के ऊँट को एक करवट से बैठाया है। वार्ता के अनुसार गोस्वामी हरिराय जी महाराज ने दिल्ली गुड़गाँव के पास सीही ग्राम को उनकी जन्मभूमि कहा है। नौ बरस की उमर में घर त्यागने के बाद भी अठारह वर्ष की आयु तक सीही से केवल तीन-चार कोस की दूरी पर ही ताल किनारे वे डेरा डाले पड़े रहे। लेकिन इतने गहरे और दीर्घकालीन सम्बन्ध के बावजूद सूर की भाषा पर हरयाणवी और ब्रज भाषा के संगम क्षेत्र की कोई छाप नहीं पड़ी। यह बात मैं ब्रजभाषा के अनेक पण्डितों से पूछ-जाँच चुका हूँ। इसके विपरीत मथुरा गोवर्द्धन के आसपास की बोली से उनका अन्तरंग परिचय होने की बात ही अधिकतर मानी गई है। गोस्वामी हरिराय ने जैसे उन्हें सीही का बतलाया है वैसे ही नागरीदास जी ने उन्हें ब्रज का छोरा कहकर बखाना है। आगरा के श्री तोताराम शर्मा 'पंकज' ने रुनुकता के पास साह को सूर की जन्मभूमि सिद्ध करने का भरसक प्रत्यत्न किया है।

सूरबाबा की परासौली वाली कुटी में बैठकर इन बातों पर विचार करते-करते सहसा मुझे यह सूझा कि क्यों न इस पण्डिताऊ दैरो-हरम से दूर हटकर परासौली को ही बाबा की जन्मभूमि मान लूँ। ब्रजभाषा और संस्कृति के प्रकाण्ड पण्डित प्रियवर डॉ. वासुदेव कृष्ण चतुर्वेदी ने मुझसे अपनी बातों के दौर में यह अवश्य ही स्वीकार किया था कि एक सीही और भी है जो ठेठ ब्रज के क्षेत्र में ही अब शेरगढ़ के नाम से विख्यात है परन्तु खाली पुष्टिमार्गीय परम्परा से जुड़े होने के कारण गोस्वामी हरिराय जी के फतवे को न मानने में उन्हें संकोच था। बहरहाल जब तक पण्डितगण गुड़गाँवी-सीही, शेरगढ़ी-सीही और रुनुकतिया साहा के सम्बन्ध में किसी निश्चय पर नहीं पहुँचते तब तक गोपीवल्लभ राधाकान्त की यह 'परमरास ओली' ही इस उपन्यास के महान् नायक की जन्मस्थली के रूप में प्रतिष्ठित रहेगी। वैसे, परासौली का शुद्ध नाम स्व. डॉ. वासुदेव शरण जी अग्रवाल के अनुसार 'पलाश अवली' है।

सूर के जन्मान्ध होने या न होने का मसला भी अभी तक तय नहीं हो सका है। गोस्वामी हरिराय जी ने उन्हें सिलपट्ट अंधा माना है। उनकी भौंहें अवश्य थीं पर आँखों के 'गढ़ेला इ नाय हते।' नए पण्डितगण कहते हैं कि अति सूक्ष्म चितेरे महाकवि ने किसी-न-किसी आयु-सीमा तक यह दुनिया अपनी आँखों से अवश्य देखी होगी। स्व. आचार्य हजारी प्रसाद जी द्विवेदी भी इसी मत के थे। इस प्रकार की मान्यता वाले सभी विद्वानों के प्रति आदर भाव रखकर भी उनकी बातें मेरे गले न उतर सकीं। प्रज्ञाचक्षु हेलेन केलर उन्नीस महीने की आयु में अंधी हो जाने के बावजूद टटोलकर फूलों के रंग बतला देती थीं। मेरे आध्यात्मिक गुरु स्व. बाबा राम जी और महर्षि श्री अरविन्द प्रज्ञाचक्षुता की सिद्धि के लिए श्रुति को एक आवश्यक उपकरण मानते थे परन्तु हेलेन केलर बेचारी तो अंधी होने के साथ-साथ जन्म से बहरी भी

थी। बहरहाल मैंने सूर के प्रमाणानुसार ही उन्हें 'जन्म को आंधरौ' माना है। 'द्वै लोचन साबित नहिं तेऊ' उक्ति के अनुसार वे सिलपट्ट अंधे भी नहीं थे।

इस उपन्यास में आई हुए एक पात्री 'कन्तो' मल्लाहिन के सम्बन्ध में भी कुछ सफाई देना आवश्यक प्रतीत होता है। मथुरा के युवा विद्वान् डॉ. विष्णु चतुर्वेदी ने मुझे बतलाया था कि एक वार्ता के अनुसार युवा सूरदास किसी मल्लाहिन के इश्किया चक्कर में फँसकर एक बार बुरी तरह से मारे-पीटे गए थे। उक्त वार्ता मुझे पढ़ने को नहीं मिल सकी इसलिए वह इश्के मल्लाहिन भले ही सच हो या न हो परन्तु इस उपन्यास की कन्तो मल्लाहिन युवा सूर की सार्थक प्रेमिका है।

इस उपन्यास की रचना के हेतु मैंने अनेक ग्रन्थों और विद्वानों से सहायता प्राप्त की है। आचार्य पं. सीताराम जी–चतुर्वेदी द्वारा सम्पादित सूरसागर, श्रीमद्भागवत और पुष्टिमार्गीय वार्ता साहित्य से मैंने बहुत कुछ ग्रहण किया है। अन्तिम परिच्छेद में सूर की कल्पना के महारास दृश्य को मैंने अपनी कल्पना का दृश्य बनाना उचित न समझकर भागवत के दशम स्कन्ध से प्रायः उद्धृत ही कर लिया है। उसके अनुवादक मेरे आदि साहित्यिक गुरु स्व. पण्डित रूपनारायण जी पाण्डेय कविरत्न ने ऐसी सरल भाषा लिखी है कि मेरे लिए कुछ फेरबदल करने की गुंजाइश ही न थी। इसलिए गुरु प्रसाद के रूप में उसे ग्रहण कर लिया।

श्री गोवर्द्धननाथ जी की मूर्ति की प्राकट्य-कथा के लिए मैंने पुष्टिमार्गीय 'श्रीनाथजी की प्राकट्य-वार्ता' के बजाय बांग्ला की श्रीमद्कृष्णदास कविराज गोस्वामी कृत 'श्री चैतन्य चरितामृत' को ही अधिक पुष्ट प्रमाण माना है।

श्री अरविन्द के भक्तियोग, कर्मयोग और स्वामी ओमानन्द तीर्थ कृत 'पातंजल योग प्रदीप', महामहोपाध्याय पं. गोपीनाथ जी कविराज लिखित 'श्रीकृष्ण प्रसंग' पुस्तकों के प्रति भी सूरसागर, भागवतादि की तरह ही चिर ऋणी हूँ। The Book of popular Science के खण्ड 6, 8, 9 और 10 के कई लेख मेरे लिए बड़े उपयोगी सिद्ध हुए जिनमें 'Some of the inner senses', 'Spring that controls the Human Mechanism', 'Senses and the Soul', 'The Origin of Thought, Instict and Emotion', ' The World of Sensations--Avenues leading to consciousness', 'Sense of vision in Human Body' और 'Evolution of Vision' मुख्य हैं। ऐतिहासिक पृष्ठभूमि सँजोने में डॉ. सैयद अतहर अब्बास रिजवी द्वारा अनूदित 'आदि तुर्ककालीन भारत' और 'तुगलककालीन भारत', टालबॉयज व्हीलर कृत 'अर्ली मुसलिम रूल', डॉ. आशीर्वादी लाल कृत 'सल्तनत ऑफ देहली', साहित्य अकादमी द्वारा प्रकाशित 'बाबरनामा', डॉ. मोतीचन्द्र लिखित 'काशी का इतिहास', डॉ. कृष्णदत्त वाजपेयी लिखित 'ब्रज का सांस्कृतिक इतिहास', पुस्तकों के प्रति कृतज्ञता ज्ञापन करता हूँ। इनके अतिरिक्त स्व. द्वारकादासजी पारिख और साहित्य वाचस्पति श्री प्रभुदयाल मित्तल

कृत 'सूर निर्णय', पण्डित बालमुकुन्द चतुर्वेदी की सप्ततरंगात्मक 'सूरसागर' और आनन्द दुलारे वाजपेयी, डॉ. श्रीराम शर्मा, डॉ. श्रीमती शकुन्तला शर्मा और डॉ. चन्द्रभान रावत का आभार मानना भी मेरा परम कर्तव्य है। उपन्यास रचना के लिए मेरा मनो-निर्माण करने में इन ग्रन्थों ने मेरी बड़ी सहायता की। सन्त तुकाराम महाराज की उक्ति 'संतांची उच्छिष्टें बोलतो उत्तरें' इस उपन्यास के लिए सर्वथा सार्थक है। उपन्यास में आए हुए एक कवि के लिए मैंने स्व. श्री रूपनारायण जी चतुर्वेदी के एक कवित्त का उपयोग भी किया है।

परासौली और गोवर्द्धन घुमाने के लिए गोवर्द्धन के सुकवि श्री देवकीनन्दन कुम्हेरिया और चि. रामनरेश पाण्डेय, विश्रामघाट स्थित सूरबाबा की कोठरी दिखाने के लिए आयुष्मान् डॉ. ब्रजवल्लभ मिश्र और श्री मुरलीधर चतुर्वेदी, मथुरा के पुराने नक्शों से परिचित कराने के लिए डॉ. त्रिलोकीनाथ ब्रजलाल, डॉ. कृष्णचन्द्र पाण्ड्या और चि. रमेश मिश्र, गोकुल दर्शन के लिए श्रीराम बाबू द्विवेदी और रुनुकता-गौघाट दिखलाने के लिए अपने ज्येष्ठ दौहित्र चि. सन्दीपन मेरे सहायक और पथ-प्रदर्शक बनें।

मेरी मथुरावासिनी ज्येष्ठ पुत्री सौभाग्यवती डॉ. अचला नागर ने संवादों में प्रयुक्त मेरी ब्रजभाषा को जहाँ-तहाँ शुद्ध किया। मेरे आवास, खानपान, दवादारू आदि का सारा प्रबन्ध मेरे दीर्घकालीन मथुरा प्रवास में बराबर वही करती रही। मेरी बेटी ने मेरी माँ बनकर यह सारी सुख-सुविधाएँ सँजोईं। उसके 'एम्बेसेडर ड्राइवर' रिक्शा चालक चि. चरनसिंह ने मेरी बड़ी सेवा की।

यों तो प्रायः 95 प्रतिशत यह पाण्डुलिपि मैंने 'स्वहस्तोऽयम्' ही लिखी है पर बीच में कुछ समय के लिए मेरे दो बार के लखनऊ वास में मित्रवर ज्ञानचंद जी जैन, ज्येष्ठ पौत्र चि. पारिजात और दोनों पौत्रियों भा. ऋचा और भा. दीक्षा ने भी उसे कहीं-कहीं लिखा है। ऐसी एक-सी दीर्घकालीन तल्लीनता और पूर्ण मनोयोग का जैसा आनन्दानुभव मैंने इस बार पाया वैसा अपने लेखकीय जीवन में पहले कभी नहीं पाया था। इस बार लगता था कि सूरबाबा स्वयं बोल रहे हैं और मैं मात्र उनका लिखिया हूँ। बोलकर न लिखा पाने की मानसिक मजबूरी ने प्रारम्भ में जैसी घबराहट मेरे मन में भरी थी वैसा ही कल्पनातीत सुखद अनुभव मुझे लिखकर मिला है। उपन्यास 30 नवम्बर, 1979 को सौ. अचला के घर में लिखना आरम्भ किया। अधिकांश भाग 'श्रीकृष्ण जन्म भूमि अन्तर्राष्ट्रीय विश्रामगृह' में और अन्तिम परिच्छेद परासौली की सूर कुटी में 23 अक्टूबर, 1980 ई. शरद पूर्णिमा के दिन लिखकर इसे पूरा किया।

मथुरा में श्रद्धेय ज्यो. राधेश्यामजी द्विवेदी मेरे काम से सम्बन्धित कोई भी लेख या पुस्तक पाते ही अस्सी वर्ष की आयु में भी बालोचित उत्साह के साथ दौड़कर मेरे जन्मभूमि आवास में पहुँचते थे। उनकी इस कृपा को भला किन शब्दों में

सराहूँ। अलीगढ़ के प्रियवर डॉ. गोवर्द्धन नाथ शुक्ल और वृन्दावन के डॉ. शरण बिहारी जी गोस्वामी के पत्रों से भी अपने मन की टोह पाई। सबसे अधिक चमत्कारिक और उल्लेखनीय बात तो 'श्रीकृष्ण प्रसंग' पुस्तक के प्रसंग में है। कविराज जी महाराज की उक्त पुस्तक का ध्यान आया और दूसरे ही दिन बनारस से उनके शिष्य सरलमना साधक श्री एस.एन. खण्डेलवाल उसे लेकर मेरे पास मथुरा पहुँच गए। यह आश्चर्यजनक घटना थी। सूर सम्बन्धी अध्ययन करते समय श्रद्धेय पं. श्रीनारायण जी चतुर्वेदी, अज्ञेय भाई डॉ. रामविलास जी शर्मा, कृष्णनारायण कक्कड़ और मथुरा गोष्ठी में प्रियवर विद्वद्वर उदयशंकर शास्त्री के साथ हुई अपनी बातों से भी मैंने बल पाया है। इन सब बड़ों, बराबर वालों और छोटों को अपने प्रणाम-नमस्कार और आशीर्वाद यथायोग्य अर्पित करता हूँ।

18 दिसम्बर, 1980 **अमृतलाल नागर**
चौक, लखनऊ

वृन्दावन से लगभग दो कोस पहले ही पानी गाँव के पास वाले किनारे पर खड़े चार-छह लोगों ने सुरीर से आती हुई नाव को हाथ हिला-हिलाकर अपने पास बुला लिया—"मथुरा मती जइयों। आज खून की मल्हारें गाई जा रही हैं वाँपे।"

सुनकर नाव पर बैठी सवारियाँ सन्न रह गईं। उन्नीस-बीस जने थे; तीन को वृन्दावन उतरना था, बाकी सभी मथुरा जा रहे थे। सभी के होश-हवास सूली पर टँग गए।

"आखिर बात क्या हुई भैयन?"

"सुलतान के राज में मारकाट के काजे कभी कोऊ बात होवे है भला। त्यौहार कौ दिना, हमारी माँ-बहन के माथे कौ सिन्दूर आग की लपटों सौ उठ रयौ है चौराए-चौराए पै।..." फिर एक ही साँस में भद्दी-से-भद्दी गालियाँ कहने वाले युवक के मुँह से फूट पड़ीं। उसके नपुंसक क्रोध का अन्त विवशता के आँसुओं में हुआ।

नाव से करीब-करीब सभी लोग बातें सुनने के लिए किनारे पर आ गए थे, केवल एक अंधा नवयुवक और दो बुढ़ियाँ ही बैठी रहीं। सावनी तीज का दिन। कुँआरियों-सुहागिनों का त्योहार। पिछले आठ-नौ बरसों से चले आ रहे प्रलयकाल में जिन सुहागवन्तियों की ससुरालें मथुरा के आस-पास के गाँवों और कस्बों में हैं वे तो तीज के दिन अपने मैके नहीं आ पाती हैं, पर शहर के भीतर आस-पास के मोहल्लों में या शहर से लगे गाँवों में जिनके मैके-ससुराल हैं उनके दिलों में तीज का उल्लास पत्थर पर हरियाली-सा उमग ही पड़ता है। मृत्यु की भयानकता भी जीवन के सांस्कारिक उत्सव को जड़ नहीं बना सकी। हाथों में मेहँदियाँ रचीं, गुलगुले पके, झूले पड़े, कजरी-मल्हारें गाई जाने लगीं :

ऊँची-ऊँची मथुरा जाके हरे-हरे बाँस,
आगे तो डेरा पठान को
सोने की गगरी रेसम लेजु,
चन्द्रावलि पानी नीकरी।

दूध में दूध पानी में पानी
धुवाँ कैसे पैर उठति आवे ज्वानी
आगे-आगे डेरा पठान के--
घेरी चन्द्रावली डेरे बीच...

इसी मल्हार पर घमासान मच गई। बौहरे खुन्नामल के घर घुसकर उनके कर्जदार पठान और उसके साथियों ने खूनी तीज मना डाली। न इज्जत बची न लक्ष्मी। गाँव के लोग सामना करने आए तो मारकाट के शोर से पड़ोसी गाँव की आग शहर में भी फैल गई। धर्म के नाम पर बदला लेने के लिए स्त्री और धन की लूट कुछ लोगों के लिए पुण्य कार्य बन गई। कुछ बरसों पहले सिकन्दर सुल्तान ने जब गद्दी पर बैठने के बाद महावन से आकर मथुरा में पहली मारकाट मचाई थी तब जो परिवार जबरन मुसलमान बनाए गए थे वे ही इस समय शहर में सबसे अधिक आतंककारी हैं। मथुरा के सैकड़ों घरों में लाशें पड़ी हैं, अनेक मोहल्ले धू-धू कर जल रहे हैं। काज़ियों, मुल्लाओं की जय-जयकार बोलकर, सुल्तान और दीन की हुचकियाँ ले-लेकर नए मुसलमान गुण्डे हिन्दू बस्तियाँ लूट रहे हैं। सरकारी अमला यों तो साथ नहीं दे रहा पर लूट की दौलत आखिर किसे बुरी लगती है। यों भी "काफिरों का काबा" मथुरा और मथुरावासियों को बड़ी ओछी दृष्टि से देखा जा रहा था।

यह सब हाल-हवाल सुनकर मथुरा जाने वाली अठारह सवारियों में से आठ ने तो वहीं उतरकर आड़े-तिरछे रास्तों से अपने घरों को पहुँचने का निश्चय तुरन्त कर लिया, बाकी दस जने अजब ऊहापोह में पड़ गए। उनमें हाथरस के पण्डित सीताराम गौड़ भी थे। नाव पर लौटकर अपने अन्धे साथी से बोले—सूर्यनाथ, तुम्हारी भविष्यवाणी सत्य सिद्ध हुई।"

कालू केवट पास ही खड़ा था, पूछा--"क्या इन अंधे सामी जी ने पैलेइ बता दीनी थी माराज?"

अंधा सूरज मुँह उठाकर बोला—"मैं क्या बताऊँगा, यह सब इन्हीं गुरु महाराज जी की ही कृपा है। दो घड़ी रात चढ़े तक सब ठीक हो जाएगा।"

"हाँ, हो तो जाएगा पर मेरे लिए रात में मथुरा ठहरने की समस्या होगी। बस्ती में प्रवेश करना कठिन है और घाटों पर रात में उल्लू बोलते हैं।"

"कोई नहीं रहता गुरुजी?"

"बहुत से घाटों पर साधु और गौमाता के कटे सिर टँगे हैं। कहीं जादू-टोने का भय उत्पन्न करके कि यहाँ आओगे तो चोटी कट जाएगी, दाढ़ी कट जाएगी घाट बन्द कर दिए हैं। स्नान-पूजा, यज्ञ-कीर्तन सब कुछ लोप हो चुका है। हे हरि।" एक गहरी ठण्डी साँस खींचकर सीताराम चुप हो गए।

"सभी घाटों पर नहाने की मनाही है गुरुजी?"

"पिछले वर्ष से विश्रान्त घाट से यह प्रतिबन्ध हट गया है। एक दाक्षिणात्य ब्राह्मण युवक के तेज से यह चमत्कार सम्भव हुआ। पर अब भी बहुत से लोग भय के कारण नहीं जाते।"

"भय कैसा?"

"किसी यवन तान्त्रिक ने वहाँ ऐसा यन्त्र टाँग रखा था कि उसके नीचे होकर निकलने वाले प्रत्येक हिन्दू की शिखा कट जाती थी और उसे बलात् दूसरे धर्म का मान लिया जाता था। किन्तु श्री वल्लभ भट्ट के आत्मबल ने उस यन्त्र को निस्तेज कर दिया। वहाँ बैठकर उन्होंने भागवत भी बाँची।"

अंधा सूरज उस विलक्षण महापुरुष के सम्बन्ध में कुछ सोचने लगा।

यात्री अभी किनारे पर ही खड़े हुए बतिया रहे थे। नाव पर बैठी दोनों बुढ़ियाँ परस्पर सहानुभूति में लिलार के लेखों को कोस रही थीं। एक मथुरा की थी दूसरी गोवर्द्धन की। मथुरा वाली का पति अंधा था, वह बच्छवन के किसी नामी फकीर से असली ममीरे का सुर्मा लेने गई थी। गोवर्द्धन वाली बुढ़िया अपने बीमार भाई को देखने के लिए माठ गई थी। दो महीने बाद घर लौट रही है। उसे अपने पोते-पोतियों की बड़ी याद आ रही है। उनसे मिलने में इन दंगाइयों ने विघन डाला--सत्यानास हो। जिन सुहागिनों मरियों ने तुरकों की मल्हारें गाईं—उनका सत्यानास हुआ, और भी हो। गोवर्द्धन वाली के कोसनों पर अंधे सूरज को हँसी आ गई—"तैंने तो कोसनों का गोवर्द्धन ही उठा लिया है माई। आवाज थोड़ी नीचे उतार ले। किसी कंस-दूत के भनक पड़ गई तो यहीं मथुरा बन जाएगी हमारी तुम्हारी।"

बात से नाव पर सन्नाटा-सा छा गया। इतने में किनारे से छप-छप करता बल्लो अहीर नाव के पास तक आकर पानी में खड़ा हो गया, और केवट से बोला—"कालू चौधरी, सिगरे लोगन की राय जेई है कि मथुराजी चलौ जाय। हंसा कौ नाव घाट तो पल्लीपार हैगो, कुसल ते पौंच जाँगे। वाँ ते अपनी-अपनी गौं देख लिंगे सिगरे जने। नई होगा तो तेरी नाव पे ही काट लिंगे एक रात। यहाँ पड़े रहवे में काऊ मजौ नाँय।"

केवट बोला—"मेरी नाव पे तो नईं, पर रात में सोने को चौकस परबन्ध करा दूँगो। आधो-पौन पहर तो अभी सोच-विचार में की कट गयो है, पहर-डेढ़ पहर छान-निपटान में और निकाल लो, फिर अँधेरे में सनसना सन सन करती निकल जायगी मेरी जलपरी औ सीधी हंसा के घाट पै ही जा लगेगी।"

सात आठ खुर्नियों से सिल-बटियाँ निकल आईं, घोटने-छानने के अपने-अपने मोर्चे सध गए। मथुरा वृन्दावन में तो जमना जी में गोता लगाने को मिलता ही नहीं, सन्नाटा देखकर यह सुख और पुण्य क्यों न लूटा जाए। कुछ लोग अपनी धोतियाँ धोने-सुखाने में लगे।

"और जो सरकारी नाव डोलती हुई इधर आ गई अब हाल तो फिर यईं पे

दूसरी मथरा बन जाएगी।'' पण्डित सीताराम ने सचेत किया।

''अरे नाँय बने। मथरा बिन्दरावन में मनाही है बाकी पूरी जमनाजी में कहा इनके बाप को इजारौ है? और धमकी दिंगे तो हम काहू ते कम हैं। आठ-दस सिपाही होंगे नाव में। उनते निबटवे के काजे अकेलौ मैं ही भौत हूँ पण्डितजी।''

सिलौटी पर डंड पेलते हुए वृजपाल ने अपने चलते हाथ तनिक थाम लिए और सिर तानकर कहा—''अरे जाको नहानो होय वो मौज से नहावे-धोवे। हमारे रहते काहू ढेढ़नी के जाए की मगदूर नाँय कि तुम्हारो बाल भी बाँकौ कर सकै। हम हैं अहीर बृजबासी। काहू ते कम नाँय हैं। छोटी-सी सिलौटी पर बटिया के साधे हुए हाथ मत्तगयन्द से फिर बढ़ चले। पास ही बैठे अंधे सूरज ने बृजपाल के शब्दों को लेकर जाँघ पर थपकियाँ देकर गाना शुरू किया—

''हम अहीर ब्रजवासी लोग।
ऐसे चलौ हँसै नहिं कोऊ घर में बैठि करौ सुख भोग।
सिर पै कंस मधुपुरी बैठ्यों छिनकहि में करि डारै सोग।
फूँकि-फूँकि धरनी पग धारौ महाकठिन है समौ अजोग॥''

अंधे नवयुवक के स्वर में करुणा और चेतावनी का ऐसा स्पर्श था कि आस-पास बैठे किसी का भी हिया हिले बिना न बच सका।

''जीता रह मेरा भैया। अरे तेरी आवाज तो तुरक पठानन की तलवार तेऊ गहरौ घाव करै है। कहाँ ते आय रौ ए भगत।'' बड़ी-बड़ी सफेद गलमुच्छों वाले तोंदियल बूढ़े गनेसी महाराज ने पूछा।

''सीही से।''

''म्हाँ तुम्हारौ घर है?''

''घर तो भगवान के चरनों में है मेरा।''

''आँखें कब ते गईं?''

''जनम से।''

''हरे-हरे, कैसा सुन्दर रूप, कैसा अनमोल कंठ! और...भगवान की लीला बड़ी न्यारी है। अरे बल्लो, भौत पैराकी कर चुकौ। सुनी नई, सिर पै कंस मधुपुरी बैठो। बड़ी सच्ची बात कही तुमने। इन जवनन ने तो ऐसी परलय ढाई है कि कुछ कहते नाँय बने।''

''अरे भैया, कोइ मोकूं हू एक डुबकी लगवाय दे।''

''अरी डोकरी, तैंने सुनी नाँय या बिचारे अन्धे भगत ने कहा कही हती—फूँकि-फूँकि पग धारौ। मेहँदी को रंग खून में मिलाय दियौ है सारेन ने। हमारी हँसी-खुसी लूट लई राक्छसन ने।'' बूढ़े गनेसी की आँखें छलछला उठीं।

पण्डित सीताराम निवृत्त होकर नाव पर लौट आए और लोटा तख्ते पर रख

कर गीला अँगोछा झटकारते हुए केवट से कहा—"बेटा कालूराम, अक्कास की हा़लत देख रया है ना?"

"चिन्ता नईं है माराज। मेरे कने तिरपाल है। कोई भीगेगौ नाँय। वैसे अबकी बिरियाँ बरखा हि नाँय भई अभी तलक। राम जाने कैसी माया है भगवान् की। एक तौ असुरन कौ राज, ऊपर ते अक्काल। अबकी दुनियाँ भूखों मर जाएगी।"

"मरे राँड की। जी के ही कौन सौ निहाल है जायगौ।"

"सच्ची कहो, जीना मुहाल हो गया है इस सिकन्दर सुल्तान के राज में। बाल नईं बनवा सको हो—ससुरे द्रौपदी के चीर से बढ़े चले जाय हैं। सबके म्हौड़ान पे पूतना के से थन लटक रये हैंगे। जमना जी में न्हायें नईं, मुण्डन जनेऊ ब्या सभी में बाधा...।"

"एक ब्याह कौ सिंस्कार ऐसो है जाकौ छिपायौ नाँय जाय सके। सो वामैं एक दच्छना पण्डत को देओ, एक दच्छना काजी को देव। अंधेर है माराज?"

"कालू राम, बेटा, सबको गुहारो ना जल्दी-जल्दी। सिर पर बादल लदे हैं। मथुरा में क्या हाल होगा, यह भगवान ही जानै। घी के कटरे में हरसुख घी वाले के यहाँ ठहरता हूँ। पता नहीं वहाँ पहुँच पाऊँगा या नहीं। नहीं तो मेरे लिए एक रात रुकना समस्या हो जाएगी। सबेरे हाथरस जाना है।"

"चिन्ता ना करौ पंडज्जी महाराज। (कान के पास आकर) नाव की कोठरी में चन्दनमल खत्री कौ माल़ हैगो। किनारे पौंचते ही पाव घड़ी तेऊ कम समौ में कोठरी खाली है जाएगी। आप पल्ली पार बस्ती में जानौ ही मती। कल्ल धौताएँ हाथरस चल ही दीजों।"

"धन्य हो कालूराम, इस कलीकाल में शूद्र जातियों में जितनी भावबुद्धि है उतनी उच्च वर्णों में नहीं रही। करुणानिधान सदैव तुम्हारे ऊपर कृपालु रहें बेटा।"

दोनों घुटने उठाए अपने में समाया, नाव के सहारे बैठा हुआ, दुबला-पतला अंधा सूरज एकाएक सीधे बैठकर बोला—"गुरुजी, हम दोनों आज यहीं रह जाएँ तो अच्छा रहेगा।"

"अऽरे, बेटा सर्पों और सँपेरों का गाँव।"

"भला होगा गुरुजी , मान जाइए, कल चलेंगे।"'

नाव को किनारे से पानी में ढकेला जा रहा था। नाव को ढकेलने से धक्का खाकर पण्डित सीताराम के मन में फैली गणित गड़बड़ा गई।

सूरज ने उनकी बाईं बाँह पर दोनों हाथ रखते हुए बच्चे की तरह गिड़गिड़ाकर कुछ कहना चाहा, किन्तु उससे पहले ही पण्डित जी हल्की झिड़कभरे स्वर में बोले—"बच्चे न बनो पुत्र। संयोगवश पिछले सोलह-सत्रह दिवस साथ रहने का औसर मिल गया। यह बहुत है। हाँ, तुम्हारे संकेत पर जब मैंने गम्भीरता से विचार करना आरम्भ किया तो लगा कि मेरा अन्त आज निश्चित ही है—जल, नहीं तो अग्नी,

नहीं तो असि, एक नहीं तीन-तीन बाधाएँ पार करूँ तो परसों घर-बार के साथ अपना बावनवाँ जन्म-दिवस मनाऊँ। यह सम्भव नहीं। जीवन और मृत्यु निश्चित सत्य हैं। मैं अपने शेष क्षण अब श्रीराम नारायण भगवान के नाम स्मरण में बिताना चाहता हूँ।''

सूरज कुछ कहना चाहता है पर कह नहीं पाता। नाव बह चली है।

पण्डित सीताराम जी की बातों से सूरज का मन करुण और भारी हो रहा है। अंधे सूरज की यादों में सोलह-सत्रह दिन पहले की वह साँझ उजागर हो गई जब...

पीपल के पेड़ के तने से टिका बैठा था। चिड़ियाँ ऊपर अपनी-अपनी जगहों के लिए आपस में लड़-लड़ कर भयंकर शोर कर रही थीं। अंधे सूरज के मनोलोक में भी उजाले का अधिकार पाने के लिए भयंकर महनामथ हो रहा था। क्रोध रंजित करुणा के स्वर मुखर हो उठे थे–''किन तेरो नाम गोविन्द धर्‍यौ।'' गुरु सांदीपनि का पुत्र-शोक-ताप हरने के लिए तुमने असम्भव का सम्भव कर दिखलाया, यमलोक से उनके प्राण छुड़ा लाए! मित्र सुदामा का दुःख-दारिद्र्य छुड़ाया, द्रौपदी की लाज बचाई। और मैंने तुम पर इतना-इतना भरोसा किया, इतनी-इतनी स्तुति चिरौरियाँ कीं, किन्तु ''सूर की बिरियाँ निठुर है बैठ्यो जनमत अंधे कर्‍यौ।''

एक हाथ ने उसकी उँगलियों को पोले से छूकर फिर हथेली दबाई, एक स्वर ने पूछा–''कहाँ के निवासी हो बेटा?''

''भरत भूमि का।''

''पछाँह से आए हो। ग्राम का नाम 'स' अक्षर से होगा।''

''आप कौन हैं महाराज?''

''छोटी आयु में घर त्यागा, फिर सुख मिला उसे भी त्यागा–''

अंधे सूरज का माथा उनके घुटने तक पर ढुलक पड़ा–''आप सर्वज्ञ हैं। दया करके अपना परिचय दें।''

''मैं हाथरस का निवासी गौड़ ब्राह्मण हूँ। परन्तु पहले तुम्हारा परिचय पाना चाहता हूँ।''

''मेरा जन्म गोवर्द्धन के निकट परासौली ग्राम में हुआ था किन्तु चार वर्ष की आयु में गुरु ग्राम के पास सीही चला गया। पिता सारस्वत, अपने क्षेत्र में भागवत महाराज के नाम से विख्यात थे। एक समय घर में थोड़ा वैभव भी था, किन्तु नौ बरस पहले जब सिकन्दर सुल्तान अपनी फौजी लूट के लिए दिल्ली से निकला था तब हमारे गाम पे भी तबाही आयी थी। आधे से अधिक घर तोड़ डाला गया था–''

''क्यों?''

''कोसी के एक यजमान ने जोकि सीही का मूल निवासी था, समृद्धि पाकर अपनी जन्मभूमि में श्री राधा गोपाल का एक मन्दिर बनवाया। हमारे दादा जो मूलतः परासौली के निवासी थे, यजमान के आग्रह से सीही गए थे। मन्दिर के साथ सेठ

ने हमारे दादा को एक घर भी बनवा दिया था। हमारा घर मन्दिर का ही एक भाग था, पिछवाड़े बना हुआ।''

''हूँ! तुम्हारा नाम भी तुम्हारे ग्राम के समान ही 'स' अक्षर से आरम्भ होता है। क्या नाम है।''

''सूर्यनाथ। पिता सूरा कहते थे, माता सूरज। अब कोई नाम नहीं, बाबा, स्वामी, भगत यही सब कहलाता हूँ।''

''तुम्हें अपना जन्मसंवत् याद है पुत्र?''

''विक्रम संवत् 35, वैसाख सुदी 5। अब मेरी भी एक जिज्ञासा है महाराज।''

''पूछो।''

''आपने मेरा मुख या मस्तक रेखा देखकर मेरी लग्न विचारी थी?''

''नहीं, स्वर से। त्वचा के स्पर्श से।''

''स्वर से मनुष्य की तत्काल मनःस्थिति का ज्ञान—''

''और स्पर्श से भी जाना जाता है। काया ही तुम्हें धारण करने वाली धरती है। इसमें आश्चर्य क्या?

''वही लग्न का आधार भी है। जान पड़ता है तुम शकुन विद्या से परिचित हो।''

''मैं जन्मान्ध निपट गँवार हूँ महाराज। एक संन्यासी गुरुजी की कृपा से कुछ मीनमेख विचार लेता हूँ।''

''घर कब छोड़ा?''

''दस वर्ष पहले।''

'क्यों?''

सूरज चुप रहा।

''बतलाने में कोई आपत्ति है?''

''नहीं। एक प्रकार की मिथ्या लज्जा भर है...भाइयों के कुचक्र और पिता के अविचार वश वह घर मेरे लिए जंगल की आग जैसा दाहक बन गया था। बड़े भाई ईर्ष्यावश यह चाहते थे कि मैं गाना और काव्य-रचना छोड़ दूँ। भोले पिता उनकी बातों में आ गए। मैंने घर त्याग दिया।''

''संन्यासी घर छोड़ने के बाद मिले थे?''

''जी हाँ, जिस रात घर छोड़ा उसी रात।''

''उनका सत्संग कब तक मिला?''

''लगभग दो बरस।''

''फिर वे चले गए?''

''नहीं, मैं ही चला आया।''

''क्यों?''

''वे मुझे योग साधन सिखवाते थे। तुरकों के साथ बाहर से आई हुई रमल

विद्या, फलित ज्योतिष भी उनकी कृपा से सीखा। पर वे मुझे गाने नहीं देते थे, मेरी काव्य-रचना भी उन्हें नहीं सुहाती थी। कहते थे वीतराग बनो। इष्ट नाम जप करो। ध्यान करो। चित्त की वृत्तियों को वश में रखने के लिए योग साधो। प्राणायाम, जप, ध्यान साधो।''

''तुमने ध्यान सिद्ध किया है पुत्र?''

''गुरु-दत्त विद्या से नहीं, किन्तु अपनी रीति से साधता हूँ।''

''किस प्रकार?''

''बचपन में माँ ने एक बार श्री राधा माधव के विग्रह का परस करवा दिया। वह छुवन अब बिजुली बन गई है। मेरी अनामिका के स्पर्श से वह बिजली मेरी त्रिकुटी में समाती है। हमारे संन्यासी गुरुजी डाँटें कि नहीं, सीधे त्रिकुटी में ध्यान लगाओ। आँखें वालों को सधती होगी, मेरी तो परस बिजुलिया चमके है, उसी से ध्यान सधता है।''

''मेरे साथ चलो पुत्र। मैं तुम्हें मन्त्र दूँगा। नौ दिनों का सरल अनुष्ठान है। सिद्ध कर लोगे तो अभागे होकर भी अनेक दृष्टियों से सौभाग्य लाभ करोगे। तुम्हारा भविष्य उज्ज्वल है।''

सूरज के फीके चेहरे पर आशा की चमक धूप-छाँव-सी आई और उतर भी गई, कहा—''ईंट-पत्थर की अँधेरी कोठरी में दीपक लाकर उजाला किया जा सकता है किन्तु काया की अंधी कोठरी में...''

''अन्तर्ज्ञान से उजाला होगा। पुत्र सूर्यनाथ...''

''नाथ नहीं प्रभु जी, विवश अनाथ हूँ। पतित सूर कूर हूँ।''

''मैं तुम्हारा वर्तमान नहीं भविष्य देख रहा हूँ। तुम्हारे स्वर में दिव्यता और आकर्षण है। आयुमानू भी दीर्घ है। लगता है तुम्हारे साथ मेरा पुरबले जन्म का कुछ लेवा-देवा भी है। मैं तुम्हें मन्त्र बल से त्रिकाल के दृश्य देख लेना सिखाऊँगा। नौ दिन का अनुष्ठान है। यहीं यात्रा में ही शुभ तिथि और शुभ स्थल का विचार करके तुम्हें दीक्षित करूँगा। जीवन-भर याद करोगे।''

''इस ज्ञान को पाने की उत्कण्ठा मेरे मन में अब प्रबल हो रही है पर अब मैं लोकाचार के फंद में नहीं पड़ना चाहता पण्डित जी। शूलपाणि गुरुजी की सिखायी ज्योतिष और मन्त्र विद्या के सहारे बहुत सुख पाया। जमींदार ने कुटिया बनवाई। फिर गुड़गाएँ के रहमत खाँ पठान सरदार ने पक्का घर बनवा दिया, दास-दासियाँ दीं। सब मिले केवल श्याम-सखा बिछुड़ गए। छह महीने पहले एक रात सब छोड़-छाड़कर भाग आया।''

''ज्योतिष तन्त्र मन्त्रादि विद्याओं का ज्ञान तुम्हें मायायुत भी बना सकता है और मायारहित भी। अन्धत्व अपने आप में एक बहुत बड़ी साधना है पुत्र। विद्या की लाठी ऐसे साधक के हाथ में रहनी ही चाहिए।''

सूरज ने बहुत पीछा छुड़ाया परन्तु पण्डित सीताराम का स्नेह उन्हें अपने साथ खींच ही लाया। यात्राकाल में ही अंधे सूरज ने नया ज्ञान प्रकाश पाया था। गुरु अपने शिष्य की बुद्धि-प्रखरता से बड़े प्रसन्न थे। चार दिन पहले कहने लगे—"भगवान ने मेरे अन्तर का क्लेश हरने के लिए ही तुम्हें मुझसे मिला दिया। मेरा ज्येष्ठ पुत्र संन्यासी होकर निकल गया। माता के प्रबल आग्रहवश छोटे पुत्र को इसी कारण से पढ़ाने के बजाय बही खाते लिखना-पढ़ना सिखलाया। वह अब सेठ की नौकरी में है। जमाई खेती को पोथी से अधिक महत्त्व देते हैं। मेरे प्रपितामह के पिता ने यह विद्या किसी साधु से प्रसाद रूप में पाई थी वह तुम्हें देकर मैं हल्का हो गया।"...

ऐसा अयाचित अगाध स्नेहदान अँधे सूरज को पहले कभी नहीं मिला। घर में एक माँ ही थी जो उसे इतना प्यार देती थी। पिता ने संगीत का ज्ञान तो उत्तम दिया किन्तु मारपीट बहुत की। भाइयों ने भी सदा तिरस्कार किया।—फिर समाज में मान भी मिला। धन, सुख, विलास, दास-दासियाँ भी मिलीं। खरीदा हुआ प्रेम मिला। माँ अपने ही जिस प्रेमाग्रह वश सन्तान को अपना स्तन पान कराती है, पण्डित सीताराम में उसी मातृत्व के दर्शन होते हैं। राधा माधव दो होकर भी एक हैं, दोनों में लीन हैं।

नाव बह रही है। वृन्दावन पीछे छूट गया। सूरज का मन भारी होता जा रहा है। घर की याद तो बहुत दूर हो गई। मन कहीं रमता भी है तो माँ के ध्यान में। परिवार की सामूहिक मृत्यु के क्षण नौ वर्ष पहले आए तो थे पर मरी केवल परिवार की समृद्धता ही, व्यक्ति बच गए। किन्तु अब जिनसे कुछ ही दिनों पहले नेह-नाता जुड़ा, जनम-जनम का नाता नए सिरे से जुड़ा, उन स्नेह-सिन्धु को आज मध्यरात्रि से पूर्व मृत्यु की मरुभूमि सोख लेगी। मृत्यु का क्षण अनायास आएगा, कैसे आएगा, कब आएगा? मृत्यु क्या अंधेपन से भी अधिक गहन अन्धकारमय होती है? क्या उससे भी अधिक घुटन होती है जो यह अंधा अभागा भोग रहा है?

"पुत्र!"

"जी गुरु जी?"

"मेरा पुत्र भगीरथ घी के कटरे में हरमुख घी वाले के यहाँ अपने मालिक के काम से हर महीने आता है। यदि मुझे कुछ हो जाए तो तुम वहाँ जाकर तिथि बतला देना जिससे मेरे उत्तर कर्म सम्पन्न हो सकें।"

"जो, आज्ञा।" कहते सूरज को रुलाई छूट पड़ी।

"धत्! प्रभु को देखने की लालसा और मृत्यु का भय? यह द्विविधा कैसे चलेगी पुत्र। मृत्यु जीवन का रूपान्तर मात्र है। श्री सीताराम स्वरूप है।" कहकर पण्डितजी चुप हो गए।

अंधा सूरज फिर अपने भीतर उजाला टटोलने लगा। नाव पर बातें हो रही थीं। नाव पर कुछ लोग हवा को इसलिए कोस रहे थे कि घिरे बादलों को बार-बार उड़ा ले जाती है और कुछ सराह रहे थे कि मथुरा जल्द आ जाएगी। मथुरा पहुँचने

में भी कोई सुख या सुरक्षा की भावना न थी, केवल गन्तव्य तक पहुँचने की भोली उतावली थी, "आगे जो होगा सो देखा जाएगा" का दर्शन था। जब रास्ते में कुछ नहीं हुआ तब वहाँ भी सब ठीक ही होगा, यह विश्वास था।

हवा अपेक्षाकृत मन्द पड़ गई। घटाएँ और फहराने लगीं, घुमड़ने, टकराने लगीं, बिजली कड़क उठी। पानी झमाझम बरस पड़ा। नाव हंसाघाट से बस–कुछ ही दूर थी।

एकाएक नाव बीच धारा में खड़ी दो बड़ी नावों से घिर गई। दो बड़ी नावें घाट से भी ललकारें लगाती झपटती हुई आगे बढ़ीं।

"कालू की नाव है। चन्दनमल कौ माल आयौ है।" टकराने वाली नावों से पूछताछ शुरू ही हुई थी कि आनेवाली ललकारों और हुंकारों ने घेरा डाले बढ़ने वाली नावों में हिंसा की गर्मी भर दी–"यही है। यही है। बाँध लो। बाँध लो।" शोर में कोई बात नहीं किन्तु सब बातों का अर्थ स्पष्ट समझ में आ रहा था–हिंसा और लूट।

माल और सवारियों वाली आक्रमण ग्रस्त नाव में भूडोल आ रहे थे। नाव की सवारियाँ अस्त-व्यस्त हो गईं। कोई कहीं, कोई कहीं। जवानों के हाथ में लाठियाँ और जुबानों पर चुनौतियाँ। औरतों-बूढ़ों के साथ में बेबसी गिड़गिड़ाहटें और आर्त्तनाद। ऊपर से वर्षा और घन गरज। एक आक्रामक नाव के लुटेरे इस नाव पर आ चुके थे। इस नाव के बचे-खुचे लड़के मैदान छोड़कर पानी में कूद गए। छप छपा छपा छप।

'साँसत के जीने से मरना ही भला है। श्याम सखा, तेरी जन्मभूमि में, तेरी कालिन्दी में डूबकर मरना ही जीवन है।' अंधा सूरज अब अपना मुक्तिमार्ग देख चुका था। दाहिनी ओर के बोझ से नाव उलटने लगी। सूर के दाहिने हाथ ने पानी का स्पर्श किया। "आऊँ श्याम," "आओ सखा, साथ हूँ।" नाव फिर डगमगाकर सीधी होने लगी, लेकिन अंधा सूरज पलक झपकते-न-झपकते पानी में कूद गया।

माँ ने ही श्याम को सूरज का सखा बनाया था। तब पाँच बरस की उमर थी, तब तक सीही आ चुका था। सूरज खेलने का हठ करने पर बाहर के लड़कों से पिटकर आया था। हर तरफ से तिरस्कृत बालक का बिलखना देखकर माँ ने कलेजे से चिपटा लिया, फिर आप नहा और बेटे को नहलाकर राधागोपाल के मन्दिर में ले गई थी। माँ ने इष्टदेव की मूर्ति पर बच्चे से हाथ फिरवाया। कामधेनु का सहारा लिए राधागोपाल खड़े थे। टाँग पर टाँग रखकर खड़े हुए कान्हा के हाथ में उनकी जगमोहन वंशी जिसका दूसरा सिरा राधारानी उनके अधरों पर थामे थीं। माँ ने कहा था–यही तुम्हारे सच्चे सखा हैं। एक मन कृष्णजी का एक तुम्हारा। ठाकुरद्वारे में यहाँ कोने में बैठ जाया करो, आनन्द से बातें किया करो।

कुछ दिन नई उमंग में बीते। सूरज-मन बातें करता, कृष्ण-मन जवाब ही न देता था। "मैया कान्ह तो बोले ही नईं है।"

"बोलेगा, बोलेगा, सच्चे मन से बुलाओ।"

"मैया, अब भी नहीं बोला, कितनी बार तो मैंने उसकी चिरौरी की, अरदास की।"

"एक दिन बोलेगा, वही सच्चा सखा है।" और...फिर कृष्ण मन बोलने लगा। सूरज को लगा उसके भीतर उसी की एक आवाज दूसरी होकर बोलने लगी। उसकी वंशी बजने लगी। सूरज-मन उन्हीं धुनों को गुनगुनाने लगा, पदरचना करने लगा। वही श्याम-सखा इस समय उस यमुना में मृत्यु-केलि करने के लिए बुला रहे थे।...

पानी ने उछाला। एक बार सतह पर आया दोनों हाथ ऊपर उठा लिए। आकाश धुआँधार बरखा के तीर मार रहा था। सूरज ने साँस की घुटन से मुँह खोला, थोड़ा पानी पी गया। पीछे खटाखट-छपाछप,--होऽ होऽऽ होऽऽऽ—,शोर का ऊँचा-ऊँचा टीला। नावों की टकराहटों से पानी में भारी हलचल थी, पीछे से आए एक जोरदार थपेड़े ने सूरज का सिर और उठे हुए हाथ फिर नीचे ढकेल दिए। कामधेनु ध्यान से विलग, बंसी भी छूट गई, राधा माधव के चरण हैं और उनसे लिपटी हुई सूर की बांहें। मन स्पर्श की भावना में आप्लावित है। फिर बहाव का रेला आया। एक हाथ और सिर का कुछ भाग भी सतह पर उचका। इष्ट चरण-स्पर्श का बोध और उसके पीछे जीवन आशा की कामना भी उछली पर इस बार उसका वेग कम, पानी का बहाव तेज था।

शरीर से कोई शरीर पानी में टकराया था, इतना अन्तिम स्मरण था।

2

होश आया। अपने आपको लेटे हुए पाया। पास में 'खर्र-खर्र, खर्रखों फुफ्क' की आवाज़। यह यमुना जल नहीं है, धरती है, चटाई बिछी है। यह क्या भगवान का बैकुण्ठधाम है? बैकुण्ठ में ऐसा खुर्राटे भरने वाला चौकीदार तो हो ही नहीं सकता। नरक होगा, यह किसी जमदूत के खर्राटे हैं... नहीं, एक साँस और भी सुनाई पड़ रही है। सिर में अभी बहुत-सी सनसनाहटें भरी हुई हैं—मारकाट खटाखट छपाछप और भयंकर हाले डोले। सूरज का मन बड़े अनिश्चय में है। फिर भी उसे लगता है कि वह मरा नहीं है, किसी सुरक्षित स्थान पर लेटा है।...कौन लाया?...पानी में किसी की टक्कर लगी थी, किसी ने जहाँ तक याद आता है, हाथ पकड़कर शायद घसीटा भी था।...फिर...फिर स्यात् उसका पेट दबाया गया था, उल्टियाँ हुई थीं। हुई थी या नहीं, ठीक तरह से याद नहीं आ रहा। श्याम सखा हैं।...लोग कहते हैं पानी में परछाईं हिलती है, वैसे ही हिल रहे हैं। कभी हैं, कभी नहीं हैं। स्मृति के लोक में अव्यवस्था फैल गई है। झटके लगते हैं। गोताखोर-सा मन आग्रहपूर्वक स्मृति सिन्धु में विवश गोते लगाकर जाने कब की, कहाँ की यादों के खोखले सीप बटोर लाता है, किन्तु अपने अस्तित्व की विश्वास-मुक्ता अभी उसके हाथ नहीं लगी। सूरज का मन अपनी थकी सनसनाहटों के साथ फिर बेसुधी में गोता मार गया।

करवट बदली। "सामी जी"—किसने पुकारा--पहचानी हुई आवाज़ है। किसकी है, कहाँ सुनी थी?

"अब तुम्हारौ जी कैसौ है सामी जी?"

"अरे! नाव वाले कालूराम जी बोल रहे हैं?" सूरज ने बैठने का उपक्रम किया, कमजोरी में बाँह लड़खड़ाई, किसी ने सहारा दिया। यह स्पर्श तो नदी में भी मिला था। सूरज ने बैठते हुए अपना दूसरा हाथ उस सहारा देने वाली बाँह पर रख दिया—"तुम्हीं ने मुझे डूबने से बचाया कालूराम जी?"

"अरे बिजुरी चमकी सो तुम्हारे हाथ उठो दीख गयो। बाकी सन्तोख भयौ, अपनी एक सवारी बचाई।"

"और लोग? वो हमारे गुरुजी?"

"वा सबकौ हाल तौ जमना जी के कछुए बताएँगे। दो-चार हमारी तुम्हारी तरह बच हू गए होंगे। अरे बड़ी मार-काट मची सामी जी। पतौ नाँय मेरी नाव कौ कहा भया होगौ। डूबी, टूटी या बह गई?"

सूरज की ज्ञानेन्द्रियाँ सजग हुईं। पूछा—"हम समझते हैं अब दिन चढ़ आया होगा।"

समय बतलाए जाने पर सूरज ने मन-ही-मन लग्नों का हिसाब लगाया, बोला—"आपकी नाव पानी में बैठी है। मेरी जान में बैठाई गई है। जहाँ थी वहाँ से अधिक दूर नहीं, पाँच सौ हाथ ऊपर खींच ले गए हैं। उसमें धन भी है।"

"अरे माराज, जान डारि दई मेरी काया में तुमने। चन्दनमल की सोने-चाँदी की भारी-भारी पेटियाँ चढ़ाई थीं सुरीर घाट पै। आने-जाने कौ भाड़ो तै भयो हतो था। सवारी बिठाओ सो अलग। याही नासपीटे लोभ में पड़के जान और जीउका दोऊ जोखम में डाल दीन हतीं मैंने।"

"चन्दनमल से जा के कहो दिन में माल निकलवा लें। नहीं तो रात में जो चोर नाव खींच ले गए हैं, वही धन ले जाएँगे।"

कालूराम ने गद्‌गद होकर सूरज के पैर छू लिए—"अरे भगत जी, जो तुम्हारी भाखा सच निकली ना तो चन्दनमल तुम्हें राजगद्दी पै बिठा देवेगो। अच्छौ अब मैं चलूँ। फिर आऊँगो।"

"सुनिए कालूराम जी, यह बतला जाइए कि मैं कहाँ हूँ और आपके जाने के बाद कोई मुझे याँ से निकालेगा तो नई?"

"आप विसराम घाट के पास मनकरनिका कुंड में हो भगत जी।"

"कुंड में?"

(हँसकर) "कुण्ड में नईं माराज जी, वाई के पास एक कोठरी है। कल रात तुम्हें लेके मैं याँ आयौ तो भोले घटवारौ मिल गयौ मेरी सब विपदा सुनके वाही मोकों और तुम्हें या कोठरी में ल आयौ। आपहू यहीं पै सोयौ। तुम्हें निकालेगौ नाँय मैं वाते कहके ही जाऊँगो।"

एक नई जगह में अकेला क्षण। सीलन की गंध भरी है। यह जगह कहाँ है यह तो जान लिया, किन्तु जगह कैसी है इसका अनुमान नहीं है। उठूँ। खड़े होने के प्रयत्न में बीच ही में झकोला खाकर बैठ गया। भय के कारण से सूरज अवश्य मुक्त हुआ है किन्तु भय से नहीं। पानी के थपेड़ों की मार और विवश बहने का अनुभव उसकी स्मृति में इतना तीव्र है कि मन अब भी उसके प्रत्यक्ष झकोले झेल रहा है। जब उठ न सका, तो चकराकर बैठ जाना पड़ा। सूरज को बड़ी झुँझलाहट आई। आँखें नहीं हैं, चलो, इस बेबसी को इतने बरसों में सह लिया परन्तु अब खड़ा न हो सकूँ, चल न सकूँ तो बोलो, यह कैसे सहा जाएगा श्याम सखा?

"नहीं सह सकते तो उद्यम करो।"

"वह तो करूँगा ही, चुनौती क्यों देते हो श्याम?"

"तुम्हारी मिथ्या आत्म-सहानुभूति का रोग मुक्त करने के लिए।"

अंधा सूरज अपने ही मन के एक पक्ष के कठोर उत्तर से चिढ़-सा गया, यद्यपि वह स्वयं इसे अच्छा नहीं समझता कि कोई अन्य या वह स्वयं भी अपने प्रति सहानुभूति जगाए। पर कभी-न-कभी तो ऐसे क्षण आ ही जाते हैं। उसने बैठकर ही सरकना शुरू किया। दोनों हाथ घूम-घूमकर दीवाल ढूँढ़ने लगे। बायाँ हाथ हल्के से टकराया, उधर सरककर जाने पर दीवार मिली। सहारे से खड़ा हुआ। सिर में कुछ चकराहट अनुभव हुई, लेकिन इस बार सूरज ने उससे हार नहीं मानी। दीवार के सहारे-सहारे चलना शुरू किया। पहले उस दीवार का कोना टटोला, फिर वहाँ से अन्दाज लेता हुआ आगे बढ़ा। बीच में एक आला है, फिर दीवार, अब कोना आया।—ये दीवाल। अब यह द्वार। उसके बाद फिर दीवार। दीवार, कोना, अब तलक लम्बी दीवार का सिलसिला, बीच में एक बड़ा-सा आला , उसकी दीवाल पर जड़े पत्थर पर कुछ बेल-बूटे बने हैं। आगे बढ़ा। अब तक यह अनुमान वह लगा चुका था कि स्थान बहुत बड़ा नहीं है। वह कोना अब आने ही वाला है जहाँ से परिक्रमा आरम्भ—

हिस्स!—एक ज़ोर फुंकार! सूरज ने दीवार तुरन्त छोड़ दी। धरती पर रखे मिट्टी के तौले से तनिक टकराया और दो डग पीछे हटकर सनाके में खड़ा हो गया। नागराज हैं, आगे भी आ सकते हैं, बस अब लपककर आते ही होंगे, पैर के किसी पंजे पर ही डसेंगे। पंजों में सनसनी समा गई। नहीं...मिथ्या भय है। नाग नहीं आएगा। उसी कोने में स्यात् चूहे ने कोई बिल खोदा होगा, उसी में रहते होंगे नाग मामा। नागों के लोक-मामा होने की बात याद आई तो बचपन में ही रटाई गई दो पंक्तियाँ बच्चों की तरह ही जल्दी-जल्दी बोल गया—"आस्तीक का वचन, जनमेजय का नागजज्ञ, तुम हमारे मामा। हम तुम्हारे भांजे। तुम्हें अपनी भैन जरत्कारु की आन।" बचपन में रटे हुए इस गँवारू मन्तर को जबान से दोहराते समय ही उसके भीतर कहीं यह भरोसा भी था कि पिछली रात से अब तक बीते इन पाँच-छह प्रहरों में दूसरी बार आया हुआ मृत्यु भय भी अब दूर हो गया है।...भय मिथ्या है। जिस मन पर भय

विराजमान हो उस मन में भगवान भला कैसे विराजेंगे। सोचते हुए सूरज फिर बैठने के लिए झुका, एक बार हाथों से धरती टटोल ली तब बैठा।

जलते शवों की चिरायँध भरे हवा के हल्के-हल्के झोंके आ रहे हैं। पास ही कहीं पुरुषों की अस्पष्ट आवाज़ें और पानी की छपाछप भी सुनाई देती है। सूरज ने अनुमान किया कि वह द्वार के सामने बैठा है।

"कहौ भगत अब जी कैसो है तुम्हारो?" एक भर्राई हुई भारी-सी आवाज़ कमरे में पाँवों की आहट के साथ घुस आई।

"दया है भगवान् की। अब ठीक हूँ। अब नगरी में उत्पात का क्या हाल है?"

"हाल कहा बताएँ भगत। हमारी गली में ढेढ़नी आवे है। वाको पती जब ताड़ी महुओ छान लेवे है ना तो लात-घूँसन और लाठियन से मार-मार के वा सुसरी को भुरकुस बनाय देवे है। और जब नसो उतर जावे है तो फिर सब ठीक। सो परजा भी ढेढ़नी हैगी राँड की, क्या कही। जब वाके पती कौ मद चढ़ैगो तब फिर लात-जूते खाएगी। बाकी कालू ने कल तुम्हें बचायो खूब, नई तो मर जाते।"

"मर जाता तो इस जनम के पाप से ही छूट जाता भाई। और भी किसी डूबने वाले के बचने की खबर लगी?"

"पतो नाँय कौन मरयो कौन जियो। एक मुर्दो आज भोर में यईं पे बह आयो हतो, कोई अधेड़ हतो ब्राह्मण सो लग्यो। सो मैंने कही कि मुर्दो अपने आप मरघटे पे पौंच गयो है, या को समूह चिता पै दाह करि देव, सो करवाय दियौ। मणकणका में न्हायबे आयो हुतो सो मैंने कही कि तुम दोऊन को देख चलूँ। कालू कहीं गयौ है?"

"अपनी नाव की टोह लेने गया है। आने को कह गया है।"

"तुम कहाँ जाओगे भगत?"

"जहाँ कृष्ण भगवान ले जाएँ।"

"कालू ने बतायो कि तुम वाही की नाव पे हते। मथरा आवत हते?"

"हाँ।"

"याँ पे कोऊ सगौ सम्मन्धी, कोऊ जान-पहचान वालौ है तुम्हारौ?"

"कृष्ण भगवान हैं। भोलानाथ हैं।"

"भला, भला भोलेनाथ तो मेरो ही नाम है। हाँ, भोलानाथ हैं। तुम चिन्ता मती करौ। मौज से याही कोठरी में जब तौलों जी चाहे रहे आओ। हम या कुण्ड के घटवाले हैं। यह कोठरी मेरे ही कब्जे में है। पर मैं याँ रहूँ नाँय। कभी रात-विरात अबेर हौ जाए तो याँ पड़ रहूँ हूँ आके।"

"नागराज रहते हैं। बड़ो बूढ़ो है और बड़ो भलो है। वाको भय न करियो। मैं तो रात-बिरात यहीं धरती पे पौढ़ रहूँ हूँ। बस एक कुप्पी बार के रख लूँ और बिल की ओर हाथ जोड़ के सो जाऊँ हूँ।"

"आप कल रात भी तो यहाँ सोए थे।" खुर्राटों के अनुमान से सूरज ने प्रश्न किया।

"हाँ हमै न आवतो तो नागराज भला काहू कौ सोने देते?"

"आपने मन्त्र सिद्ध किया है?"

"सिध न विध। अरे प्रेम बड़ो सिध मन्तर है। हमारे कछु दोषन के कारण हमारे पिता, भाई क्रुद्ध हैं सो घर से निकाल दियौ है। घाट की या कोठरी खाली देखी तो याही में आय गयौ। नागराज फूँ–और मैं तुम्हारी सौं, वा बखत इत्तौ थकौ हतौ भगत जी कि कुछ पूछो मती। मैंने हाथ जोड़ के कही कि नागदेवता आजकल मुर्दनी की रोटियाँ खाऊँ हूँ और या समै मेरी काया हू जीते जी मुर्दा है रई है। मैं तो लेटूँ हूँ यहीं पै। आपको जी चाहे तो डस के मोंकों हू मुर्दो बनाय डारौ। बस वा दिन ते मेरी इनकी यारी है गई है। नाग बाबा मेरो लाड़ करे हैं, मेरी गोदी में आन के बैठ जावें हैं।"

हाथों में सनसनाई ध्यान की बिजली शरीर-भर में समा गई। श्याम मन बोल उठा। "और तू डर गया था। कायर।"

सूरज ने मन में निश्चय किया, वह भी नहीं डरेगा। भोले गुरु से कहा–"भोले जी मेरे लिए भी कह देना नाग बाबा से।"

"हाँ, संझा को आऊँगौ दूध लेके, तुमसे पैचान करा दूँगौ। तुम्हें कछु खाय पियौ को मँगानों है?"

"नहीं। कालूराम जी आते होंगे। प्रबन्ध हो जाएगा।"

भोले गुरु चले गए। फिर अकेलापन। कोठरी के बाहर कुछ नीचे पर लोगों की आवाजाही होती ही रहती है। कुंड में नहाने की हल्की छपछप होती रहती है। पर इतने लोगों के आने पर भी शोर नहीं सुनाई पड़ता। कभी-कभी कुछ धीमे अस्फुट स्वर दो बार दबे-दबे क्रन्दन और समझाने-बुझाने के स्वर भी कानों में पड़ गए। हे हरि, तुमने तो कंस को मारकर मथुरा जीत ली थी, फिर तुम्हारी जन्मभूमि में ये नया कंस कहाँ से आ गया। कैसा हाहाकार मचा है कल से। किसी का पति मरा, किसी का पुत्र! कितनी स्त्रियाँ जो कल तक भले घर की बहू-बेटियाँ थीं आज यदि जी रही होंगी तो वेश्या से भी बुरी गति होगी। कल तक जो धनी थे वे आज भिखारी हो गए। सनाथ अनाथ हो गए। यह निरर्थक महाविनाश अनावश्यक उलट-फेर सहसा क्यों कर डाला श्याम सखा!

श्याम-मन बोला ही नहीं। न बोले। कभी अपने आप ही बोलने लगता है, कभी बुलाने पर भी नहीं बोलता।

दोपहर ढल रही थी, तब कालू केवट आया। आते ही चरण छुए–"आपके बताने से सब काम सिद्ध हो गया भगत जी।"

"नाव मिली, सोना चाँदी...?"

"सब मिल गया आपके आसिरबाद से।" भावावेश में आने से सूरज के हाथों में ध्यान की बिजली सनसना उठी। आँखों में घटाटोप रहते हुए भी हिए में

आभास-उजाले का फुहारा फूट पड़ा–सिर से सिर जोड़े गलबहियाँ दिए खड़े हुए राधा मुरलीधर ज्योति सलिला से उसके रोम-रोम में प्रवहमान हैं। उनके पीछे खड़ी कामधेनु सूरज को इस समय अपनी माँ जैसी लग रही है। ऐसा आभास हुआ कि मानो वह उसे स्नेह और सन्तोष से देख रही है। सीधे और तिरछे रखे हुए हरिचरण नखों पर दोनों शकुन विचारक गुरुओं के प्रति उपकार स्मरण सहित श्रद्धा बिन्दु उभर रहे हैं–'राधागोपाल, तुम मेरे खरे उपकारी हो। मेरे पास तो तुम्हें देने को कुछ भी नहीं। भला-बुरा जैसा भी हूँ तेरा हूँ।' भावलीन चेहरे पर आँसुओं की लकीरें खिंच गईं।

"अरे स्वामी जी, रो रहे हो?"

"कुछ नहीं कालू भैया, प्रभु के उपकार याद आ गए।...सुनो, तुम और तुम्हारे सेठ तो अपना-अपना माल पा गए पर मेरे पेट को भी तो कुछ मिले भाई।"

"अरे तुम्हें तो मैं बुलाइवेकौ आयौ हूँ। सेठ ने कही है यहीं लिवा लाओ। स्वामी जी को खूब सुख से रखूँगो।"

"सुख यहीं है कालूराम जी, भोले जी आए थे, वह भी कह गए हैं यहीं रहो। तुम मुट्ठी-भर चने ला दो। मेरा पेट भर जाएगा। नगर में अब लूटमार तो नहीं हो रही?"

"नहीं, कहीं कोऊ इक्का-दुक्का घटना है गई होय तो जानू नई हूँ, बाकी आज तो फौज के सिपैए घूम रहे हैं चारों लंग। सिकन्दर सुल्तान शेरगढ़ में डेरा डाले हैं ना आजकल। कल की लूट-मार से भौत करोध कर रया है कि गों ते हुकम च्यों नई लीना।"

"तो मैं कल दिन में चौक जाऊँगा।"

"च्यौं माराज?"

"हरसुख घी वाले को अपने गुरु जी को मरण तिथी बतानी है।"

"बोई गुरु जी, जो आपके साथ हते ना!"

"हाँ। लगे है आज उन्हीं की देह मरघट किनारे संजोग से बहकर आ गई थी। भोले ने सामूहिक चिता पर उनका दाह करा दिया। हरे राम।"

"बड़े भले हते बिचारे। मों ते कही, कालू, मेरे और स्वामी जी के भाड़े के दाम तू ले ले। मैंने कही म्हाराज, मथरा जी पौंच के दियौं, जल्दी कहा है। बोले अब भगवान मन में बोले हैं। तो रख ही ले बेटा। देनौ तो है ही।...बस तुम्हारौ दोऊन कौ भाड़ौ मिल्यौ और तो सब..."

"तब तो तुम्हारी बड़ी हानि हुई..."

"अरे नाँय सामी जी। अब तुमसे कहा छिपावनौ, नाव तो चन्दन सेठ ने सुरीर तक अवाई-जवाई की करी ही हती। कही, के सवारियाँ बिठा लीजो जासों सहारो हू रहवे और काहू को सक सुभौ हू न होय कि खाली क्यों जावे है। आजकल सोने-चाँदी की आवक-जावक में ऐसी साउधानी बरती जाय है। शेरगढ़ से भूसा के बोरान में सात पेटी सुरीर घाट पौंचाई गई।–वाँ से याँ–बीच में घर के भेदी ने ही लंका ढा दीनी।"

"कर्म की गति बड़ी ही विचित्र है। तो अब आप मेरे लिए कुछ चने चबेने का प्रबन्ध--"

"चने का सामीजी, दही-पेड़े लाए दूँ हूँ। खा के तरी आ जाएगी। कल सवेरे चन्दन सेठ के याँ ले चलूँगौ। तुम्हारौ सारौ परबन्ध हौ जावैगो। वो तुमसे भौत परसन हैंगे।"

"कल तो पहले मुझे हरसुख घी वाले के यहाँ जाना है।"

"ठीक है, मैं दोऊ जगह ले चलूँगौ।"

"सुनो भाई कालूराम जी। मेरे लिए दही-पेड़े तो लाओगे ही। आधा सेर दूध और ले आना। भोले जी आज आ नहीं पावेंगे। दूर गए हैं।"

"कौन?" कालू ने जाते-जाते पलटकर पूछा।

"ऐ, आपसे कुछ नहीं कहा कालूराम जी। दूध अवश्य लाइएगा।"

कालूराम दूध दे गए नागदेवता के लिए, तौले में भर दिया गया। सूरज ने भी तृप्ति पाई, सो गया।

3

सन्नाटा हो रहा है। दूर कुत्तों का शोर है। दाहिनी ओर कहीं बहुत दूर पहरुए की हाँक भी कानों में आ रही है। कभी चट-चट की आवाज़ भी आती है। हवा के बहाव के साथ मरघट से चिरायँध के भभके भी कोठरी में प्रेतनी से घुस आते हैं। साँसों में घुटन भर देते हैं। कुसमय नींद खुल गई। अरे सो भी तो गया था संझा के समय, बेचारी नींद का क्या दोष! कालूराम दही पेड़े दे गए। खा के ऐसी तृप्ति आई कि सो गया। मैंने तौले में दूध डाल दिया था। पी तो गए होंगे नागराज। कालू के कथनानुसार भोले गुरु एक जीवित प्रेतनी के वश में हैं। जीवित प्रेतनी एक प्रौढ़ा विधवा रानी है जो जाने कहाँ से आकर मथुरा में बस गई है। किसी औषधि के कुप्रभाव से उसका रति आग्रह बढ़ गया है। चार हिजड़े पहलवान नौकर हैं। तगड़े जवानों को बहका ले जाते हैं। न जाने कितने जवान पट्ठे उसकी विषय लिप्सा के शिकार हुए। भोले ने कुश्ती में नाम कमाया था, देखने में सुहाना है। एक रात में सोने की एक दीनार कमाने का लालच दिलाकर हिजड़ा सेवक ले गया। दीनारों का लोभ देकर वह रानी भोले और उसके जैसे गठीले जवानों को उत्तेजक औषधि मिश्रित मद पिला अपना स्वार्थ सिद्ध करती है।...हरि-हरि। मैं कल भोले के आने पर उसे समझाऊँगा। उसे दूध की बात बतला दूँगा। नागराज और भोले के घनिष्ठ सम्बन्धों की खबर घाट पर बहुतों को है। कालू बतलाता था, किसी और से नाग ऐसा सरल व्यवहार क्यों नहीं करता? भोले इतना थका हुआ था कि उसे अपने आपको नागराज

की इच्छा के आगे अर्पित करने के अतिरिक्त और कोई उपाय ही नहीं सूझा। मैं उससे भी अधिक बेबस हूँ। एक तो जनम का अंधा, दूसरे माँ ने बचपन में मेरे जिस उत्तर देने वाले मन को मेरा कृष्ण मन बतलाया था, वह है तो सच्चा, पर बीच-बीच में लोहे के किवाड़ बन्द करके ऐसे बैठ जाता है कि पुकारो, गुहार लगाओ तो भी नहीं सुनता...चाई कहीं का!

बाईं बगल के आसपास कुछ सरसराहट हुई। दोनों बाँहें तकिया बनी हुई थीं। उन्हें मुक्त करने की इच्छा मन में तनिक सरसराई ही थी कि छाती के पास पराई साँस पराए रोयों की छुवन लगने लगी। धीरे-धीरे नाग की देह बगल से सट गई, फन सीधे छाती के ऊपर। सूरज की छाती की धड़कन श्याम नाम के साथ बन्द। लेकिन सूरज की चेतना चौकन्नी है। इस स्पर्श में सहजता क्यों नहीं है। खाल में एक जगह अस्वाभाविक ढीलापन, लेकिन भीतर कुछ और! फन छाती पर रगड़ रहा है, कपड़ा चीरने की-सी सरसराहट है। बीच-बीच में थककर फन छाती पर रख देता है, फिर पटकता है, रगड़ता है, इतना, कि फन सिकुड़कर रस्सी बन जाता है—'अरे इसके मुख पर केंचुली ढीली होके सरक आई है। स्यात् आँखों से नहीं दीखे है। इसी से फन रगड़े और पटके है।...साहस करूँ? अँगोछे से इसकी आँखों की पपड़ी छुड़ाऊँ? दो वर्ष पहले ताल पर बूढ़े सेवक नटवर ने एक ऐसे बूढ़े विवश नाग की आँखों से केंचुली छुड़ाई थी। कहते हैं, बुढ़ापे में आँखों के पानी से केंचुल चिपक जाती है। मैं छुड़ाऊँगा। मेरी भी काली पट्टी—अरे, मेरी उतरे चाहे न उतरे इस बिचारे का दृष्टि संकट दूर हो। हथेलियाँ हटाऊँ, उनके बीच लिपटा अँगौछा निकालूँ। नाग छाती से अपना सिकुड़ा फन रगड़ रहा है। मन में एक अजीब परायापन और साथ ही एक अनोखी शरण-वत्सलता।

सूरज की बाँहें सरकीं, 'बाई हथेली ने अँगोछा भी सम्हाला। अस्थायी रूप से अंधा नाग सचेत हुआ कि वह निर्जीव वस्तु के पास नहीं है। तब तक सूरज का दाहिना हाथ नाग के फन पर था, बायाँ अँगोछे सहित पूँछ पकड़े था। दाहिनी हथेली में जीभें लपलपाईं, पराई बेकली का आभास मिला। सूरज ने सोचा कि गलती की, अँगोछा दाहिने हाथ में लेना चाहिए था। पर अब तो जो हो गया सो ठीक है। जय श्री राधेगोपाल! उठकर बैठते हुए नाग को खींचकर अपनी गोद में ले लिया। दाहिनी मुट्ठी की हल्की रगड़न से मुँह के आस-पास की केंचुल कुछ ढीली पड़ी थी। सूरज के मन में एक अजीब उत्साह और आत्मविश्वास उमड़ रहा था। फन को अपनी जाँघ पर रखकर दाहिने हाथ में अँगोछा सँभालते हुए बोला—"लो अब तुम सुख से यहाँ पे गर्दन डालो और मैं पोले-पोले उतारूँगा। घबराना मत, भला।" अँगोछे से पोले-पोले केंचुली ढीली करके खींची जाने लगी। नाग निश्चेष्ट पड़ा था। सूरज के मन में उजाला हो रहा है। आभास होता है कि मानो पिछले पहर की चाँदनी रात में भोर का उजाला भी धड़कने लगा है। हाथ चल रहे हैं, मन बह रहा है—

प्रभु तुम दीन के दुख हरन।
श्याम सुन्दर मदन मोहन बान असरन सरन॥

अँगोछे में फणधर फड़फड़ाने लगा; सूरज ने अनुमान किया काम बन गया, कपड़ा अब हटा लेना चाहिए। कपड़ा हटते ही फन छटपटाकर हाथ के ऊपर आया, चंचल प्रसन्नता पतली जीभों से लपलपा रही है। इधर-उधर, ऊँचे हाथ की कोहनी तक हर्षित नाग चाटता डोल रहा है। अब अपरिचय नहीं है, तनिक भी नहीं। सूरज का हाथ नाग की देह पर फिर रहा है। बूढ़ा जीव ठीक तरह से अपनी केंचुली नहीं उतार सकता। केंचुली उतरी। नया बदन चिकने से अधिक झुर्रीदार है, भारी होने पर भी कितना कोमल है यह विषधर! नाग गोद से सरककर लहराता हुआ उतर गया। केंचुल के कुछ टुकड़े पहने हुए अँगोछे पर भी पड़े हुए थे, उन्हें झाड़ा। मन ने चैन की साँस ली। अनुभूतियों के सरोवर में आत्मविश्वास के कमल खिले।

एक बार फिर लेट जाने को जी चाहा। दिन में जब से भोले ने नाग के साथ अपनी बातें सुनाई थीं तभी से सूरज के मन-दर-मन में यह बाल आग्रह समाया था कि नाग से मैं ऐसी ही प्रीति प्राप्त करूँ। कितने सुखद हैं यह क्षण! रात से मौन कृष्ण मन सहसा पूछ बैठा—'मुझे देखा सूरज?—देखा श्याम, तुम सबमें रमते हो।'

नाग की देह फिर बगल से और फन छाती से लगा—इस बार दूध से गीले फन की लाड़ भरी रगड़ना। श्याम सखा, यह सुख कितना सुन्दर है। सुन्दरता दोनों ओर से मिलकर एक और भी सुन्दर चक्र बनाती है—रस अपना ही रास रचा रहा है। नाग उतर गया, किन्तु जाँघ से लगा धीरे-धीरे पेट के ऊपर आया। लगता है सर्प अपनी सर्पना खो चुका है, गति में अब फुर्ती नहीं है। लगता है। बहुत वृद्ध है। अशक्यता में सहायक मनुष्य के प्रति वह कृतज्ञ और आस्थावान है। कैसी लीला है श्याम, मनुष्य ही नहीं हर जीव व्यक्त करने में भिन्नता रखते हुए भी भाव में कितना अभिन्न होता है। अब परायापन नहीं है, भय नहीं है, मृत्यु मिथ्या है, जीवन सत्य है, सुन्दर है।

नागराज जाँघ पर सरक-सरककर चढ़ते हुए पेट पर आ गए। सूरज के हृदयस्थल पर उनकी कुण्डली बँधने लगी। बूढ़ा भले हो परन्तु सर्प अब भी बिजली-सी रगड़ मारता है। पूँछ के झटके लगते हैं। छाती पर बोझ रखा है। प्रेम और विश्वास का भार।...ताल किनारे वाले घर में दासी सुनैना ने एक दिन बड़े-बड़े गेंदों के फूलों का हार उसकी छाती पर रख दिया था। वह शृंगार रसभार था किन्तु यह भार तो अमृत सुन्दर है। ऐसा लगता है नागराज गोवर्द्धन पर्वत हैं और उसके हृदय में खड़े श्याम एक हाथ की अँगुलियों पर गिरिधारण किए दूसरे से वंशी बजा रहे हैं—

श्याम सुन्दर मदन मोहन बान असरन।
प्रभु तुम दीन के दुख हरन॥

कब झपकी लगी। कब नागराज उतरकर गए, कुछ भास ही न हुआ। सहसा एक नाग ने कुंड की जाली के पास बोलकर अंधे सूरज की आँखें खोल दीं। घबराया कि अबेर हो गई।...नहीं, अभी सन्नाटा है। कंस-सुल्तान के राज में घाटों पर नहाने की मनाही है, नहीं तो, पुरखे बतलाते थे कि भद्र जन तारों की छैयां में नदी में नहाया करते थे। अब भी घरों में नहाते हैं। कोठरी से निकलकर, दाहिने हाथ पतली-सी गली में आ गया। लाठी तो नाव में रह गई। बिना सहारे अनजानी जगह को टोह पाने में बड़ी कठिनाई और घबराहट अनुभव की। मगर श्याम सखा तो हैं उनका दयादण्ड मेरी गैल बताएगा।...गली पार कर ली, चौड़े में आ गया। ठण्डी हवा के झोंके लग रहे हैं। कहाँ जाऊँ? सूरज हवा में दिशा सूँघने लगा। बायीं ओर कलू-छलू गुडुपू जमना जी हैं। सामने जाऊँ तो मरघट होगा। दाहिने हाथ किनारे-किनारे चलूँ। रास्ता मिलेगा।

चबूतरा मिला। हाथ टकराया तो उसके सहारे-सहारे चलने लगा। किसी के पैरों पर हाथ पड़े। खुर्राटे वैसे ही जैसे कल रात कोठरी में सुने थे। सूरज ने विश्वास के साथ सोने वाले के पैर झिंझोड़े—

"भोलेनाथ जी। भोले जी।"

"कौन है?"

"मैं सूर स्वामी।"

"ऊँह...अच्छा, भगत जी? निबटवे जानौ है?"

"हाँ।"

"यों करो कि याही चबूतरे के सहारे-सहारे जाओ, फिर याकी सीध में जाओ। आगे नीम कौ पेड़ है। नीम के पेड़ से बाएँ हाथ मुड़ जाइयों। पुराने घाटन के खण्डहर हैं। बच-बच के निकल जाइयों। नीचे खलारन में उतरोगे तो बाएँ हाथ जमना जी हैं। वाँपे मती बैठना, कछुए हैं। दाएँ कहीं भी बैठ जाइयो भला। थकौ हूँ नाहीं तो..."

"अरे नईं भैया, इत्ती ही सहायता बहुत है। तुम्हें नींद से जगाया।"

"अच्छौ कियौ। अब उठनौ ही चाहिए।"

"अभी कहीं दूर न जाना भोलेनाथ, तुमसे एक जरूरी बात करनी है।"

भोले कोहनी टेक हथेली पर अपना सिर उठाकर बोला, "तुम जैसे साधू भगतन कौ मेरे जैसे नीच लफंगा ते काम, सो इ जरूरी?"

"अपने लिए चाहे जैसे हों आप मेरे तो उपकारी हैं। रहने का ठिकाना दिया। अच्छा तो हो आऊँ।"

लाठी बिना बड़ा अटपटा लग रहा है। आगे नीम का पेड़ है, उसी को टोहने-टटोलने के लिए दोनों हाथ आगे बढ़े हुए हैं। एक बार चबूतरे से पेड़ की दूरी मालूम पड़ जाएगी तब तो पैर लपकने लगेंगे—अभी सब कुछ अनजाना है। पेड़ आया। बाईं ओर मुड़ गया।

भोले उठा। अँगड़ाई ली, खड़ा हुआ, फिर जमुहाई आई। चुटकी बजाकर राधे-राधे पुकारा, फिर अपनी कुंड वाली कोठरी में जाकर चटाई पर लेट रहा और सो गया।...खर्र। खर्र।

सूर स्वामी नहा निबटकर लौट आए। खर्राटे सुनकर कहा,

"अरे भोलेनाथ जी, सो रहे हो?"

"ऊँ! आ गए। अरे न्हा भी आए दीखे हैं।"

"एक तुरक सिपैया था। वो भी निबटने नहाने आया। मेरी दया विचार के उसने मुझे हाथ पकड़कर दो गोते लगवा दिए। राधे गोपाल उसका मंगल करें।"

"बड़े भाग जो जमना जी न्हा आए। तुम मुझसे कह गए थे कि ज़रूरी बात करनी हैं। मैंने सोची, नए आदमी अभी कल ही तो आए हैं। पूरी-सी जान पिछान भी नाँय अभी तो। आखिर कहा ज़रूरी बात करोगे।"

"मानुख जनम बार-बार नहीं मिलता है भोलेनाथ जी?"

"क्या कही भगत जी? कछु पल्ले नाँय परी मेरे।"

"यह नाग जो यहाँ रहता है, तुम्हारा मित्र है। जहाँ रहता है वहाँ अपार धन है।"

"हैं! सच्ची?"

"मैं पूछू हूँ। तुम्हारे मित्र को कोई धन के लोभ में मार डाले तो?"

"का काहू ने मार डालौ है वाकौ?" भोले के स्वर में आवेश था।

"नहीं। मैं पूछता हूँ, यदि कोई ऐसा करे तो?"

"धन के लोभ में मारेगौ तो खोपड़िया फोड़ दी जावैगी।"

"तुम्हारे यौवन धन के लोभ में वह प्रेतनी तुम्हारा लहू पी रही है भोले। तुम्हारी यह काया की कोठरी तुम्हारी उस काम पिशाचिनी के..."

"मैं समझ गयौ..."

"तुम कुछ नहीं समझे भोलेनाथ। वह स्त्री नया बलिष्ठ पुरुष पाते ही तुम्हारी हत्या करा देगी।"

"तुमने पिसाचनी कही सो मैंने मान लीनी। पल-पल में मरद की भूखी है कुतिया। पर अपने चारों-पाँचों प्रेमीन में मुझे भौत ही माने। मेरी एक ते दोय दीनारें कर दीनी हैं औरन से छुपा के।"

"उसने तुमसे ये भी जान लिया है कि सोना कहाँ गाड़ के रखते हो।"

"ऐं? हँ-हाँ। पूछी तो थी एक दिना, स्यात कल्ह कि परसों—अरे परसों तो गया नहीं था उससे एक दिन पैले।"

"अब उसका राजपाट तो रहा नहीं। उसका धन चुक रहा है। क्या समझे। प्रश्न विचार से मैंने उसका कपट जान लिया है भोले जी। रक्षाबन्धन के दिन वो तुम चारों को मार डालेगी। उस सोने से..."

"भगत जी! अब कछु मत कहो। आज तुमने मेरी भीतर वाली आँखें खोल

दई हैं। साली कहवे भी थी कि सलूनों की रात बजरे में मौज मनाएँगे। अरे, मैं हरामजादी को वाके पहले ही नरक पौंचाय दूँगो।''

''क्या हत्या करोगे?''

''ऐं? नईं। पै बदलौ तो जरूर लूँगौ। साली, मोकों धोखा देवे है।''

भोले एकाएक आवेश में उठा और बाहर चला गया।

सूरज मन-ही-मन प्रसन्न था। जब कृष्ण भगवान सहायक होते हैं तो झूठ भी सच हो जाता है। वह जानता है कि नाग मैत्री के कारण ही वह भोले के प्रति आकर्षित हुआ है। अर्थात् लोभी मूर्ख है किन्तु मन का अच्छा है।

''भगत जी।''

''अरे भोले जी लौट आए?''

''मेरो एक परशन बिचारौ।''

''पूछौ।''

''ऐसो बैद मथरा जी में कहाँ रहवे है जो मेरौ काम सुफल करेगौ।''

''दक्खिन तरफ मिलेगा। म अक्षर से नाम होगा। जीव हत्या का पाप मत करना भोले जी।''

''अरे नहीं भगत। तुम मोकूँ जानो नहीं हो, सत्रून कौ मार डारयौ तो सिगरो मजो गयौ। पर सारेन को याके जोग नाँय रखूँगौ कि आगे काहू मरद मानस की जिन्दगानी से खिलवाड़ कर सके।''

भोले फिर चला गया। सूरज का मन उलट-पलट होने लगा। श्याम मन ने पूछा—

'यह क्या तुमने अच्छा किया सूरज?'

'बुरा क्या किया?'

'झूठ बोले।'

'लेकिन भोले ने कहा कि सच था।'

'संयोग से सच निकला, पर तुम झूठ तो बोले थे।'

'यह पानी के ऊपर तैरते हुए तेल-सा झूठ नहीं था श्याम। उपकार के दूध में थोड़े से पानी की मिलावट भी थी।'

''और जो तुम्हारा यह झूठ किसी की मृत्यु का कारण बन गया? तब कौन पाप का भागीदार होगा?'

'भोले मुझे विश्वास दिला गया है।'

'विषयी, लोभी और निर्बुद्धि व्यक्ति का विश्वास? सूरज तेरी भीतर वाली भी फूटी हुई हैं।'

भीतर ही भीतर तिलमिलाहट होने लगी। क्या मैंने होम करते हाथ जलाए? उपकार की भावना से अपकार किया?

श्याम मन चुप रहा। यह चुप्पी सूरज को चुभ गई। बार-बार अपने आपको यही भरोसा दिलाता रहा कि उसने ठीक किया है। ठीक तो किया पर श्याम सखा चुप क्यों है?

तभी कालूराम आ गया। चरण छुए, गद्गद स्वर में कहा—''हमारी बस्ती में इस समौ तुम्हारी जै-जैकार हो रही है।''

''क्यों भाई?''

''अरे मेरौ उपकार कियौ। आठ प्रानीन की जीविका बचाई। तुम न बताते म्हाराज तो आज न मैं यों चैन में होतौ और न चन्दन सेठ। एक बार पल्ली पार तुम्हें मेरी झोंपड़ी में भी अपनी चरन रज डारनी पड़ैगी।''

''अवश्य चलूँगा। पहले तुम मुझे...''

''हरसुख लाला के घर ना! पैले वहीं लिए चल रयौ हूँ।''

संयोग से स्वर्गवासी सीताराम जी का पुत्र भगीरथ मथुरा में तीज के दिन ही पहुँचा था। नगर में अशान्ति फैल चुकी थी, परन्तु वह किसी तरह यहाँ पहुँच गया। सूरज ने उससे स्व. पण्डित जी की अन्तिम इच्छा प्रकट की। हरसुख लाला भी सुनकर बड़ा शोक प्रकट करने लगे। पुत्र भी एक मुख से पिता के गुण बखानता जाए और रोता जाए। मृत्यु कितनी ही मिथ्या हो पर उसकी करुणा यथार्थ है।

सूरज का मन भर आया। हरसुख ने कलेवा करने का आग्रह भी किया पर उसने स्वीकार नहीं किया। कालू घर के बाहर चबूतरे पर बैठा उसकी प्रतीक्षा कर रहा था।

चन्दनमल खत्री चाँदी-सोने के बड़े व्यापारी। हाकिम हुक्काम तक पहुँच। महाबन का फौजदार, मथुरा का कोतवाल, अमीन , काजी सबसे घनिष्ठ सम्बन्ध। फौजदार की बेटी के ब्याह में दस हजार रुपयों के आभूषण भेंट किए थे, सभी आमिल अमलों को रुपहली सुनहली सलामें दिया ही करते हैं, तभी सिकन्दर की लूट के समय में भी उनकी कोठी को कोई आँच नहीं आई थी।

बेलबूटे की सुन्दर नक्काशीवाला पत्थर का बड़ा फाटक। गुहार हुई, तब खिड़की खुली। फिर सीढ़ियाँ चढ़कर दूसरी ड्योढ़ी। दूसरी ड्योढ़ी पर फिर पहरेदारी हाँक लगी। आजकल हवेली में हरएक की पैठ नहीं है, बहुत जाँच-पड़ताल की जाती है। कालू के साथ, आने वाले अंधे स्वामीजी के प्रवेश के हेतु पहले से ही आदेश हो चुके थे इसलिए कोई कठिनाई नहीं हुई। जब से चन्दन, कुन्दन दोनों भाइयों में मनमुटाव हुआ है तब से बाहर के किसी व्यक्ति, किसी बाहरी दास-दासी आदि को इस भय से घर में नहीं आने दिया जाता कि कोई भेदिया या टोने-टोटके करने वाला न घुस आए।

कालू के हाथ में हाथ दिए सूरज आगे बढ़ते हुए सोच रहा है, कौन-सा चमत्कार दिखाऊँ कि मेरा दम भरने लगे। तभी कालू उसका हाथ छोड़कर बोला, "जै सरिकिसन मालिक। दिन दूनी रात चौगुनी–"

"आप ही वह जोशी महराज हैं।"

स्वर मानो कण्ठ से नहीं नाभि से निकलता है। स्वर में शान है, गम्भीरता है, इस समय दुश्चित्तापन भी है। 'चिन्ता में है सेठ।'

सेठ ने पैर छुए, सूरज ने आशीर्वाद दिया और सेठ का हाथ पकड़ लिया। एक हथेली से उनकी हथेली थामकर दूसरे हाथ से उनकी हथेली सहलाने लगे, फिर कहा–"बारे बरस की आयु में गद्दी में बैठे होंगे आप?"

"ठीक है।"

"बपार में तीन बार घाटा भी आया परन्तु आपने सम्हाल लिया।"

"हाँ। भूत भविष्य तो बहुत से लोग बतला देते हैं, तत्काल बतलाने वाला कोई नहीं। आइए मेरे साथ।" सेठ चन्दन मल सूरज का हाथ पकड़कर आँगन के कोने में पड़ी एक पत्थर की चौकी की ओर दो कदम लेकर चले।

नौकर ने तुरन्त सूरज को थाम लिया। सेठजी कमरे में चले गए। नौकर ने चौकी पर बिठलाकर सूरज स्वामी के पैर धोए, पोंछे फिर उन्हें अपने साथ कमरे में ले गया। कालू बाहर ही रहा।

कमरे में सेठ ने उसे अपने पास गुलगुले गद्दे पर बिठलाया। सूरज ने कहा–आपने अभी तत्काल का हाल बतलाने की आज्ञा दी थी, सो बतलाऊँ?"

"बतलाइए।"

"आपके घर का ही कोई प्राणी–आपका निकटतम सम्बन्धी–इस समय हथकड़ियाँ पहनाकर नंगे पाँव, नंगे सिर बाजार में से ले जाया जा रहा है।"

"हैं?"

"और बताऊँ, उसका नाम क अक्षर से..."

"मेरा भाई है देवता। अरे कोई है?"

एक नौकर फुर्ती से भीतर आया। सेठ ने मुनीम जी को बुला लाने का आदेश दिया। चन्दन मल ने सूरज से पूछा–"इसका परिणाम क्या होगा स्वामी जी?"

"शोक। आपको नहीं आपके बन्दी सम्बन्धी की धर्मपत्नी को होगा।"

"मुझे भी। कुन्दन मेरा सगा छोटा भाई है।"

चन्दन-कुन्दन के बचपन के दिनों में उनके यहाँ मोहनदेई नामक एक रसोईदारिन काम करती थी। उसकी बेटी रूपा नौ बरस की उमर में ही उड़ा दी गई थी। उसी रूपा को कुन्दन ने बरसों के बाद नर्तकी और गायिका बहार बाई के रूप में देखा। पुरानी पहचान नया इश्क बन गई। इन दिनों काने अमीन अकरम खाँ ने उसे अपने घर में डाल रखा था। लेकिन घटनावश हुई मुलाकात ने दोनों को बावला बना दिया।

नायब कोतवाल रुस्तम खाँ की अकरम खाँ से लगती थी। रुस्तम सिकन्दर खाँ सुल्तान की छोटी बेगम के बड़े भाई थे इसलिए अपने आपको कोतवाल से अधिक समझते थे। कुन्दन से पन्ने की कंठी पाकर काने अफयूनी अमीन की नाक कटवाने में रुस्तम खां मददगार हुए। बहार बेगम उड़ गईं। नायब कोतवाल की सलाह से ही कुन्दन ने बिना किसी से पूछे-ताछे कलमा पढ़कर बहार से निकाह कर लिया। चन्दनमल को इस घटना से गहरा धक्का लगा। बाद में कुन्दनमल उर्फ कुन्दन खाँ ने भाई से बँटवारे के लिए कहा। चन्दनमल इन्कार कर गए। नायब कोतवाल की बेहूदा हरकत के कारण कोतवाल और फौजदार तक बूढ़े अमीन और चन्दन मल के साथ थे। कुन्दन खाँ ने इसलिए नाव लूटने का षड्यन्त्र करवाया था। वह भी उसके दुर्भाग्य से विफल रहा।...और आज सूर स्वामी यह कलंक कथा घोषित कर रहे हैं।

मुनीम जी आ गए। सेठ ने कहा–"कुन्दन के बारे में नए समाचार तुरन्त मँगवाइए और इन स्वामी जी को पहचान लीजिए। इनका स्थान दिखवा लीजिएगा। जब तक ये मथुरा में रहें इन्हें किसी तरह का कष्ट न हो।"

सूर स्वामी गृह स्वामी की हवेली में जूठन गिराने गए। तब तक कुन्दन के सम्बन्ध में कोतवाली से यह सूचना आई कि धर्म पतित सेठ पुत्र यह अपमान न सहन कर सका, अँगूठी के हीरे का जहर उसकी उँगली से उतरकर गले में पहुँच गया है। नायब कोतवाल अपने ओहदे से हटा दिए गए हैं।

हवेली में शोक व्याप्त हो गया।

इस घटना ने सूर स्वामी को मथुरा में सुख्यात कर दिया, परन्तु ख्याति उल्टी तरह से फैली। लोग यह कह रहे थे कि सुल्तान का साला नायब कोतवाल कुन्दन के कहने से चन्दन को मरवाना चाहता था। एक अन्धा साधु पहुँच गया। उसने चन्दनमल से कहा–घबराओ मत, बात बिल्कुल उल्टी होगी। बस, उसने ध्यान लगाया और थोड़ी देर में शेरगढ़ से सुल्तान का हुक्म आ गया कि कुन्दन खाँ को पकड़ लो। बेचारे ने लाज के मारे जहर खा लिया।

दूसरे-तीसरे दिन सूरज अपनी कोठरी में दरवाज़े की चौखट के पास सन्तुष्ट मन से बैठा था। नीचे कुंड पर कुछ छपाछप हो रही थी। कुंड के पास वाले दालान में दो जने नशे-पत्ती की बातें कर रहे थे।

"अरे भैया, जब से ये मधुपुरी में धर्म कौ नाश भयो है तबहें तैं ये समुझौ कि याँ की काहू चीज बस्त में वो बात नहीं रही जो पैले हती। भाँग में अब वो पैले जैसी तरंगें ही नाँय आवे हैं।"

"अरे काका, हजारों दई-देवते टूटे। लाखों लोग मरे, सोना-चाँदी, मोती मानिक लुटो–ब्रजभूमि रौय रही है बिचारी। एक केशव जी कौ मन्दिर जाने कैसे छोड़ दियो वाने बाकी सारे मन्दिरन की कतल आम कराय डारी है।"

"या बात को भेद मैं जानूँ हूँ। एक दिना मैं असकुंडा घाट की तरफ गयौ

हतो। वहीं मेहजद के अगाड़ी चार-पाँच काजी-मुल्ले कह रहे थे कि केशवजी कौ मन्दिर या मारै नाँय तोड़ौ कि सुल्तान की मैयो ने मनै कीनी हती। सिकन्दर सुल्तान की मैयो हिन्दू हती ना सो केशवजी में वाको इष्ट होयगो।''

पानी की छपाछप के साथ किनारे पर आते हुए किसी ने कहा—''मैं नहा चुका, सूरज भगवान अस्ताचल वासी हो गए, हरू काका ने इत्ती नई-पुरानी बातें सुना डालीं मगर भगवाने की विजया महारानी अभी तक सिद्ध नहीं हुई।''

''आप ही हौ ना सूर स्वामी?''

''हाँ। आप कौन हैं?''

''भीतर आने दें तो बैठकर बताऊँ।''

सूरज लज्जित होकर तुरन्त उठ खड़ा हुआ, बोला—''अओ, चटाई पै बिराजो।''

''आपके ताईं ये नेक सौ सिरी केसौरायजी का प्रसाद लाया हूँ। और ये दच्छणा—''

आने वाले की आवाज के सहारे सूरज मन अपने गणित में रम गया था। इसलिए कहने वाले की बात पूरी होने से पहले सूरज ने कहा—''आप यहाँ आए हैं। अपने भाई पर मारण प्रयोग कराना चाहते हैं। आपकी चहेती भौजाई भी उसके इस षडयन्त्र में साथ है।''

'आप तो घर बैठे ही सब कुछ जान लेवे हैं महराज। बड़ी भारी शकती है आपके पास। तभी तो चन्दनमल की विपदा उलटकर कुन्दनमल पर डाल दी।''

''मैंने यह सब कुछ नहीं किया। यह सब मनगढ़न्त बातें हैं।''

''खैर होंगी। हमारौ यह काम आप कर दें। दास-दासियों और गौशाला समेत एक बगीची आपकी भेंट करेंगे। उसके रहने के लिए एक पक्की कुटिया भी बनवा दी जाएगी।''

''पर भैया, एक बात है, भगवान जी मुझसे पूछेंगे तू एक कुलच्छनी नारी के लिए उसके भले मानस पति को क्यों मारना चाहो हो तो मैं क्या कहूँगा।''

''देखो स्वामी जी, रुपया जितना माँगोगे उतना मिलेगा। काम होना चाहिए।''

''मुझे दो जून रोटी चाहिए, चने-चबेने से भी काम बन जाता है।''

''देखौ महराज, आप बड़े सिद्ध महात्मा हौ, आप में बड़ी-बड़ी शक्तियाँ हैं, पर एक शक्ती आपके पास नहीं है।''

''कौन सी?''

''आँखें।''

दुखती रग पर ही घूँसा पड़ा। सूरज तड़प उठा—''आँख वाले अन्धों से मेरी दृष्टि बहुत पैनी है। तुम जाओ भैया नहीं तो गुहार लगाकर अभी नीचे वालों को बुलाता हूँ।''

तभी भोले गुरु ने प्रवेश किया—''जै सिरीकिशन भगतजी।''

''भले आए। इनसे कहो—''

''बुलाबें? बो तो मेरे आते ही कोठरी से बाहर चलो गयौ।''

''मिठाई दक्षिणा ले गया कि...''

''छोड़ गया है महराज। कौन था? याद आवे है याको पैले कहूँ देख्यो है।''

''कैसे-कैसे नीच प्रकृति के लोग होते हैं, राम राम। कहता था मेरी प्यारी के पति पर मारण प्रयोग करो। धन दूँगा।''

''समझ गया। वा कुलटा कौ पती धनाढ्य होयगो।''

''धनाढ्य ही नहीं उसका भाई भी है।''

''हरे कृष्ण हरे कृष्ण। कलिकाल है भगतजी, घर-घर यही है। भाई-भाई लड़े हैं, बूढ़े बाप मैयान को घर ते निकाल देवे हैं। अरे औरों की क्या कहूँ मैं ही धन के लोभ में उस प्रेतनी के प्रपंच में फँस गया था। तुमने छुड़ाया।''

''उपकार हरि का मानो भाई। श्याम सखा जिसका कल्याण चाहते हैं उसका सभी भला करते हैं। पर यह बतलाओ कि उस स्त्री से तुम्हारी–''

भोले गुरु जोर से हँसा और सूरज की जाँघ पर थपकी देकर कहा–''ना मारा ना खून किया, रानी का मद छाँट दिया।''

''तुमने तो नई चाल की पहेली में एक और पहेली जोड़ दी। लगे है, आज गहरी छनी है।''

''एक बूँद नहीं। तुम्हरी सौं। बस, जा दिन ते तुमने कही वाके अगले दिन तो पी हती। पाछे आज आठ रोज से दारू जो दारू, मैंने सिल लोढ़ी हू पै हाथ नाँय लगायो है।''

''धन्य हो। आगे कहो।''

''एक कहानी है भगतजी, एक साधू की पोटली ते एक चूहो रोज माल खावे। साधू बड़ो दुखी। सोचे, इतने ऊँचे पै तो छींको टाँगू हूँ तोऊ खाय जात है। एक दिना साधू ने देखी कि चूहे तो भतेरे हैं, पन वामे एक हतो, वाने ऐसी उछाल मारी कि सीधी छीकें ऊपर ही पौंच गया और मजे से कन्द-मूल आहार छकने लग्यौ। साधू ने सोची याके पीछे कोई शक्ति अवश्य है। ये सोच के वाने फावड़ो उठायो और वाको बिल खोद के देखी। वामें बड़ो खजानो हतो। साधू ने सोची कि याही धन की गर्मी से उछाले मारे है। खजानो निकारि लऊँ फिर यामें जे ताकत नाँय रहेगी। सो वाने ऐसो ही कियो और जीत गयो। मैंने हू यही करी।''

''भोले जी बातें बनाने में बड़े चतुर हो पर...''

''सुनो तो महराज, मैंने भी सोई करी। मम्मो खाँ हकीम ते औषधि लायके वा चारों पहलवानन को दारू में घोल के जुगत से पिलाय दीनी। घड़ीभर में साले हाय गर्मी हाय गर्मी कहके तड़पने लगे। सारेन की सगरी देह फूट पड़ी हैगी। मैंने रानी की शकती छीन लीनी। अब वो मेरे बस में है। अब मैं वाको स्वामी हूँ। और वो मेरी सेवक। पैले तो दो-चार दिन मैंने लात-घूँसन से रानी जू की खूब पूजा करी। अब थर-थर काँपें है।''

"उसका माल-मता भी सब तुमने छीन लिया होगा।"

"ना। बस वाके दासन को अशक्त करके वाको अपने बस में कर लीनो है। सच्ची पूछौ तौ वा बिचारी को का दोष हैगो। वाके पती ने वाको ऐसो बनाय दियौ। अब मैं छह महीने में वाको काम मद छुड़ाय कै माला पकड़नो न सिखाय दऊँ तो मेरो नाम बदल दीनौ। जब तक जिएगी वाको धन के पास ही रहेगो, मरेगी तो मेरी हौ जाएगो।—औ एक बात और—अपनी तरफ से नाँय मारूँगो।"

"बड़े चतुर हो भोले जी और एक स्थल पर भले भी हो।"

"कथा मैं आवे हैं ना, वानर सब सीता महारानी को ढूँढन गए और समुद्र कौ किनारो आयो तो हार के बैठ गए। तब एक ने हनुमान जी से कही, तू तो समुद्र फलांग सको हो। ऐसौ ही तुमने मेरे साथ भी कियौ। उपकार मानू हूँ।"

"नाग देवता के लिए दूध लाए हो?"

"अरे आयौ हतौ उन्हीं की सुध में और तुम्हें इ बात बतावनी हती, पर कहा कहूँ रस्ते में दूध लानो भूल गयौ। अब हाल लाऊँ हूँ।"

"अच्छा तो सुनो, ये जो चाँदी वाला सिक्का वो लम्पट छोड़ गया है न उसी से आध सेर दूध खूब औटा हुआ, रबड़ी डलवा के लाना। सुगन्धी भी मिलवा लेना थोड़ी-सी भला। बाकी जो दाम बचें वो किसी गरीब-गुरबे को दे देना और ये मिठाई-फिठाई भी उन्हीं में बाँट देना। हटाओ ये कुअन्न और कुधन।"

"जान पड़े है नाग बाबा से बड़ो प्रेम है गयो है तुम्हारो।"

"खूब। रात-भर मेरे पास ही डोला करें हैं। दिया उन्हीं के ताईं रात-भर जलता है।"

भोले गुरु गए। कोठरी में फिर सन्नाटा। नीचे कुंड पर अभी हल्की खटर-पटर है, स्यात् एकाध कोई रह गया है। बाकी सब गए। वो ही होगा भंगड़ भगवाना, भोले का छोटा भाई। सारा परिवार भोले से घृणा करता है, कोई उससे बोलता तक नहीं। यों भगवाना और उसके पिता भी दिन-भर एक-दूसरे पर खौखियाते ही रहते हैं। आठ-दस बरस से घाटों वाले ब्राह्मणों की जीविका बन्द हो गई है। धर्म-रक्षा के लिए यह कुण्ड बना तो एक परिवार की थोड़ी-बहुत जीविका चल गई। अब एक परिवार में भी कई जने—माता-पिता, विधवा बहन, उसके दो बेटे, भगवाना; उसकी पत्नी, उसका बच्चा। भोले ने पहलवानी के प्रेम में पहले विवाह नहीं किया और फिर पाप की कमाई करने लगा। ब्राह्मण होकर दारू पीने लगा।...असल में इनके यहाँ सारी ईर्ष्या धन के कारण है। भोले सोना कमाता है, दिखलाता है पर देता नहीं। उसे धन का लोभ अवश्य है पर सब मिलाकर बुरा मानस नहीं है। इस संसार में न कोई बुरा ही बुरा होता है और न भला ही भला। भले-बुरे गुण सभी में है। मैं क्या भला हूँ? सब समझे हैं कि भगवान् के चरणों में लीन रहूँ हूँ, भक्त हूँ।

'ढोंगी हो।' श्याम मन बोला।

सूरजमन धक्का खा गया। श्याम सखा फिर बोला—

'तुम्हें मेरा ध्यान ही कब रहता है, बस यही सोचते रहते हो कि अपने अंधेपन की विवशता को मिथ्या अन्तर्दृष्टि के चमत्कारों से कैसे चमकाऊँ और लोग मुझे स्वामीजी, भगतजी कहकर **पूजते** रहें।'

'मेरी बेबसी को घायल न करो श्याम, जीना तो है ही; पेट है। शक्तिहीन व्यक्ति को कौन पूछता है।'

'पण्डित सीताराम तुम्हें हाथरस ले जाने को कहते थे। एक सुघड़ सजातीय कन्या से तुम्हारा ब्याह भी करने को कहते थे। सुख से घर बसाकर बैठते और अपनी दैवज्ञता से पेट पालन किया करते। तब क्यों कहा था, गुरुजी, यह अन्धा श्याम को देखना चाहता है। ढोंगी।'

सूरज मन चुप, कान दबाकर सुन लिया। अपनी असावधानता, अहं रक्षा के हेतु अनावश्यक व्यस्तता के लिए उसका मन अपराध भावना से गल गया। तीखी सुइयाँ-सी चुभने लगीं। मृत्यु की-सी यन्त्रणा। निराशा के बादल आपस में टकरा-टकराकर जिजीविषा की बिजलियाँ कौंधाने लगे, स्वर बरस पड़ा–

''प्रभु, मेरे गुन अवगुन न बिचारौ।
कीजै लाज सरन आए की रवि सुत त्रास निवारौ॥
जोग जज्ञ जप तप नहिं कीन्हौ, वेद विमल नहिं भाख्यौ।
अति रस लुब्ध स्वान जूठनि ज्यौं अनत नहीं चित राख्यौ॥

''वाह भगतजी वाह! धन्न हो। मोंय तौ ऐसो लग्यौ कि जैसे हमारे भीतर छोटे बड़े मँझोले सात कलेजे हैं और तिहारी अवाज की पैनी आरी वा सातन कौ काटत चली जावे है आय हाय! तुम मोंते छोटे हो तो कहा भयो, लाओ तिहारे चरन छू लूँ।'' भोलेनाथ दूध लेकर आ गया था और बड़ी देर से बाहर खड़ा सुन रहा था।

''हरि-हरि। पातक में न ढकेलो भोलेजी, तुम बड़े हो, ब्राह्मण हो, पूज्य हो।''

''ब्राह्मण तो तुम भी हो। कालू हमें बतला गए थे।''

''जब था तब था। अब भिखारी हूँ जिसकी कोई जाति नहीं होती। जहाँ मिला, खा लिया। जिसने जल पिलाया पी लिया फिर जाति कहाँ रही मेरी।''

''मैं पापी और तुम साधू। दोनों एक जगह समान भी हैं। तुमने नारायण के प्रेम में जात छोड़ी और मैंने लक्शमी के प्रेम में दारू-मांस-विभिचार आदी सब अंगीकार कियौ और जात छोड़ दीनी। तुम नारायण पाओगे और मैं...किन्तु कह नहीं सकत, लक्शमी चंचल होवे है। इत आई उत गई।''

''भोलेनाथ, इतने समझदार होकर भी प्रपंच में पड़े हो?''

''भँवर में कूद पड़नो सरल है भगत जी किन्तु वाके चक्करन ते मुक्ती पाइबो महाकठिन है। लेव, यह दूध लायो हूँ। याही तौले में भरो हो ना?''

''हाँ।''

"जी चाहे है कि सीटी बजाके नाग बाबा को बुलाऊँ और खेलूँ पर अब रात चढ़ रही है। आज कुछ बादल हू घिर आए हैं। अपनी इष्टदेवी की सेवा में पौंच जाऊँ। ससुरी को ताले में बन्द करके आयो हूँ।" कहकर हँसने लगा, फिर कहा, "भलो, तो चलूँ। जैसिरीकिशन। और नागबाबा से हमारी पैलगी कह दीजो, भूलियो मती।"

सन्नाटा। साँस की तरह न रुकने वाली झिल्लियों की झंकारें—अथक, एक-सी—गहरी ऊब भरी। जैसे मेरा अब तक का जीवन है।...सीही के शिव-धनी हिंगलाज की देवी के दर्शन करने गए थे। बतलाते थे कि मरुभूमि पर चलो तो चलते-चलते दिग्भ्रम होने लगता है कि कहाँ जा रहे हैं। मेरी मनोमरुभूमि में भी ऐसी ही स्थिति आ गई है। कहाँ जाऊँ। अन्धे की घुटन किस दशा में प्रकाश की गली पाकर मुक्त होगी?

"सामी जी।"

"हाँ रामध्यानी की अम्मा।"

"कुप्पी धरे जाऊँ हूँ आले में। लाओ दूध के दाम देव तो वो भी लाके धर दूँ।"

"दूध तो आ गया आज। और कल मेरा भोजन न बनाना रामध्यानी की अम्मा।"

"चौं माराज?"

"ऐसे ही, उपवास करूँगा।"

"अरे सामीजी कल न रखो, और कोई दिन रख लीजो।"

"क्यों?"

"साधू फकीर ते झूठ च्यौं भाखूँ, कल मेरो जमाई आयगो। तुम्हारी बदौलत वाको इ जिमा देती। मैंने सोची है कल खीर, मालपुए और कढ़ी-भात बनाए लऊँ। मेरे हाथ की कढ़ी ऐसी बने है माराज की उँगलियाँ चाटत रह जइहौ।"

"अरे तू खाली रामध्यानी की अम्मा ही नहीं, इस अंकिचन श्याम ध्यानी की अम्मा भी है। चंदन सेठ के यां ते आनेवाली अपनी रोजीना की दक्षिणा तोकौं ही नित्य सौंप दूँ हूँ। तू आनन्द से जिमा अपने जमाई को। मेरे उपवास से चिन्तित क्यों होवे है।"

"कल तो कोई उपासी तिथि भी नाँय है सामीजी। अपनो मनमानो उपास फिर रख लीजो। जो तुम नाँय जीमोगे तो मेरो मन अभी से खट्टा है जाएगो।"

"अच्छा मैया, खाऊँगा। तेरा सुख मेरे उपवास के सुफल से अधिक पुण्य दायक है।"

सूरज ध्यान में अपनी माँ को देख रहा है—"अरे सूरज, ये खाले। वो खाले। अरे खाले, मेरो सरवन पूत, मैंने तेरे ताईं ही रच पच के बनायो है,"...माँ की याद करके मन रो पड़ा। अब से कितनी दूर चला गया वह तब वह शिशु सूरज! माँ उसे लेके किस-किस ओझा, साधु, यहाँ तक मुसलमान-फकीरों तक के पास नहीं गई। कोई उसके सूरज की आँखें अच्छी कर दे।...मन ऐसा उमड़ा कि ध्यान में माँ की छाती से जा चिपटा। कल्पना में जीवन स्पर्श का अनुभव हुआ। पता नहीं जीती होगी या...? आँसू आ गए।

सूरज को अपनी माँ सदा घर के समान लगीं और पिता बाहर के समान। घर की एक-एक कोठरी दालान, तिखण्डे तक एक-एक कोने से वह इतना परिचित कि बेधड़क हर कहीं डोल लेता था। और बाहर कभी तो ठण्डी हवाओं भरा निष्कंटक मैदान मिले जहाँ मौज से नाचो-कूदो, सपाटे से दौड़ते चले पर कब किसी पेड़ के तने से सिर टकराएगा कि अचानक किसी गड्ढे में गिरकर हाथ-पैर टूटेंगे यह सूरज नहीं जान पाता था। ठीक उसी प्रकार पिता भी उसके लिए सदा जाने-अनजाने ही रहे।

पिता उसे सूर या सूरा कहके पुकारते थे। इसमें सन्देह नहीं कि वे उसे प्यार करते पर वे उस पर क्रोध भी बेहद करते थे। तनिक-सा भी अपराध हुआ तो बस, चट से हाथ चला बैठते थे। उसके संगीताभ्यास के विषय में 'कक्का' इतने अधिक सजग रहते थे कि पूछो मत। तीन बरस की आयु से ही त्रितंत्री पकड़ा दी थी। अपने सूरे के करुण मधुर स्वर पर उन्हें अभिमान था। उनके मित्र परिचित बाहर के गवैये जब उसकी प्रशंसा कर देते थे तो पास बैठे हुए कक्का स्नेह से उसकी पीठ पर हाथ फेरने लगते थे। वह हाथ फेरना, वह स्नेह करना इस समय सूरज को पूर्व का स्मृति स्पर्श दे रहा है। मगर जन्म-पत्रिका विचार कर किसी ज्योतिषी ने उनसे बहुत पहले ही यह कह दिया था कि इस बालक का जन्म माता-पिता के लिए दुर्भाग्यपूर्ण है। वह भविष्यवाणी जैसे-जैसे फलती गई वैसे-वैसे वे सूर के प्रति कटु भी होते गए। दुर्भाग्यवाहक होने के कारण कटु और पुत्र प्रेम तथा उसके गुणों के कारण मृदु भी।

सात वर्ष की आयु। पिता भागवत महाराज गुड़गाँव में कथा बाँच रहे हैं। 'मूकं करोति वाचालम्' वाले श्लोक को गाकर सुनाने के बाद उसकी व्याख्या करते हैं। पिता का सूरा, सूर्यनाथ उसके पास ही बैठा है। मधुर गायन, मधुर व्याख्या और सूर के मन में एक मधुर विश्वास भी पनप रहा है। उसे आँखें मिल सकती हैं। उसे भी औरों की तरह दिखलाई दे सकता है। ''यत्कृपा तमहं वन्दे परमानन्द माधवम्।'' कैसे पाऊँ यह कृपा? 'भजन कर, ध्यान कर, उनका विश्वाास प्राप्त कर।' श्याम मन बोला था । उसी कथा स्थली में संयोग से पिता की वाणी ने पल-विराम लिया और आषाढ़ के पहले दौगरे की तरह बरस पड़ी थी सूर की काव्य प्रतिभा–

''बन्दौ चरन कमल हरि राई।
जाकी कृपा पंगु गिरि लंघै,
अंधे को सब कुछ दरसाई॥''

उस दिन बड़ी वाह-वाह पाई थी। कथा सुनने वाले धनी जनों ने धन वस्त्र के रूप में उसे उपहार दिए थे। पिता भी प्रसन्न थे। उस दिन उसका पहली बार आदर मान हुआ था। पिता का सूरा, माँ का सूरज अपने मन से ही हरिराय का सूरदास बना था। भगवत् कृपा से क्या नहीं हो सकता। उसे एक दिन सब कुछ दिखलाई पड़ेगा...

पद रचना करते समय भले ही भगवान के प्रति अटूट विश्वास मन में प्रकट हुआ हो और भले ही उसे जीवन में पहली बार बहुत लोगों की सराहना मिली हो; उसकी पद-रचना के बहाने उसके पिता को कुछ अधिक धन भी मिल गया हो परन्तु घर आकर उसका वह बिश्वास, वह हौसला कच्ची मिट्टी के खिलौने-सा टूट गया। बाहर पाई हुई प्रशंसा और शाबासी के आबदार मोती घर आते हुए ही उसके लिए ओस की बूँदें बन गए। भागवत प्रेमियों की सभा में पाए हुए उपहार भाइयों के सामने ईर्ष्या के अंगारे बनकर दहक उठे। माता-पिता उससे जितने ही प्रसन्न हुए उतने ही दो बड़े भाई उसके प्रति कटु और कुटिल हुए। सूरज से बड़ा गोपाल था। दोनों की आयु में आठ वर्ष का अन्तर था। सूरज के जन्म से पहले पिता गोपाल के मधुर कण्ठ की बड़ी सराहना किया करते थे। उसे संगीत की शिक्षा भी स्वयं ही देते थे, किन्तु सूरज के सुरीले कण्ठ ने आरम्भ से ही बड़े भाई की उगती और पनपती हुई कीर्ति-लता पर पाला डाल दिया। परिणाम यह हुआ कि एक दिन सूरज को अपनी त्रितन्त्री वीणा टूटी हुई मिली। दूसरे दिन पिता की वीणा पर अभ्यास कर रहा था तो उसकी खोपड़ी से पत्थर का एक नोकीला टुकड़ा आ टकराया। तीसरे दिन, चौथे दिन, प्रतिदिन कुछ न कुछ उत्पात बढ़ता ही गया। एक दिन सूरज अभ्यास कर रहा था, पिता कुछ दिनों के लिए गाँव से बाहर गए हुए थे, तभी पाँच-सात लड़के घर की बैठक के आगे खड़े होकर ऊँचे स्वर में चिल्ला-चिल्लाकर गाने लगे, "कौवा करे काँव-काँव सूरा करे भौं, भौं।" बेचारे सूरज की तन्मयता लुप्त हो गई। वह चिड़चिड़ा उठा। जिन दिनों पिता जिजमानी के काम से गाँव से बाहर रहते थे उन दिनों उसने प्रायः घर पर रहना ही छोड़ दिया। कभी नागश्री जलाशय के किनारे पेड़ तले बैठकर पक्षियों की कलरव और नहाने वालों की छपा-छप सुना करता, कभी टीले के खण्डहर में बैठता और कभी एक शिवाले में जाकर किसी कोने में धूनी रमा देता था।

पुराना शिवालय दिन में प्रायः निर्जन ही रहता था। मन्दिर के गोल घेरे में एक-एक मूर्ति से वह परिचित हो गया था। घुसते ही दाहिने हाथ आले में सिन्दूर पुते बड़े से गणेशजी, फिर सूर्य भगवान सात घोड़ों के रथ पर विराजमान हैं। सुना है ये सात घोड़े सात रंग के हैं। एक हरा, एक लाल, काला, पीला...कैसे होते हैं रंग? पीले और काले में अन्तर क्या होता है? परासौली में हीरा बाबा ने स्पर्श से रंगों की पहचान कराई थी। यह उसे चमत्कारी तो बना देती है, सन्तोष नहीं देती।... प्रश्न जब भोले मन में उगते थे तो कोमल होते थे, पर उत्तर पाते ही वह करील के काँटे से चुभने वाले हो जाते थे। खैर, मन में टीस लेकर वह आगे बढ़ता है। अब वह आला है जिसमें पार्वती जी बैठी हैं। सूरज प्रायः इसी आले के नीचे बैठा करता और तरह-तरह की बातें सोचता। कक्का कथा में सुनाया करते हैं...कुपुत्रो जाएत क्वचिदपि माता कुमाता न भवति–मैया मैं तो तेरा जनम-जनम का पूत कपूत

हूँ पर तू तो कुमाता नहीं है। मुझे एक ही आँख दे दे। मैं देखूँ तो सही ये दुनिया कैसी है। चाँद-सूरज कैसे होते हैं। धूप, चाँदनी, बरखा, बदरिया ये सब कैसे होते हैं। हाय मैया तू कितनी अच्छी है मेरी जगदम्बा।...अब तू कहेगी कि सूरे मैं माता कुमाता नहीं हूँ पर तेरे लिए मैं आँख कहाँ से लाऊँ। सब जीवों की अपनी-अपनी आँखें हैं उनमें से किसी की आँख निकालकर तुझे दे दूँ। ये भला अन्याय नहीं होगा। हाँ, होगा तो जरूर...जैसे मेरी आँखें नहीं हैं और मैं दुःखी हूँ वैसे ही जिसकी आँख निकाली जाएगी वह दुखी होगा बेचारा। मैया के तो सभी बेटे हैं। अच्छा, पर एक काम कर सकती हैं। शिवजी के पास तो तीन नेत्र हैं, भला उन्हें तीन नेत्रों का अब क्या काम है? तीसरा नेत्र उन्होंने कामदेव को भस्म करने के हेतु खोला था, अब तो वह भस्म भी हो गया। पार्वती मैया शिवजी से कहें कि हे स्वामीनाथ ये अपना तीसरा नेत्र तुम सूरज को दे दो। एक ही आँख से काम चला लेगा। बेचारा। 'कहो मैया कहो। भोलानाथ से कहो।' थोड़ी देर आशा भरी उमंगों के घोड़े दौड़ते रहे फिर उदासी छा गई। अरे ये भगवान भी सब एक ही थैली के चट्टे-बट्टे हैं। अंधा बाँटे रेवड़ी अपने आप को देय। शिवजी असुरों को ही वरदान देते हैं, चाहे रावण हो, चाहे भस्मासुर, चाहे बाणासुर। इन्हीं सबको वरदान देते हैं। फिर वही दुष्ट इनको सताते हैं। ऐसे ही राम-कृष्ण, विष्णु भगवान बस अपनों का ही भला करना जानते हैं। सुदामा दरिद्री था, उसे इसलिए धन कुबेर बना दिया कि वह मित्र था, साथ पढ़ा था। भरी सभा में चीर बढ़ाकर द्रौपदी की लाज बचाई। अपनी बुआ की पुत्रवधू की लाज बचाने गए तो कौन बड़ा काम किया। तुरक पठान आए दिन न जाने कितनी बेचारी अबलाओं की लाज लूटते हैं, उन्हें बचाने तो नहीं आते फिर सूरज को आँखें देने भला क्यों आएँगे।

शिवाले में बैठकर अपने मन की तरह-तरह की बातों से टकरा-टकराकर सूरज को एक तरह तसल्ली मिल ही जाती। वह अक्सर गाने लगा। अकेले में बैठकर गाता। एक दिन संयोग से सूरज गा रहा था। सहसा उसकी तान पर किसी और स्वर ने वैसी ही तान लगाई जो सूरज से अधिक अच्छी थी। सूरा चुप...''कौन?''

''गाओ वत्स, मेरी ही तरह। गाओ—गाओ।'' बात कहने वाली आवाज़ ने फिर वही तान ली। सूरज उनकी नकल करने लगा। एक-दो बार के अभ्यास से स्वयं भी वैसी तान अपने गले से निकाल ली।

''साधु-साधु। बड़े गुणी हो वत्स। भगवान ने तुम्हें, अद्‌भुत सुरीला कण्ठ दिया है।''

''आप कौन हैं महाराज?'' सूरज ने हाथ जोड़कर पूछा।

''मैं नाद ब्रह्म का एक अकिंचन उपासक हूँ। मार्ग में जाते हुए तुम्हारा गायन सुना तो आकर्षित होकर चला आया। जान पड़ता है किसी अच्छे गुरु से शिक्षा पा रहे हो।''

"मेरे पिता ही मेरे गुरु भी हैं। वे भागवत महाराज के नाम से विख्यात हैं।"

"समझ गया। एक बार ओखले में उनसे भेंट भी हुई थी। वत्स, संगीत ज्ञान विपुल है। इसे प्राप्त करने के लिए अनेक गुरुओं की शरण में जाना पड़ता है।"

"आपने जो तान अभी लगाई वह बड़ी कठिन है किन्तु ओज है उसमें।"

"स्वर तरंगों का प्रभाव दूरगामी होता है। जैसे बाहर ब्रह्माण्ड में वैसे ही तुम्हारे अन्तः ब्रह्माण्ड की सूक्ष्म से सूक्ष्म नाड़ियों को शुद्ध कर वे उसमें गति कर सकती हैं। उसकी गति सर्वत्र है। नाद योग की साधना करके तुम अपने आप को सदा नीरोग रख सकते हो पुत्र।"

"आप क्या कोई संन्यासी हैं। महाराज?"

"यों ही समझ लो। अब केवल नाद ब्रह्म ही मेरे पितु, मातु, सहायक स्वामि, सखा हैं।"

"आज तो संयोग से ही मैंने आपके दर्शन पा लिए स्वामीजी। पर जो कुछ सीखना चाहूँ तो आपको कैसे पाऊँगा?"

"इच्छा भाव से सब कुछ पाया जा सकता है। शिष्य की ललक गुरु से धर्म का पालन स्वयमेव कराती है। मैं तुम्हें फिर मिलूँगा।"

"कहाँ?"

"कल इसी समय यहीं मिलो। मैं तुम्हें यहीं से ही अपनी कुटी में ले जाऊँगा।"

दूसरे दिन सूरज शिवाले में पहुँचा। स्वामी नाद ब्रह्मानन्द उसकी प्रतीक्षा में थे। अपने साथ कोस भर उत्तर में एक निर्जन स्थली पर बनी हुई कुटी में ले गए। बानक ऐसे बने कि सीखने सिखाने के उत्साह में गुरु शिष्य दोनों ही भूल गए कि सूरज की अपनी भी कोई दुनिया है। छठे दिन अचानक सूरज के श्याम मन ने उसे घर की याद दिलाई। घर का ध्यान आते ही मन विरक्ति और ऊब से भर उठा। श्याम मन चहकने लगा 'घर की हाय-हत्या से तो यह निर्जन वन अधिक सुरम्य है।'

सूरज मन भोला, चहकाने पर चहक उठा, 'ठीक ही तो है श्याम, यहाँ मैं तुम्हें सदा अपने निकट पाता हूँ। घर में भाइयों का ईर्ष्या द्वेष! हरे, हरे! साक्षात् रौरव नरक है।

'पर मैया है, कक्का हैं। कक्का मारपीट भले करते हों पर प्यार भी तो बहुत करते हैं।'

'गायन विद्या तो मैं यहाँ भी सीख रहा हूँ।'

'ठीक है सीखो। परन्तु माता-पिता की ममता बिसार दोगे तो एक दिन मेरी ममता भी तुम्हें बिसर जाएगी।'

'बिसरेगी कैसे श्याम। तुम्हारे लिए ही अब मैं भी नादयोगी बनूँगा। गुरु कृपा से मुझे मार्ग मिल गया है।'

दो-चार दिन और बीत गए। अब मैया और कक्का का ध्यान विस्मृति से

स्मृति में आ गया था, इसलिए कभी-कभी यह इच्छा होती थी कि पिछले आठ-दस दिनों में किए हुए नवीन अभ्यास का परिचय वह अपने पिता को भी दे । वे भले ही उसकी इतने दिनों की अनुपस्थिति से क्रुद्ध हों, परन्तु जब सुनेंगे तो प्रसन्न हो जाएँगे। गोपाल दाऊ की ईर्ष्या की कल्पना करके सूरज को खुशी हुई, पर इस खुशी के पीछे प्रत्याशित टीसों की तड़प-तरंगें भी लहरा उठीं। उन्हें बहलाने की इच्छा से ही कदाचित् 'लाल पीले' मुहावरे का अर्थ गुत्थी में उलझ गया। क्रोध में क्या मनुष्य लाल पीला हो जाता है। एक बार पूछने पर माता ने बतलाया था कि जब आग में लपटें उठती हैं, तो लाल पीली दिखलाई पड़ती हैं...कैसा होता है देखना? सूरज का मन अभाव की पीड़ा से उमड़-घुमड़ उठा।

गुरु ने शिष्य का दुचित्तापन देखा तो कहा—"पुत्र, कंचन कलश में अमृत भरने के मोहवश मैं यह भूल ही गया था कि तुम्हारे माता-पिता हैं, परिवार है। तुम्हें उनकी याद तो आती होगी।"

सूरज ने लज्जित होकर सिर झुका लिया, कहा—"मेरा घर नहीं है गुरुजी। उसके लिए कोई आकर्षण नहीं। आपकी शरण में आकर इतने दिनों में मैंने यही कामना की है कि इन गुरु चरणों में ही मेरी सच्ची गति हो।"

"तुम्हारे मनोभावों को मैंने भलीभाँति समझा है पुत्र, किन्तु जब तक तुम्हारे माता-पिता की अनुमति नहीं मिलेगी तब तक तुम्हें अपने पास न रख सकूँगा। एक बार मुझे तुम्हें लेकर वहाँ जाना ही होगा।"

स्वामी नाद ब्रह्मानंद स्वयं सूरज को लेकर उसके घर पहुँचाने गए। भागवत महाराज उन्हें देखते ही आनन्द में गद्गद हो गए। स्वामीजी ने सूरज के इतने दिनों घर से दूर रहने का दोष स्वयं अपने ऊपर लिया, जिसे सुनते ही भागवत महाराज़ हाथ जोड़कर बोले, "आपके साथ रहकर यह अभागा लोहा कंचन बन जाएगा।" फिर सूरज अपनी माता के पास भेज दिया गया। स्वामीजी ने बालक की संगीत शिक्षा, उसकी काव्य प्रतिभा और ईश्वर प्रदत्त दिव्य स्वर की सराहना की। यह भी समझाया कि उसे संगीत शास्त्र के अतिरिक्त साहित्य शास्त्र की शिक्षा भी देनी चाहिए। भोले भागवत महाराज, उपस्थित क्षण की भावना बयार में इत-उत डोलने वाले, इस समय स्वामी नाद ब्रह्मानन्द जी की उपस्थिति से प्रभावित होकर "हाँ-हाँ यही होगा" कहते रहे। बड़े आग्रह से उन्होंने स्वामी जी को उस दिन अपने यहाँ रोका। संगीत गोष्ठी का आयोजन किया। संगीत प्रेमियों ने स्वामी जी का नाम बहुत सुना था कि जब वह गाते हैं तब उनके शरीर की नाड़ियाँ भी उन्हीं स्वर तरंगों को प्रवाहित करती हैं। आसपास के गाँवों के सभी संगीत प्रेमी, सेठ साहूकार, हाकिम, पण्डित, वैद्य, संगीतज्ञ, लगभग पैंतीस-चालीस जनों को उन्होंने दोपहर होते न होते ही न्योते भिजवा दिए। गाँव का हर जवान इस समय भागवत महाराज की आज्ञा पर निछावर होने के लिए तैयार था। कई दिनों से गायब रहने वाले सूरज के एक संन्यासी के साथ

घर लौट आने की बात सुनकर पास-पड़ास के बहुत से लोग भागवत महाराज के घर आए। और जब संन्यासी की विशेषताओं के सम्बन्ध में जाना तो उत्साहवश एक प्रकार का आध्यात्मिक नशा भी उन पर चढ़ गया था। इस प्रकार भागवत महाराज को अपने घर में होने वाले अप्रत्याशित उत्सवायोजन के लिए बहुत से स्वयं सेवक मिल गए। तीस-पैंतीस बाहर के और पन्द्रह-बीस इन गाँव के कार्यकर्ताओं के लिए भोजन बनेगा। कई घरों से आटा, तरकारियाँ, दूध-दही फटाफट महाराज के घर पहुँच गया। बैठक और जनानी ड्योढ़ी के बीच वाले कच्चे आँगन में सफाई होने लगी, दरियाँ बिछाई जाने लगीं, घर में काम का हुल्लड़ मच गया।

बाहर के सब प्रबन्धों के लिए विविध आदेश देने में भगवत महाराज व्यस्त थे। अन्तःपुर से बुलावा आया। पत्नी के कहने से उन्हें इस बात का होश आया कि वे अपने जोश में आयोजन तो इतना बड़ा कर बैठे हैं किन्तु धन के नाम पर उनके घर में इस समय छदाम भी नहीं हैं। महाराज घबरा गए। खैर अभी तो उन्होंने आवश्यक वस्तुएँ मँगवा ली हैं। दाम फिर दे दिए जाएँगे...

"मगर...मगर, अरे सुनो! मुझे याद आवे है चार-पाँच वर्ष पहले महावन के राजा के याँ कथा में मुझे दो सोने की म्होरें मिली थीं। वो मैंने तुझेई दे दी थीं।"

पत्नी ने अपराधी जैसा लज्जित मुख नीचा कर लिया। बोली—"मैंने तुमसे कही तो थी एक बार। इस ऊपर वाली धन्नी में बाँध के टाँगी थी। वो पुटलिया तो चूहे कुतर गए मरे और म्होरों का पता नईं चला। मैंने भौत-भौत ढूँढ़ी उन्हें कहीं पताईं नईं चला।"

"कक्का मेरा मन कहता है कि द्रव्य घर में ही है। मेरा मन ये भी कहता है कि जिस धन्नी में मैया ने टाँगी थीं उसी की पोल में हैं।"

"अरे। खैर तेरी फिर सोची जाएगी अभी जल्दी में—"

"वा में देरी का लगेगी। अबहाल खटिया लाऊँ हूँ चढ़के देख लूँगी।" कहती हुई माँ बाहर गई। खटोलिया ले आई। उसपे मचिया रखी और चढ़ गई। धन्नी के देख-दाख के बोली, "सुनो हो सूरज ने सच्ची कई, या में पोल है।"

"हैं!! अरे तो तू उतर। मैं देखूँगा।" आप चढ़के देखा तो विस्मय हुआ। "धन्नी दीमकों ने पोली कर दी है।" लोहे की छड़ माँगी। घुनी लकड़ी जल्दी ही टूटकर गिर पड़ी और उसके साथ दो पीली मुहरें भी। पिता ने उतरकर सूरज को चिपटा लिया। "अरे तेरी बदौलत आज आबरू रह गई मेरे लाल। जो आँखों वाले न देख सके वो तूने बता दिया।" पिता ने पुत्र को चूमा और प्यार किया। एक मुहर पत्नी के पास रखवाकर और एक लेकर वे फिर बाहर चले गए। इतना बड़ा आयोजन करके फिर लोगों से उधार की बात कहनी पड़ती तो कह तो लेते, मन की आँखें लाज से झुक जरूर जातीं। किन्तु अब वे मस्त गजराज से झूमते बाहर निकल रहे थे।

दस-ग्यारह बरसों पहले की वह बातें युवक सूरज के मन में ध्वनि-बिम्बों में

उतर रही थीं। उस दिन सूरज अपने ही घर में सम्मानित हुआ था। सायंकाल गान-गोष्ठी का शुभारम्भ स्वामी जी की आज्ञा से सूरज के द्वारा ही हुआ। उस दिन उसके गायन में स्वामी जी की दी हुई शिक्षा की स्पष्ट छाप बोल रही थी। बालक ने लोगों को बहुत आनन्दित किया। गाँव के कई बड़े-बूढ़े आत्मीय जनों ने उसके ऊपर टके निछावर किए, असीसें दीं। भागवत महाराज का मन एक साथ ही आकाश को छूने वाली गर्व-मीनार और स्नेह का अगम समुद्र बन गया था। आनन्द हौसले से उठता तो आसमान को छूता था, और भांवमग्नतावश जब डूबता तो अबल की निस्पन्द गुदगुदाहट में खो जाता था।

बिदा होते समय सूरज ने स्वामी जी के चरण पकड़ लिए और साथ रहने का आग्रह किया। स्वामी जी बोले, "वत्स, मैं इस समय ग्वालियर जा रहा हूँ। राजा मानसिंह के दरबार में ध्रुवपद शैली का बड़ा विकास और प्रचलन हुआ है। एक बार सुनने की इच्छा है। वहाँ से आऊँगा तो तुम्हें अपने साथ ले चलूँगा।"

सूरज के मन में धक्का लगा। जैसे किसी ने उसकी छाती पर कुछ खींचकर मारा हो। आगे की यादें धक्के मारती थीं। दोनों बड़े भाइयों ने सूरज को इस सफलता के लिए ईर्ष्यावश तरह-तरह से दण्डित किया।

भागवत महाराज स्वामी जी के आदेशानुसार अपने सूरे को साहित्य ज्ञान कराने के लिए जब पड़ोस के गाँव के एक सजातीय राजकवि पण्डित सोमेश्वर जी सारस्वत के पास ले जाने लगे तब घर में बड़ी कहासुनी हुई थी। सबसे बड़े भाई संकर्षण दाऊ तो तब तक जीविकावश बाहर के हो गए थे किन्तु वासुदेव और गोपाल दाऊओं ने बड़े-बड़े अड़ंगे लगाए। 'दो नावों पर एक साथ पाँव रखकर चलेगा तो डूबेगा ही।' कक्का तो ऐसे भोले भण्डारी, कि कोई कह दे कि कौवा कान ले गया तो कान न टटोलकर कौवे के पीछे भागने लगते। भागवत महाराज के चार बेटों में बड़ा तो खाने-कमाने वाला बन के बाहर गाँव चला गया। तीसरा गोपाल पण्डित बन रहा है। कथावाचन करेगा। कुछ थोड़ा-सा गला-वला भी पाया है, सो अच्छा खा कमा लेगा। एक बीच का वासुदेव ही अभागा रहा। आरम्भ में पढ़ने-लिखने में उसका विशेष जी न लगा सो महाजनी खाते, खतौनी का काम सिखलाया गया। धनवानों की नौकरी बड़ी बुरी होती है। रोटी भले मिले पर मनुष्य का स्वाभिमान नष्ट हो जाता है। वासुदेव दाऊ इसी कुण्ठा से पीड़ित थे और गोपाल दाऊ की कुण्ठा यह थी कि हर तरह से अभागे अंधे भाई ने उससे अधिक सुरीला कण्ठ और अब गायन कला में भी विशेष निपुणता पा ली थी। इन्हीं दोनों भाइयों के कारण सूरज के लिए घर नरक से भी अधिक भयानक बन गया। पिता उसे सोमेश्वर की शरण में उन्हीं के घर पर छोड़ आए थे। बस इसी से घर में कलह-काण्ड आरम्भ हुआ। कक्का उसे बाहर छोड़ आए हैं। सब कहते हैं अंधा परायी रोटी तोड़ रहा है। तरह-तरह की कुच-कुच आए दिन होती ही रहती थी।

पन्द्रह-बीस रोज बाद पिता जब गाँव आए थे तो वासु और गोपाल दोनों भाई आपस में षड्यन्त्र करके सोमेश्वरजी के यहाँ पहुँचे। कहा—"सूरज को माँ ने बुलाया है। उनकी तबीयत ठीक नहीं है।" सूरज घर आया तो माँ को अच्छा-भला पाया। दुखी हुआ परन्तु उसने भी अपना हठ न छोड़ा। राजकवि सोमेश्वर जी के घर की दिशा और दूरी का अनुमान बहुत कुछ हो चुका था। दूसरे दिन सूरज बड़े तड़के ही माँ से पूछकर गुरुजी के घर की ओर चल पड़ा। राजकवि अपने नए शिष्य की लगन और प्रतिभा देखकर प्रसन्न थे। बालक में काव्य की आशुस्फूर्ति थी। उसने अपने गुरु से भाइयों के ईर्ष्या-द्वेष की बात कही और यह आज्ञा माँगी कि वह प्रतिदिन सायंकाल अपने घर लौट जाया करेगा। इसमें भी अड़चनें आईं। सायंकाल लौटते समय अक्सर उसकी पीठ, खोपड़ी या बाँह आदि पर जोरदार ढेले पड़ते। सूर ने लौटते समय अपने कान और सिर पर अँगोछा लपेटना आरम्भ कर दिया। आस-पास आने-जाने की हल्की-सी पैछूट के प्रति भी सूरज के कान चौकन्ने होने लगे। कविता के अर्थ के सम्बन्ध में गुरुजी ने अपने एक वयस्क शिष्य को एक बड़ा मजेदार श्लोक सुनाया था। सूरज उस समय था तो आठ वर्ष का बालक ही किन्तु श्लोक का अर्थ उसे एक अजीब अचेतन गुदगुदाहट से भर रहा था। गुरुजी ने कहा कि कविता का अर्थ न तो आन्ध्र देश की स्त्रियों के कुचों की तरह पूरा खुला रहे और न गुजरातिनों के पयोधरों के समान पूरी तरह से ढका ही रहे। कविता का अर्थ तो मराठी स्त्रियों के स्तनों के समान कुछ-कुछ ढका और कुछ-कुछ उजागर होना चाहिए, इसी में काव्य का लालित्य है। गुरु के यहाँ से एक रहस्य गुदगुदी भरा ज्ञान गुर पाकर सूरा उसे ही घोखता हुआ आ रहा था कि घर के रास्ते में इस अर्थ ने दूसरा रूप ले लिया—मारने वाले को लाठी न तो खुले हाथ से मारे न दबे हाथ से। जैसे ही कोई शत्रु पास आए तो ससुरे की दोनों टाँगों के बीच में अपना डण्डा अड़ाय दे। खुला भी रहे, ढका भी। काहू के अजाने में लग जाए तो कहे कि भया आँधरो हूँ छिमा करियो।...परन्तु इन सब नित्य के प्रपंचों से बालक सूरज का मन आए दिन दुचित्ता तो रहता ही था। सूरज ने हठपूर्वक सोमेश्वर जी से दो वर्षों तक साहित्य ज्ञान प्राप्त किया। स्वामी नाद ब्रह्मानंदजी जब ग्वालियर से लौटकर आठ महीनों बाद फिर अपने स्थान पर आ गए तो उनसे भी शिक्षण ग्रहण करता रहा। वह किसी की नहीं सुनेगा, अपनी ही करेगा और यही उसने किया भी।

भाइयों में किसी की याद नहीं आती। प्रेम, घृणा, ईर्ष्या के अतिरिक्त तीनों में एक से भी प्रेम या सहानुभूति पाने का एक भी क्षण उसे याद नहीं आता। विशेष करके तीसरे भाई गोपाल के भीतर तो उसके प्रति काले नाग से भी अधिक विषैली ईर्ष्या भरी हुई थी। गोपाल सूरज से आयु में आठ बरस बड़ा था। सूरज की गायन प्रतिभा के प्रकट होने से पहले गोपाल के बड़े माहात्म्य थे कि उसने बाप से भी अधिक सुरीला कंठ स्वर पाया है। सूरज ने उसका वह यश छीन लिया। आठ-नौ

वर्ष की आयु में ही भागवत महाराज के बेटे और स्वामी जी के शिष्य सूर्यनाथ की दो-चार कस्बों तक चर्चा फैलने लगी थी। स्वर में ऐसी मोहिनी है कि जो सुनता है वह उसके जादू से बँध जाता है।

प्रशंसा के इन्हीं दिनों में एक दिन गोपाल पर कोई मुसलमान पीर का एक प्रेत चढ़ा। ऐसा लगता है मँझले भाई वासुदेव भी इस षड्यन्त्र में शामिल थे। घर में बड़े-बड़े नाटक हुए। पास-पड़ोस टोले-मुहल्ले की भीड़ घर में टूट पड़ी थी, प्रेत की बस यही माँग थी कि सूरज गाना बन्द कर दे। इससे मेरी इबादत भंग होती है। यदि ऐसा न किया तो तेरे घर का नाश कर दूँगा। ऐसा लगता था कि सारी दुनिया प्रेत पक्षीय हो गई है। पिता ने बड़ी मेहनत से सूरज को तैयार किया था। उन्हें एक जगह पर मन में गहरा दुःख तो था किन्तु सारे घर को बचाने के मोह में ढोंगी प्रेत को यहाँ तक आश्वासन दे गए कि यदि वह भविष्य में गाएगा तो वे उसे घर से निकाल देंगे। गोपाल के ऊपर चढ़े हुए ढोंगी प्रेत ने सूरज को भद्दी से भद्दी बातें कहीं। पिता हाँ-हाँ करते रहे। सूरज का मन अपमान की पीड़ा से तिलमिला उठा। अब नहीं सहा जाता। उस दिन कैसे दुखी होकर सूरज ने पुराने टीले के खण्डहर के पास बैठकर गाया था। आज भी वह दिन और दर्द स्मृति में उसी तरह उमड़ पड़ा। पुरानी रचना धीमे स्वर में गा उठा—

विमुख जनन को संग न कीजै
जिनके विमुख वचन सुनि स्रवननि
दिन दिन देही छीजै।
मोकों नेकु नहीं यह भावत
परबस कौ कहा कीजै॥
धिक इहिं घर धिक इन गुरुजन कौ।
इनमें नहीं बसीजै।

कोठरी अपने में ही दर्द से भर उठी। सूरज का मन भीतर-ही-भीतर सिमट गया। मान-सम्मान, अपमान, धन, फकीरी—सब कुछ इसी कोठरी के सन्नाटे में सिमट गया। अन्धा आदमी अपने आप में ही सन्नाटा है। कड़वे सन्नाटे में एक याद मिठास बनकर तेजी से घुली। दूर—बहुत दूर, परासौली में जब रहता था तब की याद। तीन और चार बरस की उमर थी। संकर्षण वासुदेव दो बड़े भाई तो अपने दादा और काका के साथ सीही में ही रहते थे। यहाँ गोपाल दाऊ थे। आयु में सूरज से आठ बरस बड़े। पिता ने चूँकि तभी सूरे की संगीत शिक्षा का श्री गणेश कर दिया था और पीछे उसके सुकण्ठ की प्रशंसा करने लगे थे। इसलिए गोपाल दाऊ की ईर्ष्या भी तभी से भड़क उठी थी। गली टोले के बच्चे उसे अपने साथ खिलाते नहीं थे। माँ ने कपड़े के बहुत हाथी, घोड़े, गाय, चिड़िया, तोता, मोर, बना दिए थे पर उनसे

कोई कहाँ तक खेले। एक थे हीरो बाबा। गोपवंशी थे। उनकी विधवा पुत्री सूरज के घर ही में अधिकतर रहती और माँ के कामों में सहायता देती थी। उनके पुत्र होती काका ही उनके घर की गायों की सेवा में नियुक्त थे। हीरो बाबा को शायद सूरज की विवशता के कारण ही उससे बहुत लगाव था। वे उसे गोद में लिए जाने कहाँ-कहाँ डोलते फिरते। 'यह चन्द्र सरोवर है। यह देखो, बाजनीशिला है। बजाओ तो बेटा! ढम ढम ढम! इसी का नगाड़ा बजता था। यहाँ शरदपूनो की रात को सोने की थाली में जैसा चन्द्रमा आकाश में दमके तब यह अठकोने चन्द्र सरोवर का जल भी ऐसा चमकता है कि मानो पूनम का चन्द्र परासौली की धरती पर ही उतर आया हो। इत ते राधे रानी अपनी सखियान संग, उत ते बंसी बारौ, अपने सखान संग—आए। दोनों ने दोनों को देखा, ठगे से खड़े रह गए। बाएँ चन्द्र सरोवर दाएँ युगल मुखचन्द्र। परासौली की अनुपम शोभा के आगे गगनविहारी चन्द्र की शोभा फीकी पड़ गई। मस्ती में आके सखा सखियों ने ब्रजचंद्र चंद्रिका को घेर लिया। रास होने लगा। बाजनी शिला बजने लगी। डण्डे से डण्डे टकराकर सखी सखा नाचने लगे।'

सूरज को आज भी याद है हीरो बाबा ने कई बार उसे रास की बातें सुनाई थीं और एक दिन सूरज ने भी यह कहा था—"बाबा, एक दिन मैं भी रास रचूँगा।" हीरो बाबा ने उसका मुख चूम लिया था। बाबा उसे एक-एक बात बड़े प्यार से समझाते थे। एक-एक वृक्ष की पत्ती एक-एक फूल का स्पर्श कराके उन्होंने सूरज को अद्भुत ज्ञान दिया था। कदम्ब, छोंकर, छो, पसेंइ, पापड़ी, अरड़ी, हिंगोद, गोंदी बरमा—एक-एक पत्ती, एक-एक फूल—उनका रूखा चिकनापन, इनकी नसों की बारीकियाँ, उनके रंग-रूपों से ऐसी जान-पहचान करा दी थी कि सूरज तभी से इन सबकी विशेषताएँ बतला-बतलाकर अचम्भे में डाल देता। सूरज ने रंग नहीं देखे पर हर रंग बखान कर सकता था, धूप-छाया नहीं देखी पर किसी दिशा में सूर्य हो तो किस दिशा में छाया पड़ेगी यह वह बतला सकता था। बिना मन्त्र की सिद्धि, बिना चमत्कार का चमत्कार। यथार्थ बोध को घुट्टी में डाल-डालकर पिलाते थे परासौली के वह हीरो बाबा। उनकी स्मृति की मिठास में सुख की नींद सोए।

4

लाला हुलासराय सेठ चन्दनमल के पास शाही प्रस्ताव लेकर आए थे। लालाजी के यहाँ रेशम, नील और जस्ते के बहुत बड़े-बड़े कारबार थे। संयोगवश सिकन्दर जब राजकुमार ही था तभी से हुलासराय की उससे जान-पहचान हो गई थी। सुल्तान सिकन्दर शाह को अभी हाल ही में दिल्ली में सलाम बजा कर आ रहे हैं। सुल्तान

का प्रस्ताव था कि दिल्ली में तुरकी शाही वंश वालों के चलाए हुए मलमल के कई कारखाने इस समय दर्शनीय आर्थिक स्थिति में हैं। पुराने अमीरों का वैभव नष्ट हो जाने से बहुत कारीगर जो अब मुसलमान हो चुके हैं, बेकारी में तबाह हो रहे हैं। दूसरे निर्यात के माल में कमी हो रही है। चन्दनमल सेठ ने चूँकि कोइल में मलमल के चार-पाँच बड़े कारखानों में पूँजी लगा रखी है, इसीलिए हुलासरायजी चाहते हैं कि वह दिल्ली में भी धन लगा दें। कारखाने चालू हो जाएँगे तो सुल्तान प्रसन्नता का अनुभव करेगा।

चन्दनमल को सुल्तान के प्रस्ताव में कहीं धोखा लगता है। सिकन्दर शाह सुल्तान कट्टर हिन्दू विरोधी है। रुपया डूब जाएगा।

हुलासराय समझाने लगे--"भैया, सिकन्दर शाह पढ़ा-लिखा, समझदार आदमी है। वह जानता है कि इस देश का बैपारी हिन्दू है। हिन्दू से चाहे जितनी भी चिढ़ होय पर बैपारी की बढ़ोतरी के बिना कोई सल्तनत टिक नहीं सकती। उसने मुझसे यह बात खुद अपने मुँह से कही है और फिर यह तो तुम जानते ही हो कि सुल्तान हिन्दू सुनारिन का बेटा है।"

"इससे कुछ नहीं होता लाला जी। मुसलमान शासक अपनी आँखों से नहीं दम्भी और धूर्त मौलवियों की आँखों से हर बात को देखते हैं।"

"इसने छुटपने में अपने समय के एक बड़े मौलवी की दाढ़ी पकड़ के जला दी थी, मालूम है?"

"क्या?" चन्दनमल ने उत्सुकतावश अपनी पाँखें फैला दीं।

"पठानों में एक कमाल खाँ अमीर है। बूढ़ा है, अफीम खाता है, बातों का भी बड़ा रसिया है। एक दिन कहने लगा कि सिकन्दरशाह सुन्दर तो खैर अब भी है परन्तु बचपन में और भी सुन्दर था। शेख हसन मौलवी उन दिनों दरबार में ही नहीं महलों में भी बेरोक-टोक आया करते थे। बहलोल शाह सुल्तान उन्हें बहुत-बहुत मानता था। वो मौलवी सुसरा सिकन्दर से प्रेम करने लगा।"

"अच्छा।"

"एक दिन उस मौलवी ने इनसे कुछ बढ़ाबढ़ी कीनी। बस भैया, सिकन्दर गुस्से में उसकी गर्दन पकड़कर धूपदान के पास ले गया और उसकी दाढ़ी आग में झुलस दीनी, कही अब जाके बताना सबसे किसने तेरी दाढ़ी झुलसी और क्यों झुलसी। ऐसा कठोर है। आचरण तो ऐसा शुद्ध और पवित्र है कि क्या जब बखानूँ। उसकी माँ मुसलमान तो है पर मन-ही-मन कृष्ण भगवान की बड़ी भगत भी है।

"लालाजी, आयु में आप मेरे चाचा के बराबर हैं। आपका अनुभव भी गहरा है। आपकी बात काटने का कुछ साहस तो नहीं होता..."

"नईं-नईं, बेखटके कहो चन्दनमल। बात तो कहनी ही चाहिए।"

"आप यह क्यों भूल रहे हैं लालाजी, कि हिन्दू माँ का बेटा होने के कारण

ही वह दिखलाता है कि मैं असली मुसलमान से भी अधिक कट्टर हूँ।"

"वह बिल्कुल कट्टर नहीं है। हर मुसलमान को दिन में पाँच बार नमाज पढ़नी चाहिए कि नहीं—मगर सिकन्दर शाह की जब मर्जी होती है तब पढ़ता है, नहीं होती तो नहीं पढ़ता। उसने मुसलमानों की तरह दाढ़ी भी नहीं रखी, हजामत बनवाता है।"

चन्दनमल व्यंग्य से हँसे, कहा, "हाँ, तभी तो हमारे बाल बनवाने पर रोक लगा दी है उसने। लालाजी, इस दोहरे धार्मिक आचरण वाले मनुष्य का भरोसा नहीं किया जा सकता, भले ही वह बड़ा आचरणनिष्ठ बनता हो।"

"जैसा समझो भाई। मैंने अपनी बात तुमसे कह दी। विचार कर लेना।"

"आप कह रहे हैं इसलिए मैं यह कर सकता हूँ कि दिल्ली में कारीगरों को अपने कोइल के..."

"नहीं। इसमें प्रपंच होगा। इतने कारीगर दिल्ली में अपने-अपने घर उठाकर कोइल नहीं जाएँगे। तुगलक बादशाह के दिल्ली उठाने जैसा हाल हो जाएगा।"

"तब ठहरिए, अभी स्वामीजी को बुलवाता हूँ।" हुलासराय स्वामीजी के सम्बन्ध में जिज्ञासा करने लगे। चन्दन सेठ ने नौकर से दूसरे कमरे में बैठे हुए स्वामीजी को ले आने को कहा। फिर हुलासराय जी को अन्धे स्वामीजी के सम्बन्ध में बतलाने लगे। नौकर तब तक लम्बे, दुर्बल, सुन्दर और अन्धे भविष्यवक्ता को लेकर कमरे में आया।

लम्बा, दुर्बल, गोरा, नाक लम्बी और सुतवाँ, उभरी हुई हठीली ठोड़ी, उन्नत कपाल, लहराती हुई घुँघराली लटें, जटाओं-सी झूल रही हैं। हल्की-हल्की दाढ़ी-मूँछें भी हैं, कान बड़े हैं। कितना सुन्दर होता यदि यह आदमी देख भी पाता। बड़ी-बड़ी आँखें हैं मगर बेजान। लाला हुलासराय की पैनी परखवाली आँखें प्रवेशद्वार से ही सूरज से बँध गई थीं। मुख पर दीनता दरसते हुए भी कान्ति थी।

आशीर्वाद देकर बैठते हुए सूर स्वामी बोले—"एक सुन्दरता बाहर की होती है, एक भीतर की। बाहर वाली सुन्दरता को लाख सराहें पर भीतर न हुई, तो सुन्दरता रिझा नहीं पावे है सेठजी। बाकी आप बड़े पारखी हैं। पुरखों के समय में आपके यहाँ रत्नों का धन्धा ही होवे था। दो पीढ़ी पहले बदला होगा।"

चन्दन सेठ ने पूछा—"मेरे पुरखों ने?"

"नहीं, जो सेठ आपके पास बिराजे हैं।"

सेठ हुलासराय सूर स्वामी को आरम्भ से ही बड़े ध्यान से सुन रहे थे। आवाज़ बड़ी मीठी, शब्द कानों में मानो अमृत घोलता था। मिठास तो कानों में घुल रही थी पर शब्द भीतर-ही-भीतर चौंकाते चल रह थे। अन्तिम वाक्य तक आते-आते लाला हुलासरायजी का वैभव भारोन्नत मन श्रद्धावश झुक गया। पचपन-साठ वर्षीय खिचड़ी दाढ़ी-मूंछों वाले वयोवृद्ध ने युवक दैवज्ञ के चरणों में पगड़ी उतारकर, दुपट्टे के दोनों छोर हाथों में पकड़कर प्रणाम किया।

लालाजी की श्रद्धा ने चन्दन सेठ के मन में भी स्वामीजी के प्रति अपनत्व अधिकार समुन्नत किया। वे बोले–"स्वामीजी, एक प्रश्न विचारौ; हम दिल्ली में कारबार करें कि न करें।"

सूर स्वामी चुप रहे फिर कहा–"सेठ जी, प्रश्न तीर के समान नोकीला होता है, आगे व्यर्थ का 'न' शब्द जोड़कर आप उसकी नोक तोड़ देते हैं।"

सेठ जी लज्जित हुए। हुलासरायजी की श्रद्धा और बढ़ी। सूर स्वामी आगे बढ़े–"अस्तु। आपके प्रश्न का उत्तर तो मेरे मन में आय गया है परन्तु पहले एक परीक्षा लूँगा। आप दोनों अपने-अपने मन में गन्ध वाले फूलों का ध्यान करें। जिस फूल की गन्ध अधिक तीव्र होगी वह कमरे में छा जाएगी।"

गन्ध महकने से पहले वाक्य की गम्भीरता ने मनों को एकाग्र कर दिया। मन क्रमशः बेले की महक से भर उठे। ऐसा लगा, सारा कमरा ही महक उठा है। सूरस्वामी बोले–"आप दोनों के मन समान सुगन्ध के उपासक निकले। कारबार तो अवश्य करो। राज समाज में परिचय बढैगो, लक्ष्मी महारानी सन्तुष्टमान होवेंगी। बाकी आपके प्रश्न करें कि न करें वाले वाक्यांश से हमें यह भी सूझता है कि यही कारबार आपको 'अ' अक्षर से प्रारम्भ होने वाले किसी अन्य स्थान पर भी आरम्भ करना चाहिए।"

"अ से अच्छवन, आन्यौर, आगरा..."

"हाँ। आगरे में करो। वह स्थान अभी बड़ी उन्नति करेगा और वहाँ का काम भी भविष्य में बड़ा काम बनेगा।"

"ठीक है चन्दनमल, तुम दिल्ली तो चले ही जाओ। कमाल खाँ अमीर के नाम रुक्का लिखकर दे दूँगा। उसका भाई सफदर खाँ आगरे का हाकिम भी है। उससे सुभीता हो जाएगा। आगरे भी चलेंगे।"

"अभी रुक जाओ सेठजी, चौमासे बाद जाओगे तो सब फतेह होगा।"

"अच्छा महाराज। आपका आशीर्वाद है, भगवान की कृपा है तो ऐसा ही करेंगे।" चन्दनमल के स्वर में सन्तोष था।

"स्वामी जी..."

"मैं आपका प्रश्न समझ गया। आपके हाथ से आगे रेशम का व्यापार ही अधिक बढ़ेगा, दूसरे व्यापार आपके मन से धीरे-धीरे उतर जाएँगे। बाकी हमारी मानो तो आप भी पैतृक धंधा थोड़ा-बहुत आरम्भ कर दें। आपकी तीसरी पीढ़ी में वही फिर से आपके वंश का मुख्य कारबार हो जाएगा।"

"वाह, आपने बड़ी दूर की बात कही। हमारा पोता, (चन्दन से) रमेसुर का बेटा बनारसी, अभी है तो आठ-नौ बरस का ही मगर रत्नों में उसकी रुचि बड़ी गहरी है।"

"वह आपका कोई पुरातन पुरखा है। वही फिर से आपके वंश को जौहरियों का वंश बनाएगा। अभी तो बड़ी उन्नति होगी आपके यहाँ। पाँच राजों का अमल बीत जाए फिर देखिएगा।"

"अरे तब तक हम क्या बैठे रहेंगे महाराज?"

"आप छठे राजा से सम्मान पाके बैकुण्ठ लाभ करेंगे।"

हुलासराय मन-ही-मन हुलसे पड़ रहे थे, गद्गद होकर बोले—"भाई चन्दनमल, एक दिन स्वामीजी को हमारे यहाँ भी लाओ। हमारे यहाँ भी सब लोग दर्शन करें।"

"अरे, अभी आपने इनका भजन-कीर्तन नहीं सुना है। एक बार सुन लेंगे तो मगन हो जाएँगे।

भक्त सेठों के आग्रह से सूर स्वामी ने कुछ गा करके सुनाया। नगर के दो दिग्गजों पर सूर स्वामी की यशोलक्ष्मी स्थिर होकर बैठ गई। सूरज आज यह सोचकर आया था कि चन्दन सेठ का कोई नौकर साथ लेकर पवित्र जन्म-भूमि में श्री केशवरायजी के दर्शन करने जाएगा। किन्तु यहाँ तो सूर स्वामी के ऐसे ठाठ बने कि सूरज के केशव बिसर गए। निश्चय हुआ कि रक्षाबन्धन के दिन दोपहर में नगर के और भी बीस-पच्चीस परिवारों को बुला लिया जाएगा और स्वामीजी के भजनोपदेश होंगे। "हमारे यहाँ—नहीं हमारे यहाँ" की मीठी खींचतान चली, फिर हुलासरायजी अपनी ज्येष्ठता से जीत गए।

लाला हुलासराय के जाने के बाद, चन्दनमल के घर की स्त्रियों की बड़ी-बड़ी माँगें हुईं। सबने अपनी हथेलियों में अपनी-अपनी इच्छा की फूलगन्ध सूँघी। छोटी सी सात-आठ बरस की नई ब्याहुली बेटी मदालसा हठ पकड़ गई—"हमको तो कुछ आपने दिखाया ही नहीं, दिखाइए दिखाइए।" सूर स्वामी बोले, "अच्छा तुम्हें इन्द्रजाल से लुभावेंगे लक्ष्मी रानी। अपनी सबसे बढ़िया साड़ी जो तुम्हें प्यारी हो सो लाओ।"

मदालसा साड़ी लाने दौड़ी गई। सूरस्वामी ने इतने में एक मशाल जलाकर लाने को कहा। साड़ी सूरदास के हाथ में आई। सूरदास ने उसे चीरना-फाड़ना शुरू किया। मदालसा के मुख से एक सिसकारी निकल गई। और सब जने अचम्भे से देख रहे थे। सूरस्वामी ने बन्दर की तरह चीर-चीरकर साड़ी तार-तार कर दी। फिर मशाल की आग में जलाकर उसे बिल्कुल राख करवा दिया। फिर किसी से कहा कि सारी राख पोटली में भर दो। पोटली फिर मदालसा के हाथ में देकर कहा—"इसे हवा में उछाल दो। उछालो। अच्छा अब आज की लीला समाप्त। अब हम जाएँगे। जै श्री राधेगोपाल।"

"वाह अच्छी समाप्त की। मेरी इतनी भारी साड़ी—"

"वाह री भैना, मोको झूठो ही दोख लगावे है। तुम्हारी साड़ी तो तुम्हारे सन्दूक में ही धरी है।"

"नईं। नईं। सबके सामने तो आपने उसे जलाया है।"

"राम राम, अपनी छोटी भैना की साड़ी भला मैं जलाऊँगा। सच्ची कहूँ हूँ वो-तो कोरा इन्द्रजाल था। जाके अपने सन्दूक में देख लो।"

मदालसा के सन्दूक में ही वह साड़ी जस की तस झकाझक रखी हुई थी।

खूब हँसी हुई। चन्दन सेठ की हवेली सूर स्वामी के लिए श्रद्धा का शरबत बन गई।

साँझ पड़े हवेली से 'घर' लौटे। बड़े मगन। आग्रहपूर्वक ब्यालू कराके नई चौबन्दी, नई धोती, नया दुपट्टा, नया अँगोछा धारण करके पान चबाते लठिया टेकते हुए आए। सेवक द्वारे से ही चरण छूकर चला गया। कोठरी में घुसकर पैर धोने के लिए मटके से पानी निकालने चले, सोचा गलती हुई, सेवक से ही कहता, वही मेरे पैर अच्छी तरह से धुला जाता। मिट्टी का एक डबुआ मटके के पास ही रखा था। पानी निकाला, सोचा—'एक लोटा ले लें या पीतल-ताँबे का कमण्डलू।' दरवाज़े की देहरी पर बैठकर पैर नीचे लटकाए फिर एक-एक उठाकर धोने लगे। फिर पानी निकाला मुँह धोया, कुल्ले किए, बाकी पानी चुल्लू बाँध कर पिया। तृप्ति की आह की।

'वाह बेटा सूरज, आज तो बड़े ठाठ हैं।' श्याम मन सहसा बोल उठा। सूरज के ऊपर से सूर स्वामी का प्रेत उतरकर पत्ते-छू भागा। सूरजमन लज्जित, खिसियासा-सा।

'तुम तो सोच के गए थे कि केशवजी के दर्शन करूँगा।'

सूरजमन शव-सा मूक, निश्चेष्ट।

श्याम मन भी मानो चुटकी काटने के लिए ही प्रकटा था, अब उसका फिर कहीं पता नहीं। झुँझलाहट हुई। आज नीचे कुण्ड पर भी अभी से ही सन्नाटा है। केशवराय के प्रति उसका मन अपराधी हो रहा है। दिन-भर पाया हुआ सारा मान-सम्मान, भक्त होने का ढोकसला सब खोखला—ढोल के भीतर पोल! जिस आडम्बर को खाके उगल चुका था अब फिर से उगले हुए खाने लगा। घिनौना। इस समय अपनी ही प्रताड़ना से सूरज का मन पानी-पानी होकर बह चला है।

मेरा मन मति हीन गुसाईं।

सब सुख निधि पद कमल छाड़ि, श्रम करत श्वान की नाईं!!

सर्वज्ञ, सकल विधि पूरण, अखिल भुवन निजनाथ श्री केशवराय को बिसार कर यह महाशय सूर भ्रमों में भ्रम रहा है। धिक्।

"स्वामी जी।"

स्वर नहीं, शहद का तीर है, सीधे कलेजे में ही घुप गया। केशव कलेजे से उतर गए।

पूछा—"कौन?"

"मैं हूँ।"

"मैं कौन?"

"कन्तो।"

"किसकी बेटी है?"

"मेरे भैया बाबा मर गए।" ऐसी पीर-भरी आवाज़ में कहा कि मन पिघल गया। पूछने को और कुछ न सूझा तो यह कह बैठा, "मैंने तुम्हें कभी पैले तो देखा नहीं।"

"पल्ली पार हंसा में रहू हूँ।"

"वहीं जहाँ कालूराम मल्लाह रहवे है?"

"हाँ मेरो भाई है मामा को छोरो।"

"तो ये कहो, कालू की भैन हो। कालूराम अच्छे हैं? भौत दिनों से भेंट नईं भई।"

"उन्ने ही मोको भेजो है तुम्हारे पास।"

"तेरा ब्याह हो चुका कन्तो?"

"उहूँ।"

"उमर तो बड़ी लगे है। ब्या क्यों नहीं भया?"

कन्तो के मुँह पर ताला पड़ गया। सूर स्वामी स्व जिज्ञासावश मन में गणित फैलाने लगे–"समझा। तेरी भी आँखें नहीं हैं। कन्तो, तेरी एक आँखि है तो सही पै कछु-कछु कानी है। क्यों, झूठ कहू हूँ।"

"कैसे जान गए तुम?"

"तुमने ही बताया।"

"मैं तो बोली भी नईं।"

"तुम्हारा मन तो बोला। बोलो ठीक कहूँ हूँ कि नहीं?"

"हूँ।"

"इसी से तो ब्या नहीं भया।"

"अँधी घुँघी। कालों में भी काली। ऊपर से माता के दाग। मोय कौन पूछैगो। या जनम तो बस मार खाइबे और काम करके के ताईं मिल्यो है। मैं सुख कहा जानूँ।" इतनी देर में पहली बार खुलकर बोली, जीवन की सारी कटुता एक ही बहाव में पनाले-सी बहा दी।

अपने भोगे हुए दुःखों की कड़वाहट के साथ कुछ पल उमड़ी, सहानुभूति उपजी।

"तुम्हारो गानो बड़ो मीठो है सामीजी।"

"तुमने कब सुना?"

"मैं जब आई तौ तुम गा रहे हते।"

"तुम गाती हो?"

"उहुँक्।"

"तुम गाओ तो जादू बँध जाए।"

"ऊँऽ!"

"सच्ची कहूँ हूँ।"

"दाऊ ने कही है कल हमारे याँ आओ।"

"आऊँगा।"

"कब?"

"सबेरे।"

"मैं तुम्हें लेवे के ताईं इतै आ जाऊँगी।"

"नाव चला लेती हो?"

"हाँ। नाव से ही आई हूँ।"

"रास्ता देख लेती हो?"

"थोड़ा-थोड़ा सब कुछ दिखाई देवे है।"

"मुझे देखती हो?"

"हाँ।"

"मैं तुम्हें कैसा लगता हूँ?"

"...मैं जाऊँ हूँ। कल्ह सबेरे आऊँगी।"

'गई। कैसी मीठी आवाज है। इसका स्वर ही पंचम का है। इसे गाना सिखाऊँ और जो यह भी लगन से सीखे तो मथरा में किसी को जीने नाँय देवेगी, सबका कलेजा काट लेवेगी।'

'तेरा भी कलेजा काट ले गई सूरज?' बहती रसधार में श्याम मन का प्रश्न पत्थर-सा पड़ा। चुप्पी की गोल तरंगें सूरज मन के चारों ओर नाच गईं। अब नहीं सोचेगा। वह ताल किनारे से कसम खा के चला था। नहीं...नहीं...नहीं...सूरज अपनी प्रतिज्ञा पर दृढ़ है।

मन का हिलता पानी तेजी से जम रहा है—हिम के खण्ड जैसा और वह हिमता भी क्रमशः जड़ होती जा रही है। निपट निर्जीव—जीव रहते हुए भी निर्जीव, कामनाएँ रहते हुए भी निष्काम, रसोद्रेक होते रहने पर भी नीरस। हे राम! हे हरि! मृत्यु मुझे समेट क्यों नहीं लेती? अब सहा नहीं जाता। आयुष्य के यह अठारह वर्ष बीत गए; पर हुआ क्या? न आँखें मिलीं, न तुम मिले, न जीवन का और कोई सुख ही पा सका।

शकुन विद्या, दूसरे लोगों में चमत्कार भर देती है। लोग कहते हैं यह अन्धा दूसरे अन्धों की तरह निस्तेज और दयनीय नहीं, अन्तर्चक्षुवान है। प्रभु का लाड़ला है, भगवदीय है। तभी तो इसके कण्ठ में इतनी मधुरता, इतना आकर्षण है। दुनिया कितनी भोली है! सूर स्वामी तू कितना बड़ा ठग है। लोग कहते हैं कि अभी है तो लड़का-सा ही, जनम का अन्धा न पढ़ा न लिखा परन्तु वेद पुराण पारंगत है। भगवान् उसके मन में साक्षात् विराजमान हैं। वह सिद्ध है, स्वामी हैं...कैसी-कैसी चमत्कार-भरी बातों से मढ़ा होने के बाद भी खोखला!

यह सिद्धि अथवा यह स्वामित्व क्या सच्चा है। क्या वह स्वयं अपनी मन-इन्द्रियों का स्वामी है? सोचते हुए युवा सूरज का मन भीतर-ही-भीतर अपने बाहरी स्वरूप को लताड़ने लगा। उसे अपने हाथों से छूने के लिए स्वर्ण या रजत मुद्रा चाहिए। नित्य प्रति खीर, हलुआ, मालपुआ, पूड़ी-कचौड़ी आदि स्वादिष्ट षटरस भोजन की

लालसा होती है। अमीन तेगअली ने उसके लिए ताल किनारे पक्का घर बनवा दिया था। सेवा के लिए दो जवान दासियाँ, अनारो और सुनैना भी दी थीं। अनारो गम्भीर थी। घर-गिरस्ती, रुपये-टके का हिसाब रखती और सूर स्वामी के अनन्य भक्त और सेवक बूढ़े नटवर सिंह को सारा हिसाब-किताब समझाकर सौंप दिया करती थी। परन्तु सुनैना अल्हड़ थी। गला सुरीला। सूर स्वामी उसे गाना सिखाने लगे। वही उन्हें नहलाती-धुलाती कंघी चोटी करती, कपड़े पहनाती और दिनोंदिन धीरे-धीरे उनका दिल भी चुराती जाती थी। क्रमशः उसने सूर स्वामी की उठती भड़कती जवानी को अपने वश में कर लिया।

अन्धा सूरज सुनैना के आगे और भी अन्धा हो गया था। वह सब कुछ भूल गया था। हरि हरि। कैसे सम्मोहन-भरे दिन थे वे भी। अपने दुख के दिन, पिता की मार, भाइयों का तिरस्कार आदि कुछ भी याद न अता था।...घर छोड़ने के बाद भटकते-भटकते दो चार दिनों में अन्धे सूरज के नसीब से ज्योतिषाचार्य पण्डित शूलपाणि शास्त्री टकरा गए थे। वे महाक्रोधी थे। संयोगवश सूरंज को पाने से कुछ समय पहले ही वे अपनी पत्नी और पुत्रों से लड़कर और यह प्रतिज्ञा करके आए थे कि वह अपनी विद्या भले ही राह चलते भिखारी को दे दें किन्तु अपनी पत्नी की कोख से जन्मे कुलांगार पुत्रों को कदापि न देंगे। उसी क्रोध में घर से निकलने पर राह चलते उन्हें सूरज मिल गया। कुछ पूछा-पाछा, फिर स्वयं ही उसका हाथ पकड़ लिया। सूरज लगभग दो-ढाई बरसों तक उनके साथ रहा। शूलपाणिजी ने उन्हें ज्योतिष विद्या के अनेक प्रयोग सिखाए और गणित के कई सिद्ध लटके रटा दिए। वे सूरज को अपने पास और भी रखते, किन्तु सूरज के गाने से उन्हें बड़ी चिढ़ थी। जब भी गाता तभी बड़ी जोर से डाँट देते थे। ज्योतिष पढ़ो, योग साधन करो, ध्यान करो। जो गुरुजी कहें वही करो और कुछ मत करो। एक दिन डाँटने पर सूरज धीरे से बोल पड़ा—"गुरुजी, गाता हूँ तो यह भी मेरी जन्म कुण्डली में ही लिखा होगा। मेरा शुक्र—" बस मुँह से इतना ही निकला था कि रसोई बनाते हुए गुरुजी ने चूल्हे के पास ही रखी हुई एक लकड़ी उठाकर खींच मारी और निकाल दिया।

गुरुजी की मार, सूरज का सौभाग्य सूर्य उगा गई। ज्योतिष विद्या से ही उसका सौभाग्य चमका था। जमींदार की खोई हुई गायों का पता बताया और उसके बाद ही उसका वैभव दिनोंदिन बढ़ने लगा। यह सुनैना आई। बात यहाँ तक पहुँच गई कि एक रात सूर स्वामी ने उसे अपना कौमार्य सौंपने का निश्चय कर लिया था। रात को सुनैना जब सूरज की जठराग्नि को बुझाते हुए अपने स्पर्श से उसकी कामाग्नि को भड़का रही थी तब एकाएक सूरज का श्याम मन बोल उठा—'अरे मूढ़, तेरी बाहर की तो फूटी ही हुई है, अब क्या भीतर की भी फोड़ेगा। ये नटनी आज तेरे सामने नाचती है, कल से तुझे नचा मारेगी।'

सारा सुख, गुड़ गोबर हो गया। खाते-खाते रबड़ी में सड़ाँध-भरी कीचड़ मिल

गई। श्याम मन की फटकार पर सूरज मन तड़प-तड़प उठा था। यह मादक चुम्बन, आलिंगन, मीठे रसीले बोल एक तरफ—और दूसरी ओर श्याम। श्याम ने उसी रात सूरज का वह घर छुड़वा दिया। पैतृक घर अपमानों की मार से छूटा और यह स्वार्जित घर मदन-मार से। अपमान की मार तो बिसर गई, किन्तु मदन-मार अभी तक तड़पाती है। इस कालू केवट की बहिन कन्तो ने सूरज के दिल में मुर्दे-सी सोई सुनैना को जगा दिया है। बेकली बढ़ गई है। न इस करवट चैन मिले न उस करवट। श्याम मन तो चुटकी लेकर चुप्पी साध गया, पर सूरज मन गरम रेत पर पड़ी मछली-सा बड़ी देर तक तड़पता रहा। फिर सोचा कि अपने आप को कसना ही होगा। प्रभु को भरोसा हो जाए कि सूरा मेरा सच्चा भक्त है तो निश्चय ही भाग्य से लड़कर भगवान मेरी आँखों में ज्योति प्रदान कर देंगे। किन्तु इसी का क्या निश्चय है कि मुझे आँखें मिल जाएँगी। स्त्री तो मिल जाएगी। जैसे पुरुष काम ज्वालाओं से जलते हैं वैसे ही स्त्री में भी मदन ज्वाला जलती है। कोई-न-कोई मिल ही जाएगी, पर आँखें? क्या प्रमाण है, कि भगवान सूरज को आँखें दे ही देगा?—प्रमाण क्यों नहीं बड़े-बड़े प्रमाण हैं कृष्ण भगवान के गुरु सान्दीपनजी के दो जवान-जवान लड़के मर गए। कृष्ण भगवान यमराज के दरबार से उनके प्राणों को छुड़ाकर ले आए। उनको जिला दिया यानी असम्भव को सम्भव कर दिखाया। भरी सभा में दुष्ट कौरवों ने राजरानी द्रौपदी को निर्वस्त्र और अपमानित करना चाहा। परन्तु न कर सके। ऐसा चमत्कार हुआ कि दस हजार हाथियों के बलवाले दुष्ट दुःशासन खींचते-खींचते थक गए पर द्रौपदी का चीर बढ़ता ही गया। कैसी महिमा है भगवान की! भगवान जब अपने भक्तों की सच्ची भक्ति देख लेते हैं, तो असम्भव भी सम्भव हो जाता है।

'सूरज की बिरियाँ भी श्याम-सखा अपना विरद विचारेंगे ही। मैं नैनसुख पाऊँ, श्याम सुख पाऊँ। औरत मिले या न मिले। काम सुख से नैन सुख उत्तम है।'

'और बेटा जी अभी कोई आके तुझे अपनी बाँहों में लपेट ले तो?'

'नहीं-नहीं। मेरे पास इस समय कोई स्त्री नहीं आएगी। मुझे बहकाओ मत श्याम, मैं तुम्हारा हूँ।'

तलवों में सरसराहट हुई। नाग देवता। अब नियमित आहार-विहार से सर्पराज की जरा जीर्ण काया में भी कुछ कस-बल आ गया। टाँग से जाँघ पर, जाँघ से छाती पर। दूध से सना फन ठोड़ी से टकराया। कण्ठ तक सन रहा है। हे राम, मुँह चाटता है, गाल-नाक-आँखें। तार-सी पतली दो जीभें सूरज के तन में गुदगुदी और मन में आह्लाद भर रही हैं। विजातीय जीवों की यह परस्पर प्रेममयी आस्था सूरज मन को श्याम मन से तत्काल जोड़ देती है। असीम सन्तोष, अनिर्वचनीय तृप्ति।

सर्पराज लम्बे हैं। सूरज की जाँघों पर पड़ी उनकी दुम आनन्द से कभी-कभी फट-फटा उठती थी। कभी उसकी लहराती छुअन से शरीर में सोता हुआ मदन जाग उठता है। मन फिर हाले-डोले-सा भर उठता है। एक सूरज मन दो हो जाते हैं।

छाती पर दण्डवत् पड़े नाग की काया सहलाते हुए उसे दोनों हाथों से सम्हाले हुए उसने करवट ले ली। नागदेव धरती पर सरककर आ गए। थोड़ी देर छाती और बाँह के बीच में रेंगे फिर कलाई पर चढ़कर चले गए। नाग ने सोचा होगा सूरज सो रहा है, किन्तु उसे तो मन्मथ मथ रहा है।

5

"सामी जी।"

रात-भर में खड़े हुए उन्नत शिखरों वाले विचारों के गगनचुम्बी पर्वत शब्द-समीर के एक ही झोंके से धुएँ की तरह बिखरकर तिरोहित हो गए। श्याम मन बोला—'सावधान।'

अर्थात् अवधान सहित?—किस बात की चौकसी? 'क्या मैं अनाड़ी हूँ?' सूरज मन गुस्साया—'मैं पूरी तरह सावधान हूँ श्याम। तुम्हें समझाने की आवश्यकता नहीं।' श्याम को झिड़ककर कन्तो के स्वर की मिठास में बहते हुए सूरज ने कहा—आ गई? अब क्या समय होगा?"

"अरे अभी तो दिन चढ़ो ही है। मैं तो जल्दी भाग आई। रात-भर तुम्हारे गाने की आवाज़ मेरे कानों में आवे, मैं सो नाँय पाई। हाय, तुम्हाई आवाज़ तो सुनने वाले को कलेजो खींच लेवे है।"कन्तो स्वामीजी के बदन से बदन सटाकर बैठ गई।

अनायास नारी स्पर्श के आक्रमण से सूरज-मन की आध्यात्मिक दार्शनिकता उसका काम-दर्शन बनने लगी। देह गुदगुदियों का फुहारा बन गई। बाएँ हाथ को दबाकर छूते हुए कन्तों के स्तन को मसलने के लिए दाहिना पंजा लपका, पर पास पहुँचने तक दूसरा अर्थ-बोध चतुराई से ग्रहण कर लिया। कन्तों के स्तन का रस-बस हाथों से मुलायमियत के साथ ढकेलकर धीरे-से कहा—"परे सरको कोई देख लेगा तो क्या कहेगा।"

बेबस साँस ढीलकर परे हुई। वैसे ही बाहर से आवाज़ आई—"स्वामी जी अपनो रुपैयो लेओ।"

"भले आए रामजियावन। ये अपने कालू माँझी की भैन मुझे हंसा गाम ले जाने के लिए आई है।"

"हमारौ एक परसन विचारौगे स्वामी जी?" रामजियावन की बात के अक्षरों से राशि गणना करके सूर स्वामी बोले—"कछु प्रेम-प्रीति का चक्कर है तुम्हारा भी। है ना?"

"हें-हें-हें—स्वामीजी तो सब कुछ बिना बताए ही जान लेवे हैं। जे बताओ कब तक मिलेगी?"

"आठ महीने बाद। वा स्त्री को वर्तमान पति जब मर जाएगा, तब।"

"हाय ईत्ते दिन वो मेरे बिना और मैं उसके बिना कैसे रहूँगो।"

कन्तो उठ खड़ी हुई, कहा—"स्वामीजी, चलो ना अब।"

"हाँ-हाँ।" कन्तो के आग्रह-भरे स्वर ने सूरज की काया में बिजली भर दी। तुरन्त ही अपनी इस स्थिति और रात के विचारों में द्वन्द्व हुआ जिसे बचाने के लिए अपनी लाठी टटोलकर उठता हुआ वह बोला—"आज मैं केशवजी के दर्शन अवश्य करूँगा कन्तो। तू मुझे वाँ से याँ पे जल्दी ही छोड़ जाएगी ना।"

"अरे मैं तुम्हें हंसा से सीधे अपनी डोंगी पै ही ले आऊँगी।"

"डोंगी पै कैसे ले जाएगी री, कुछ जाने भी है?" रामजियावन बोला।

"च्यों? गोकरनेसर तलक नाव जाय है के नईं। मोहे बतावे चले हैं, हाँ-नईं तो। अरे, मैं तो हर पूरनमासी को दरसन करने जाऊँ हूँ।"

"आय हाय, बोले है कि चूल्हे में पड़े चिमटे-सी अंगारे चुने है। जो भगवान ने सूरत-सकल दी होती तो धरती पे पैर ही न पड़ते तेरे।" रामजियावन चला गया। सूर स्वामी को बड़ा अचरज हो रहा था। कन्तो का स्वर रामजियावन के कानों के लिए अंगार और मेरे लिए शीतल, मधुर है, ऐसा क्यों? अनुराग विराग दोनों ही के दर्शन साथ-साथ। कन्तो सूरज के बाईं ओर आकर उससे सटकर खड़ी हो गई। अपने स्तन से उसकी बाँह को धकियाते हुए मीठे-मीठे बोली—"चलो।"

अनुराग-विराग। स्तन के स्पर्श से सुख, काया की दुर्गन्ध से जी मिचलन। सूरज अलग हट गया, कहा—"आगे-आगे चलो।—न-न! मेरा हाथ पकड़ने की जरूरत नहीं।"

गली पार की। घाट पर दो-चार जै-सी किश्न हुई। जलती चिताओं की गर्मी अनुभव की। खण्डहर घाट की टूटी-फूटी सीढ़ियाँ उतरकर तट पर आए। गन्ध और गरमाहट फिर सूरज से सट गई। कोई सुरीली पुरुष स्वर बारहमासा गा रहा था—'पपीहा पिउ बोले कोकिल बानियाँ।'

"जे बारै मासा हमें भी आवे है। लो चढ़ जाओ। मैं नाव थामे हूँ।" नाव चढ़ाते हुए भी नारी काया ने नर काया से मनमानी छेड़ की! गंध की वितृष्णा देह की तृष्णा के आगे मन्द पड़ गई। सूरज मन एकदम गुमसुम, न ना करे न हाँ, न भला लगे न बुरा। जो होगा सो देखा जाएगा। नाव बह चली। छप-छप! ...

'पपैया पिउ बोले मधुर बानियाँ,
नौ घर थाप महल घर ऊँचो तापर बसैं मुरारी
सब तेरे तू मेरो प्रीतम मैं हूँ तोपे वारी
नानक पिउ-पिउ रटे पपैया कोकिल सबद सुनावे..."

सूरज रस बस। 'सब तेरे तू मेरो प्रीतम—श्याम सखा, तू ही है मेरो प्रीतम। तोको नाँय भूलूंगो, नाँय भूलूंगो।' मन की ऊँची सतखण्डी हवेली के कोठे दर कोठों

से 'नाँय भूलूंगों' की गूँजें टकरा-टकराकर लौट रही थीं, परन्तु उसके साथ ही उसे यह अनुभव भी हो रहा था कि वह हवेली ठोस धरती पर नहीं वरन् पानी में नाव की तरह झकोले खा रही है और वह पानी प्यासा है—बड़ा प्यासा। बेहद प्यासा। यह स्त्री उस प्यास को बार-बार भड़का रही है उमर में मुझसे बड़ी ही होगी। यह भी, लगे है बड़ी प्यासी है। मरे रांड, मेरा धरम लेवेगी।...आवाज़ है कि ठण्डा तेजाब, काटती ही चली जाए है।

गाना समाप्त कर कन्तो चुप हो गई। सूरज चुप ही था। थोड़ी देर बाद कन्तो बोली—"सामी जी।"

"हाँ।"

"मेरो बारैमासो तुम्हें कैसो लग्यो।"

"भौत सुन्दर।"

"ऊँ! सुन्दर लगतो तो बोलते। अब मैं तुमाएँ जैसी सुरीली आवाज कहाँ ते लाऊँ। भगवान ने तो मोहे काऊ लायक नहीं बनायो।"

"हरि हरि। ऐसा क्यों कहती है। तेरी आवाज तो ऐसी मीठी है कि कल जब मैंने पहली बार सुनी तो ये सोची कि तुझे जो गाना सिखाऊँ तो मथुरा में किसी को जीने नईं देवेगी।"

"तो सिखाओ ना।"

"कैसे सीखेगी री पगली। तीन-तीन चार-चार पहर जम के अभ्यास करना पड़े है।"

"मैं सीख लूँगी।"

"मैया-बाप मना नईं करेंगे कि—'

"मेरे न माँ न बाप। कालू दौआ के बाप मेरे मामा हैं। तिनके घर से एक अटक ज़रूर बँधी है, बाकी मेरो कोऊ पूछन बारौ नाय है कि कन्तो तू मर गई कि जिए है।"

स्पर्श कल्पना को गुदगुदा रहा था, गंध उससे दूर थी, स्वर करुणा से ओत-प्रोत। सब कुछ सुन्दर था। कन्तो कह रही थी—"ये डोंगी मेरे बाप की है। आर-पार की दो-चार सवारियाँ ले लू हूँ। मेरो पेट भर जाय है।"

"मामा के यहाँ खाना नईं खाती।"

"जब तब तिथ-त्योहार पे पूछ लेवे हैं तो खा आऊँ हूँ।"

"रहती तो उन्हीं के घर में है न?"

"ना! वा घर में एक कालू दौआ तो भले हैं, कभी-कभार पूछ भी लेवे हैं, बाकी तो सब दुरदुरावे ही हैं। मैं नाँय जाऊँ अपनी मर्जी से कभी विनके याँ।"

"तब रहती कहाँ है?"

"मेरो घर तो गोकरनेसर घाट के पास हतो। पैले मैया जचगी में मरी, फिर

मेरे माता मैया निकली, आँखें गईं। पाछे बाबा को कारे नाग ने डस लीनों, वोऊ गए। बरस-भर में ही सब मटियामेट है गयो। मैं तीन बरस की हती, मामा अपने याँ ले आए सो मेरे आते ही माई मरी। मामा बोले, छोरी मनहूस है। तब से ऐसे ही चले है। कभी मन्दर के दल्लान में सो गई। कभी मामा के द्वार पे। कभी गोकरनेसर गई सो वईं रह गई। मेरो पूछन वारो है ही कौन या जग में!''

छप! छप! छप!

''तेरा ब्याह नहीं हुआ री?''

''एक बेर सगाई आई। दुहाजू-तिहाजू हतो। एक दिना बात पक्की भई दूसरे दिना वा मेरे को हैजो है गयो। बात खतम। एक बार बच्छबन ते एक ऐसेई गरजू डोकरे कों मेरे मामा फँसा लाए हते। ला निगोड़ो याँ पे आयो दूसरे दिना भोर में निपटवे गयो तो एक साँड़ ने बाको रगेदि मार्‌यों। हाथ-पैर तुड़वाय के वोऊ चलो गयो। तब से कोऊ मरद मेरे पास नाँय फटके है।'' सब दुरदुरावे हैं, घिरना करे हैं। मेरे म्होड़ पै थूक देवे हैं सामी जी। का करूँ।''

अन्धे की आँखों के भीतर चुभन हुई। अपने सिवा दुर्भाग्य की दूसरी प्रतिमूर्ति को वह देखना चाहता था। एक गहरी ठण्डी साँस मुँह से निकल गई। प्रसंग बदलकर पूछा—''किनारा अब कितनी दूर है।''

''बऽस, बात करते पौंचे हैं।'' डाँडों में तेजी आ गई।

''तुझे किनारा दिखाई पड़े है री!''

''मेरो किनारो तो तुमी हो, सामी जी। इतने प्रेम से आज तलक मोंसे कोऊ बोल्याइ नाँय, तुम्हीं पहले हो।—के कालू दउआ कछु हेत दिखाई देवे हैं।''

सूर स्वामी गम्भीर हो गए—'और मेरा किनारा?' कन्तो की बात उधार लेकर सूरज के मन दर मन में रहने वाला कोई सच्चा सूरज यही कहना चाहता था—'किनारा तो तुम्हीं हो श्याम सखा।' परन्तु ऊपर की चेतना तरंगों में तैरते हुए सूरज मन को संकोच था। जहाँ-तहाँ काव्य गोष्ठियों में, लोगों की बातों में, सर्वाधिक सुनैना की अठखेलियों में, आज कन्तो के व्यवहार में उसने अपनी चाहत का जो रूप देखा है वह पहले धरती में जैसे भीगे चने भर दो तो वह फूल उठती है, वैसा था। फिर वह फूलते-फूलते पहाड़ बन गई और अब ऐसा प्रतीत होता है कि उस चाहत के पहाड़ के नीचे कहीं गहरे में से बड़े ज़ोर की टकराहटें और गड़गड़ाहटें सुनाई पड़ रही हैं। यह ज्वालामुखी अब फूटना ही चाहता है।

मल्लाहों की बस्ती हंसा। कालू के घर सूरस्वामी भगवान की तरह पुजे। सारी बस्ती स्वामी जी के दर्शन करने आई। उपदेश-प्रवचन, कुछ छोटे-मोटे ऐन्द्रजालिक चमत्कार, एकाध भजन-कीर्तन और दस-पाँच भविष्यवाणियाँ। दीन-हीन खेवनहारों की बस्ती भवसागर से पार उतारने वाले अन्धे सुन्दर जवान स्वामी के चरण में बिछ-बिछ गई।

''सामी जी, केसोराय के दरसन करौगे के नई।?''

एक के ऊपर एक, मन की धरती में तीन सोते। ऊपर गंगा बीच में मदिरा, तल में बड़वानल। सूरज बिना कुछ कहे खड़ा हो गया! कालू बोला–''केसौ जी जाओगे माराज?''

''हाँ कालू, तेरी भैन मुझे ले जाएगी।''

''अरे चौकस ले जाएगी माराज। ये तो हर पूनो को जाय है। मेरी बुआ, याकी मैया हू बरोबर जात हती दरसन करने। जनम की अभागी है मरी, पर मन की अच्छी है।''

बहुत-सी स्त्रियाँ, बच्चे-बूढ़े, जवान स्वामी जी को किनारे तक छोड़ने आए। बहुतों ने बस्ती में फिर दरसन देने की अरदास की। कालू ने स्वामी जी को सँभालकर दर्शन कराने और घर पहुँचाने के आदेश कन्तों को दिए और डोंगी चल पड़ी। सूरज को लगा जैसे उसका भविष्य भावी क्षण की ओर बह चला है और उसने अपनी चेतना के प्रवेश के लिए सारे द्वार बन्द कर लिए हैं। उसे लगता कि सूरज का वह मन जो बचपन में श्याम से जुड़ा था सबसे निचले धरातल पर पड़ा है, मृतवत् लगने पर भी मरा नहीं है। सूरज अपने मन की आँखें उधर से हटा लेता है, पर ऐसा लगता है, मुँह के बड़े दबाव में होने के बाद भी वह मन धीमे स्वर में कह रहा है–'सभी भावावेश सुखद नहीं होते सूरज। परवशता दुःख है।'

'दुख अभाव है। सुख अभाव की पूर्ति है।' हठ ने डपटकर कहा।

'अभाव क्या है?' मृतवत् जीवित सूरज मन फिर बोल पड़ा। मन के किसी धरातल से कोई उत्तर नहीं मिला। सूरज मन अपने सबसे निचले धरातल को विवश छोड़कर और उत्तर चाहता ही नहीं। वह किसी सफाई के पास फटकना तक नहीं चाहता। चेतना की अगम झील से निकलने वाली असंख्य नदियों के प्रवाह में बहना नहीं चाहता। विवेक तुलाकार से बस इतना समझौता ही किया था कि अपनी ओर से न 'हाँ' से सहयोग करूँगा और न 'ना' से। श्याम मन जिधर बहा ले जाय बह जाऊँगा।

डोंगी कालिन्दी में श्रीकृष्ण भगवान की जन्मभूमि की ओर जा रही है। बहुत-सी सुधियों को बेसुध करके भी यह सत्य भुलाया नहीं जा सकता। विवेकतुला का पलड़ा दाएँ झुक रहा है।

''सामी जी।''

''हाँ।''

''रसियो सुनाऊँ?''

''सावन में रसिया।''

''जहाँ मन बसिया वहीं रसिया।''

सूरज धक्! अब आगे ?

''मैं तो सोय रही सपने में मोंय रंग डारौ नन्दलाल
सपने में श्याम मेरे घर आए जी।

ग्वाल बाल कोई संग ना लाए जी।
पौढ़ गए पलका पे मेरे संग...
टटोरन लागे मेरो अंग...।
पिचकारी के लगत ही मो मन उठी तरंग
मानो मिसरी कन्द की घोर पिवाय दयी भंग।
हँस-हँस के मोहे कण्ठ लगाय जी
मानो खोई-खोई दौलत पाय जी
खुले सपने में मेरे भाग
मेरी गई ए तपस्या जाग—"

लुभावने स्वर के इन्द्रजाल को तोड़ते हुए सूरज ने आदेश-भरे-स्वर में कहा—"ये बेरुत का रसिया बन्द करो। मन भगवान में लगाओ। हम लोग दर्शन करने जा रहे हैं।"

ऊँची उठती हुई रसिया फुहार आदेश की कल से बन्द हो गई। सन्नाटा छा गया, सन्नाटे पर भी बहुत कुछ छाया हुआ था। कन्तो का मन टकराने और बिजलियाँ कड़कड़ाने के बाद भी बिन बरसे बादल-सा उदास मँडराता रहा, सूरज मन अभी अपनी तटस्थता की नीति पर दृढ़ था। वह असम्भव को सम्भव करने वाले अशरण शरणप्रभु की जन्मभूमि में उनके दर्शन करने जा रहा है। उनके प्रति अटूट श्रद्धा रखकर उसने बहुत कुछ पाया है, वह उन्हें अपनी ओर से विमुख नहीं होने देगा। और काम? वह तो हर जीव की वृत्ति है और अभी मैं कौन बड़ा सयाना हो गया हूँ। ब्रह्मचर्य तो बड़े-बड़े ऋषि-मुनियों से भी नहीं सध सका। अस्तु। जो होगा देखा जाएगा। मैं अपनी ओर से तो इस समय तटस्थ ही हूँ।

"सामी जी।" आवाज़ में बड़ा सहमा-सहमापन, बड़ी दीनता। सूरज पिघलकर रह गया, बह न सका। बहाव में केशवराय आड़े आते थे। चुप रहा।

"मोसों रूठियों मती सामी जी। या दुनियाँ में मेरा कोऊ नाय है।"

आँसुओं से आवाज काँप उठी। सूरज मन करुण हुआ, कहा—"जिनका कोई नहीं उनके केशवराय हैं और मैं तुमसे रूठा भी नहीं हूँ।"

"का करूँ सामी जी, मैं बड़ी अभागी हूँ।"

"मैं भी तेरी ही तरह अभागा हूँ री।"

छप! छप! छप!

"सामी जी, तुमने सबकी जनमपतरियाँ बिचारीं। मेरी नाय बिचारी।"

"इस समय इन सब विचारों से दूर हूँ। पैले मन्दिर ले चल। बाद में और सब देखा जाएगा।"

"गोकरनेसर में मेरे बाप की झोंपड़ी हैगी। सब टूट-फूट गई, एक कोठरी बाकी है! अब तो भौत करके मैं यहीं पे चली जाऊँ हूँ। कोउ न सही, अपने बाप-दादान को घर तो है, कछु है तो सही हमारो भी।"

इसके पास अपना कहने लायक कुछ है तो सही। मेरा अपना मन भी मेरा नहीं है। खीझ, चिड़चिड़ाहट, करुणा। ऋक् और साम का संयोग हुआ। विकल मन गा उठा—

"मन बस होत नाहिनै मेरे।"

जिन बातनि तैं बह्यो फिरत हौं सोई ले लै प्रेरै...

तुम तौ दोष लगावत को सिर बैठे देखत नैरै

कहा कहौ यह चर्‌यो बहुत दिन अंकुस बिना मुकेरै।...

"सामी जी, अपनो गानो बन्द करो। मेरे हाथ-पैर सुन्न पड़े जाय हैं।"

बहती धारा दीवार से टकराकर एकाएक थम गई। कैंन्तों का स्वर वेदना से कराह रहा था।

"क्या हुआ कन्तो।"

"कछू नाँय!" एक सिसकी, फिर छप! छप!

सूरज उस सिसकी से छूकर भी अछूता रहना चाहता है। वह केशवराय के द्वार पर जा रहा है। अपने साथ वह केवल उन्हीं का ध्यान ले जाएगा। बरसों से भगवान की जन्मभूमि के दर्शन करने की साध है। यह युवती आवें की आग की तरह जो कल से उसके भीतर-ही-भीतर चाहत के अंगारे सुलगा रही है, भले ही इसमें देवदारु की आग हो जो सुलगने के साथ महकती भी है, परन्तु सूरज चन्दन की शीतल सुगन्ध युक्त अपने हृदय की हवन कुण्डी लेकर श्याम सखा के द्वारे पहुँचेगा। उसका मन भले ही विषय रस के जँगलेदार घेरे में बन्द हो पर केशव जी के द्वारे पहुँचते ही वह मुक्त हो जाएगा। कंस का कठोर यातनाओं भरा घिनौना बन्दीगृह भी ब्रजनाथ के जन्म लेने से परम पुनीत और परम सुन्दर बन गया। वह उन्हीं हरि की शरण लेगा। वह केवल श्याम नाम जपेगा।

स्पर्श की बिजली कौंधी और ध्यान में राधे गोपाल की मूर्ति रम गई। माधव है, कामधेनु हैं, परन्तु राधा है भी और नहीं भी है। सूर अपने जीवन में किसी राधा का प्रवेश इस समय नहीं चाहता, लेकिन राधा के बिना राधा माधव की युगल मूर्ति सम्पूर्ण भी नहीं होती। राधे बिना श्याम आधे लेकिन, सूरज इस समय अपनी कल्पना में भी चाहना के किसी स्तर पर नारी का साथ पसन्द नहीं कर रहा। श्याम यदि राधे के बिना आधे रह गए तो सूरज नारी के साथ आधा रह जाएगा। वह तो तभी सम्पूर्ण रह सकता है जब अपनी भावना में कृष्णमय हो जाए। कृष्णमय—कृष्ण! कृष्ण! हे कृष्ण! हे कृष्ण, तुम्हारे बिना मेरा अस्तित्व ही शून्य हो जाएगा। मुझे किसी और लोक में न डालो हरि राय। मुझे बहने दो, अपनी ही तरंग में बहने दो।

नाव टकराई। कन्तो कूदकर नाव को किनारे खींचने लगी। बोली : "गोकरनेसर घाट आय गयो?"

"हूँ।" ऐसा लगता था जैसे हुँकारी भरने में सूरज की सारी पूँजी ही खर्च हो रही हो।

सूरज सोच रहा था कि अब कन्तो पास आएगी और उसका स्पर्श फिर उसे मादक बना देगा। इसके विरोध में केशव दर्शनार्थी सूरज मन हठ भरा निश्चय कर चुका था कि ऐसा नहीं होने देगा। वह 'पराई' उँगली का पवन स्पर्श पाते ही स्वयं खड़ा हो जाएगा, किन्तु इतनी सारी सतर्कता के बाद भी कन्तो ने जब उसकी बाँह पर अपनी हथेली रखी तो उसे लगा कि ममत्व का हिमालय फूल-भार बनकर उसकी बाँह से चिपक गया। ममता में अधिकार भावना की जो मर्यादित-अमर्यादित व्यापकता होती है उसके पूरी तरह से छा जाने पर भी स्पर्श में और कोई रंग न था। उसकी स्पर्श-तरंगें पारदर्शी निर्मल जल के समान थीं। नाव से उतारकर कन्तो ने उसकी बाँह छोड़ दी।

दो-चार डग चले। इसी में पंचम स्वर में गीत-सा फूटा—"पाऽ लागीं मा-राज।"

"राधे-राधे।" आवाज़ ऐसी जैसे किसी ने फर्श पर खटिया खिसकाई हो—"अरे तू है कन्तो! अरे कल्ह तो तेरे घर में पड़ोसियों ने कब्जो कर लियो हतो। मैंने कही के सारे, मैं तेरो घर खुयवायके गधन को हल चलवाय दूँगो। तब जायके भागे एँ। ताहू पे एक दिवार तो तेरी गिराई दीन्हीं। अब तू बरोबर यहीं पर रह्यों कर। कैसी कुलच्छिनी है। अपने बाप-दादान को देहरी छाँडिके बावरी कूकरी-सी जहाँ-तहाँ डोले है। जे कौन को ले आई?"

"सामी जी हैं। हमाए मामा के घर आए हते। वहीं ते इन्हें केसौराय के दर्शन कराइबे कूँ याँ लाइ हूँ। बड़ो चमत्कार हैगो माराज को। सब भूत भबिस तो ऐसो विचारे है कि चन्दनमल सेठ की सोना-चाँदी और मेरे कालू दौआ की नाव बचा लीनी याने।"

"भलो-भलो, बैठो। अरे गोकर्णेश्वर भगवान के द्वारे आए हो। पैले याँ डण्डौत कर लेव। थोड़ी बूटी-ऊटी छान लेव। तब केशवराय दौड़त भए द्वारे पे तुमको अपने बाँह पकड़के ले जाँगे।"

सूर स्वामी खिलखिलाकर हँस पड़े, कहा—"मुझे तो उसने अपने हाथ से घोट के पिलाई थी। तभी तो नशे के मारे आँखें नहीं खुलने पाईं मेरी।"

"वाह-वाह, खरो भगत ए। बाकी प्यारे, जो तू भूत-भविष्य बखाने है तो बता कि कालिन्दी में नहायबे को जोग-संजोग कब तै आरम्भ होवैगो। कैसौ समौ आय गयो हैगो साररो के भाँग तो छानों कालिन्दी के तट पे और न्हाइबे-निपटिबे कूँ साली कुजाँ-बाबड़ी पे जाओ।" चौबेजी बड़े उदास थे।

"राधे-राधे!" सूरदास बोले—"छठे राजा के राज में जमनाजी में स्नान कर सकेंगे आप। अभी तीस-पैंतीस बरस यही दशा रहेगी महाराज।"

रास्ता फिर सूने डगों चलता रहा। कन्तो कुछ न बोली। सूरज अपनी ही बात में रम गया था। उसे श्याम सखा रंग हठ का नशा चढ़ रहा था। उसे इस समय कामधेनु सहित युगल मूर्ति देखने का आग्रह है। वह मूर्ति जिससे धुर बचपन में ही,

उसका स्पर्श-रूप साक्षात्कार हुआ था। अपने घर के मन्दिर की वह हाथ-भर की मूर्ति इस समय धरती से लेकर आकाश तक छाई थी। सूरज धरती का स्पर्श तो कर रहा है, किन्तु आकाश अव्यवक्त अगोचर है। जो अगोचर है वह सूरज का श्याम मन है। बहुत दिनों से नहीं बोला श्याम मन। बहुत दिनों से उससे रस-भरी बातें नहीं कीं। बस, जब-तब एक-आध तीखे व्यंग्य-बाण मारने के लिए आ जाता है। वह उसे बुलाएगा। वह उससे वैसे ही आठों पहर बातें करेगा जैसे बचपन में किया करता था।

हवा में गूँज बढ़ गई। घोड़ों-रथों, बैलगाड़ियों, पालकी-कहारों और पैदल चलने वालों की आहटों से कान भरने लगे। कंतो ने फिर सूरज की बाँह पकड़ ली और कहा : "सड़क पार करनी है।" रुकती-रुकाती वह सड़क के उस पार निकाल ले गई।

"मन्दिर आ गया?" सूरज ने पूछा।

"अभी जरा दूर है। भगवान को भोग चढ़ाओगे सामी जी?"

"हाँ-हाँ। ये रुपैयो भुँजाइ ले। जित्तो परसाद लेनो हो लय ले। तेरी मर्जी पे।" रुपया लिया, दिया, किन्तु उँगलियों-हथेलियों की छुअन ठण्डी थी। भावहीन। दुकान के आगे थोड़ी-बहुत भीड़ थी, आवाज़ें थीं। सूरदास ने अपने पास ही किसी व्यक्ति के खड़े होने का आभास पाकर पूछा—"क्यों भाई, ये मन्दिर कितना बड़ा है?"

"जाको शिखर आकाश चूमे है। बड़ो भारी मन्दिर है, महाराज। जब गजनीबारे ने पुरानों मन्दर तोड़यों हतौ तब बिजैपाल राजा ने जा मन्दिर बनवाय के केशवजी को पधरायौ? तुम का कहूँ बाहर ते आए हो महाराज।"

"हाँ भाई।"

पचास-साठ डग चलने के बाद ही सीढ़ियाँ आ गईं। कन्तो ने हाथ थाम लिया। आसपास चढ़ने उतरने की आहटें! आहटों के अनुमान से भीड़ अधिक न थी और जितनी भी रही हो उसके अनुपात से बातें कम सुनाई पड़ रही थीं। चौड़ी-चौड़ी सीढ़ियों का सिलसिला समाप्त। दस कदम चलने के बाद कन्तो बोली—"अब देहरी फलांगो।"

"क्या फाटक आ गया?"

"हाँ।"

"कितना बड़ा है?"

"मोहे तो झाँई-सी दीख पड़े है, पर मैंने एक बेर एक जना से पूछी हती। बाने कही के चार-पाँच हाथी एक पे एक ठाढ़े होंय तो याकी ऊँचाई को पावै।"

फाटक से लगी हाट के बाद पत्थर का लम्बा गलियारा पार किया, फिर दाहिनी ओर मुड़े। सीढ़ियाँ—फिर मन्दिर का प्रवेशद्वार। प्रवेश करने से पहले थमकर सूरज ने कन्तो से कहा—"अब हम भगवान के दरबार में हैं, किसी प्रकार की पाप-भावना मन में न आए, समझी!"

"भौत पैले ही समझ गई थी मैं तो।"

सूरज को लगा मानो वह कहते हुए मुस्कराई होगी।

बड़ा सा आँगन पार किया। मन्दिर में भीड़ की गूँज, नाना स्तुतियों का उलझा हुआ स्वर। किन्तु एक स्वर इन सब में उभरा हुआ स्पष्ट था जिसे सुनकर सूरज को स्वामी नाद ब्रह्मानन्दजी की याद आ गई–

"यं शैवाः समुपासते शिव इति ब्रह्मेति वेदान्तिनो
बौद्धाः बुद्ध इतिप्रमाण पहवः कर्तेति नैयायिकाः
अर्हन्नित्यथ जैन शासनरताः कर्मेति मीमांसकाः
सोऽयं वो विदधातु वांछित फलं त्रलोकक्यनाथो हरिः।"

सूरज तन्मय हो गया था। उस तन्मयता में अपनी पीठ से सहने वाला किसी नारी का स्तनभार उसे खला। यह स्पर्श कन्तो का नहीं किसी और दर्शनार्थी स्त्री का होगा। मन्दिरों में ऐसी छलिया स्त्रियाँ बहुत आती हैं जो भीड़ के बहाने परपुरुषों से अपना अंगस्पर्श कराने में ही प्रभुदर्शन का सारा फल नित्य नगद भुनाया करती हैं। सूरज को यह स्पर्श चिढ़ा तो गया, किन्तु अभी उसका सुहावना-लुभावनापन मन से नहीं छूटा था। "परे हट रे पालग मन। देख, तेरे सामने श्री केशवराय हैं।"

मन बिलखकर गा उठा–

"कृपा अब कीजिए बलि जाऊँ।
तुम कृपालु करुणानिधि केशव अधम-उधारन नाऊँ।
अशरन-शरण नाम तुमरो हौं कामी-कुटिल सुभाऊ
कलंकी और मलीन बहुत मैं सेंत-मेंत हि बिकाऊँ।
सूर पतित पावन पद अंबुज क्यों सो परि हरि जाऊँ॥"

भीड़ में सन्नाटा छा गया था। सूरज के स्वर में मन्दिर के बाहर-भीतर का सारा कोलाहल शान्त हो गया। जब तक वह गाता रहा तब तक कहीं कोई आवाज़ न थी। गायन समाप्त कर जब उसने भूमिष्ठ होकर प्रणाम किया तो चारों ओर सराहना के स्वर-साज बजने लगे।

"महौड़ौ ऊँचो करो सामी जी। चर्नामिर्त आँखों में लगाऊँगी।" सूरज उठकर बैठ गया। कन्तो अपनी अँजुरी में लाया हुआ चरण-जल अंधे सूरज की आँखों पर टटोलकर लगाती रही, फिर तुलसी खिलाकर बाकी बूँदें स्वामीजी के होठों में टपका दीं। चरणामृत की बात थी, पर इस समय कन्तो का स्पर्श करना उसे भला नहीं लगा। चरणामृत लेकर वह उठ खड़ा हुआ।

"कहाँ से पधारे हैं भगत जी?"

"सीही ग्राम से।"

"यहाँ कहाँ ठहरे हैं?"

"विश्रामघाट के पास एक स्थान टिकने को मिल गया है।"

"मुझे चौक जाना है। चलें, तो मैं आपके स्थान पर छोड़ दूँगा। यह स्त्री आपके साथ आई है?"

"हाँ, यही मुझे नाव से लाई थी। परन्तु इसका घर यहीं गोकर्णेश्वर पर है।"

"तब चलिए मेरे साथ।"

कन्तो अब सकपकाई, पूछा—"मेरे साथ नहीं चलोगे सामी जी।"

"तू अपना घर सम्हाल। ये भाग्यवान मुझे पहुँचा ही देंगे। भगवान तेरा और इनका भला करें।" हाथ जोड़े और फिर पास ही खड़े वृद्ध सज्जन का हाथ टटोलकर पकड़ा और चल पड़ा।

कन्तो भरी भीड़ में अकेली खड़ी रही।

6

चौक में तोड़े गए हनुमान मन्दिर के खण्डहरों से काफी पहले ही गदरे की कच्ची सड़क पर बल्ली-पाडो का ढेर करके रास्ता बन्द कर दिया गया था। ढाई-तीन घड़ी पहले जब सूर स्वामी को साथ लाने वाले भक्त लालाजी केशव देव के कटरे गए थे तब यह रास्ता चल रहा था।

लालाजी यह स्थिति देख-सुनकर पल-भर के लिए किंकर्त्तव्यविमूढ़ हो गए। सूरस्वामी को विश्रामघाट छोड़ने की समस्या तो ऐसी कठिन न थी किन्तु अब वे स्वयं घी के कटरे में स्थित अपने घर तक कैसे पहुँचेंगे। खैर आड़ी-तिरछी गलियों के घुमावदार चक्रव्यूह को भेदकर वे स्वयं पहुँच भी जाएँ पर अब से रथ कहाँ रहेगा। बैल कहाँ बाँधे जाएँगे। राजा को कोई काम करना था पहले परजा को चेतावनी दे देते। लोग अपनी-अपनी जुगत तो सोच लेते मगर राक्षस राज में क्या कहा जाए।

लालाजी खिन्न मन से रथ से उतरे, रथवान और सेवक ने सूरस्वामी को सहारा देकर उतारा।

लालाजी ने रथवान से कहा—"अब से रथ रखने की समस्या आएगी।"

"अन्नदाता हुकम करें तो मैं रथ को घुमाके जमना जी के रास्ते से ले आऊँ।"

"ठीक है, यही कर।"

"आप तो मन्दिर के खण्डरे से होके निकल जाओ अन्नदाता। थोड़ी ऊँची-नीची तो चढ़नी पड़ेगी, पर लम्बे चक्करों से आप बच जाँगे सरकार।"

लालाजी सूर स्वामी को अपने घर ले आए। जलपान हुआ, थोड़ा भक्ति-भाव भी हुआ। लालाजी दुखी मन से बोले—"मनुष्य को जीव के ताइ एक सहारो चहिए।

यासों भगवान पे भरोसो करनो पड़े है महाराज। केशौरायजी के दर्शन करने जाऊँ हूँ। एक आदत है। संस्कार को बन्धन है। पर सच्ची पूछौ तो अपने देवी-देवतन पर मेरो भरोसो अब रह्यो नाँय। रोज तो मन्दिर तोड़े जायँ। भगवान वधिक घर के पत्थर बने हैं। कैसे भरोसो होए।''

सूर स्वामी के लिए यह बात एक ओर जहाँ धक्का देने वाली सिद्ध हुई वहीं दूसरी ओर वह स्वयं अपने से भी आश्वस्त कर देने वाला उत्तर पाने के लिए तड़प उठा। एकाएक उसके मुँह से निकल पड़ा–''विश्वास लाख हथौड़ी की चोट से भी नहीं टूटता लालाजी। नीलकण्ठ के समान विषपान करके भी विश्वास सदा अजर-अमर है।''

लालाजी बोले–''आप साधू हैं। आपके ताईं यह बात स्यात सरल हो पर देखो ना, इस समय कितने लोग अपनो धर्म बदलने की बात सोच रए हैं। हमारे कृष्ण भगवान तो अब अल्ला के आगे घुटने टेक चुके है।''

''भगवान घुटने टेकता है कि अविश्वासी मनुष्य? विश्वास से शक्ति उत्पन्न होती है, दयानिधान। अविश्वासी मनुष्य ही धर्म परिवर्तन की बात सोच सकता है।''

एक नौकर सूर स्वामी को साथ लेकर चला। हाटों-बाटों की चहल-पहल के बीच से सूरज जल कमलवत् गुज़र रहा था। लालाजी के शंकालु अविश्वासी मन ने सूरज को आघात पहुँचाया था। देव विग्रहों के नष्ट किए जाने से क्या मन का भाव ही इतना विखण्डित हो गया कि धर्म-कर्म में ही उसकी आस्था नहीं रही–फिर भी लाला नित्यप्रति केशवजी के दर्शन करने जाता है। जब आस्था ही नहीं है तो क्यों जाता है। यह त्रिशंकु का-सा जीवन भी भला कोई जीवन है।

'तेरी आस्था क्या अखण्डित है रे?' श्याम मन का यह अचानक प्रश्न सूरज को स्तम्भित कर गया। वह चलते-चलते रुक गया। नौकर ने पूछा–''कहा भयो महाराज?''

''कुछ नहीं। गतश्रम भगवान् का टीला आ गया?''

''बस नेरे ही है। कुछ काम है वाँपे?''

''टीले के पल्ली पार वाली गली से दूध लेना है।'' भीतर थमी हुई बात के बढ़ने को बाहरी बहाना मिल गया। इससे मन के उबाल पर ठण्डा छींटा पड़ गया। कदम चल पड़े।

टीला चढ़ने का क्षण भी आ गया। ईंटों, पत्थरों के रोड़ों से भरा विशाल खण्डहर। गतश्रम नारायण भगवान का विशाल मन्दिर था। लोग बतलाते हैं बड़ा ही सुन्दर बना था। सुन्दरता में भगवान बसते हैं। इसे तोड़कर विधर्मियों को क्या मिला ? मिला क्यों नहीं, जिस सोने की सुन्दरता को हमारे पुरखों ने भगवान का स्वरूप देकर परम सुन्दर बनाया था, वह उसी सोने-चाँदी, मणि-माणिक्यों को मूल्यवान मानकर ले गए।

'अरे मूढ़, तू क्या जाने सोने की सुन्दरता, हीरे-मोतियों की जगमगाहट! तू तो अंधा है, जनम का अन्धा।' श्याम मन फिर बोला किन्तु उत्तप्त सूरजमन के पास इस बार उत्तर था—'आँखें न सही, कान तो हैं। सुनी हुई बातों को अंधा बखान सकता है।'

'खोखले बखान से लाभ ही क्या।' मन को कोई अनुभूति, प्रतीति हुई? श्याम मन ने फिर ठण्डी चुटकी काटी।

आवेश भरा सूरज मन इस बार डपटकर श्याम मन से बोला—'क्यों नहीं, जब कोई रूपरंग, आकार बखानते हैं तब न देखकर भी मैं उसके अर्थ को ग्रहण तो करता ही हूँ। उस अर्थ बोध से मेरी कल्पना एक प्रकार का रूपाभास भी कराती ही है। उससे जो आनन्द मिलता है वही मेरा सौन्दर्य बोध है।...और सबसे सुन्दर तो तुम हो मेरे राधागोपाल श्याम सखा।'

'परन्तु तुम्हारे राधागोपाल का विग्रह तो कब का टूट चुका सूरज। यहाँ कितने कृष्ण, विष्णु, नारायण खण्डित होकर बधिकों के घर पड़े हैं। उनका मूल्य अब क्या रहा?'

'मूल्य तो मेरे मन में है श्याम। मेरे राधागोपाल की प्रतिमा कोई नहीं तोड़ सकता।'

'मन में तो एक राधागोपाल ही नहीं सुनैना गोपी और कन्तो गोपी भी हैं?'

श्याम मन की खिलखिलाहट सूरज मन ने सुनी; चिढ़ गया। चमककर उत्तर दिया—'मैंने सुना है, कहीं ऐसा मन्दिर भी बना है जहाँ सजावट में सब देवी-देवताओं की काम-केलि करते हुए मूर्तियाँ बनी हैं। मुख्य तो इष्टदेव की मूर्ति है।''

'अच्छा सूरज, कोई कन्तो या सुनैना तेरे इष्टदेव की मूर्ति को तोड़ डाले, तो?'

सूरज गम्भीर। उत्तर दे सकता है, पर दे न सका। मन के आक्रोश में भावनाओं का चक्रवात डोल रहा था। टीले के उस पार की छोटी-सी बस्ती में पहुँच गया। इन्दल दूध वाला किसी से कुछ कह रहा था। सूरज का ध्यान उसकी बात पर नहीं आवाज़ पर केन्द्रित था। इन्दल के स्वर ने उसे अपने चिरपरिचित मार्ग की टोह दे दी। लाला के नौकर से कहा—'अब तुम जाओ भैया, यहाँ से रस्ता जानू हूँ।'' नौकर चला गया। इन्दल की दुकान पर आकर सूरज ने अपनी टेंट टटोली। तब याद आया कि कन्तो को प्रसाद खरीदने के लिए रुपया दिया था, उसने छुट्टा लौटाया नहीं। अब? नाग देवता के लिए दूध कैसे आएगा। तभी इन्दल ने उन्हें देखा। भोले गुरु की बदौलत आस-पास के सब लोग अन्धे बाबा को जान तो गए ही थे, उसने कहा—''जैसिरी किसन, स्वामी जी।''

''जै श्री कृष्ण भाई। मैं एक बात कहने आया हूँ।''

''कहौ-कहौ, कहा बात ऐ।''

''मैं आज केशवराय के दर्शन करने गया था, तो पैसे तो खरच हो गए।''

"ह्वै जान दो? दूध तुम्हारै पौंच जाएगौ।"

"दाम कल दे जाऊँगा।"

"तुम तो मोय लजाओ हो स्वामी जी। नाग देवता के ताईं मँगाओ हो, मैं का जानूँ नहीं हूँ। एक दिना मेरी ओर से सेवा है जाय तो कहा कछु हरजो है?"

सूरज कुछ कह न सका, यद्यपि उसके मन में यह बात उठी कि वह कल दाम अवश्य दे देगा, फिर स्वयं ही क्षोभ हुआ, एक नगण्य-सी बात के लिए इतनी अकुलाहट क्यों हुई? नागदेवता क्या किसी के टके देखते हैं। उनका उदर पोषण होना चाहिए। मान लो आज का पुण्य इन्दल को मिला तो मुझे क्या ईर्ष्या होगी। नहीं-नहीं, यह मिथ्या लोकाचार का विचार भी व्यर्थ है। सूरज मन ने ही सूरज मन को बोध दिया और रास्ते में दो-चार से रामा-श्यामा करते हुए रामध्यानी की अम्मा से जाकर कहा कि रुपया खर्च हो गया है, दिन में तो खाया नहीं और ब्यालू के पैसे—परन्तु रामध्यानी की अम्मा ने भी उसे प्यार से झिड़ककर कहा कि पैसों की बात न करे।

घर पहुँचा। लगा कि कोठरी में कोई है। लाठी दाहिने कोने में रखी। फिर लगा कि अभी-अभी हल्की साँस कोनों में पड़ी है। कहीं कोई है। अरे, भ्रम है। हो सकता है अपनी ही साँस सुनी हो।...लगता है कि कानों के भीतर भी कान हैं जो साफ किसी की साँसों का स्वर सुन रहे हैं। लगता है कि अंधेपन के बाद भी उनके पास एक आँख है जो कोई धुँधला-सा आकार बैठा देख रहा है। कौन है?...होगा। बीच में चटाई पड़ी थी। बैठ गया। मन में अनवरत रूप से हलचल तो होती ही रहती है। फिर भी वह इस समय अपेक्षाकृत शान्त और सन्तुष्ट है। आज उसकी बरसों पुरानी साध पूरी हुई है। मन में जाने कितनी आकांक्षाएँ का गेंद है। ऊँचे उछालो और फिर दोनों हाथ से लपक लो। 'मैं अन्धा उछाल तो सकता हूँ पर उसे लपककर हाथ में कैसे ले सकूँगा। मेरे लिए साधों का गेंद उछालना ही मूर्खता है। बस, एक ही साथ—एक घुटन, एक पीड़ा...

"पश्यति दिशिदिशि रहसि पवन्तम्
तदधर मधुर मधूनि पिबन्तम्।
नाथ हरे सीदति राधा वास गृहे॥

गाते-गाते फिर एक सिसकी कानो में पड़ी। जरूर कोई है।...अनायास पुकारा सिर घुमाकर—"कन्तो!"

"हूँ।"

हुँकारी की प्रतिक्रिया एक साथ दो स्तरों पर हुई, अपराध भावना और चित्ताकर्षण दोनों साथ-साथ। आकर्षण को वह समझ सकता है। परन्तु अपराध भावना किसलिए? काया की भूख के जादुई घेरे को तोड़कर चला आया था, इसलिए या वह घेरा फिर

उसे घेरने के लिए आ पहुँचा है, इस कारण से? जल्दी में जब वह कुछ सोच न पाया तो पूछ बैठा–"यहाँ क्यों आ गई, अपने घर क्यों नहीं रही?"

"तुम्हारी रोकड़ मेरे कने हती। आनो परयो।"

"सूरज को अपना इतनी देर तक बड़ी लगन से बुना हुआ विचार जाल टूटता-सा लगा। झुँझलाहट हुई।" बोला–"गिनती के टके, उसके बिना मेरा कौन-सा काम अटक जाता कि तू दौड़ आई।"

"..."

"तुझको आज वहीं रहना चाहिए था। चौबेजी ने इतना समझाया पर तेरी बुद्धि होती तभी तो समझ पाती।"

कन्तो चुप। सूरज भी कुछ क्षणों तक मौन रहा। कन्तो के उत्तर देने से पहले सूरज के मन की कठोरता में कुछ लचीलापन आया। पूछा–"कुछ खाया-पिया है कि नहीं?"

कन्तो चुप।

"बोलती क्यों नहीं?" झुँझलाकर कहा।

"हूँ।"

"हूँ–हूँ क्या करती है। मन्दिर से सीधे यहीं आई होगी।"

"तुमने हू तौ नाँय खायौ।"

स्वर का प्रभाव चिकना, बात का प्रभाव अटपटा, 'कोई मेरे लिए भी सोचता है–पर कोई मेरे लिए क्यों सोचे?' कड़वा उत्तर देकर अपनी श्रेष्ठता का अनुभव करना चाहा परन्तु वह कड़वापन मुँह से बाहर आते-आते उतना कटु न रहा, सूरज ने कहा–"अब लौट के कहाँ जाओगी, हँसा गोकर्णेश्वर?"

"कहूँ नाँय।"

उत्तर ने चौंकाया, कहा–"और तेरे बाप-दादों की जमीन पे पराए लोग अधिकार कर लें नो?"

"कर लें।"

कन्तो के स्वर में उपेक्षा का भाव था। सूरज को धक्का लगा, पूछा–"पगली, घर नहीं चाहिए तुझे?"

"जब घरवारौ ही नाँय तो घर कौ कहा होयगौ!"

बात बन्द गली में पहुँचकर ऊपर से थम गई पर निकास के लिए सूरज के मन के भीतर ही भीतर सेंध फोड़ने लगी। बात का पानी कहीं काम से टकराया कहीं श्याम से। किसी आशंका से जैसे ममाखी के छत्ते में अचानक मधुमक्खियों के ऊँचे उठने और फिर बैठ जाने की भनभनाहट होती है वैसी ही मन में हुई। अस्थिरता ने आसन डिगाया, सूरज सरककर कन्तो के पास आया। विवश मन का कौतूहल अनायास ही विवेक की चुंगी-चौकी से छल करके सीमा पार निकल आया और धीमे

स्वर में पूछ बैठे–

"कभी किसी पुरुष का संग सुख अनुभव किया है?"

अपना प्रश्न अपने ही गालों पर तड़ातड़ तमाचे मारने लगा और इसी बीच में कन्तो का उत्तर भी कानों में पड़ा–"उहुँ।"

दोनों के बीच में मौन का मोटा पर्दा पड़ गया, फिर एक निःश्वास ढीलकर सूरज कहने लगा–"मुझे तुझसे सहानुभूति है। तेरी ही तरह मुझे भी काम सताता है। तेरे मधुर झंकार-भरे स्वर ने कल मुझे मतवाला बना रखा था। विशेष रूप से आज दिन में तेरी भूख ने मेरी भी भूख ऐसी भड़काई है कि क्या कहूँ।...मै भी अठारे बरस का हूँ कोई बूढ़ा तो नहीं हुआ।...नहीं। नहीं। नहीं।" बोलते-बोलते सूरज की वाणी ऐसी वेदना-भरी हो गई जैसे बाहर निकलते हुए व्यक्ति के लिए अचानक किवाड़ बन्द कर दिए गए हों और वह सिर फूटने से कराहा हो।

आग्रह भार से दबा झनझन करता स्वर कानों में पड़ा–"तुम जैसे चाहो वैसे रखियों। मैं ब्या करके तिहारी जात नाँय बिगाड़ूँगी।"

राग-विराग के हिंडोले में झूलते हुए सूर स्वामी हँसे, कहा–"उस प्रकार की जाति-वर्ण इत्यादि तो मैं सीही में ही छोड़ आया।"

"फिर..."

"एक जाति पुरुष की होती है और उसकी बात भी एक ही होती है।"

अपनी बात से अपनी अन्तश्चेतना के कनपट खुल गए, एक पुरानी उक्ति की स्मृति धूप गन्ध की तरह मन में फैल गई–'यन्द्री का लड़बड़ा जिभ्या का फूडहा, गोरख कहे सो पर्तसि चूहड़ा।"–प्रत्यक्ष पतित अर्थात् मरद की जात नहीं, मरद सी बात नहीं! सारा स्नायुमण्डल झनझना उठा। आकाश कम्प ने प्रबल वेग से सूरज मन की धरती को भी डगमगा देने का प्रयत्न किया किन्तु इस बार वह अडिग सिद्ध हुई। बहुत दिनों बाद सूरज मन-श्याम मन एक स्वर में कन्तो से बोले–"जो सुख मैं पाना चाहता हूँ यह मुझे भाग्य ने नहीं दिया और जो सुख मेरा भाग्य भोगना चाहता है वह मैं उसे नहीं दूँगा। समझीं!"

"जितौ मैं वे दिन ही समझ गई ही।"

उत्तर ने सूर स्वामी की सद्यः अर्जित महत्ता को चौंका दिया, रूखे स्वर में पूछा–"तब फिर यहाँ क्यों आई, मेरी शान्ति भंग करने?"

"नाँय। मैं तो अपनी सांती खोजिबे आई हूँ।"

"वह तुझे यहाँ नहीं मिलेगी। कहीं और जा।"

कन्तो खिलखिलाकर हँस पड़ी। मदनध्वज-सी लहराती उसकी हँसी ने सूरज के मन में दाद की खुजली जैसी रति-गुदगुदी मचाई पर वह उसे नकार गया। कन्तो कह रही थी–"बुतौ मुझे तिहारे चरनन मेंई मिलेगी, तुम चाहे हाँ कहो चाहे ना कहो। पालागी।"

उठने की आहट, बाहर जाने की आहट, और फिर सन्नाटा। शब्दहीन सन्नाटा। साधारण से पल ब्रह्म के पल हो गए और उन पलों की दीर्घावधि में सूरज के मन में ऐसी भावना आई जैसे अपने एक जन्म दिवस से दूसरे जन्म दिवस तक पहुँचने तक उसे हर बार पत्थर की दीवारें तोड़कर अपने जीवन की राह निकालनी पड़ी है। चार-पाँच वर्ष की आयु से, जब से सूरज की माँ ने श्री राधागोपाल के विग्रह से उसका परिचय कराया था फिर, अन्तर्मन में जब श्याम सखा मिले थे तब से जितनी ही तेज दौड़ने की इच्छा उसके मन में होती रही है, उतनी ही कठिन बाधाएँ भी उसके सामने आती रही हैं। नगण्य से गण्यमान्य होने तक इन अठारह वर्षों की जीवन-यात्रा में उसने क्या चाहा और क्या नहीं चाहा, क्या पाया और क्या नहीं पाया, इसके हिसाब का विस्तृत खरा उसके मन के सीमाहीन मैदान में खुलता ही चला गया। अँगूठे के गड्ढे को भरकर पी जाने वाले अगस्त्य की तरह सूरज की अन्तर्दृष्टि ने केवल एक ही चाह के सागर का घूँट भरा है—आँखें मिलें। वह केवल हरि कृपा से ही प्राप्त हो सकती है। वह हरिकृपा तो पाना चाहता है पर उसे पाने के लिए उसने अब तक किया क्या है? कुछ नहीं। पहले श्याम सखा से कितनी बातें होती थीं, कितना एका था! आठों पहर साथ रहते थे। श्याम सपने में भी उसके संग रहते थे। फिर धीरे-धीरे कितनी दूरी आती गई। बाहरी दुनिया में वह नगण्य से गण्य होता गया और श्याम जीवन्त सखा से कोरे सचेतक यन्त्र मात्र बन गए। सूरज-मन रूपी मत्त गयन्द के शीश पर श्याम मन केवल अंकुश की तरह कभी-कभी चुभ भर जाता है, भले के लिए भी चुभता है पर उसने पहले जैसी अन्तरंगता नहीं रखी। क्यों? दोष मेरा है।...

एक लम्बे वाक्य जैसे सन्नाटे के बाद विराम-चिह्न-सा उतर आया—'अब सूरज मन और श्याम मन को एक होना पड़ेगा। काशी के सन्त कबीर कैसी अच्छी बात कह गए हैं—जब मैं था तब तू नहीं, जब तू है मैं नाहिं। प्रेम गली अंति साँकरी तामें दो न समाँय।'

मन अब एक निश्चय पर सध गया है। वह निश्चय एक निर्मल नीरा नदी के समान है और सूरज उस पर खड़ा होकर चल सकता है। उसने उठने के लिए हाथ धरती पर टेका, पड़े सिक्के छू गए। कन्तो छोड़ गई। ...कन्तो? कोई नहीं। नरक का द्वार नारी। परन्तु राधा रानी भी तो नारी हैं, सीता-पार्वती भी नारी हैं। राधे-श्याम, सीता-राम, गौरी-शंकर—नारी से मुक्त कौन है? सच पूछो तो विरोध नारी से नहीं वरन् उसके काम-वासना का माध्यम होने से है।

मन फिर उलझा—अर्थात् गुड़ खाएँ पर गुलगुलों से परहेज करें। ये कैसे हो सकता है? हो क्यों नहीं सकता। काम वह अण्डा है जिससे मन रूपी पक्षी प्रकट होता है। उस मन रूपी पक्षी के दो पंख होते हैं, कल्पना और विचार। इन पुष्ट पंखों वाले पक्षी को निःसीम आकाश में उड़ने दो। उसे दबाने या घृणित अपराध

मानकर कुचलने का प्रयत्न मत करो। 'दाबि न मारिबा, खाली न राखिबा जानिबा अगिन का भवेम्।' काम को दबाओ मत, वह काया रूपी चूल्हे में जलती हुई अग्नि है, उस पर कुछ पकाओ। क्या पकाओगे?—श्याम मन।'

श्याम-श्याम रटते नींद आ गई। एक गूँजभरा सपना देखा। मानो एक पर्वत है, कैलास पर्वत। उसके सबसे ऊँचे शिखर पर स्फटिक का एक अनगिनत पंखुड़ियों वाला बड़ा भारी कमल बना है। कमल पर शिवजी विराजमान हैं। पालथी बाँधे, दोनों हथेलियाँ एक पर एक रखे नेत्र मूँदे बैठे हैं। उनकी बाँहों में, कण्ठ में नाग देवता लिपटे हैं। कपाल पर चन्द्रमा और जटाजूट से गंगाजी बह रही हैं। यह पहाड़ के नीचे एक कुण्ड में गिरती हैं। कुण्ड से एक नागिन ऊपर आती है। गेंडुली मारकर पानी पर बैठी है। फिर वह नागिन तैरते-तैरते कुण्ड से बाहर निकल आई है। पहाड़ पर चढ़ने लगी। सुरम्य गंगधार, जगह-जगह गंधमादन फुहारों की छतरिया-सी छितरा रही हैं। नागिन गंधमद में नहाती है, पीती है, झूमती उछालें लेती हुई ऊपर पहुँचती जाती है—बिल्कुल शिव के सहस्र दल कमलासन के पास।

तब नीलकण्ठ से लिपटा हुआ नाग अपना फन तानता है, नागिन को देखकर झूमता है। नागिन कमल पर चढ़ने के कठिन प्रयत्न करते-करते अन्त में जब कलासन पर चढ़ने में सफल हो जाती है तब नाग ध्यानस्थ शिव के कण्ठ से हटकर कंधे पर आ बैठता है और गंगा की फुहारों में फन फैलाए नहाता और झूमता हुआ नागिन को देखता रहता है। नागिन शिव के पगों पर चढ़ती है। चढ़ने में उसे पहले से भी अधिक कठिनाई हो रही है किन्तु शिव स्पर्श से बार-बार उन्मादक ऊर्जा पाकर अन्त में वह एक उछाल में पालथी पर बँधी शिव की हथेलियों पर पहुँच जाती है और सिर उठाकर नाग को देखती है। गंगा की गिरती हुई फुहारें अब उसे भी कठिन श्रमफल का शीतल सुख दे रही हैं। नाग उतरता है, क्रमशः हथेली पर ही आ जाता है। नागिन मतवाली होकर नाग से लिपट जाती है। बटे हुए रस्से से खड़े दोनों प्रेमानन्द मग्न हैं। देखते-देखते सूरज को स्वप्न में बस चार आँखें ही चमकती हुई दिखलायी देती हैं—काली-काली अतीव चमक-भरी आँखें। सूरज अपनी मन की आँखों से यह दृश्य देख रहा है। इतना साफ पहले कभी नहीं देखा था। सूरज आनन्द मतवाला हो उठा। शिव, गंगा, नागमिथुन सब गायब। सपने में ही फिर अपनी कोठरी वाले नाग देवता कह रहे हैं—"जो देखा है उसे करके दिखलाओ। सब कुछ देख लोगे।...अच्छा मैं जाता हूँ। जय श्री राधागोपाल।"

नींद खुल गई। कोई दृश्य नहीं। सब कुछ सपना था। किन्तु दीन दयालु, स्वप्न तो मुझे पहले भी आते रहे हैं। पहले सपनों में ऐसा लगता था जैसे कथा सुन रहा हूँ, इस बार प्रत्यक्ष देखा—आँखें, चमक भरी आँखें। क्या मैं देखने लगूँगा श्याम? सच? परन्तु इस स्वप्न का अर्थ क्या है?...जैसे सारा जग अँधेरे में है। वैसे ही स्वप्न का अर्थ भी है। आनन्द भरा मन कुम्हला गया।

मरघट के पीपल पर रात के तीसरे-चौथे पहर की चिड़ियाँ चहचहाने लगी हैं। उठो सूरे, अपने काम पर लगो। मन की बात पिता के स्वर में सुनाई पड़ी। उठने पर बचपन में बहुत खाई पिता की मार का भय भी याद आया। उठ बैठा। गली, चबूतरा, पेड़, घाट के ऊपर मन्दिरों के खण्डहर, खलार, कछुए, कालिन्दी तट सब कुछ इतना जाना-पहचाना है कि कहीं कोई खटका ही नहीं रहा। आदत भी एक तरह की आँख है, सोचकर सूरज मुस्कुराया।

मरघट के पठान चौकीदार ने सूरज की दया विचार कर उसे नहा लेने की आज्ञा दे रखी है। वह तट, जल की गहराई, कछुए, सबसे इतना अधिक परिचित हो चुका है कि कुछ अड़चन नहीं होती।

अपनी कोठरी में लौट रहा था तब मरघटे के लकड़ी वाले के मुर्गे ने पहली बाँग दी। अरे, धोखा हो गया, जल्दी उठ आया। खैर श्रावणी पूर्णिमा है, सलोनो का दिन है। भला हुआ, सक कामों से निबट गया। मन सन्तुष्ट था।

आसन पर बैठ गया। नित्य की मन्त्रोपासना, हथेली के स्पर्श से राधा-गोपाल का ध्यान। बाईं हथेली पर दाहिनी हथेली का स्पर्श होते ही सूरज को वर्षों पहले बहुत बार छुई हुई राधागोपाल की मूर्ति की एक-एक रेखा अपनी लयात्मक तरंग संवेदना सहित ध्यान में जीवन्त हो उठी। कभी-कभी नहीं भी होती तब सूरज झुंझलाता है, पर इस समय तो राधाकृष्ण कामधेनु, बंशीवट की गोल मेहराब-सी डाल, मुकुट वेणी से लेकर राधा की घाँघरी और श्रीकृष्ण के पीताम्बर की चुन्नटें तक एक-एक मोड़, एक-एक उभार, एक-एक रेखा मन पटल पर खिंच गई। स्मृति की इस सजीवता ने आत्म-विश्वास बढ़ाया। सन्तोष के साथ-साथ आनन्द पुलकन भी दे गई। राधा-गोपाल में रमा सूरज मन गम्भीर हो गया। विचार आया, स्मृति जब अपनी सहज लय में होती है तब ध्यान में सजीवता भी आ जाती है। सोचा, स्मृति को सदा सहज लय में रखना चाहिए, पर कैसे रखा जाए। स्पर्श चक्षु में मूर्ति स्पष्ट थी। भाव आया—

''बिनती सुनो दीन की चित दे, कैसे तव गुन गावै।
माया नटिनि लकुटि कर लीने कोटिक नाच नचावै।''

भाव तीव्रता से आशुस्फूर्ति होती चली, स्वर लय में बँधे शब्द आप ही आप जुड़कर मन की बातें बनने लगे और मन के चक्करों को चला रही थीं अपनी ही चालें, कुचालें, नीतियाँ-कुनीतियाँ छल-कपट। दर-दर लोभ के कारण दौड़ता हूँ, कभी इन्द्रजाल कभी छोटे-मोटे तन्त्र प्रयोग ज्योतिष प्रपंच! इनसे भला तुम मिलोगे? हे प्रभु, यह माया मुझे तुमसे कपट करने को प्रेरित करती है, मेरी बुद्धि भरमा जाती है। मैं क्या करूँ श्याम?''

'स्मृति को मैदानी नदी की तरह अबाध बहने दो?'

'यही तो नहीं कर पाता हूँ श्याम।' सूरज मन ने दुख से कहा।

'क्यों।'

'तुम सच्चा हीरा अपने पास रखते हो और नकली मुझे दे देते हो, जैसे चतुर कुटनी पराई औरत का सुन्दर मुखड़ा दिखलाकर विलासी पुरुष का दिल बावला कर देती है वैसे ही चन्दन सेठ का नित्य आने वाला चाँदी का एक सिक्का ज्योतिष के मकड़ जाल में मेरा मन फाँस लेता है। स्मृति मैदानी नदी-सी अबाध बहे तो कैसे बहे?'

'तो छोड़ दो यह खिलवाड़। पण्डित सीतारामजी ने सच ही कहा था, ज्योतिष तन्त्र-मन्त्र, यह सब मायायुत भी बनाते हैं और माया रहित भी।'

'सच पूछो तो श्याम, इस अंधेपन ने मेरे तन में गहरी हीनता भर दी है। मैं अपने आपको सम्पूर्ण, सर्वसमर्थ सिद्ध करने में ही अपनी सारी शक्तियाँ लगा देता हूँ।'

'अर्थात् नाटक में किसी पात्र का अभिनय करने वाला अभिनेता! असली पात्र क्यों नहीं बनते।'

'वही बनना चाहता हूँ। तुम मेरे अंधे जीवन की लाठी बने रहो माधव। आज से तुम्हारे मार्ग में बाधक प्रतिष्ठा की कामना और कामेच्छा को सदा के लिए त्यागता हूँ।'

"सोच-समझकर सूरज।"

"सोच लिया श्याम। अब यह दोनों पतवारें तोड़कर अपनी नाव तुम्हारी ही स्मृतिधार में बहाऊँगा।"

आवाजाही, चहल-पहल आरम्भ हो गई। मरघट की चहल-पहल में भी मुर्दनी भी—दस-पाँच डग आगे गए। कुण्ड में पानी की छप-छप हुई। भगवाना के बाप दाऊदयाल का नित्य का रटा-रटाया श्लोक सुनाई दिया—"मथ्यते तु जगत्सर्वे ब्रह्मज्ञानेन येन वा। तत्सार भूतं यदस्यां मथुरा सा निगद्यते।"

'जहाँ ब्रह्म ज्ञान से जगत् मथा जाता है और जहाँ सारे सारभूत ज्ञान सदा विद्यमान रहते हैं वही पुरी मथुरापुरी कहलाती है। वाह री मथुरा। तू सचमुच तीन लोक से न्यारी है।'

"अरे भगवाना, नेक मेरी एक बात सुन जा।" भोले गुरु की आवाज़ सुन कर सूरज का मन खिला। लहक कर आवाज़ दी। "आऊँ हूँ भगत जी।" कहकर भोले ने अपने अनुज को एक बार फिर पुकारा। नीचे से भगवाने की आवाज़ आई। भोले गुरु कोठरी में आ गए।

"कहो भगत जी, कहा ठाठ हैं तुम्हारे।"

"आओ जी मथुरा के कोतवाल, अबकी भौति दिनान में आए।"

"अरे भौत कहाँ अभी कुछ दिनान ई पैले तो आयौ हतो। बाकी और सब ठीक-ठाक। हमार नागदेवता तो मज़े में हैं?"

"हाँ, कल मेरे पास नहीं आए—के आए हो नींद में खबर न पड़ी हो। जरा तौले में देख लो, दूध पी गए हैं देवता!"

भोले गुरु उठे। नागदेवता आधे बिल के बाहर, आधे भीतर, चींटियाँ चिपटी हुई, "भगत जी नाग देवता तो पौंच गए।"

"पहुँच गए, कहाँ?"

"कैलास।—अरे भगवाने, तू आय गयो। देख, मैंने तुझे एक काम के ताँई बुलायो हतो।" भोले भगवाने से बातें करने लगा, सूरज के मन में मृत्यु कोलाहल मचाने लगी। इन दिनों कैसा अद्भुत खेल चला है कि पण्डित सीताराम अचानक मिले। अपार स्नेह दिया और फिर अचानक ही गत भी हो गए। यह नागदेवता मिले...परन्तु इन्होंने तो मुझसे स्वप्न में ही कह दिया था, जाता हूँ। जो देखा है उसे करके दिखलाओ। सब कुछ देख लोगे। कैसे बोल उठे थे मनुष्य की वाणी में? जान पड़ता है यह सब हमारे मस्तिष्क में ही होता है। उसी में यह गुण होता है कि सब बोलते-अबोलते जीवों की बातें अपनी भाषा में बखान देता है। सपने में सब कुछ सच लगता है। कौन देखता है, कौन दिखलाता है। यह श्रवण, गन्ध, स्पर्श, स्वाद सबका रस और बोध कौन ग्रहण करता है, इन्द्रिय? नहीं जीव की चेतना। यही देखती भी है। वर्ण-रंग-राग-गन्ध-जीवन में इस सारे जगत् में जो कुछ भी है उसका अनुभव, व्याख्या सब कुछ हमारी चेतना ही करती है। चेतना सर्वान्तर्यामी है, सर्वव्यापी है...

चिन्तन उचट गया। भोले तीखी आवाज़ में बोल उठा—"मरो सालो अपनी अकड़ में। मैं तो भले के ताँई आयौ। देखो हो ना भगत जी, मैं तो साले की भैन के ताँई अच्छी घर-बर खोज के लायो। मैंने कही दान-दहेज पूरो खर्चो मैं दूंगो। कहवे है, मैं राजी हूँ, बाप राजी नाँय होत हैं। फिर मैंने कही आज सलूनो है, राखी बँधवाने घर आऊँगौ। बोल्यो जात बाहर हौ बिरादरी बिगड़ जाएगी। हरामी कहीं कौ। अरे जब घर में मेरी जगै ही नांय राखी तो फिर काहे के बाप, भाई और भैन-भौजाई। झाड़ू मारौ सारेन को।"

"अरे भोलेनाथ, ऐसे कुवचन नहीं बोलते भैया। तेरे बाप..." भगवाना इस बीच में उठकर चला गया।

"मरो सारो बाप। मैं तो बड़े भाव ते आयो कि आज त्यौहार कौ दिना है सुलह-समझौता है जाय, पर अकड़ तो देखौ, धन ले लेवेंगे मेरो पर घर में नाँय मिलाएँगे।"

नीचे कुण्ड के पास से बाप ने कुछ तीखी बात कही। भोले कोठरी से ही अपने पिता को माँ-बहन की भद्दी से भद्दी गालियाँ देता हुआ बाहर की ओर झपटा। नीचे बड़ी कहा-सुनी हुई। भोले ने बाप को दो हाथ भी जड़ दिए। भगवाना बीच में पड़ा तो उसे उठाके कुण्ड में फेंक दिया। बीच-बचाव कराने वालों की आवाज़ें लिपटीं और अन्त में भोले यह कहता हुआ चला गया कि यह कोठरी उसकी है

और उसकी ही रहेगी। यहाँ उसका बाप मरा है। वह धूम-धाम से उसका विमान निकालेगा, दसवाँ तेरही करेगा। पचास ब्राह्मणों को जेंवाएगा। जाते-जाते भगत जी से भी कह गया कि यहीं द्वारे पर रहें, कोई भीतर न जाने पाए नहीं तो आते ही खून-खच्चर कर डालूँगा।

भगत सूर स्वामी कोठरी के द्वार पर खड़े सब सुन रहे थे। नीचे, बाढ़ के बाद जैसे कीचड़ कान्दों होती है वैसी ही फिसली-फिसली-गर्म बातें होती रहीं। सूरज के मन में यह सोच कि अब यहाँ रहना उचित नहीं है। मगर फिर वह रहेगा कहाँ? अरे कहीं भी रह लेगा। भिखमंगे के लिए सोने के स्थान की कमी है! कहावत प्रसिद्ध ही है कि "मथुरा में मँगता बसैं दाता क़ेशवदेव। बाँमन, बनियाँ, बाँदरा लूट खान की टेव।" इस कोठरी ने मुझे नया जन्म दिया, नए सिरे से आत्म-विश्वास दिया, स्नेह दिया, विशेष रूप से नागराज का स्नेह तो वह कभी भूल ही न सकेगा।

मरते-मरते भी स्वप्न में दिशा निर्देश कर गए...परन्तु कुण्डलिनी तो योग क्रियाओं द्वारा जगाई जाती है। इसके लिए गुरु चाहिए। होगा, श्याम सखा चाहेंगे तो गुरु बनकर भी आ जाएँगे। जो वह चाहेंगे वही होगा।

घड़ी-पौन घड़ी में भोले आठ-दस कसरती पट्ठों के साथ लौट आया। बाँस आया, विमान बना, चिता के लिए चन्दन की लकड़ियाँ मँगाई, नाऊ बुलवाकर भोले ने अपने असली बाप को चिढ़ाने के लिए अपने नाग-बाप के सूतक में सिर के साथ-साथ दाढ़ी-मूँछें मुड़वाईं। उसी समय चन्दन सेठ के यहाँ से नौकर स्वामीजी को बुलाने आया। सूरज ने नागदेवता की अर्थी निकलने की बात कही, नौकर ने कहा कि वह यदि उन्हें तुरन्त लाला हुलासराय जी की हवेली पर नहीं पहुँचा देगा तो मालिक उसी की अर्थी निकलवा देंगे।

सूरज को स्मरण आ गया। कुछ दिनों पहले सेठों की बातों में आज का दिन ही निश्चित हुआ था। वहाँ जाऊँगा तो फिर वही ज्योतिष का चक्कर, स्वामीजी स्वामी—हाँजी-हाँजी में ही सारा दिन बीत जाएगा। बड़े-बड़े लोगों की बात है। मना करने में बुराई। पर अब मुझे इनसे लेना ही क्या है। न जाऊँ, बहाना बना दूँ। अरे बहाने तो कृष्ण भगवान भी बनाते थे।

कृष्ण जी की बहानेबाजी तो चल भी गई थी पर सूरज स्वामी पकड़े गए। हारकर कहा—"अच्छा तू भीतर जा। बाएँ हाथ उल्लीपार के कोने में पत्थर पे मेरे कपड़े धरे हैं। चटाई के सिरहाने पे तेरे सेठ का दिया लोटा है—वहीं लाठी भी धरी है। उठा लाओ । बीच में कहीं कुएँ-बावड़ी पर मुझे नहला देना। तब शुद्ध होकर जाऊँगा।" नौकर ने यह बात मान ली और भीतर चला गया।

उधर भोले के दल का कोई पट्ठा भोले दाऊ को समझा रहा था—"जब नागराज इतने लम्बे और सैकड़ों बरस पुराने थे तो इनके रहने की जगह में इनकी मणि जरूर होगी। पुराना खजाना भी हो सकता है। खजाने की बात भोले ने काट दी। यह

नागदेवता एक बार जमनाजी की बाढ़ में बहते हुए खण्डहर के बरगद की डाल पर आ गए थे। बाद में कभी इस चूहे के बिल में आ बसे। हाँ मणि हो सकती है।–खैर बाप की चिता में आग दे आऊँ। याके साथ मेरो जातवारौ कारौ नाग सौ बाप हू मर गयो। सच्ची पूछौ तौ या बिचारौ तो मोसों बड़ो प्रेम करतो हतो। मेरी पालथी पे आन के बैठ जाए! अरे जो स्नेही सोई सगो। इनकी सारेन की जात मर्यादा की–(भद्दी गाली) भरे मैं या को सराधकिरिया के कलमो पढूँगो। अपनी रानी हूँ कौ पढ़वाऊँगो फिर कोठरी तुड़वायके महजद बनवाऊँगो। सारेन के कुण्ड में जाइबे कू रस्तो हू नाय रहैगो।'' फिर अपने सगे माँ-बाप भाई-बहन सब के लिए इतनी गन्दी-गन्दी गालियों की बौछार शुरू कर दी कि सूरज को अपने कानों पर हाथ रखना पड़ा। एक बार इच्छा हुई भोले से विदा लिए बिना ही चल दिया जाए। कौन कोठरी में अब लौटकर आना है, पर भोलेनाथ धर्म परिवर्तन करेगा, इस स्थान से बदला लेगा, यह बात उसे कचोट गई। सूरज भविष्य में इस कोठरी में रहे या न रहे पर इस स्थल से भी बेचारी प्रजा को अपना धर्म-कर्म निभाने में अड़चन हो तो बेचारे नागदेवता को कलंक लगेगा। कृष्ण भगवान की जन्मभूमि में जो स्थल मेरी नव जन्मभूमि बनी वह स्थल विघ्न स्थल न बने श्याम। भोले से मिलकर चलना ही उचित है। एक बार उसे मनाना होगा।

नौकर सामान लेकर आ चुका था। सूरज ने भोले को पुकारा। वह तुरन्त आ गया। सूरज ने जाने के सम्बन्ध में अपनी विवशता बतलाई, फिर कहा–''भोलेनाथ तुम मेरे कोई नहीं, चार दिन कौ जान-पहचान, पर भाई जैसे लगते हो। तुम इस जगह को विधर्मी न बनाना भैया, तुम्हारे चरण छूता हूँ।''सूरज झुका ही था कि भोले ने लपककर गले लगा लिया और कहा–''कैसी बातें करो हो भगतजी।'' कहकर गली में आगे बढ़ा ले गया और कान में कहा, ''मैं धरम-वरम नाँय बदलूँगो। खाली धमकाऊँ हूँ वा मूरख कौ। तुमी न्याय करो भगतजी, मैं तो आयौ कि सुलै-समझौते से, मोय आज राखी बँधाइवे घर आवने देओ मेरो घर खोल देओ। भैन के ब्याह को सिगरो खरचौ मैं करूँगो। तुम्हारे अगाड़ी हू बात भई ही। खैर, तुम जाओ। कोठरी तुम्हाई है। मैंने तुम्हारे नाम लिख दीनी। भोलेनाथ मथुरा के कोतवाल हैं न! ह! ह! ह!'' कहकर लौट गया। यही भोले अभी कितने क्रोध में था, लगता था सचमुच उन्मत्त हो गया हो। यह व्यक्ति अपनी सत्ता चलाने में पटु है। पढ़ालिखा आचरणवान् नहीं। गुण्डा है पर न्याय के लिए उसके मन में प्रतिष्ठा भी है। रानी और उसके दुष्ट नौकरों के मन में कपट था। उसने स्थिति को पहले ही वश में कर लिया। भोलेनाथ का पिता भी मूर्ख है। हमारे समाज में यह व्यर्थ की अकड़-फूँ बहुत है। घृणा और द्वेष बहुतों को धर्म परिवर्तन करने के लिए प्रेरित करता है। तुरको-पठानों ने वह मिथ्या अकड़ तोड़ दी फिर भी वह कुसंस्कार इतनी गहराई में गड़े हुए हैं कि इस समय घर-घर बिखर रहे हैं।

सूर स्वामी का मन इस समय तरह-तरह की कुचकुचाहटों से भरा हुआ था। रास्ते में एक बावड़ी पर नहाए, नए कपड़े पहने, फिर हुलासराय की हवेली की ओर चले।

रास्ते में चन्दन सेठ का नौकर बतलाता चला कि सेठ के घर में तो दिन-भर बात-बात में स्वामीजी का बखान होता है। इतने बड़े जोगी हैं, सबके जनम-जनम का हाल जानते हैं, बिना पूछे बात बताते हैं, सेठ का लाखों रुपया बचा दिया—यह सब बातें क्या भगवान आपको कान में बता देते हैं।

"अरे भगवान बिचारे को अकेले मेरे कान में बैठकर इतनी बातें सुनाने का अवकाश कहाँ है। वे लाखों-लाख दुःखी जनों की पुकार सुन रहे हैं और औसर देख रहे हैं कि कब कंस के पुन्न समाप्त हों और कब वे उसका संहार करें।"

नौकर की आवाज़ में ताव आ गया, ठेठ अवधी में बोला—"अरे यू तुम्हार कन्सु जइसि याक मूड़े वारो असुर थ्वारय है जो क्रिस्न जी आपन मुरलिया बजाय के दंगल माँ धर दबै हैं। ई तो सारो दस मूँड और बीस हाथन वारो है औ नाभी महिया सारु अमरित घटु छिपाए बैठा है। जान्यौ। इनको तो बस रामे जी ठीक कर सकते हैं।"

सूरज को हँसी आ गई, कहा—"चलौ हमने मान लिया। हमारे राम-श्याम तो एक हैं। तुम्हारे क्या दो हैं?"

"नाहीं, है, तो सब एकै माया, बाकी हम बात कहा।"

"कहाँ के रहने वाले हो?"

"उन्नाव गढ़क्वाला के। खेती-पाती रही सब उजड़ि गई। धरती लुटि गई। गाँव कुटुम परवार कछु मारे गए। बाकी जहाँ जेहिका सींरा समाया वहाँ भाजि गए। हम भटकत माँगता हियाँ आय लगे। सोचा छत्री हुइकै माँगबु उचित नाहीं, ईते चाकरी भली। करम भोग नीके रहे, मिल गई। इनके हियाँ काम पायगे। दस-इगारा बरसै भयीं। जब मथुरा महियाँ या सुल्तान की पहिल लूट भयी रहै वहिके पहिलें तो हम इनके हियाँ काम करि रहे हैं।"

"विवाह हो गया तुम्हारा?"

"को करै बिहाव। हियाँ हमार जात-बिरादरी क्या कोऊ हइहै नाहीं सार। पर काम तो सब चलै जाति है! (हँसता है) वैसे साधू महात्मन से पूछबु ठीक नाँही है, बाकी काम तौ तुमहूँ चलाय लेत हुइहौ महाराज।"

"अरे हम अंधे-धुन्धे आदमी, ऐसे कामों में पड़े तो जूते ही खाँय। भगवान के चरणों में मन रमाना ही ठीक है।"

"आजकल भगवान तो जगह-जगह टूटे पड़े हैं। उनमें जो बिसुवास था वह भी टूट गया। अब जिनके पास पैसा है और तागद है तौन तो मजै में खाने-पीने ओर भोग-विलास की ताक लगाया करते हैं और जौन बिचारे गरीब हैं, सच्चे हैं उनकी खरी मरन है।"

"तुम्हरा नाम क्या है भाई?"

"राम जियावन सिंह।"

"और तुम्हारी आयु क्या है?"

"अरे हम पंच क्या अपनी उमिर गिनते हैं। ई जानि लेव कि दस-इगारा बरिस के रहै तब घर छूटा। हमारे बरोबर के ही लगते हो आप भी। हम साइत तुमसे दुई-चार बरिस बड़े ही होंगे। बाकी ये बताओ महाराज कि हमारी कभी घर-गिरस्ती बाल-बच्चे होएँगे कि नहीं।"

सूरज के लिए संकोच का पहला क्षण आया। आज सबेरे ही वह इस विद्या के सहारे अपनी महिमा न फैलाने और आजीविका न चलाने के प्रण कर चुका है...पर, यह जीविका तो नहीं और महिमा का प्रश्न भी नहीं था...सच्ची पूछो तो रामजियावन सिंह की बाँह पकड़े चलने के कारण त्वचा स्पर्श ज्ञान की सिद्धि सूरज के भीतर कुलबुला उठी थी।

सूरज बोला—"सुनो भाई, अभी तो चार-पाँच बरस तुम जैसे लक्ष्मी कमा रहे हो वैसे ही कमाते रहोगे फिर तुम किसी दूसरी जात की लुगाई से ब्याह कर लोगे। जमीन जमा-जैजाद बाल-बच्चे—इसी पाप की कमाई से तुम्हारा आगे का पुण्य जागेगा।"

"पाप तो क्या कहें स्वामीजी—हाँ करते ही हैं। बाकी हम आप नहीं फँसे, फँसाए गए हैं। उठती जवानी में काम की लपटें उठती ही हैं। आपौ को उठती होएँगी।"

"खैर वह सब बातें अब छोड़ो। आगे सब अच्छा होगा। और देखो मैंने आज से यह प्रण किया है कि सेठों के चक्कर में न पड़ूँगा सो किसी से मेरी ज्योतिष विद्या की चर्चा न करना भला।"

रामजियावन हँसकर बोला—"अरे जहाँ फुलवारी होती है वहाँ भौरें और ममाछियाँ अपने आप पहुँच जाती हैं। अभी लाला हुलासराय की हवेली में पहुँचौं तो तनुक आपै पता लग जाई।"

लाला हुलासराय की हवेली का आँगन बहुत बड़ा था। बड़ी भीड़-भाड़, सोने वाले, चाँदी वाले, नमक-हींग-मिर्च, मसाले, बजाज सभी तरह के सेठ थे, सेठानियाँ थीं। लाला हुलासराय ने अंधे सूर स्वामी का बड़ा प्रचार कर रखा था। सभी बड़े उत्सुक थे। दुबला-पतला, सुन्दर नाक-नक्श वाला साधक, दैवज्ञ और कवि युवा साधु सभा मण्डप में प्रवेश करता है। उसे लगता है कि वह महुए के जंगल में आ गया है। इतनी मादकता! श्याम तुम्हारी मथुरा तो मुझे भी मदमत्त बना देगी। इस वातावरण में एक प्रकार का अटपटापन है। ऐसा लगता है कि जैसे मन का केहरी इस कटहरे में धोखे से बन्द कर दिया गया हो।

'आज से पहले यही वातावरण तुझे सुखद लगता था रे। भूल गया वे क्षण?'

'भूला कुछ नहीं, पर तुमने मेरे दर्प पंछी के सुनहरे पंख नोंचकर उपकार किया।

मेरे वचन अब निभाने तुम्हें ही हैं। अंधे सूरज की लाठी बने रहना श्याम सखा।'

सूर स्वामी मन में अपने तीर्थरूप पिता पूज्यपाद भागवत महाराज का स्मरण करके व्यासपीठ पर विराजे। उनकी शब्द, स्वर सम्मोहिनी ने नर-नारियों को एक-सा मोह लिया। उन्होंने जन को दोष न देकर स्वयं जनार्दन से कहा कि तुम ही उनके दुःखों और बुराइयों की जड़ों को आरम्भ में ही क्यों नहीं उखाड़ डालते। जैसे असाढ़ लगने से पहले ही किसान खेतों से निकम्मे पौधे बीन डालता है। आप बीच-बीच में हमें हमारी बुराइयों के कारण डाँटते-डपटते रहा करें जिससे कि हम ठीक राह पर चलते रहें और ऐसे घोर दुख हम लोगों पर न पड़ें।

गाते हुए सूरस्वामी को स्वयं यह अनुभव हो रहा था कि उनके सूरज मन और श्याम मन दोनों एक स्वर में लय होकर गा रहे हैं। इस अनुभूति से उन्हें रह-रहकर पुलकन उठती थी और गाते गए और गाते गए। पहर-डेढ़ पहर बीत गया। जब चुप हुए तो दस-पाँच पलों तक सब मोम के पुतलों से बैठे ही रह गए फिर जो श्रद्धा का जनस्वर उमड़ा है तो भक्तों की भीड़ में सूर स्वामी को स्वयं अपना पता नहीं चल रहा था। मथुरा में एक बार यमुना में डूबे थे इस बार यशोगंगा ने डुबोया था। लेकिन श्याम सखा दोनों बार साथ थे।

गायन के बाद बहुतों ने भविष्यवाणियों का चक्कर अपनी-अपनी ओर घुमाना चाहा परन्तु सूर स्वामी ने विनयपूर्वक सबसे यही कहा कि आज रक्षा बन्धन का पावन पर्व है। ज्योतिष भले फल भी बतलाती है और बुरे भी। त्योहार के दिन वे किसी की बुराई को सोचना भी नहीं चाहते। जब घर एकान्त हुआ तो यही हुलासराय जी के परिवार वालों से कहा। मीठे बोले, सबको हँसाया और दिन ढलते विदा हो गए। दान-दक्षिणा साधी, फल, कपड़े आदि की गठरी लेकर रामजियावन चला। उससे कहा कि सामान सब रामध्यानी की अम्मा के घर दे आवे, उसे कहीं और जाना है।

मथुरा में उजागर सूरज कृष्ण की जन्मभूमि की गलियों में खुशी-खुशी खो गया।

7

सूरज को मथुरा आए हुए यों तो लगभग बारह-तेरह दिन हो गए पर नगर की गलियों-बाजारों में उसे आज स्वच्छन्द गति से सैर करने का अवसर मिला। हुलासराय की हवेली से निकले तो मन बच्चों जैसी किलकारियाँ भर रहा था। लक्ष्मीवालों का चमत्कार सूरज के मन की आँखों को चौंधिया न सका। श्याम मन सूरज मन गलबहियाँ डाले गलियों में कहाँ से कहाँ जा रहे हैं इसका कोई अन्दाज न था। कभी भीड़, कभी सन्नाटा। कभी वह सीधे चलता चला जाता है और बाद को पता चलता है

कि वह गली भी उसी की तरह अँधी है, लाठी से टटोल-टटोलकर किसी गली का मुहाना पा जाता है तो उधर ही मुड़ जाता है। गलियों में आहटें सुनाई पड़ती हैं, बातें भी कानों में पड़ती हैं पर सूर स्वामी उनसे बेखबर हैं। सूरज मन श्याम मन के साथ है, श्याम-श्याम ही रट रहा है। अमीरी से फकीरी श्रेष्ठ है। अमीरी से श्याम बिसर जाते हैं। बस, अब तो "शैया भूमि तलं दिशो पिवसनम् ज्ञानामृतम् भोजनम्।" यही जीवन रहेगा। श्याम सखा साथ रहे और कुछ नहीं चाहिए। बड़ी देर के बाद मन के उल्लास ने तब झटका खाया जब 'अजान' सुनाई पड़ी—"अल्लाहोऽअकबर। अल्लाहोऽअकबर।" एक राह चलते से. पूछा—"भाई ये रास्ता किधर जाता है?"

"तुम्हें कित कूँ जाना है?"

कहाँ जाना है यह तो सोचा ही नहीं था लेकिन पूछे जाने पर हड़बड़ाकर कह दिया—"जमना किनारे।"

"किस घाट पर?"

घाट? कौन-सा घाट बतलाए, उसे तो विश्रान्त घाट मालूम है, मणिकर्णिका मालूम है। केशव जी के बहाने से गोकर्णेश्वर घाट का नाम भी जान लिया है और किसी घाट का नाम ही नहीं जानता, अटपटाकर उत्तर दिया—"जहाँ से नावें जाती हैं।"

"जाना किधर है।"

कुछ न सूझा तो एक सुना हुआ नाम गोपी की नगरिया बतला दिया।

राहगीर बोला—"अपनी लाठी का एक सिरा मुझे दो और मेरे पीछे-पीछे चले आओ।" रास्ते में कभी-कभी बातें भी होती चलती थीं। कहाँ से आए हो, अंधे कब हुए। सूरज जवाब देता चला फिर एकाएक पूछ बैठा—"हजूर अकबर माने क्या होता है?"

"क्यों पूछते हो?"

"अभी-अभी गली में अल्लाजी के नाम के साथ सुना।"

"अकबर माने बड़ा, सबसे बड़ा। अल्लाह से बड़ा कौन है?"

"कोई नहीं।" मन ने श्याम के साथ अकबर जोड़ा—श्याम अकबर। हरि अकबर। अल्ला अकबर। आनन्द आया। थोड़ी दूर यही रटता रहा।

राहगीर एक जगह रुका, बोला—"लो, जहाँ खड़े हो वहाँ से सीधे नाक की सीध में चले जाओ। पचास-साठ कदम के बाद घाट आ जाएगा।"

श्याम अकबर। श्याम तुम सचमुच अकबर हो। गोपी की नगरिया नाम कैसे सूझ गया? खैर, अच्छा संयोग रहा है। वहीं ही चला जाए। देवकी माता की कोख से जहाँ जन्म लिया वह जगह तो देख ली न। अब जहाँ यशोदा माता की गोद में खेले वह पावन स्थली भी देख ली जाए। मथुरा में वह मदन गन्धा मेरा पीछा नहीं छोड़ती। हाय आवाज़ कैसी प्यारी है। होगी! जाने दो। श्याम अकबर!

नाव वाला पल्लीपार की सवारियों को गुहार रहा था। सूरज आवाज़ के सहारे

उसी ओर बढ़ गया। नाव वाले ने पूछा—"अरे सामी जी हैं। जानौ है का?"

"हाँ। पर मेरे पास उतराई देने को एक कौड़ी—"

"अरे आओ-आओ। हम कालू के मामा हैं। जा दिना तुम आए ना, मैं म्हँई हतो।"

नाव वाले ने सहारा देकर बैठा लिया। वैसे ही दो सवारियाँ और आ गईं। नाव उन्हें लेकर चल दी।

रास्ते में नाव वाले ने पूछा—"जाओगे कहाँ सामी जी!"

"गोपी की नगरिया।"

"अरे पन जाओगे कैसे माराज जी। रास्तौ तो तुम्हें मालूम नाँय हैगो।"

"अरे कोई-न-कोई भगवान के रूप में मिल जाता है और रास्ता बतला देता है। मैं अपने गाँव से मथुरा पहुँच गया, ऐसे ही वह भी देख आऊँगा।"

"का धरो है वाँपे। या गोकुल में अब न गौवें हैं न ग्वारे।"

"एक ग्वाला तो अवश्य होगा वहाँ।"

"कौन?"

"कृष्ण भगवान।"

पास बैठा एक यात्री बोला—"भाजि गए वोऊ। अल्ला ने मारी लात वो जाए पड़े गुजरात। ह-ह-ह।"

सूर स्वामी को बुरा लगा, फिर भी मीठे ढंग से कहा—"अल्ला ने तो हमें आपको लात मारी है। बहुत मुटमर्द हो गए थे हम लोग। श्रीकृष्ण तो स्वयं अल्ला हैं उन्हें कौन मारेगा।"

"अरे भगत जी, यहाँ कही सो कोऊ बात नाँय। सब अपने हैं, बाकी काहू मौलवी-मुल्ला के अगाड़ी मती कहियों। फाँसी पै लटका दिए जाओगे।"

"फाँसी च्यौं पड़ेगी। कोई बुरी बात तो कही नईं या ने।" एक बूढ़े ने कहा।

"ये हमाई-तुमाई सूधे सच्चे मन की बात नाँय है बाबा। इनके काजी मुल्लान कौ या बात भौत बुरी लगै कि कोऊ इनके धरम को और अपने धरम को बरोबर बतलावै। एक पण्डत कौ याही बात पै सूली चढ़ाय दियो हतो।"

"हैं! कब की बात है?" यह पूछने वाला बूढ़ा ही नहीं दो-चार और लोग भी इस बतरस में सम्मिलित हो गए। यात्री कहने लगा—"या सिकन्दर स्या जो है ना, वाके बाप के राज में एक पण्डत ने बड़े जतन से इनकी अरबी भाखा पढ़ी, इनके सारे धरम के पोथे पढ़े फिर एक सभा में वाने जे कही के अपनौ और इनकौ धरम भतेरी बातन में समान हैं। दोऊ अद्वैत सिद्धान्त को माने हैं। सो इनके धरम कूँ गल्त न मानियो। बस, याही बात पै काजी मुल्लान ने वाकौ फाँसी पे चढ़ाय दीनो।"

"राम राम। भला बताओ वा पण्डित ने कितेक म्हैनत से पढ़के, सोचके एक बात कही। बिचारे को फाँसी दे दी गई।"

सूरज का मन इस बतरस से निकल चुका था। उसे रह-रहकर यही बात चुभ रही थी कि लोग बाग ईश्वर अल्लाह के फेर में अपने ईश्वर के ऐश्वर्य को अल्लाह के ऐश्वर्य के आगे फीका क्यों कर देते हैं! यह हीनता की भावना बहुत-बहुत ही अखरती है। श्याम, मैं तुम्हारे सम्बन्ध में कुछ भी बुरा नहीं सुनना चाहता। हथेली पर हथेली अपने आप ही चली गई। राधेगोपाल प्रत्यक्ष हो गए—सूरज मन श्याम मन एक दूसरे को देखकर मुस्कुरा रहे थे।

नाव घाट किनारे लगी। चलते समय मल्लाह से रामजुहार हुई। उसने पूछा—"गोपी की नगरिया में कब तलक तुम बास करोगे माराज? बाँपे का तुमारो कोई भगत रखे हैं?"

"नहीं।"

"तो गुविन्द घाट पै ग्वाल दाऊ बाबा के कने जइयो। नन्द बाबा के किल्ले पे रहे हैं। बो बताए ह कि नन्द बाबा कने तुम्हें सुख मिलैगो।"

"भला भला। वहीं जाऊँगा।"

सूरज चल पड़ा कुछ क्षणों तक उन्हें देखकर मल्लाह बोला—"सूरज नारायण भगवान अब अस्ताचल पै चले आए हैं। रास्तो ठीक नाँय है। जमना किनारे रस्तो तो चलतो भए है। पर लूटमार बड़ी है। लोहवन तेऊ रात में जायबौ ठीक नाँय।" कहके उसने दूर जाती अपनी एक सवारी को पुकारा और उससे कहा कि आगे मन्दिर के खण्डहर में जो साबित तिदरी बची उसी में इन्हें ठहरा देना। यह सबेरे गोविन्द घाट चले जाएँगे।

दूसरे दिन तड़के ही कच्ची सड़क पर चल पड़े और पूछते-पूछते गोपालपुर तक जाने वाला एक यात्री मिल गया। वह लम्बे डग भरता था, सूर स्वामी भी लम्बे डग भरने लगे। उन्हें तेज चलने में आनन्द आता है, सोचा, आँखें होतीं तो उसकी सहज गति इस युवक के समान होती। आँखें! आँखें होती तो जाने क्या-क्या करता सूरज। सहयात्री अधिक बोलने वाला मनुष्य नहीं था। लाठी का एक सिरा उसके हाथ में, एक सूरज के हाथ में। पाँव पंख लगाकर उड़े जा रहे हैं और मन पंख कटे पक्षी-सा गुमसुम है। कितना सन्नाटा है। यों तोतों-गौरैयों की आवाज़ कभी-कभी सुनाई पड़ जाती है। एक बार कोई घुड़सवार खबड़-खबड़ करता हुआ निकल गया था, एक बार बैलगाड़ी की चर्रखचूँ कुछ दूर तक सुनाई पड़ी पर इनका प्रभाव मन के सन्नाटे पर केवल इतना ही हुआ जैसे पेड़ों के नीचे चलते समय कोई सूखा पत्ता देह पर गिर जाए या कोई उड़ती हुई मक्खी बदन से टकराती हुई निकल जाए। ऐसा लगता था जैसे यह सन्नाटा भीतर के कोठों में रहने वाले सूरज, सूरे, सूर्यनाथ स्वामीजी—भगतजी, आँधरो—अभागो—अपनी अस्मिता के सभी रूपों को छूता हुआ किसी अंधी गली में पहुँचकर अटक गया है—फाँस की तरह चुभ रहा है यह सन्नाटा। कैसी विवशता है कि पैर तो अपनी शक्ति और तेजी से ही गति करते चले जा रहे हैं परन्तु लगता

है कि जैसे वह घसीटा जा रहा है। राम राम, दोष तो इन अभागी आँखों का है जो पाँवों के साथ-साथ गति नहीं कर पा रहीं। आँखें तो सबसे अधिक तीव्र गतिमान हैं। लाखों-करोड़ों कोसो दूर के सूर्य चन्द्र तारादि को पल के हजारवें अंश में ही देख लेती हैं। कोसों दूर के पेड़, पर्वत आँखों की ज्योति के कितने पास होते हैं किन्तु मेरे लिए डग भर आगे-पीछे की वस्तु भी बहुत दूर है । आस-पास खेत होंगे, पेड़-पौधे, मनुष्य, पशु-पक्षी अपने विभिन्न रूपाकारों में होंगे, पर मेरे लिए सब अँधेरा-ही-अँधेरा है?–मन-ही-मन में एक हाय घुटकर रह गई।

आगे वाले पैरों की गति क्रमशः धीमी होती जा रही है, लगता है इतनी दूर ले जाने वाले साथी का गन्तव्य स्थान गोपालपुर आ गया है–आज रास्ते भर बदली ही बदली छाई रही, हवा भी चलती रही, यहाँ तो और भी तेज़ है, ठण्डी भी है। कहीं आस ही पास में बरखा हुई होगी।

"अरे स्यामेऽ। ओऽऽऽ स्यामेऽऽऽ।"

"होऽ।"

"किते जाय रयो है रेऽ?"

"मैक्सा के यहाँ। कुदाल टूट गई है।"

"अरे ठैर जा ठैर जा।" कहकर आगे वाले के कदम फिर तेज़ी पकड़ने लगे।

"या अंधे भगत कों हू साथ ले जा। कछु पानी-वानी तो नाय पीनो है भगत जी?"

"ना।"

"सुस्तानो होय तो घड़ी-आध घड़ी बैठ जाओ। चिन्ता मती करो श्याम बैठ जायगो। मेरो भाई है, सगौ भाई।"

"भगवान तुम दोनों भाइयों का सदा कल्याण करें। अच्छा, तो आओ श्याम सखा अब तुम मेरी लाठी सँभालो।"

श्याम जी ने पूछा–"कहाँ ते आनौ भयो आपको?"

"इस समय तो मथुरा से आ रहा हूँ।"

"दाऊ बाबा के कने आए होंगे। जन्म अष्टमी वही मनाओगे।"

"हाँ, आया हूँ तो मना के ही जाऊँगा।"

"ठैरोगे कहाँ?"

"जहाँ श्याम जी जगह देंगे वहीं जाकर ठहर जाऊँगा।"

"चिन्ता जिन करौ भगत, दाऊ बाबा परबन्ध कर देंगे।" श्याम ने कहा। फिर गाना शुरू किया–

"प्यारी जू जब-जब देखौं तेरो मुख
तब तब नयो नयो लागत।
ऐसो भरम होत कबहूँ न देख्यो री

दुतिकौं दुति लेखनी न कागत।—अरे प्यारी जू।"

"अरे वाह रे श्याम—जब-जब देखौं तेरौ मुख नयो नयो लागत! धन्य हो! कहाँ से सीखा यह गीत?"

"अरे सुनी तो सीख लीनी।"

"अरे भाई यह कोई साधारण रास-रसिया तो नहीं। किसी बड़े महात्मा का रचा हुआ पद लगता है।"

"पतो नाँय। मैंने तो ग्वाल दाऊ बाबा ते सुनी हती। मौकूँ मन भाय गई सो गाऊँ हूँ।"

"यह ग्वाल दाऊ बाबा कौन हैं श्याम?"

"अरे तुम्हें पतो नाँय, बड़े भारी म्हात्मा हैं। कहैं, अरे, यहीं गोकल में, म्हाँ पैले नन्द बाबा को किलो हतो। अब तो मरघटौ है।"

"तुम मुझे वहीं पहुँचा दो श्याम?"

"हाँ, और नई तो क्या—बड़ो भारी महात्मा हैगो हमारो दाऊ बाबा। हमारे श्रीकृष्ण बलदाऊ दोऊन को बड़ौ भाई है। नित्त भगवान सों बातें करे, काहू को देखत ही वाके जी की सिगरी बातन खोल देव है हमारौ दाऊ बाबा।"

"श्याम, एक बार फिर गा दे भैया, प्यारी जू जब जब देखौं तेरो मुख"—सूरज के मनोलोक में कामधेनु सहित राधा गोपाल की मूर्ति तो बचपन से ही बसी है, परन्तु स्वयं उसे भी पहली बार साश्चर्य यह आभास हुआ कि उसने आज तक मुरली धर गोपाल के गले में बाँह डाले उनसे लिपटी खड़ी हुई राधारानी को देखकर भी कभी नहीं देखा था, कभी उनसे बात भी नहीं की थी। माँ ने सिखाया, 'एक मन श्याम एक मन सूरज, बातें करो।' बस श्याम ही से अब तक बातें करता रहा। अब एकाएक आभास हुआ कि श्याम सखा तो परम सुन्दर है ही परन्तु जिन पर वे रीझे हैं वह उनसे भी सुन्दर होंगी। स्रष्टा, सर्वशक्तिमान, सर्व सत्ताधिपति पुरुष सब कुछ है। माना, जिसे वह अपनी सब-कुछ मानता है उस प्रकृति की सुन्दरता इतनी अनन्त है कि जब-जब पुरुष देखता है तब-तब प्रकृति की नई छटा, नई छवि ही उसे दिखलाई देती है।

अपने पथ प्रदर्शक श्याम के संग-संग सूरज भी गाने लगा—"प्यारी जू जब-जब देखौं तेरो मुख तब-तब नयो-नयो लागत।"

श्याम के बड़े भाई के साथ तेज चाल में जितनी जल्दी रास्ता कटा था उतनी सुस्त चाल से श्याम के संग चलते हुए भी सूरज को समय का आभास तक न हुआ। जब गोविन्दघाट पहुँचा तो लगा, अरे इतनी जल्दी पहुँच गए।

एक ऊँचा-ऊँचा टीलेनुमा मैदान। आज तो बदली के कारण धूप-छाँव का अनुमान नहीं होता नहीं तो पेड़ों का भी कुछ-न-कुछ पता तो चल ही जाता है—और पेड़ भी बताते हैं कि अधिकतर छोंकर-कदम्ब-भर-पीलू-धो आदि के ही हैं। चलते-चलते

एक जगह ईंटें-कंकड़ बहुत मिले। श्याम ने बतलाया यहाँ मन्दिर था तोड़ दिया गया। अब नीचे ढलान पर यमुना जी और उनके भाई यम देवता की चौकी, मरघट है। बिखरे कंकड़ों-ईंटों की हद समाप्त हो गई। थोड़ी दूर आगे चले। एक कड़ियल स्वर कानों में पड़ा—"अरे श्याम, आज तो तू अपने पुराने सखा को लैके आय गयो रे।"

"अरे जितो मोय रस्ता में मिले और तुम कहो पुराने सखा। बारे दाऊ बाबा।"

"अरे भीतर के उजाले, यह श्याम तुम्हारा सखा है कि नहीं।"

सूरज हाथ जोड़कर खड़ा हो गया—"आप अन्तर्यामी हैं प्रभु। (मन में) क्या यह भी ज्योतिष—?"

"मैं पंचांग नहीं विचारता कृष्ण सखा। पंचांग दिखलाकर तो वेश्या और ज्योतिषी ही अपने ग्राहकों को लुभाया करते हैं--कि झूठ कहता हूँ।"

"मन कैसे सर्वान्तर्यामी हो जाता है प्रभु?"

"जब वह यह मानना छोड़ देता है कि मैं केवल एक ही काया में रहता हूँ।"

"दाऊ बाबा इन्है तुम्हारो बु गानौ भौत भयौ, प्यारी जू—"

"अरे ये हमारे भावते हैं हम इनके भावते हैं--हमारी भतेरी बातें इन्हें भाएँगी। तू नैकसा के यहाँ जायगौ ना--(श्याम ने सिर हिलाकर हामी भरी) तो मारग में देवीलाल सौ कहत जइयौ दूध दे जाए इनके काजे। बूरो चक्क डारे जामें म्हौं बँध जाय।"

श्याम अपने ग्वाल दाऊ बाबा पर गर्व करता हुआ दुलकी चाल दौड़ता हुआ चला गया। श्याम के पिता और आस-पास भी दस-पाँच गाँवों के बड़े-बूढ़े लोग बतलाते हैं कि यह दाऊ बाबा लगभग पचास वर्षों से यही छौंकरे के वृक्ष के पास ही मड़ैया डालकर रहते थे। बड़े भारी पण्डित हैं, लेकिन अपने को ग्वाला मानते हैं। अब तो यहाँ गिनती के ही ग्वाले-गूजरों के घर बचे हैं, गौओं का कुल भी उमड़ गया। जब आए थे तो देवीदयाल के बाप सुक्खी के पोहों की सेवा करते थे। आज भी करते हैं। अपने आपको नन्द बाबा और यशोदा मैया का सगा पुत्र मानते हैं और कृष्ण को अपना दूध भाई। संकर्षण बलदेव के भी बड़े भाई हैं। दाऊ बाबा कहलाते हैं। कभी होली, दीवाली, तिथि-त्योहार को दाऊजी के मन्दिर में जाते हैं तो अनुज वधू होने के कारण रेवती जी के मुख पर घूँघट डाल दिया जाता है। राधा के प्रति उनके मन में नन्हीं मुन्नी बालिका-वधू जैसा प्यार है। कृष्ण को छिछोरा और चोर कहते हैं। आस-पास के गाँवों में दाऊ बाबा घर-घर के संकट मोचन देवता हैं। बातों के प्रसंग में दाऊ बाबा एकाएक पूछ बैठे—

कृष्ण सखा, किस उद्देश्य से यहाँ आए हो?"

"मथुरा से भागना चाहता था प्रभु। झूठ क्यों बोलूँ, केवट ने संयोग से आपका नाम लिया तो उसी का बहाना बनाकर आ गया।"

दाऊ बाबा हँसे—"तो वह चोर बहाना बनकर तुम्हारे मन में बैठा! इधर मुझसे कह गया मेरे एक सखा को राह सुझा दो दाऊ, उसे सुझाई नहीं देता।"

आश्चर्यचकित और गद्गद स्वर में सूरज ने पूछा–"मेरा नाम लेकर कहा था प्रभु!"

"तेरा किस जन्म का नाम बतलाता रे? सागर में तो बूँद से बूँद जुड़ी है। मन मन को पहचानता है।"

सूरज एकाएक फूट-फूटकर रो पड़ा, उसकी हिचकियाँ बँध गईं। दाऊ बाबा चुप बैठे रहे, कुछ देर बाद कहा–"भला भला, रोना जोग नहीं। पाना है तो जुड़।"

"कैसे जुड़ूँ प्रभु? चाह है पर राह नहीं जानता।"

"उद्देश्य कोई भी हो, धन, स्त्री, ईश्वर की प्राप्ति। पहले आकर्षण होगा फिर आसक्ति। घोर आसक्ति चाहिए और यह आसक्ति जब व्यसन बन जाएगी तब तुम और श्याम अभिन्न हो जाओगे।"

"वह आसक्ति कैसे हो?"

"सेवा कर।"

"मैं जनम का अंधा–"

"बाहर ही से तो अंधा है। हथेली रगड़कर अपने श्याम का ध्यान करता है कि नहीं–अधूरा ध्यान।"

सूरज चौंक गया, पूछा–"अधूरा कैसे प्रभु?"

"अरे मूरख राधे बिना श्याम आधे। दोनों मिलकर ही अखण्ड रसमय तत्त्व के रूप में नित्य प्रतिष्ठित हैं।"

"अभी हाल ही में मेरे मन में भी यह विचार आया था। पर–"

"डरता है मूर्ख; माँ से डरता है?"

"मैंने अज्ञानवश सदा उनकी उपेक्षा की।"

"कुपुत्रो जायेत क्वचिदपि माता कुमाता न भवति। माँ अपने पुत्र की प्रतीक्षा में अधीर है। याद तो कर–पुकार मेरी बेटी को।" कहकर सूरज के हृदय पर अपना अँगूठा दबाया और फिर हटा लिया। सूरज को बड़ी जोर से झटका लगा। सूरज को लगा जैसे वह बैठे-बैठे पीछे उछल जाएगा...परन्तु वह गिर नहीं रहा। एक आलोक ने उसे सम्हाल लिया है और फिर वही आलोक सिमटकर उसका चिर परिचित श्री राधागोपाल का विग्रह बन जाता है। दाऊ बाबा का स्वर कानों में आ रहा है–"सन्धिनी संविद और ह्लादिनी शक्तियाँ तथा और अनेक अवान्तर शक्तियों का समष्टि भूत रूप अमाँ कला है श्री राधा। यही श्रीकृष्ण वामांग सम्भूता श्री कृष्ण स्वरूपिणी हैं। इनका ध्यान कर।" स्वर रुका किन्तु शब्द न रुके परन्तु सूर के पर्दे-पर्दे में वीणा से झंकृत हो उठे। ध्यान में आभास हुआ कि श्याम-गौर-स्वरूप सहसा जीवन्त हो उठे हैं और फिर अपना आकार खोकर तरंग रेखावत् हो गए। वो खड़ी विद्युत रेखाएँ हैं, प्रमुख ज्योतिर्मयी। कल्पना होती है कि गोरी रेखा काली में चन्द्र की चन्द्रिका-सी आभासित है। काली रेखा की छाया पड़ने से गोरी रेखा अमावस काली रात बन

गई है। यह रेखाएँ सिमटकर बिन्दु बनती हैं—आभासित कालिमा तरंगों से भरा उजाला इतना प्रखर है कि उसकी चौंधियाहट से अंधे सूरज की भीतरी आँखें भी मिच जाती हैं।

देवीलाल का लड़का लुच्चू दूध का लोटा लेकर आया और एक सनसनी भरा समाचार भी सुना गया । गोपी की नगरिया का खेमा गूजर अपनी घरवाली लाजो के साथ बलदेव ग्राम से लौट रहा था। गोपी की नगरिया के पास ही दो सवारों ने घेर लिया और खेमा से कहा कि स्त्री का घूँघट खोल। खेमा ने आगे वाले घोड़े की टाँग पर लाठी मार दी। घोड़े की टाँग टूटी तो वह सवार फुर्ती से तलवार खींचकर कूदने लगा। खेमा ने ताक पर उसकी कनपटी पर ऐसी लाठी जमाई कि भेजा फट गया। दूसरा सवार घोड़े से कूदकर तलवार लेकर झपटा। लाजो ने मरे सवार की तलवार उठा ली और लठैत पति से लड़ते हुए सवार की बगल में घुसेड़ दी। दोनों राक्षस मारे गए। इससे लुच्चू बहुत प्रसन्न था।

"भला हुआ, रसेश्वरी रणेश्वरी बन गई। अच्छा, पहले सब लोग मिल के उन सबों को यमुना में प्रवाहित करो। रक्तपात की जगह मिट्टी खोदकर नई करो। जो हुआ उसे गोकुलवारे की कृपा मानकर भूल जाओ। सब मंगल होगा।" लुच्चू को आदेश देकर उधर भगाया और आप सूरज से कहा—"यहीं बिराजो। मैं तनिक खेमा के घर हो आऊँ।"

दाऊ बाबा के सान्निध्य में सूरज के तन-मन में मानो प्राण-प्रकाश के कण भर गए हैं। ध्यान एक जगह टिका सो टिका ही रह गया। उड़ता है और फिर-फिर उसी डाल पर आकर बैठ जाता है। पूनम और अमावस से घुले-मिले अँधेरे-उजाले के बिन्दु ही बिन्दु से आभासित हो रहे हैं। यह बिन्दु मिलते हैं, बिछुड़ते हैं, नया-नया लहराता रूप धारण करते हैं—"जब जब देखौ तेरो मुख तब-तब नयो-नयो लागत।" क्या यह तरंग ज्योति बिन्दु ही "निर्गुण निराकार अनन्त अखण्ड अछेद्य अभेद्य, एकोऽहम् द्वितीयो नास्ति्" परब्रह्म है, जिसे शंकर स्वामी अद्वैत मानते हैं, उसी अद्वैत परब्रह्म को रामानुज महाराज चित, अचित और ईश्वरत्व की विशिष्टता से युक्त सगुण साकार लक्ष्मीनारायण के रूप में देखते हैं। रामानन्द जी के लिए वे लक्ष्मी नारायण ही सीताराम बन जाते हैं। मध्वाचार्य महाराज जीव और ब्रह्म को अलग देखते हैं। महात्मा निम्बार्काचार्य ने द्वैत अद्वैत को मिला दिया।...क्या यह वही हैं? आभासित बिन्दु सिमटकर आभासित गौर श्याम तेज से सूर्य बनते हैं और बिखरकर अनगिनत जुगनूँ—

सूरज अपने खेल में रमकर चकित है और आनन्दित भी। सोचने लगा, जिसने भी देखे गौर श्याम ही देखे। कैसा होता है गोरा रंग, काला तो मेरी आँखों के अँधेरे-सा ही होता है। फिर मैंने कैसे देखा। स्यात् दूसरों की सुनी हुई बातों के आधार पर अपने भावावेश में कल्पना कर लेता हूँ।—'ठीक कहता हूँ न श्याम?'

श्याम मन चुप।

‘बोलो माधव, तुम्हारे बल पर ही तो नाचता हूँ।’

‘अब तुम्हें राधारानी ही नचाएँगी। मेरा पिण्ड छोड़ो।’’

‘वह तो छूटने से रहा। बचपन से तुम्हीं मेरे अकेलेपन में रमे हो। तुमसे तो मैं जी खोलकर कहता...’

‘राधेरानी क्या मुझसे अलग हैं?’

‘नहीं परन्तु...’

‘दाऊ बाबा से पूछना।’ सूरज को ऐसा लगा जैसे पास बैठा हुआ उसका श्याम मन सहसा लोप हो गया है। दुःख हुआ। बचपन में कैसा बोलता था, कितनी गहरी अभिन्नता अनुभव करने लगा था वह। ज्यों-ज्यों आयु बढ़ती गई। श्याम मन प्रश्न-मन बनता गया, अन्तर में उसकी उपस्थिति भी कम रहने लगी।...दाऊ बाबा कहते हैं, उद्देश्य के प्रति आकृष्ट हो चुके अब आसक्त होने का अभ्यास करो। आसक्ति इतनी प्रगाढ़ हो कि वह व्यसन बन जाए। गीता में ऐसी आसक्ति का आधार श्रद्धा कहा गया है। किसी यक्ष भूत-देवी-देवता के माध्यम से उद्देश्य को प्राप्त करना भी गीता में अच्छा नहीं माना गया है। निरन्तर स्मरण श्रवण मनन जप भजन कीर्तन आदि करते रहने से ही आत्मीयता बढ़ती है, आसक्ति प्रगाढ़ होती है।

‘परन्तु तुम्हारा उद्देश्य क्या है, आँखें या श्याम?’ कहीं दूर छिपा बैठा श्याम मन प्रश्न करने का अवसर नहीं चूका।

सूरज चतुर बना, कहा—‘मैं तुम्हें देखना चाहता हूँ।’

किसी गहरी गुफा से श्याम खिलखिलाकर हँस पड़, बोला—‘तुम तो उसी लाला तपस्वी के समान कह रहे हो जिसके ऊपर शिवजी ने केवल एक ही वरदान माँगने की शर्त लगा दी और चतुर लाला ने अपनी पत्नी और अंधी माँ की सारी इच्छाएँ एक साथ जोड़कर वरदान माँगा कि खूब सजी-रंगी पक्की संगीन सतखण्डी हवेली में चाँदी के पायों की मचिया पर बैठकर जड़ाऊ गहनों से लदी अपनी बहू की गोद से अपने पोते को लेकर सोने के कटोरे में उसे दूध पिलाते हुए देखना चाहता हूँ।’

सूरज मन खिसिया गया, फिर ताव भी चढ़ा, बोला— ‘मैं तुम्हें देखना चाहता हूँ। तुम्हें फिर से उसी अन्तरंगता के साथ पाना चाहता हूँ।’

‘तो समर्पण भजन ध्यान अभी-अभी जो बहुत कुछ बक रहे थे, वही करो।’

‘कैसे करूँ? विधि बतलाओ!’

‘दाऊ बाबा से पूछना।’

दाऊ बाबा बड़ी देर से आए, पूछा—‘‘भीतर के उजाले ,तू अभी सोया नहीं?’’

‘‘सोऊँ कैसे प्रभु, भीतर बड़ा अँधेरा है।’’

ग्वाल दाऊ पास बैठ गए, प्रेम से उसकी पीठ पर हाथ रखकर कहा—‘‘पुत्र, यदि तू काया से शूरवीर होता तो तुझसे कहता कि देश की स्वतन्त्रता के लिए विदेशी दुष्टों का नाश कर। पण्डित होता तो कहता कि स्वाध्याय में आसक्ति रमा । तू

है कवि, गायक है। हज़ारों लाखों को अपनी काव्य और गायन कल्पनाओं से रिझा सकता है। लोक मानस विखण्डित और आस्थाहीन हो रहा है। इन्हें जीने के लिए आस्था चाहिए, शान्ति चाहिए, रस चाहिए। भजन-कीर्तन से अपनी आसक्ति बढ़ा और लोक मंगल के लिए नाम प्रचार कर। तेरा भी मंगल होगा। राजगढ़ के स्वामी हरिदास इन दिनों वृन्दावन में रस साधना कर रहे हैं। एक बार उनके पास भी हो आ। तुझे प्रेरणा-प्रकाश मिलेगा।''

''मैंने भी मथुरा में उनका यश सुना था। अच्छा प्रभु जी, यह पद किसका रचा है–प्यारी जू जब जब देखो, मुख नयो नयो लागत।''

''स्वामी हरिदास का। तुम्हारे ही समान नवयुवक हैं। यह हरि-पुरुषोत्तम की पावन भूमि है। काव्य, नाटक, नृत्य, संगीत का उर्वर क्षेत्र। इसे नीरस मरुभूमि बनने से बचा।''

''मेरे पिता भी संगीत विद्या के बड़े उपासक थे। श्रीमद्‌भागवत की कथा सुनाने में तो ऐसी प्रसिद्धि पाई थी कि उनका नाम ही भागवत महाराज पड़ गया था।''

''तुम्हें याद है?''

''पूरी तो नहीं फिर भी अनेक स्कन्धों की विभिन्न कथाओं का स्मरण है।''

''हूँ; भूमि उर्वरा है, केवल बीजारोपण नहीं हुआ।...आएगा। इसी छौंकरे तले आकर विराजेगा तुझे अन्तर्दृष्टि देने वाला। तेरी आसक्ति को व्यसन बना देने वाला।''

''कब आएँगे वह उपकारी गुरु। ऐसे ही गुरु की प्रतीक्षा में मेरा मन हिमखण्ड बनता चला जा रहा है।''

''एक बार यहाँ आ चुका है, तेरा भावी गुरु, मेरा अनुज। यहाँ भागवतजी का पारायण भी किया था उसने।...तू तो स्वयं ज्योतिषी है, अपना गणित फैला ।''

''भूल गया प्रभु। और अब उसे भूला ही रहूँगा। आपके दर्शन लाभ करके मैंने यह विश्वास पाया कि मन गुह्यतम मर्म को भी पहचान लेने के लिए एक ऊँची विद्या है।''

''विद्या कोई ऊँची नहीं होती है रे। बात उद्देश्य की है। तुम्हारी सीखी हुई विद्या तुम्हारे उद्देश्य की पूर्ति में कहाँ तक सहायक सिद्ध हो सकती है, यह विचारणीय है।''

''उद्देश्य के विषय में मेरी मति अब पूर्ण रूप से स्पष्ट है।''

''तब फिर उसकी प्राप्ति के लिए कर्म करो। ब्रज भूमि घायल और प्यासी है। अपनी स्वर मन्दाकिनी बहाकर इसे रस सिंचित करो। जगज्जनी, मेरी लाड़ली राधा बेटी तेरी सेवा स्वीकारे और तेरा मन मेरे चोर की झोली में पड़ जाए। (हँसकर) कन्हैया की कुसंगत में राधा भी बड़ी चोर हो गई है रे। जो सबका मन माखन चुराता है उसी चतुर चाईं चोर को मेरी राधा ने चुराकर अपने वक्ष में छिपा लिया है।''

कुछ क्षणों का मौन विराम। फिर गुड़-सत्तू घी में सना, खाया। दाऊ बाबा ने कहा –''सवेरे ब्रज की श्री अपना आलोक प्रकाश करेंगी। मैं व्यस्त रहूँगा। कल

दिन में तुम्हारे रहने की व्यवस्था देवीलाल के यहाँ करवा दूँगा। यह गोकुल कमल है। बैकुण्ठ के गोलोक का हृदय स्थल भी यही है। इसकी एक-एक पंखुरी पर कान्हा के सखी-सखाओं का निवास है और जहाँ हम इस समय बैठे हैं वह है इस कमल की केसर, जिसके गलीचे पर कान्हा की बाँह के सहारे मेरी राधा बेटी सो रही है। वह आगे, कृष्ण को जगाए, तब रास हो, महारास।''

सूरज कुछ समझा कुछ न समझा और बहुत कुछ नासमझी में ही समझ गया। कल की घटना का पता किसी तरह से भेदियों को चल गया था और आज सवेरे महावन से सरदार अकरम खाँ पचास सवारों के साथ गोपी की नगरिया में जा धमके। मारे गए जवानों में एक उनका बेटा और दूसरा भांजा था। गोकुलपट्टी, गोपी की नगरिया, पापरी की नगरिया आदि आसपास के गाँवों के चौधरी बुलाए गए। उन्हें धमकाया गया कि अगर जवानों का पता नहीं बतलाया गया तो सारे गाँव फूँक दिए जाएँगे, एक आदमी भी जिन्दा नहीं छोड़ा जाएगा।

सबने एक ही उत्तर दिया कि न तो वे जवान हमारे यहाँ आए और न हमें उनके सम्बन्ध में कुछ जानकारी ही है। बहुत धमकाया गया, दो-चार की मारपीट भी हुई और जब गोपी की नगरिया में आग लगाए जाने का हुक्म हुआ और आग लगाने के लिए छोटी-छोटी लकड़ियों से लिपटे चिथड़े तेल से तर किए जाने लगे तो घूँघट काढ़े हुए लाजो और उसका पति खेमा आया। पीछे-पीछे दाऊ बाबा थे।

''सिगरे गाँव को यों आग मती लगाओ हजूर। अपराध मेरो है। मैंने और मेरे मरद ने उन्हें जान तें मारि डारौ। जो आपकी बेटी बऊन की आबरू पे हमले होत तो बोऊ जेई करतीं।''

लम्बे घूँघट वाली लाजो की स्पष्टवादिता ने अकरम खाँ का क्रोध शान्त कर दिया—''वो नालायक थे ही इस काबिल। मुझे तुझसे कोई शिकायत नहीं बानो। जा सकती हो। कसूरवार सजा पा चुके। अल्लाह को यही मंजूर था। मेरी किस्मत में यही बदा था।''

अकरम खाँ सिर झुकाकर लौट गए।

गाँवों पर ढाई घड़ी की भद्रा आई थी सो टल गई। लोगबाग दाऊ बाबा का जस भी बखान रहे थे जिनकी प्रेरणा से लाजो और खेमा ने अपना अपराध स्वीकार किया। कुछ अकरम खाँ की प्रशंसा भी कर रहे थे जिसने ईमानदारी से अपने बेटे की चरित्रहीनता को स्वीकार किया और लाजो की प्रशंसा की।

सब मिलाकर आसपास के गाँवों में आनन्द छा गया। गोकुल के द्विवेदीजी ने कुछ ही दिन पहले किसी राजा के यहाँ यज्ञ कराया था। वहाँ से मिली पाँच तोले सोने की जंजीर उनके गले में पड़ी थी। उसे उतारकर खेमा की ओर बढ़ाते हुए कहा—''ले, अपनी बऊ को पिन्हा दे। याके कारण आज बड़ो भारी संकट टल गयो। पुराणन में सत्य कही है ब्रज बालान में महालक्ष्मी जी कौ अंश होय है।''

गोपी की नगरिया से लौटकर देवीलाल स्वयं सूरस्वामी को लाने के लिए गोविन्द घाट गया। देवीलाल के घर जाते समय रास्ते में एक साधारण-सी बात पर उनका ध्यान गया। बात साधारण थी परन्तु बात अर्थ भरी गम्भीर भी थी। विदेशी आततायियों से घिरकर भी ब्रज की नारियों ने अपनी श्री नहीं खोई। सुन्दरी चन्द्रावली को घेर करके भी कुटिल कामी जन अपनी इच्छा पूरी न कर सके। चन्द्रावली ने देखते ही देखते अपनी छाती में कटार भोंक ली। अन्य कई कथाएँ भी सुनने में आई हैं। प्रणम्य है यह सरल साहसी ब्रजनारी। तब उनकी सिरमौर राधेरानी! यह कितनी तेजस्विनी होंगी।...

रास्ते में और भी बहुत-सी बातें सुनीं। यह ग्वाल दाऊ बाबा पचास-साठ बरस पहले यहाँ आए थे। तब जवान थे। हमारे बाबा का नाम नन्दराम था। उस समय गाय-भैंसें भी तीन-चार सौ थीं। दाऊ बाबा उनके पास आए और पाँवों में सिरनाय के बोले कि आप पिता, मैं पुत्र। मुझे अपनी गौओं की सेवा में लगा लीजिए। एक जून दूध रोटी खाऊँगा। ब्राह्मण पण्डित होके सबके पैर छुएँ, गौवों की बड़ी सेवा करैं, उनके गले में हाथ डाल-डाल के बातें करैं। जब सिकन्दर शाह सुल्तान ने महाबन के राजा पर हमला किया था तो दाऊ बाबा दस दिन पहले ही सबको अपना गोधन और परिवार हटा लेने की चेतावनी दे आए थे। बहुतों का जान-माल इस प्रकार बचाया। बाबा गाय बैलों के रोगों के विशेषज्ञ हैं। कन्याओं के पैर छूते हैं। दूध-सत्तू देवीलाल के घर का ही स्वीकार करते हैं। नंदबाबा के समय से ही ग्वाल दाऊ ने इस घर को ही अपना घर माना है। देवीलाल और उसके पिता सुखीराम ने भी उन्हें महान् भक्त योगी से अधिक अपने घर का बड़ा-बूढ़ा ही माना है। उनसे पूछे बिना कोई काम नहीं होता।

गोकुल के सम्बन्ध में भी सूरज बड़े दुःख से देवीलाल की बातें सुनता रहा कि कहाँ तो हजारों गायें थीं और कहाँ अब सब मिलाकर गोकुल में हजार गायें भी नहीं निकलेगी। बीस-पच्चीस घर अहीरों के, आठ-दस गूजरों के, दस-पाँच ब्राह्मण-वैश्य। उजड़ गया गोकुल, सारा ब्रज ही। नहीं तो, पहले पुरखों के समय से मथुरा मण्डल की परिक्रमा होती थी। अब सब कुछ समाप्त हो गया, गोकुल ग्राम का नाम भी समाप्त हो गया, गोकुल ग्राम का नाम भी समाप्त हो गया था, यह तो वल्लभाचार्य महाराज आकर कह गए कि यहीं नन्द बाबा रहते थे। यही गोकुल ग्राम है।

बातों के सहारे देवीलाल धीरे-धीरे सूर स्वामी को अपने घर ले आया। बैठक में स्वामी जी के ठहरने की व्यवस्था पहले ही कर दी गई थी। ताज़ा लिपा कमरा गोबर की ताजी गन्ध से भरा था। देवीलाल सूरस्वामी को चौकी पर बैठाकर भीतर चला गया। भीतर बच्चों के रोने-ठुनकने और किसी वयोवृद्धा के समझाने की आवाज़ें आ रही थीं।

"मैं दूध-भात नाँय खाऊँगो।"

"अरे लाला द्वै गासा खाय लै।"

"नाँय खाऊँगौ।"

"अच्छा तो दूध पीले नैक सौ...।"

"ना-ना दूध तो कब्भू कब्भू पियोगोई नाँय।"

"च्यौं लाला, दूध ने तेरो ऐसो कहा बिगारयो है।"

"अजिया, तुमने कही हती दूध पीबे ते तेरी चोटी बाढ़ैगी। जि तो अजहूँ वैसी की वैसी है।"

सूर स्वामी को सुनकर हँसी आ गई। बच्चों के तर्क कैसे अकाट्य होते हैं। इनसे पार पाना पण्डितों के लिए भी कठिन होता है।

देवीलाल भोजन के लिए स्वामीजी को भीतर ले जाने के लिए आया।

8

भादों के दिन। आकाश पर बादल तो प्रायः छाए रहते हैं पर इस वर्ष वर्षा सन्तोषजनक नहीं हुई। खेतों में बीजारोपण हो चुका है, अब बरसे तो बात बने। किसान प्रायः खाली ही हैं, दूध का धंधा करने वाले भी पहर-भर दिन चढ़े तक ही छुट्टी पा जाते हैं। इसलिए सूर के भागवत गायन की सभा में दाऊ बाबा की प्रेरणा से पहले दिन ही भीड़ अच्छी हो गई थी और उसी दिन से सूरस्वामी के सुरीले कण्ठ का जादू गोकुल के नर-नारियों के सिरों पर चढ़कर बोलने भी लगा था। दूसरे दिन, तीसरे दिन, दिनोंदिन सूरज की लोकप्रियता का मापदण्ड बढ़ता ही गया। दाऊ बाबा ने दो लिखिए भी लगा रखे थे जो स्वामीजी की आशुकाव्य रचनाओं को नित्यप्रति लिखते जाते थे।

कथा आरम्भ होती "हरि-हरि-हरि-हरि सुमिरन करो" से। फिर भागवत सुनने की परम्परा बखानी, वेदव्यास जी के जन्म की कथा विस्तार से गाई, महाभारत के विभिन्न प्रकरण सुनाए, परीक्षित के शाप की कथा सुनाई। मृत्यु से पहले उन्होंने भागवत सुनने की कामना की—और फिर कथाओं का क्रम चल पड़ा। जहाँ कोई भक्ति प्रसंग आ जाए वहाँ कथा रुक जाए और "हरि-हरि-हरि-हरि सुमिरन करो" का सामूहिक कीर्तन होने लगे। सूरस्वामी सबको हरि का मौन ध्यान कराते और फिर कथा बढ़ाते, बीच-बीच में पद भी सुनाते चलते थे।

गोकुलाष्टमी के दिन अहिर-गूजर नर-नारियों ने दिन ढले डण्डा रास रचाया। दाऊ बाबा गद्गद थे, सूरस्वामी आनन्द मग्न। इन पिछले चौदह-पन्द्रह दिनों में उनका

मन जप-ध्यान आदि में भी खूब लगा है। गोकुल में उनका मानस मथुरा से अधिक स्वस्थ, मुक्त और शान्त है। रास समाप्त होने पर दाऊ बाबा और सूर स्वामी के चरण छूने वालों की भीड़ जुड़ गई और भीड़ ही में दोनों अलग भी हो गए। देवीलाल का बेटा लुच्चू स्वामी जी का हाथ पकड़ने आया। तभी सूरज ने अपने दूसरे हाथ पर एक ऐसी हथेली का स्पर्श पाया जिसने उसकी शान्ति की झील में बेचैन लहरें उठा दीं। इसी समय भीड़ से बचाने के लिए लुच्चू सूरज का हाथ पकड़कर उन्हें आगे निकाल ले गया।

बायाँ हाथ थामे लुच्चू उन्हें लिए जा रहा है। दाहिनी मुट्ठी में लाठी है और कलाई में बिजली की-सी सन्नाहट। वह सनसनाहट एक जगह पर सीमित है, ऐसा लगता है कि जैसे दाहिनी कलाई के रोएँ आनन्द उछाह भरे खड़े होकर एक ही जगह पर उछल रहे हैं। निश्चय ही कन्तो थी। यहाँ कैसे आ गई? हे राम, इसने तो यहाँ भी मेरा पीछा नहीं छोड़ा। इसे पता कैसे लगा?—कलाई की सनसनाहट जब कलेजे में भर रही है, गुदगुदी भरा मन सोचता है 'मेरे प्रति कन्तो का अनुराग सच्चा है!'

'और राधाकान्त के प्रति तेरा अनुराग?'

सूर सन्न। इस बार प्रश्न करने वाला श्याम मन नहीं सूरज मन ही था। सर्वान्तर्यामी ग्वाल दाऊ बाबा सब जान जाएँगे। कल मिलेंगे तो टोकेंगे, पूछेंगे, आकर्षण श्याम के प्रति और आसक्ति किसी और के लिए? छिः-छिः? न आकर्षण न आसक्ति, एक राह में आई हुई बाधा मात्र है। कहीं अकेले में मिले तो लाठी से मार-मारकर उसकी हड्डी पसली तोड़ डालूँगा। 'कामात् क्रोधोभिजायते।' गीता की बात ने मन सम्हाल लिया। "हरि-हरि-हरि-हरि सुमिरन करो हरि चरणारविन्द चित्त धरों।"

घर आ गए। बड़ा प्रेमल घर है। सब लोग उन्हें घेरे ही रहते हैं और जब से इस अंधे अतिथि की विशेषता उजागर हुई और लोकप्रियता बढ़ी है तब से तो घर-भर उन पर गर्व करने लगा है। जब घर में घुसे तो लुच्चू का छोटा बेटा मट्ठा बिलोती हुई दादी की मथानी पकड़े हठ कर रहा था। देवीलाल की घरवाली कह रही थी—"अरे लाला, छाँड़ि दे मेरी मथनियाँ। मैं मठो बिलोय लूँ, फिर तेरा सुआ बनाय दऊँगी। मैंने वाके ताँई हरो-हरो कपड़ो रख छोड़्यो है। लाल कण्डे की चोंच बनाऊँगी—हाँ। छाँड़ि दे मथानी मेरी, छाँड़ि दै।"

सूरज को अपने बचपन के दिन याद आ गए। मैया ने उसके लिए तरह-तरह के पशु-पक्षी बनाए थे। तोता, कौआ, गाय, हाथी, घोड़ा। तोता हरा होता है, कौआ काला होता है, गाय, घोड़ा सफेद-भूरे, काले, चितकबरे रंगों के होते हैं। चील सबसे बड़ी, कागा उससे छोटा, सुग्गा उससे भी छोटा, गौरैया और छोटी लाल मुनिया सबसे छोटी। माँ की याद आ गई। लाठी कोने में टेक अंगोछे से हवा करते हुए लुच्चू का बड़ा बेटा स्वामी जी के पैर धुलाने के लिए पानी भरी झारी लेकर आ गया। फिर दूध व आम आ गए। स्वामी जी जिस दिन से हरि कथा कह रहे हैं उसी दिन

से यही आहार हो रहा है। लुच्चू का छोटा पुत्र अपने वास्ते सुग्गा बनाए जाने की सूचना लेकर आ गया। उससे मीठी-मीठी बातें होती रहीं। फिर देवीलाल की बुढ़िया माँ स्वामी के चरण छूकर अपनी नित्य की यह विधा यह दुहराने आ गई कि उसे कानों से सुनाई नहीं देता, आँखें भी धुँधलाती चली जाती हैं। स्वामी जी उसे यह बतला दें कि वह कब जाने वाली है। और दिनों तो सूर स्वामी उसकी इस बात को टाल जाते थे, आज ज्योतिष वाली चुल उठ आई। विचार कर लुच्चू के बड़े बेटे से कहा–"कह दे ठाकुर जी की छठी के दूसरे ही दिन उनके लिए भगवान का विमान आएगा।" बच्चे ने दादी के कान में मुँह सटाकर ज़ोर-ज़ोर से कहना आरम्भ किया। सूरज के मन में भी एक क्षण के लिए चोर झाँका। प्रश्न विचार कर देखूँ किस दिशा में है, कितनी दूर है, फिर दाऊ बाबा का भय लगा। फिर शिला-सा हठ ठना–"मरद की जात एक, बात एक।"

विचार शब्दों के द्वारा शारीरिक गति करते हैं। बहुत-सी तरंगें केवल वायवीय होती हैं, बीच-बीच में शाब्दिक होकर फूट पड़ती हैं। एक झरना ऊँचे पहाड़ों से गिरा, भूतल फोड़कर समा गया और फिर धरती फोड़कर जगह-जगह फुहारें बनाता हुआ नदी बनकर बहता चला। थोड़ी देर इन फुहारों की नदी से उड़ते छींटों से भीगता रहा फिर रो पड़ा। "प्रभु, मैं पतितों में सबसे गिरा हुआ व्यक्ति हूँ। मुझे शरण दो। माँ, एक बार बचपन में तुमने मुझे श्याम का सहारा दिया था। अब एक बार फिर सहारा दो मैया।" मन के कानों को पिता का स्वर सुनाई पड़ने लगा।

विग्रह पूजन करते समय पिता नित्य गाते थे–

"राधा रसेश्वरी रास वासिनी रसिकेश्वरी
कृष्ण प्राणाधिका कृष्ण प्रिया कृष्ण स्वरूपिणी,
कृष्णा, वृन्दावनी वृन्दा वृन्दावन विनोदिनी
चन्द्रावती चन्द्रकान्ता शत चन्द्राभिनाम्ना
कृष्ण वामांग सम्भूता परमानन्द रूपिणी।"

भीतर पिता का गाता हुआ स्वर सुनाई पड़ रहा था, बाहर सूरजमुख पर करुणा बरस रही थी। एक-एक विशेषण भाव के बिम्ब बनाता चला। 'कितनी सुन्दर है यह कृष्ण वामाङ्ग सम्भूता कृष्ण स्वरूपिणी! कृष्ण भी, राधा भी। चन्द्रिका भी, अमा भी। "जब-जब देखौं तेरौ मुख, तब-तब नयो-नयो लागत। ऐसो भरम होत कबहूँ देख्यो री, दुति कौं दुति लेखनी व कागत।"...'मैं तुम्हें भी श्याम कहकर ही पुकारूँगा मैया। तुम बोलना। बोलना अवश्य। तुम्हें मेरी कसम।'

गोकुल के त्रिलोकपति ठाकुर की छठी तक सूर स्वामी का भजन-कीर्तन चलता रहा। कथा के उपरान्त घर आते समय नित्य ही भीड़ में कहीं आस ही पास एक जानी-पहचानी मानुष गंध मन को छू जाती। पहले दिन गंध ने सूरज मन को विचलित

किया। दूसरे दिन उसने क्रोध और घृणापूर्वक अस्पृश्य मानकर उस वृत्ति पर अपनी विजय मानी। तीसरे दिन उपेक्षा की। चौथे दिन उदासीन, पाँचवें दिन भी उदासीनता, परन्तु दया भावना से मन भी पसीजा। हर दिन कथा के बाद का सारा समय लौटते हुए मिलने वाली गंध के सम्बन्ध में ही विचार करते हुए बीतता; घृणा, क्रोध उपेक्षादि भाव क्रमशः सूरज मन को नित्य व्यापक चिन्तन के फलस्वरूप कमज़ोर पड़ते गए। ब्रज की नारी में महालक्ष्मी का अंश होता है, देवीलाल से सुनी द्विवेदी जी की यह बात मन को प्रभावित कर गई। राधा-रानी भी ब्रजवाला हैं, साक्षात् लक्ष्मी। किसी भी नारी का अपमान उनका अपमान करना है। 'उन्हें श्रीहत करने की चेष्टा करोगे तो आप ही श्रीहत होगे सूरज।'

छठी के दिन भजन-समारोह सम्पन्न हुआ। सूरज ने कहा—"अब आज्ञा दें प्रभु। एक बार राधारानी की जन्मभूमि के दर्शन करना चाहता हूँ।"

"राधा की जन्मभूमियाँ तो असंख्य हैं पगले, वह प्रतिपल जाने कहाँ-कहाँ जन्म लेती हैं।"

"मेरी मनोभूमि पर कब जन्म लेंगी?"

"अरे कब की जन्म ले चुकीं! पलके में पड़ी कुँआँ-कुँआँ कर रही हैं और तू उन्हें पुचकारता भी नहीं। आ तुझे घाट पर छोड़ दूँ।...ओरी छोरी, पल्ली पार रावल गाँव पहुँचानो है। जाएगी।...कैसी लड़कियाँ हैं आजकल की, तोले भर जीभ न हिली—मन-भर का मूड हिला दिया।"

ग्वाल दाऊ के कहते ही सूरज ने मन की आँखों से देख लिया, कन्तो थी। मन सरोवर में एक भी तरंग न उठी। धरती पर लेटकर दाऊ बाबा को साष्टांग प्रणाम किया। उन्होंने उठाकर उसे छाती से लगा लिया और कहा—"पराए दुःख को देखते रहना, अपना सुख अन्धा बना देता है।"

चिरपरिचित डोंगी उस पार से चली। हवा कानों में सनसना रही थी। पतवार पानी को छप-छपा रहा था, डोंगी के दो प्राणी चुप थे। याद आया यही डोंगी उसे श्रीकृष्ण जन्मभूमि के दर्शन कराने भी ले गई थी। उसी रात कन्तो यह भी कह गई थी, कि मैं तुम्हें नहीं छोडूँगी। सचमुच नहीं छोड़ा। उत्सुकता कुनमुनाई, पूछा—"मेरे यहाँ होने की खबर तुझे कैसे लगी?"

"कालू दाऊ के मामा ते। तुम उन्हीं की नाव..."

"हाँ। पहले भी कभी आई थीं!"

"उहुँ। मैं तो हंसा से गोकरनेसर तक ही आई-गई हूँ।"

"भय नहीं लगा?"

"अरे किनारे-किनारे काहे कौ डर-भौ। अब पार जाए रई हूँ तो तुम साथ हो।"

सूरज ने बात फिर आगे न बढ़ाई। कन्तो भी अपनी तरफ से चुप रही। डोंगी बहती रही।

पार उतरकर कन्तो ने कहा—"नैक सहारौ दो माराज तो डोंगी रेतिया पे ले आऊँ।"

सूरज पानी की ओर उतर गया और टटोलकर दूसरे सिरे तक पहुँच गया। आगे कन्तो खींच रही थी, सूरज ने पीछे ढकेला और उसके साथ-ही-साथ किनारे पर आया।

कन्तो डोंगी को और खींचकर रेत पर ले आई, फिर पूछा—"तुमाई लठिया कहाँ है सामी जी?"

"डोंगी में है। क्या उसे उल्टा रही हो?"

"हाँ, धूप है, नैक सूखेगी। तुम्हें तो गाँव वाले घेर लिंगे। दो-चार दिना में तो निकसई पाओगे याँ ते।"

"नहीं, राधा रानी चाहेंगी तो मैं कल ही वृन्दावन चला जाऊँगा। पर क्या तू मेरे साथ ही साथ गाँव में चलेगी?"

"जैसा तुम कहो।"

"लोग न जाने क्या सोचें।"

"ठीक़ है नाँय जाऊँगी, यहीं पड़ी रहूँगी।"

"यहाँ रहेगी तो खाएगी क्या?"

"खाना कोई जरूरी है। तुम्हें राधेरानी के दरसन हैं जाएँगे, मेरो पेट भर जायगो।"

"नहीं, मेरे साथ ही चल।"

"कोऊ कछु कहे तो?"

"किसी के कहने के फेर में क्या मैं तुझे भूखा ही मार डालूँ?"

"मैं कहूँ न कहूँ तो कछु खायऊँगी। तुम्हारो इत्तो जस गाजे बापे धूल डारूँ, जे मोंसे नाँय होयगो।"

"यश-अपयश हरि के हाथ है। जब मेरे मन में पाप जागेगा तो उजागर भी होगा। चल मेरे साथ।"

रावल गाँव की बस्ती में पहुँचकर सूर स्वामी जन जनार्दन के प्रेमसिन्धु में बूड़ गए। हर व्यक्ति को इस बात पर गर्व था कि राधा जी उन्हीं के गाँव में जन्मी थीं। बाद में कंस राजा के कारण नन्दरायजी और वृषभानु राय ने आपस में सलाह करके दूर हटकर नन्दगाँव और बरसाना बसाया। अपनी निपट लड़काईं उमर में नन्द के लाला और राधा रानी इस भूमि पर खेले हैं।

यह बात सूर स्वामी को मनः स्फूर्ति दे गई। कृष्ण प्राणाधिकार कृष्ण स्वरूपिणी जगजननी का ध्यान-चित्र उनकी आँखों में समाया हुआ था।

"सामी जी, तुम कौन से गाँउ ते आए हो?" एक नन्हीं मीठी-सी आवाज़ ने सूर स्वामी का ध्यान भंग किया और नहीं भी किया । उन्हें ऐसा लगा कि मन की राधा प्रत्यक्ष हो गई है। गद्गद स्वर में कहा—"गोकुल से आया हूँ राधेरानी।"

"अरे तुम मेरो नाम जान गए। किन्ने बतायो?"

"अरे तुम्हें कौन नहीं जानता राधारानी।"

"अच्छा बताओ तो, हमने आज कहा पहिरौ ए?"

सूर स्वामी ने अपने दोनों हाथ राधारानी की बाँहों पर रखकर प्यार से कहा—"अरे तुमने तो बड़ी अच्छी साड़ी पहन रखी है।"

"नीले रंग की है। देखो कैसी चमके है। अच्छी लगे ना?"

"अरे बहुत अच्छी। तुम तो साक्षात्! रसेश्वरी रासिकेश्वरी हो। लाओ तुम्हारे चरण छू लूँ।" टटोलते हुए नीचे उतरने लगे।

"पैर तो मेरे जि रहे। तुम्हें दिखाई नाँय पड़े कहा?"

"तुमने मुझे आँखें ही नहीं दीं राधेरानी, फिर कैसे देखूँ।"

चौधरी की बेटी राधा के चरण स्पर्श करते हुए सूर स्वामी वस्तुतः वृषभानु नन्दिनी के चरणों में विनत हो रहे थे।

चौधरी उन्हें दर्शन कराने ले चले। साक्षात् राधारानी उनकी उँगली पकड़े हुए चल रही थी। गोकुल के द्विवेदी जी ने कहा था कि ब्रजनारी में लक्ष्मी का अंश है, किन्तु सूरस्वामी के भावालोक में श्री राधा इस समय सर्वत्र विद्यमान हैं, कण-कण में, कुंज-कुंज में, पशु-पक्षी, पेड़-पौधों में राधारानी ही उनकी मन की आँखों में झाँकती दिखलाई दे रही हैं। नीली गोटे टंकी साड़ी पहने राधा बराबर उनके साथ थी। कौन कहता है कि राधा लक्ष्मी का अंश हैं, स्वयं लक्ष्मी ही राधा की श्री का एक अंश मात्र होंगी।

विग्रह के सम्मुख सूर ने गाया—"धन्य-धन्य वृषभानु कुमारी।"

"नैक और गाओ। नीको लागत है।" चौधरी नन्दिनी, नहीं, राधा का आदेश सुनकर कुछ लोग हँस पड़े, चौधरी के बेटी को "हैं, ऐसे नहीं कहते" वाली मुद्रा में झिड़कने पर सूरस्वामी गद्गद हो गए, भावावेश में आ गए—"अच्छा मैया, सुनो—"

भाव तूलिका से हृदयपटल पर श्री राधे का चित्र अंकित है, आनन्द के उछाले में शब्द उछले-उछले पड़ते हैं। जाने कहाँ की सुनी बातें, रंगों-अलंकारों के विवरण एक छवि की प्रिय रंजना करते हुए सूर स्वामी ऐसे आत्मविभोर हो गए कि देश-काल वातावरण सब विस्मृत हो गया। नीलाम्बर धारिणी राधा उन्हें ऐसी लग रही है जैसे नीलश्याम घटाओं में दामिनी चमक रही हो। शशिमुख पर मृगमद का तिलक, माँग मोतियों से भरी है और मृदु सुन्दर केशराशि में गुँथे हुए फूल महकती शोभा बने हैं। कामदेव की कमानों-सी भौहों के नीचे चंचल नयन सरोज जिसमें अंजन की रेखाएँ मनोज के तीरों जैसी लगती हैं। कम्बु कण्ठ नाना मणि भूषण उर मुक्ता की माल है। रूप ऐसा अनूप मनोहर है कि जिसकी कोई उपमा ही नहीं दी जा सकती। हे राधे, रमा उमा शची अरुन्धती जैसी महादेवियाँ आपके दर्शन करने आती हैं, आप शेष महेश गणेश शुक नारदादि की स्वामिनी हैं। हे जगनायक जगदीश की प्राण वल्लभा,

हे जगज्जननी जगरानी, तुम्हारी अमित अपार शोभा को सूरदास बेचारा कैसे बखाने। हे जगदम्बा, सूर केवल तुमसे कृष्ण भक्ति की भिक्षा माँगता है।

सूर की वाणी ने राधारानी की जन्मभूमि को मोह लिया। जिन आँख वालों ने कभी ब्रजेश्वरी के प्रत्यक्ष दर्शन नहीं किए थे उन्होंने भी आज अंधे गायक भक्त के साथ-साथ देख लिया। सबसे अधिक आनन्द तब आया जब चौधरी की छह-सात बरस की बेटी ने सूरस्वामी की पीठ पर हाथ थपथपाकर कहा–"बाह, बड़ो अच्छो गायो।" लोग हँस पड़े परन्तु सूरस्वामी भाव विगलित होकर नन्हीं राधा के चरणों पर गिर पड़े।

रात रावल ही में बीती। सूर स्वामी के आदेशानुसार कन्तो के भोजन और रैन बसेरे की व्यवस्था कर दी गई। दूसरे दिन बहुत से लोग नाव तक छोड़ने आए।

अब मथुरा होते हुए वृन्दावन, पर मथुरा में वे रुकेंगे नहीं सीधे ही बढ़ जाएँगे। वही झँझरी-सी डोंगी, वही धुन्धी कन्तो और वही अंधे सूरस्वामी; लेकिन इस बार अन्तर था, सूरस्वामी एक नया अन्तर्जन्म ले चुके थे। वे राधामय हो गए थे। आर-पार के दोनों गाँवों में स्वामी जी को देख-सुनकर कन्तो अपने मन को यह समझा चुकी थी कि वह उन्हें अपने शरीर की अनुभवी प्यास बुझाने के लिए शायद कभी राजी न कर सकेगी। बड़े हठीले हैं। कन्तो भी कम हठीली नहीं। तन की तरह उसके मन की भी एक अनबुझी प्यास है, सूरस्वामी जैसा सच्चा और भला मनुष्य उसने पहले कभी नहीं देखा था और इसलिए कन्तो भी स्वामी जी का सहारा नहीं छोड़ेगी। झँझरी नैया की स्थिति यह थी कि उसे चढ़ाव पर चलना था।

9

जब नाव चली थी तब हवा में तेजी तो थी, मगर कन्तो की बाँहें उद्विग्न लहरों को अपनी पतवार से काटने में समर्थ थीं। बाद में बड़ी तेज हवाएँ चलने लगीं। लगभग किनारे-किनारे खेना भी मुहाल हो गया। स्वामी जी बोले, "बहुत पहलवानी न दिखा। कहीं तट से लगा ले। मेरा मन कहता है आज बड़ी जोर की बरखा होगी। उतर के देख, कहीं सिर छिपाने की जगह मिलेगी।"

डोंगी किनारे लगाई, बांधी फिर अपनी लाठी का एक सिरा पीछे हवा में फेंकते हुए कहा, "ले पकड़ मैं रस्ता दिखाऊँगा।"

कन्तो खिलखिलाकर हँस पड़ी, कहा, "तुम! रस्तौ दिखाओगे मोकूँ? अपनी बिदिया ते दिखाओगे?"

दबे-दबे कुनमुनाता हुआ जोश फिर गुड़मुड़ी मारकर सो गया, हँसकर बोले,

"नहीं। ऐसे ही मौज में खेल किया। आओ आज राधेरानी के भरोसे चल पड़ें।"

"अरे कौन मजल मारनी है माराज। दूर चलोगे तो पीछे मोय नाव ढूँढ़बे में हलाकानी पड़ेगी। लाठी अपनी सम्हालो। चलो कऊँ ठौर ढूँढें।"

बादलों की गड़गड़ाहट हुई। कन्तो ने लपककर स्वामी जी का हाथ पकड़ा ओर तेजी से बढ़ चली। बिजली कड़की और कड़-कड़ कड़-कड़ नगाड़ा-सा बजाती चली गई।

"पानी बरसेगा आज।...ले, कहते ही बूँदें टपकने लगीं। जल्दी से ठिकाना ढूँढ री।"

"काली घटा के कारण मेरी दसा तुमाई जैसी है रही है। कछु सूझे नाँय है।"

कुछ देर से कड़कड़ाती हुई बिजली एकाएक जोर से फट पड़ी। डर के मारे कन्तो स्वामी जी से चिपक गई। साथ-साथ पानी भी ऐसी जोर से बरसने लगा। वे दोनों एक कदम्ब तले खड़े थे किन्तु वृक्ष इतना सघन नहीं था कि पानी से उनकी रक्षा कर सके। विवश वहीं बैठ गए। पत्तों से टपाटप टपकती पानी की बूँदें सिर से गालों तक अनवरत टपकती थीं। कोई भला कहाँ तक मुँह पोंछता रहे। सूरज ने हँसते हुए व्यंग्य बाण फेंका, कहा, "चली थी मदन बावली बन कर साधू से काया सुख भोगने। यह सुख मिलता है।"

"जि बात तो मेरे मन ते वा दिना ही उतरि गई हती जा दिन केसोराय जी के याँ से लोट के तुमाएँ याँ गई हती।"

सूरज चौंका, गम्भीर होकर पूछा—"तब फिर मथुरा से यहाँ तक मेरे पीछे-पीछे क्यों चली आई?"

"मैंने सोची कि मेरो तो या संसार में कोई है नाँय और होना हू कठिन है। तो मेरे मन ने जोर देके कही कि सामीजी को चरन पकड़, वाही चरनन में तेरो उधार होयगो। मैं तुमाई घर बारी तो दूर रखैल हू बनबे को जोग नाँय हूँ। पर तुम्हारो कछु सेवा तो करि सकू हूँ। याही ते भाजि आई तुमारे कने।"

शास्त्रीय संगीत ज्ञान मण्डित सैकड़ों सुरीले कण्ठ कन्तो के एक-एक शब्द पर सूरज का मन निछावर करता चला जा रहा था। 'मरद की बात?'—'याद है चुप रहो।' सचमुच निछावर लायक स्वर और अन्तरशुद्ध सच्चे शब्द हैं। लोग कहते हैं कि यह इतनी कुरूपा है कि देखकर उबकाई छूटती है। अच्छा है मेरी आँखें नहीं हैं, मैं केवल मन से मन को देखता हूँ। पर राधेरानी ने इसे क्या मेरी परीक्षा लेने के लिए भेजा है? ग्वाल दाऊ बाबा की दृष्टि क्या सहज ही पड़ी थी इस पर?...कुछ भी हो, अग्नि को साथ लेकर तपाना ही सच्ची तपस्या है। अंगारों पर चलो और तलुओं में छाले न पड़ें , यही तो योग है। मनसिज से लड़ाई मोल लेकर चलना घातक है। कभी-कभी ऐसी पटकनी देता है कि एक नहीं सात जनम बिगड़ जाते हैं। नहीं, सूरज अंधा अभागा भले ही हो परन्तु अपने जीवन से अंधा जुआ वह

कदापि नहीं खेलेगा। आई हुई को प्रेम और आदर से झेलना चाहिए। श्याम सखा छल सकता है किन्तु माँ छल कपट क्या जाने। इधर, पानी कह रहा है कि सब दिनों की कसर आज ही निकाल लूँगा। पेड़ के तने से टिके बैठे दोनों जने भीगते-भीगते अभ्यस्त हो चुके थे, फिर भी चुप बैठे भला कैसे काम चल सकता है। सूरज ने बात उठाई—"मैं जब अपने गाँव से मथुरा जी आ रहा था न कन्तो—" कन्तो सूरज की ओर देखने लगी।

"हूँ—?"

"तो यात्रा में एक जगह साधुओं की टोली मिली थी, उनसे जाना कि पूरब में कहीं एक मन्दिर ऐसा बना है जिसकी दीवार-दीवार पर देवी-देवताओं की वह काम करती हुई हजारों मूर्तियाँ बनी हैं जो मैंने और तुमने चाहकर भी नहीं किया।"

"हाय राम, सच्ची? देख के कैसा लगतो होयगो।"

"साधु लोग उन मन्दिरों में बैठकर अपने-अपने मन्त्र जपते हैं और बहुत से सिद्ध भी हो जाते हैं।"

"जो तुमाए चरनन की किरपा रही तो मैं बिना मन्तर जपे ही वा मन्दिर में सिद्ध है जाऊँगी।"

"अरे तुझे दिखाई ही क्या पड़ेगा, अंधी समान तो है।"

"पैले अंधी हती अब तो आँख हैं मेरी। भलो-बुरो सब देख लूँ हूँ।"

"बड़ी सयानी बनती है। यह नहीं सोचा कि तेरे साथ रहकर मैं कलंकित हो जाऊँगा।"

"जमना जी में नारी-नारे आयके मिलें, तो कोऊ जे नाँय कहे कि नारे को मैलो पानी जामें मिलि गयौ है वाते जमना जी कौ कलंक लगि गयौ।"

बतरस में बरसात घुल गई। पहर-डेढ़ पहर ऐसे बीत गया जैसे किसी महल में तोशक गद्दे पर बैठे हों। पानी थमा तो चलने की तैयारी में फुर्ती आई। अपना अंगौछा निचोड़कर बदन पोंछा।

"तुम अपनी पीठ फेर लो माराज। मैं हूँ देह पोंछ लूँ।"

सूर स्वामी अपनी ही कल्पना की थरथराहट दबाने के लिए हँसे, पीठ फेरकर खड़े होते हुए कहा—"माया के मेघ से जगत् रूपी जल बरसा करे उससे आकाश गीला नहीं होगा री।" मन में गिड़गिड़ाकर प्रार्थना की—'हे राधारानी, मेरे इन शब्दों की लाज तुम रखना मैया। मेरी भीतर वाली आँखों का उजाला बना रहे।'

नाव फिर चली। सूर स्वामी ने कहा—"देख किसी जगह मनुष्यों की चहल-पहल-सी लगे तो नाव रोक लेना। मेरी समझ में अब तो दोपहर बीत चली होगी।"

"भगवान जाने। मोय तो उजालो दीखे नाँय है।"

"तब तो पानी फिर बरसेगा। चलो, राम करे सो होय।"

पहर-डेढ़ पहर आगे बढ़े। आकाश पर चिड़ियों का कलरव छा गया। सूरज

ने कहा–"जान पड़ता है सूर्यनारायण भगवान अस्ताचल की ओर बढ़ चले हैं। तभी चिड़ियाँ अपने-अपने पेड़ों पर लौट रही हैं।"

थोड़ी दूर आगे एक कच्चे घाट पर कुछ आवाज़ें सुनकर डोंगी किनारे लगाई। पूछा-ताछा। थोड़ी दूर पर हनुमान जी का एक मन्दिर था। उसी में शरण मिल गई। गाँव भी पास ही था। कन्तो नमक-सत्तू ले आई। रात हनुमान की गवाही में बीती। पानी सारी रात बरसता रहा।

मथुरा तीसरे दिन पहुँच पाए। हंसा पर ही डोंगी रुकी। संयोग से कालू घाट पर ही था, चन्दनमल का नौकर रामजियावन भी था।

"अरे सामी जी जै सिरी केसोराय जी की। काँ ते आय रई ए सवारी?"

"गुविन्द घाट गए हते। रावल ते आए रए एँ।"

"अरे सामी जी, आप तो ऐसे गए कि कुछु पतो नाय चल्यो! रामध्यानी की अम्मा कहै कि सामी जी पता नहीं कहाँ गए। हमारे सेठ के बड़े-बड़े लोगन को सन्देसौ आयो कि सामी जी का पता बताओ। आओ चलौ हमारे साथ।"

"अभी तो वृन्दावन की लगन लगी है भाई। लौट के आऊँगा तब चलूँगा।"

"अरे आपकी तो बड़ी चर्चा है चारो अलंग। वाह, ऐसो बढ़िया गावते हैं आप की जी तिरपत है जाए है।"

"परसों भोले गुरु से भेंट भई, बोऊ जेई कै रए कि कहाँ गए सामी जी। जा दिन नागदेवता मरे,बाप सो वाको कलेस भयो हतो वाई दिना आप गए..."

"ऊ तो हम लै गए रहे।" रामजियावन बोला।

"खैर फिर अन्त क्या हुआ उस झगड़े का?"

कालू हँसा, बोला–"अरे सामी जी, धन कौ लोभ बड़ो बुरो होय है। भाई-भाई मिलि गए, बाप साधू हुई गए, घर से चले गए। घर में अब गुरु को आयवौ-जाइवो फिरतें हौवै लग्यो।"

घड़ी-डेढ़ घड़ी हंसा में ठहरे फिर कन्तो की डोंगी चल पड़ी।

वृन्दावन पहुँचे। तट पर उतरे, धरती पर लेटकर साष्टांग प्रणाम किया। मन के भाव निःशंक स्थिति में बहने लगे। रस साम्राज्य की राजधानी, जहाँ कुंज-कुंज में राधा राधारमण रमे हैं, मेरा श्याम सखा! यह पुनीत वृन्दावन धाम, जिसे पिताजी कथा में बतलाया करते थे कि बैकुण्ठ में जो साकेत और गोलोक मण्डल हैं उसकी राजधानी वृन्दावन ही है। वहाँ मणिमय महल में श्री राधा बिहारी नित्य बिहार करते हैं। दुष्टों का दलन करने और प्रेम का धर्म स्थापित करने के लिए जब भगवान ने पृथ्वी पर अवतार लेने का निश्चय किया तो उसी गोलोक की अनुकृति, यह ब्रज मण्डल और अपने नित्य लीलाधाम श्री वृन्दावन धाम की पृथ्वी पर सृष्टि की।...

सूरज मन गिड़गिड़ा उठा–"श्याम सखा। ए राधे रानी, जगद् जननी, केवल एक पल के लिए तू मुझे आँखों में ज्योति दे दे। एक झलक देख लूँ फिर चाहे एक जनम

और मुझे अंधा बनाए रखना। (निःश्वास) किन्तु ऐसी तपस्या कहाँ। अब तो तप का श्रीगणेश हुआ है, अभी तक तो बचपना था। मैया, श्याम सहित एक झलक तुम्हें देख सकूँ बस, यही एक कामना है। मेरे भले-बुरे को ऐसे ही निहारती रहना जैसे बचपन में मेरी जन्मदात्री के रूप में तुम निहारती थीं।"

"अरे सूर्यनाथ, तू यहाँ।"

नाभि से निकला हुआ स्वर उसका सहज सुरीलापन बरसों पहले की याद करा गया। ध्यान आते ही मन का रोंया-रोंया पुलकित हो उठा, श्रद्धावेश में फिर साष्टांग करने चला कि बीच में ही दो बलिष्ठ और प्रेमल बाँहों ने उन्हें रोककर अपने कलेजे से लगा लिया–"तुमसे यों अचानक भेंट करके बड़ा सुख पा रहा हूँ, एक प्रकार का भगवदीय सुख।...और सुना, तेरे पिता भागवत महाराज कैसे हैं?"

"मुझे घर त्यागे अब नौ वर्ष हो गए गुरुजी।"

"शिव शिव। भागवत महाराज में और सब गुण थे–केवल विवेक बुद्धि न थी। भला किया, औरों की नहीं कहता परन्तु मेरे इस अंधद्रष्टा को तो अपना मार्ग आप ही देखना है।...वृन्दावन ठहरेगा कहाँ रे?"

"प्रभु जहाँ शरण दें।"

"आ मेरे साथ चल। जहाँ मैं ठहरा हूँ वहीं तू भी ठहरेगा।"

तभी डोंगी एक किनारे अकेले हाथ रेतिया पर उलटाकर कन्तो भी आ गई। उसे देखकर पूछा–"यह स्त्री क्या तेरे साथ है?"

"युधिष्ठिर के साथ श्वान सदेह स्वर्ग गया था। यह तो ब्रजांगना है, साक्षात् लक्ष्मी का अंश। मुझ अकिंचन पर भाव रखकर यही मुझे अपनी डोंगी पर यहाँ लाई है।"

"अच्छा इस घास के फूल को ले चल। निधिवन की रेणु में यह भी उग लेगी कुछ दिनों।" धुंधी कन्तो की ओर स्नेह से देखते हुए स्वामी नाद ब्रह्मानन्द ने कहा और सूरज की बाँह थामकर लम्बे डग भरते चल पड़े।

मार्ग में एक जगह बड़ा शोर, बड़ी गाली-गलौज और चेंचामेंची मची हुई थी। बूढ़े स्वामी ने किसी राह चलते युवा पण्डित से पूछा–"अरे भाई यह लड़ाई किसलिए हो रही है?"

"यह लड़ नहीं रहे हैं, महात्मा जी। इन जीवनमृत भावशून्य पशुओं की यही क्रीड़ा है। श्री राधाकृष्ण की केलिभूमि में यह भी अपनी क्रीड़ाएँ कर रहे हैं।"

"आपकी बात का तात्पर्य मैं समझा।"

"किन्तु मैं नहीं समझा।" स्वामी जी की बात में बात जोड़कर सूरज बोला।

"जो गाँव लूटपाट में उजड़े हैं उनके उजड़े परिवारों के उजड़े व्यक्तियों का समाव है। किसी की जमीन नहीं रही, कोई परिवार भिखारी बना, किसी के बच्चे तितर-बितर हो गए, पति-पत्नी यहाँ हैं। विजेता जाति के एक सिपाही ने लूट के

समय एक सुन्दर स्त्री और उसके घर को तो अपने अधिकार में कर लिया और पति तथा नौ वर्ष के बच्चे को मार-मारकर भगा दिया। लड़का बड़ा होकर कहीं भाग गया, पिता यहाँ हैं। एक उच्च कुल का परिवार दुर्दिनों में गाँव के अंत्यज परिवार के साथ भागा। युवा-युवती ने यौवन की माँग पूरी की। वर्ण चेतना अब निर्लज्ज बनकर पछाड़ें खाने का खोखला अभिनय करती है। कुम्भी पाक नरक की पीड़ाएँ यहाँ प्रत्यक्ष देख लो। एक राजा भी इनमें है जिनका राजपाट, रानी, राजकुमार सब कुछ शत्रुओं ने तहस-नहस कर दिया और राजा के मुख से निषिद्ध मांस का स्पर्श कराके समाजच्युत कर दिया। पण्डितों ने व्यवस्था दी कि चिता में भस्म होकर देहान्त प्रायश्चित्त करो। बेचारा यहीं आठों पहर अपनी हाय में भस्म होता रहता है। ऐसे अनेक व्यक्ति इनमें हैं जो अपना नाम और भूतकाल भूल गए हैं। वर्तमान में इन्हें केवल रोटी और कामेच्छा के अतिरिक्त और कुछ याद नहीं। धवलपुर के राजा के अन्नछत्र से भोजन पाने के लिए इन्हें राधे-राधे जपने का आदेश है। पहर-भर बाद इनका राधे-राधे घोर नाद आपको वृन्दावन की गली-गली में सुनाई पड़ेगा।''

''मैंने पिछले तीन-चार दिनों में सुना है। अर्थ आज जाना है। शिव शिव।'' स्वामी नाद ब्रह्मानन्दजी ने कहा।

''ब्रह्मन, आप इन लोगों के विषय में इतना सब कैसे जान गए?'' सूरज ने पूछा।

युवा पण्डित हँसकर बोला—''आप सब ब्रह्मज्ञानी श्री बिहारी-बिहारिन जी की नित्य निकुंज लीला निहारते हैं, मैं इन लोगों की अनित्य लीला के दर्शन करता रहता हूँ।''

जी भारी कर गया यह व्यक्ति। सच है इस संसार में केवल दुःख-ही-दुःख है। श्याम सखा तुम अपने जन को इस प्रकार दुःखी देखकर किस कलेजे से निरन्तर केलिक्रीड़ा मग्न रह सकते हो लीला पुरुषोत्तम? इस रूप से तो तुम्हारा मर्यादा पुरुषोत्तम वाला रूप ही श्रेष्ठ है। अन्याय का प्रतिकार करने के लिए उन्होंने धनुषबाण धारण तो किया था...किन्तु तुम भी वृन्दावन विहार छोड़कर कंस को मारने के लिए मथुरा धाए थे। साधुओं की रक्षा और दुष्टों का संहार करने के लिए तुम भी अवतार धारण करने हेतु वचनबद्ध हो। बेगि पधारो राधा माधव।

मन-ही-मन श्याम सखा को अपनी करुणा सुनाने जा रहे थे कि बन्दर ने सूरज की लाठी पकड़ ली। संयोग से उसी समय एक बन्दर का बच्चा पीछे आ रही कन्तो के कन्धे पर पेड़ से कूदा। वह घबराकर चीख उठी। बूढ़े महात्मा अपनी झोली से मुट्ठी भर चने निकाल धरती पर डालते हुए कन्तो से बोले—''घबराओ मत बेटी। यहाँ के मर्कट मनुष्यों से सखा भाव रखते हैं। यह देखो, चने देखते ही सब इधर आ गए।''

कितना शान्त है यह निधिवन। लगता है यहाँ बयार भी संगीत के सुरों में

ही बोलती डोलती है। निधिवन में प्रवेश करते जाते हैं और ऐसा लगता है जैसे निदाघ दाघ पीड़ित काया शान्ति पाने के लिए कालिन्दी के शीतल जल में प्रवेश कर रही हो। हाथ-पैर धोने के बाद पहले बिहारीजी के दर्शन किए। फिर एक शिष्य की कुटी में जा विराजे। बूढ़े स्वामीजी ने कन्तो को भीतर ही बुलाकर बैठा लिया। स्वामीजी का शिष्य उनकी सेवा कर रहा था। दोनों को कुटी में छोड़कर स्वामी जी अपनी कुटी में चले गए।

एक शिष्य ने बतलाया कि नाद ब्रह्मानन्द गुरुजी और उनके अन्य चार शिष्यों के साथ वह अंबालय से आ रहा है। गुरुजी स्वामी हरिदास जी महाराज से मिलने आए हैं। उन्हीं के अतिथि हैं। उनके शिष्यों ने यहाँ ठहराने का प्रबन्ध किया है। स्वामी हरिदास महाराज के सम्बन्ध में बतलाया कि वृन्दावन के पास ही राजपुर गाँव के निवासी हैं। निपट बचपन ही से एकान्तप्रिय थे, वनकुंजों में डोला करते थे। सम्पन्न पिता ने ध्यान बँटाने के लिए इन्हें संगीत की शिक्षा दिलाई , काव्य-कला आदि उपयोगी विषयों में प्रशिक्षित कराया, परन्तु यह सारे गुण उनके विरक्त जीवन और चिन्तन में ही सहायक होने लगे। यह देखकर पिताजी ने इनका विवाह कर दिया परन्तु अन्यत्र जुड़ा मन घर-गृहस्थी से न जुड़ा। इन्हें यहाँ आए अभी कुछ ही वर्ष हुए हैं किन्तु सिद्धियों और ख्याति में ऊँचे पहुँचने लगे हैं। सूर के मन में समवस्यक सिद्धपुरुष से मिलने की इच्छा हुई। एक कचोट यह भी हुई कि एक बराबर की आयु वाला राह पा गया और मैं अब भी भटक रहा हूँ।

वन में बन्दरों की आपसी खौखियाहटें थोड़ी देर से सुनाई तो पड़ रही थीं अब एकाएक तीव्र हो उठी थीं। तभी स्वामी नाद ब्रह्मानन्द जी की तान सुनाई दी। शिष्य सुनने चला, सूरज ने भी साथ चलने का आग्रह किया। कन्तो भी पीछे-पीछे चली।

एकाएक शिष्य बोला–"देखो-देखो, सारे बन्दर गुरुजी को घेरकर बैठ रहे हैं। कहाँ वे अभी लड़ रहे थे।"

बड़ी देर तक स्वामी जी गाते रहे। बन्दर शान्त, अचञ्चल। गायन समाप्त हुआ। बन्दर चुपचाप अपने-अपने पेड़ों पर चले गए। शिष्यगण गुरु चरणों में नत हुए। एक शिष्य इस चमत्कार को बखानते हुए दोहरे-चौहरे होने लगे। गुरुजी ने उसकी चाटुकारिता को रोकते हुए कहा–"इसमें आश्चर्य ही क्या है। संगीत प्राणों की भाषा है, उसे हर प्राणी समझ लेता है, केवल स्वर सच्चा होना चाहिए। पुत्र सूर्यनाथ, मेरी इच्छा है कि मेरे शिष्यों को कुछ गाकर सुनाओ। मैं भी देखूँ तुमने इतने वर्षों में कितनी प्रगति की है।"

श्याम के वृन्दावन में अचानक राम का ध्यान आया, कदाचित् वानरों के कारण। तन्मय होकर गाने लगे–

"राम भक्त वत्सल निज बानौं। जाति गौत कुल नाम गनत नहिं रंक होय

के रानौं।" शिव ब्रह्मादिक किस जाति के थे, यह बेचारा अज्ञानी सूर नहीं जानता। जहाँ अहं भाव रहता है वहाँ प्रभु नहीं रहते। हम तब उक्त भाव को स्वीकार ही क्यों करें। रघुकुल को भी राम ने और गोकुल को श्री कृष्ण ने अपना प्रिय स्थान माना। प्रभु तो भक्तों के हाथ बिके हुए नहीं हैं।

आचार्य और उनकी शिष्य मण्डली सूर के सुरीले भाव गायन से आनन्दित हुए। बूढ़े स्वामी जी सूरज की पीठ पर प्रेम से हाथ फेरते हुए बोले–"संगीत पशुओं के अशान्त उद्विग्न मानस को भी शान्ति प्रदान कर सकता है। यह तुमने अभी स्वयं अनुभव किया। इससे उन आर्तजनों को भी नई संज्ञा प्राप्त हो सकती है जिन्हें उस राह चलते युवक ने पशुवत् प्राणी बतलाया था। श्रद्धाचक्षु देकर उनके मनों में चेतना का प्रकाश फैलाओ पुत्र।"

सूरज चुपचाप सिर झुकाए बैठा रहा, मन में बहुत-सी बातें थीं किन्तु उन 'भूत विचारों' को शब्दों की काया नहीं मिल पा रही थी। यह सच है कि भीतर के पाताल का पानी बाहर आकर किसी प्यासे की प्यास बुझाना चाहता है। लेकिन पहला प्यासा वह स्वयं ही है और ऐसा लगता है कि सारा पानी वह स्वयं ही पी जाएगा किसी और को नहीं पिला पाएगा। बड़ी प्यास है। हे राम हे श्याम!

जिस शिष्य की कुटी थी वह उसमें सूर स्वामी और कन्तो के सोने की व्यवस्था करके, दोनों को सब व्यवस्था समझाकर आप अन्य किसी गुरुभाई के साथ सोने चला ही था कि कन्तो बोल पड़ी–नई माराज, आप यहीं सोएँ मैं तो खुले में कहूँ परी रहूँगी।"

"नहीं तुम यहीं रहो। स्वामी जी की सेवा करो।"

कन्तो ने हँसकर उत्तर दिया–"सामी जी ने मोय दिन की सेवा में रखो है। रात की सेवा को हमारो कोऊ करार नाँय।"

शिष्य के मन से शंका की फाँस निकल गई फिर भी यह अंधा युगल पहेली ही बना रहा। न स्वकीया न परकीया, फिर दोनों के बीच में स्वार्थ सम्बन्ध क्या है? स्वार्थ के बिना कोई किसी का साथ देता है भला।

कन्तो का उत्तर सूरज को अच्छा लगा। नारी अमृत है, विष भी, नरक है और स्वर्ग भी, विजय भी है पराजय भी। 'हे राधेरानी, मेरे कर्मदोष के कारण तुमने मुझे दृष्टि नहीं दी, न सही परन्तु पराजय न देना, नरक में मत गिराना। बस फिर तो मैं तुम्हारी कृपा से इस कामरूपी विष को श्यामामृत बना लूँगा।'

दूसरे दिन स्वामी नाद ब्रह्मानन्द सूर्यनाथ को स्वयं हाथ पकड़कर अपने साथ तटी ले गए जो नवयुवा रसिकोत्तम सिद्धपुरुष हरिदास जी की साधना स्थली थी। हरिदास जी एकान्त प्रिय साधक हैं। इस रासचन्द्र नवयुवक ने प्रेरणा तो अनेक सिद्ध पुरुषों से अवश्य प्राप्त की है परन्तु रस की अजस्त्र स्रोतस्विनी को स्वर्ग से धरा पर उतार लाने वाले भगीरथ वे स्वयं ही हैं। उनकी साधना दिनोंदिन ऊँची जा रही है।

छौंकरे के एक वृक्ष की डाल पकड़े एक दुबला-पतला सरल सुन्दर युवक कहीं दूर के दृश्य में डूबा हुआ था। देखते ही वृद्ध नाद योगी का तेजस्वी मुखमण्डल आनन्द से चमक उठा। भावलीन सन्त को आकृष्ट करने के लिए स्वामी जी ने 'हरि ॐ' कहा–इतना सुरीला स्वर इतना गहरा इतना ऊँचा कि ऊँचाई और गहराई अपनी अनंतता में कहीं एक हो जाती थी।

स्वामी हरिदास दौड़े आए। वयोवृद्ध के चरण छूने के लिए झुके, स्वामी जी ने बीच ही में उन्हें उठाकर कहा–"आत्मन, तुम्हारा रस साम्राज्य अखण्ड रहे। देखो, मैं तुम्हें प्रेम सरोवर के एक कृष्ण कमल से परिचित कराने के हेतु से यहाँ आया हूँ।"

"कुटिया में चलके बिराजो बाबा और ये तो मेरे जन्म-जन्मान्तरों के भाई हैं।" कहकर सूरज का हाथ पकड़कर चले। स्पर्श ने सूरज को संजीवनी तरंगों में बहा दिया। ज्योतिष ने बाँह ऊँची उठाई पर वह आह्लादिनी तरंग इतनी प्रबल थी कि ज्योतिष डूब गई, कहा–"आपकी एक रचना मैंने गोपाल पुर के मुख से सुनी थी–प्यारी जू जब-जब देखो तेरो मुख तब-तब नयो-नयो लागत।"

"दाऊ बाबा से सुना होगा।" फिर मचलकर स्वामी नाद ब्रह्मानन्दजी का हाथ हिलाते हुए पूछा–"बाबा तुमने कुण्डलिनी तान कैसे सिद्ध की थी?"

"मैंने पहले सात वर्षों तक अभ्यास किया किन्तु सफल न हो सका, छोड़ दी। फिर ज्वालाजी में एक महात्मा मिले उनकी प्रेरणा से भगवती आद्याशक्ति कृपालु हो गईं।"

"बाबा नैक मुझको भी प्रसाद मिल जाए।"

स्वामी ने तान छेड़ी। नाभि केन्द्र के नीचे स्वर तरंगें कहीं गहरे में हिलोरें ले रही थीं। बूढ़े स्वामी जी की इस कुण्डलिनी तान ने हरिदास जी की रसकली खिला दी। स्वयं, मानो अपने ही को सुनाते हुए वे गा उठे–

"रुचि के प्रकास परस्पर खेलन लागे।
रागरागिनी अलौकिक उपजत निर्त संगीत अलग-अलग लागे।
राग ही में रंगरह्यो रंग के समुद्र में ए दोऊ झागे।
श्री हरिदास के स्वामी स्यामा कुंज बिहारी पै रंग रह्यो रस ही में पागे।"

समय मानो स्तब्ध हो गया था। वृक्षों से कई शाखामृग उतरकर इधर उधर शान्त बैठ गए।

"आपने तो मुझ जन्मान्ध में भी प्रकाश की चेतना भर दी।"

"ऐसे नहीं चलेगा दाऊ मुझे भी आपका प्रसाद मिलना चाहिए।"

"आप श्री राधाकृष्ण के प्रत्यक्ष दर्शन क़रते हैं।"

"न बरसाने की राधा जानूँ और न नंदगाँव के कृष्ण। मैं तो वृंदावन बिहारी

श्याम श्यामा का चरणानुरागी हूँ। मुझे इतिहास पुराणों से क्या लेना देना। इनकी लीला तो तुम्हारे ही श्री मुख से प्रकट होगी। क्यों बाबा।"

"तुम्हारी प्रेम-रसपगी वाणी कभी असत्य भाषण नहीं करती आत्मन्!"

"प्रेम का मार्ग बड़ा कठिन है बाबा। मोम के घोड़े पर सवार होकर आग में दौड़ने के समान है। हाँ दाऊ आपका प्रसाद मिले।"

सूर स्वामी भाव-विभोर थे, स्वामी हरिदास, उनके वृन्दावन, उनकी श्यामा और श्याम से। गा उठे–

अबतौ यहै बात मन मानी।
छाडौ नाहि श्याम स्यामा की वृन्दावन रजधानी॥
भ्रम्यो बहुत लघु धाम बिलोकत छन भंगुर दुखदानी।
सर्वोपरि आनन्द अखण्डित सूर मरम लपिटानी॥

हरिदास और सूर के बीच में अन्तर नहीं था; एक बहती धारा थी। वहाँ से लौटते हुए सूरज ने बूढ़े स्वामी जी से कहा–"अब मैंने आपकी और ग्वालदाऊ बाबा की बात का अर्थ समझ लिया गुरु जी। अशरण शरण की प्रेमराजधानी में आए हुए इन दुःखी विक्षिप्त जनों में ही अपने परम सौन्दर्य चन्द्र श्याम सखा को देखूँगा। और कुछ नहीं तो संगीत से उनकी सेवा तो कर ही सकता हूँ।"

दूसरे ही दिन से उन्होंने भिक्षुकों और प्रभु के दीन शरणार्थियों की जंगल बस्ती में अपना डेरा जमा लिया।

एक सप्ताह भी न बीत पाया था कि एक दिन उसी युवा पण्डित का स्वर सूरज के पास आया, बोला–"यहाँ सबको अपनी ही बिगड़ी बनाते देखकर मेरे मन में भक्ति और योगादि ऐकान्तिक क्रियाओं के प्रति विद्रोह भर गया था। जो सबके काम न आए वह भक्ति जप तप सब मिथ्या है। अब तक मैंने यहाँ के किसी अहात्मा-महात्मा को प्रणाम तक नहीं किया परन्तु आपके चरण-स्पर्श करना चाहता हूँ।"

"मेरे क्यों अपने चरण-स्पर्श करो, तुम्हीं ने तो मुझे राह सुझाई भैया। देखो ना इतने ही दिनों में कितना अन्तर आ गया है इनके व्यवहारों में। हरि के नाम में बड़ी शक्ति है।"

"हरि नाम की शक्ति है या आपकी श्रद्धा, आपके सुरीले कण्ठ की दिव्य शक्ति आप सचमुच आत्मविस्मृति देते हैं। अपूर्व शान्तिलाभ होता है।"

वृन्दावन, छोटी-सी बस्ती, वह भी अधिकतर वीतरागी भक्तों की। किन्तु कुछ ही दिनों में सूरस्वामी सर्वत्र विख्यात हो गए।

10

भिखारी बस्ती में अपना भजन संकीर्तन आरम्भ करने के साथ ही सूर स्वामी और कन्तो केवटिन उसी बस्ती में आकर रहने भी लगे। स्वामी नाद ब्रह्मानन्दजी अपनी शिष्य मण्डली के साथ चार-पाँच दिनों के बाद ही मथुरा की ओर प्रयाण कर गए। सूर स्वामी कुछ तो अपनी नई धुन में और कुछ जानबूझकर कन्तो से जल कमलवत् सम्बन्ध रख रहे थे, वैसे स्वयं कन्तो अपनी ओर से उनके लिए कभी समस्या नहीं बनी। सुबह मुँह अँधेरे वह उनका हाथ पकड़कर जमुनाजी ले जाती, वहीं उनका जप ध्यानादि नित्य कर्म सम्पन्न होता।

एक दिन बोले—"चोरी से स्नान करना पड़ता है यह अच्छा नहीं लगता।"

"कैसी चोरी? अरे सभी ऐसे ही न्हावे हैं। बस हुकमभर हैगो धमकाने के ताईं।"

"यही तो बात है, हम चोरी से राजाज्ञा का उल्लंघन करते हैं।"

"अरे तुम चोर तुमारो भगवान चोर। जामें का धरो है।"

"मैंने तेरा क्या चुराया है री?"

कन्तो चुप मार गई। सूर स्वामी ने फिर पूछा तो बोली—"जान दो। मेरी एक विन्ती सुनोगे?"

"कहो।"

"तुम या कंगलान को भजन भागवत भले सुनाओ पर इनके साथ रहनो ठीक नहीं।"

"मूर्ख है तू। मैं इनका सेवक बनकर यहाँ रहने आया हूँ। आर्तजनों में ही भगवान के दर्शन मिल जाते हैं। एक बार मिल भर जाएँ तो कहूँगा, नाथ, मैया ने श्री राधा गोपाल को विग्रह में दरसाया, अब एक बार प्रत्यक्ष मेरे सामने आ जाओ। मैं तुम दोनों को वृन्दावन में एक बार जीभर निहार लूँ। बस, फिर चाहे मुझे जस का तस कर देना।"

"सबरे जनन के ताईं कहो, मेरे ताईं हू कह दो अपने भगवान ते कि मोंय जा नरक बस्ती से निकालें।"

"अरे तू आज निकल जा, अभी निकल जा। इसमें भगवान से भला क्या पूछना। मैंने तुझे बाँधकर तो रखा नहीं।"

"बाँध तो राख्योई है मोंय।...तुम समझो च्यौं नाईं हों? याँ के लोग बड़े बुरे हैं। न इनको धरम न करम न लाज काहू बात की। मैं तुम्हें याँ पे नई रहवे दऊँगी।"

सूरज खीझ पड़ा—"क्या मुझे बाँध के रखा है तूने जो नहीं रहने देगी?"

"देखो सामी जी, मैं जानू हूँ—तुमे मेरो साथ रहवो अच्छो नाँय लगे, पर अब मैं तो या चरनन को छोड़ूँगी नाँय और भौत छुड़ाओगे तो इन्हीं पै अपने परान तज दऊँगी।"

सूरज को अपनी खीझ दबानी पड़ी। सुर जब पंचम हो, सच्चा भी लगे तो

सूर स्वामी भला उससे अछूते क्योंकर रह सकते हैं। संयत स्वर में पूछा--"आखिर तू मुझे यहाँ से क्यों ले जाना चाहती है।"

"आँखें होतीं तो आप ही जान जाते।"

"तेरे कौन से बड़े कमल नैन हैं जो व्यंग प्रहार करती है।"

"औरत अपने आप ही में आँख होवे है सामीजी। इन लोगन में कोई आचार-विचार नाँय रहे। सबरी लुगैयाँ सबरे की पंचायती..."

"नहीं-नहीं, तुझे भ्रम है। अरे ये बेचारे भाग्य के मारे अवश्य हैं पर कुलीन हैं। एक तो बड़ा भारी राजा था उसे उसके यवन सेवक ने षड्यन्त्र करके हरा दिया। राजपाट छीना और उसके मुख में निषिद्ध मांस का स्पर्श करा दिया। बस अब तो उसकी रानी और राजकुमार तक उसे अपने बीच में मिलाने को राजी न हुए। धर्म की बात थी। पण्डितों ने व्यवस्था दी कि तुम्हारा प्रायश्चित्त यही है कि अपनी भ्रष्ट देह अग्नि को सौंप दो। बेचारा इतनी दूर यहाँ आकर प्रभु की शरण में पड़ा है।

"अरे वो राजा हतो, आज हू कमीनेपन में सबको राजा है।"

"अरे नहीं बड़ा ही सभ्य, सुशिक्षित और सुसंस्कारी है। देखो कितना परिवर्तन आया है उसमें भगवान की कृपा और मेरी संगीत सेवा से।"

"कई दिना ते मेरे पीछे पड़ो है निगोड़ो। मैंने वाते कह दीनी है कि मैं दूसरीन जैसी नाँय। एक दिना वाको हाड़ पांजर अपनी लाठी से तोड़ दऊँगी। चिताए दऊ हूँ पैले से, फिर मती कहियो कि चिताई नाँय।"

सूर स्वामी स्तब्ध रह गए, फिर कहा--"सुबल सिंह तो सुन्दर होगा, आखिर राजा है।"

"कैसो हू होय। अबकी मोते छेड़खानी करी तो वाकी सारी रजाई निकाल दऊँगी। ये राजे-रजवाड़े औरतन के पीछे-पीछे डोलके ई तो हारे हैं। अच्छो भयो!"

"अच्छा कन्तो, तू तो कहती थी कि तू इतनी कुरूप है कि तुमसे कोई बोलता भी नहीं। अब तुझे एक प्रेमी मिला है तो झूठ-मूठ सती का-सा तेज क्यों दिखलाती है?"

"तुम भगत ज्ञानी भले हो पर हमारी औरतन की जि बातें नाँय बूझ सको।"

"सुन कन्तो, एक बात कहूँ, साँप मर जाए और लाठी न टूटे। कहूँ?"

"कहो।"

"तू मेरे साथ जमना जी आती है न, फिर मेरे साथ लौटकर चलने की आवश्यकता नहीं। रास्ता खूब पहचान गया हूँ।"

"और मैं वाँ पे कहा करूँगी?"

"तू दिन में अपनी नाव चलाया कर। अरे दो-चार गण्डे की कौड़ियाँ तो कमा ही लिया करेगी।"

"मोंय याँ के घाटन को पतो नाँय। मथराजी में जो लोग हैं। याँ पै सब कहेंगे आँधरी धूँधरी की नाव पै कौन बैठे।"

"सूर स्वामी फिर कुछ न बोले। कन्तो उनके मन की अनोखी समस्या बनती जा रही है। ताल किनारे वाले घर में जो दास-दासी आदि थे वे जानते थे कि शासक वर्ग का एक सरदार उसका भक्त है, जमींदार आदि बड़े-बड़े लोग इसे बहुत मानते हैं, सुनैना के आकर्षण का अर्थ था लोभ, परन्तु यह क्या चाहती है? इसकी एक मात्र चाहना को भी पूरा करने से मैंने स्पष्ट रूप से मना कर दिया फिर भी यह मेरा साथ नहीं छोड़ती। देह सुख की भूखी बावली को उस भोग का निमन्त्रण मिलता है और यह सूर बावली अब ऐसे केलि निमन्त्रणों को भी ठुकराती है। रात-बिरात कभी उठता हूँ तो दूर सोते हुए भी, अंधी होते हुए भी जाने इसे कैसे पता चल जाता है। न यह ज्योतिष जानती है न योग, न ध्यान, न इसके पास भूतप्रेत यक्ष पिशाचादि की सिद्धि है।–और क्या कहा जाए, सूर-कूर के प्रति निष्काम निष्ठा ने ही इसे यह अन्तर्ज्ञान दिया है। हाय री अभागी, यदि अपने इस स्वर्ण कमल से हृदयासन पर श्रीकृष्ण को प्रतिष्ठित करती! और हाय रे अभागे, अपनी अहम्मन्यता के सुओं से यदि तू अपनी भीतर वाली भी न फोड़ता तो यह तेरी गुरुवत् महत् प्रेरणा, तेरी शक्ति बन जाती।'...श्याम सखा! इतने दिनों बाद बोला! सच कह गया!

युवा पण्डित कथा स्थल पर पहुँच चुका था। वृन्दावन में रहने वाली साधु मण्डली भी अपने स्थान पर बैठ चुकी थी। कुलीन-अकुलीन शरणार्थी, भिक्षुक मण्डली युवा पण्डित का अंकुश होते हुए भी नाली के कीड़ों-सी थोड़ी-बहुत किलबिला ही रही थी।

एक साधु ने कहा–"हमारे देखते-देखते ही इन भिक्षुकों में बाल वृन्द बहुत बढ़ गया है।"

"वृन्दावन में तुलसी और भिक्षुकों में बच्चे अपने आप ही उगते रहते हैं। यही माया है प्रभु की।"

भूतपूर्व राजा सुबल सिंह अपनी अस्मिता को धीरे-धीरे अब फिर से पहचानने लगे हैं। अब उन्हें भिक्षुक मण्डली के बजाय भद्र मण्डली में बैठने की इच्छा होती है, परन्तु जो व्यक्ति स्वजनों और प्रियजनों के द्वारा ही अस्पृश्य माना जाकर तिरस्कृत हो चुका है, राजा से रंक सबल से दुर्बल बनाया जा चुका है, वह आत्मविश्वास कैसे प्राप्त करे। राजा सुबल के मन में द्रोह गरजता घुमड़ता है प्रबल विद्रोह।

सूर स्वामी आ गए। एक हाथ में लाठी दूसरा हाथ कन्तो के हाथ में। युवा पण्डित ने आगे बढ़कर हाथ थाम लिया। कन्तो अपनी लाठियां टेकती हुई भिक्षुक मण्डली में जा बैठी। राजा सुबल जो इतनी देर से भद्रता और अभद्रता के बीच में खड़ा अपने मन सिन्धु के बड़वानल में जल रहा था, वसन्ती बयार-सा डोलता हुआ कन्तो के पास जा बैठा। ज़रा सरका, फिर और, फिर कुछ और, फिर बिल्कुल सटकर बैठ गया। कन्तो ने लाठी उठाई और कड़ककर कहा–"परे हट। सबरी रजाई छाँटकर हल्की कर दऊँगी, चिताय दऊँ हूँ।"

सबकी आँखें उधर गईं और सूर स्वामी के कान। सुबल राजा चोर-सा कतराकर अलग बैठ गया।

संत जनों की आज्ञा लेकर सूर स्वामी ने "हरि हरि हरि हरि सुमिरन करो। हरि चरनारविन्द चित्त धरो।" गाकर समाँ बाँधा फिर राजा ऋषभ देव और उनके पुत्र मुनि जड़ भरत की कथाएँ गाकर बीच-बीच में गायन की व्याख्या भी जोड़कर कथा को बहुत ही रोचक ढंग से प्रस्तुत किया। गायन की सम्मोहिनी सब पर छाई पर सुबल राजा के मन को नव नारी भोग की इच्छा सम्मोहिनी कई दिनों से बाँधे हुई थी। प्रतिरोध से वह सम्मोहन और भी प्रगाढ़ हो गया था—"मैं राजा, जिसकी इच्छा से कोई भी सुन्दर से सुन्दर स्त्री उसके भोग के लिए तुरन्त सुलभ हो जाती उसी राजा सुबल सिंह जू देव को यह कुरूपा तिरस्कृत करती है। अच्छा समझ लूँगा।' समझ लेने के बहाने वे कथा के बीच में फिर अपनी ताक साधते हुए कन्तो की तरफ सरके। संयोगवश युवा पण्डित ने देख लिया। वह अपनी जगह से उठा और राजा सुबल को हाथ के संकेत से और दूर सरकाकर स्वयं बीच में बैठ गया। राजा ऋषभ देव की जो देह कभी सुगन्धित-पूरित रहा करती थी वही काया तपश्चर्या के काल में उन्होंने ऐसी दुर्गन्ध-भरी बताई कि जिसकी कोई सीमा न रही। युवा पण्डित भी इस दुर्गन्ध भरी बस्ती में ही अपने 'ब्रह्म' की अनोखी सुगन्ध पाता है।

भादों के उजियाले पाख की चाँदनी रात उड़ते बादलों के टुकड़ों से बीच-बीच में अमा-राका बन जाती है। हवा बड़ी ठण्डी बह रही है, ऐसा लगता है कि कहीं आस-पास ही पानी बरसा है। लेकिन राजा सुबल के काम हठ ने आज उसके तन-मन में ऐसी ज्वाला भड़का दी है कि यह ठण्डी हवाएँ भी उसे शीतल नहीं कर पा रहीं। कुचला हुआ राजा अपना बदला लेना चाहता है।

रात में, पेड़ के नीचे कन्तो अकेली निश्चिन्त मन से सो रही थी। सुबल ने उसकी लाज उघाड़ने का प्रयत्न किया, उस पर लद गया। कन्तो जागी और अपने को गिरफ्त में पाकर चण्डी बन गई। दोनों बाहों को धरती पर टेककर पूरी शक्ति के साथ उठी और सुबल का टेंटुआ पकड़ लिया। घुटी-घुटी चीखों से जंगल भर गया। थोड़ी दूर पर स्वामी सो रहे थे, वे जागे, बहुत से और भी जागे। तब तक कन्तो सुबल की छाती पर सवार होकर उसके गालों पर तड़ातड़ तमाचों की मार लगाते हुए राजा का रजोमद उतार रही थी। सूर स्वामी भी लाठी उठाकर कन्तो की गालियों की दिशा में चले।

"कन्तो।"

"तुम न बोलो सामी जी, आज तो मैं एक-एक करके टरौंगी। कै तो ये और कै तो मैं। आज एक ही रहेगो। नई तो बोल सारे, मैया कहके पुकार मोय। आज या राजा सों, अपने चरन छुबा के ही छोडूँगी।"

कई स्त्रियाँ कन्तो को पकड़ के उठाने में समर्थ हुईं। राजा बेसुध हो गया

था। सूर स्वामी ने किसी से अपनी तुमड़ी उठा लाने के लिए कहा, पानी के छींटे दिए तब कहीं चेतना लौटी।

बस्ती में बड़ी रात तक किलकिल होती रही। कुंज-कुंज में केलि करते श्यामा श्याम के श्री वृन्दावन धाम में इस पशुकेलि ने क्षणिक अशान्ति भर दी। सूर स्वामी कन्तो को साथ लेकर असमय में यमुना तट चल दिए।

"तूने बहुत बुरा किया कन्तो। मुझे लगता है यहाँ के सन्तजन इस घटना को सहन न कर सकेंगे।"

"मैं तो पैले ही कहूँ थी कि या बस्ती से दूर लै चलौ। तुम मानेइ नाँय, मैं का करूँ।"

दूसरे दिन कथा-मण्डप में रात के प्रसंग की चर्चा हो रही थी और इसी प्रसंग में कन्तो और सूर स्वामी के सम्बन्ध की बात आई। स्त्रियाँ प्रायः सभी कन्तो को कोस रही थीं, किन्तु पुरुषों में कई लोगों ने कन्तो और सूर स्वामी के चरित्र की प्रशंसा की, खोट राजा में है।

सुबल राजा के दोनों गाल सूज गए थे, निचला होंठ कटा और सूजा हुआ था। सूर स्वामी कन्तो के साथ आ रहे थे। राजा आगे बढ़ा और कन्तो के आगे साष्टांग दण्डवत प्रणाम करके बोला—"माता मुझे क्षमा करो।"

कल रात चण्डी-सी विकराल बनी हुई कन्तो ने शान्त स्वर में सूर से कहा—"इनते कहि देव मेरो मन निर्मल है।"

सन्त समाज की ओर गर्दन घुमाकर सूर स्वामी बोले—"मैंने प्रतिज्ञा की थी कि कभी ज्योतिष विद्या का प्रयोग न करूँगा किन्तु आज इस दुष्ट राजा का कच्चा चिट्ठा ही खोल कर रख दूँगा।"

"स्वामी जी, श्री वृन्दावन धाम में इस पतित व्यक्ति के कारण क्यों अपना मन जलाकर कोयला बना रहे हैं। जो स्वर भगवान ने भक्ति और आनन्द के लिए प्रदान किया है उसे कटु और कर्कश न बनाएँ।"

"साधु-साधु।" अनेक सन्तों ने युवा पण्डित की बात का समर्थन किया।

भोला सूरज हँस पड़ा और तुरन्त सूर स्वामी के रंग में आ गया—

"गोबिन्द प्रीति सबन की राखत।
जेहि-जेहि भाय करी जिन सेवा अन्तर्गत की जानत॥"

थोड़ी ही देर में सूर स्वामी अपनी लहर में बहने और नहाने लगे। सूर के प्राण स्वर में बस गए और वह प्राण दूसरों को अनुप्राणित कर रहे थे। प्राण प्राणों में संचालित हो रहा था। भाग्य का दुत्कारा हुआ अपने आपसे चिढ़ा, कुटिल विद्रोह-भरा सुबल राजा भी कुछ समय के लिए शान्त चित्त हो गया।

कथा कीर्तन की प्रातःकालीन क्रम की समाप्ति पर युवा पण्डित और साधु समाज सूर स्वामी को घेरकर खड़ा हो गया। युवा पण्डित ने कहा—"आज आप इस

अंकिचन के घर जूठन गिराएँगे।"

सूर स्वामी मुस्कराए, कहा—"पण्डित जी महाराज, हम गरीबों के लिए अन्न का एक-एक दाना ब्रह्म स्वरूप है। जो प्रसाद पाऊँगा, पेट भगवान को अर्पित कर दूँगा, जूठन न गिरे तो बुरा न मानना।"

सब लोग हँस पड़े। एक सन्त जी ने कहा—"स्वामी जी महाराज, आप जब हरि गान करते हैं तो मुझे, प्रायः हम सभी को यह अनुभव होता है कि हमारा आसन धरती से पाँच अंगुल ऊँचा उठ गया है, किन्तु जब कभी हम आपकी सहचरी को देखते हैं तो ऐसा अनुभव होता है कि हम धरती में पाँच अंगुल नीचे धँस गए हैं।"

स्वामी जी फिर मुस्कराए, कहा—"आप भीतर वाले छठे अंगुल की नाप अनदेखी कर रहे हैं। इसी कारण आपको ऊँच-नीच का भ्रम होता है। सोने में दोष हो सकता है, कसौटी में नहीं। यह स्त्री कसौटी है।"

"हम आपकी बात नहीं काटते किन्तु हम सभी का यही मत है कि इसे आप त्याग दें।"

"भाई, मैंने अपनाया हो तो त्यागूँ। वैसे यह स्त्री गंगाजल के समान निर्मल और ब्रह्म कमल के समान सुन्दर है। इसे छठे अंगुल से नापिए।"

युवा पण्डित बोला—"यह स्त्री सच्चरित्र है इसमें तनिक भी सन्देह नहीं है। हम आपके चरित्र पर भी लांछन नहीं लगाते किन्तु यह निवेदन अवश्य करूँगा कि इसे लेकर आपका इस..."

"पण्डित जी, यह आप क्या कह रहे हैं! आप ही ने तो मुझे यह ज्ञान दिया। प्रभु के यह सजीव विग्रह दर्शाए।"

"मैं यह नहीं कहता कि आप इन्हें कथाएँ-कीर्तन न सुनाएँ किन्तु अब भी यह प्रार्थना अवश्य करता हूँ कि इस स्त्री को लेकर रात में यहाँ न रहें।"

एक किसी अन्य सन्तजी का ऊँचा स्वच्छ स्वर सुनाई दिया। "जनार्दन ठीक कह रहा है। यह समाज से विस्थापित व्यक्तियों का समूह है और यह युवती लगता है कि मन से स्थापित है। कभी-कभी गुण ही दोष माना जाता है। इसके कारण कल रात सारा वृन्दावन अशान्त हो गया।"

"मैं आपकी बात समझ गया। आश्चर्य है कि यह स्त्री स्वयं भी कई दिनों से मुझसे यही आग्रह कर रही थी।"

"स्त्री अंधी होकर भी दुनिया को अधिक देख लेती है स्वामी जी।"

बात जी में गड़ गई, हाथ जोड़कर कहने वाले से कहा—"बड़ी अच्छी बात कही है आपने। इसे अपने छठे अंगुल से सदैव नापता रहूँगा।"

दिन में मथुरा से लाला हुलास राय का भांजा आया, कहा—"आपको बुलाया है।"

"उन्हें कैसे पता चला कि मैं यहाँ हूँ?"

"फूल जहाँ रहता है वहाँ उसकी महक भी फैलती है।"

"मैं अब ज्योतिष विद्या के सहारे जीविका नहीं चलाता, उसका त्याग कर चुका हूँ। मेरे जाने से लाभ न होगा।"

"किन्तु जहाँ तक मेरी जानकारी है दिल्ली के कोई बड़े पठान सरदार मथुरा आए हुए हैं। प्रसंगवश मामा जी ने आपके गायन और ज्योतिष विद्या की उनसे चर्चा की तो उन्हें लगा कि आपसे पहले भी दो-तीन बार मिल चुके हैं। उन्हीं के आग्रह से मामा जी ने मुझे यहाँ भेजा है।"

सूर स्वामी ने सोचा कि यह सरदार कहीं वह रहमतखाँ न हो जिसने ताल किनारे उनके लिए घर बनवा दिया था और सेवा के लिए अनारो-सुनैना नाम की दो दासियाँ दी थीं। जाने की इच्छा होती थी पर कौन जाए? उन्हें अब किसी से क्या लेना देना है! धनिकों को प्रसन्न करके उन्हें केवल धनादि की सुविधाएँ ही प्राप्त हो सकती हैं और उनसे अब वह विरक्त हो चुके हैं। न जाने से सम्भव है कि वह अप्रसन्न हो जाएँ और रुष्ट होकर उन्हें कष्ट दें। राजा, योगी, अग्नि और जल कब प्रसन्न होकर मित्र और अप्रसन्न होकर शत्रु बन जाते हैं, इसका कोई ठिकाना नहीं है। क्या करूँ, जाऊँ, या न जाऊँ? यह वृन्दावन धाम सब मिलाकर उनके लिए परम शान्ति धाम है, इसे छोड़कर कहाँ जाऊँ।...अन्ततोगत्वा हुलासराय का व्यवहारकुशल और मृदुभाषी भांजा उन्हें ले चलने में सफल हो गया। सूर स्वामी के मन में हाँ-ना चल सकती है। किन्तु धनी वर्ग का युवक अपना स्वार्थ जानता है, हाकिम को अप्रसन्न करके किसी भी धनी व्यक्ति की मान-प्रतिष्ठा और लक्ष्मी सुरक्षित नहीं रह सकती।

कन्तो बोली—"तुम चलो सामीजी। मैं हूँ कल्ल तलक मथुरा जी पौंच जाऊँगी।"

"नहीं, मेरे जाने के बाद वह कुटिल राजा नामधारी भिखारी तुम्हारा अहित भी कर सकता है। तुम मधुपुरी पहुँच जाओ फिर मेरा उत्तरदायित्व समाप्त हो जाएगा।"

जाते-जाते एक अहित तो हो ही गया, कन्तो की नैया में आग लगा दी गई थी। सूर स्वामी कन्तो को अपने साथ ले गए।

11

"अरे मुल्लो, आज तो केसर की बड़ी लपटें उठ रही हैं तेरी मेवाबाटी में। ला, सेर-दो सेर मेरे ताईं तोल दे, सुसरी रोटी दाल खाय-खाय के म्हौड़ो फीको है गयो है मेरो। ला तोल दे झट-पट, नैक पानी पिलाव कर लूँ। दाम जब होयँगे मेरे कने तब दे जाऊँगो।"

"जे बिक्री के ताईं नईं बनी है गुरु।"

"तो का तेरे बाप को सराध होयगो इनते!"

"नईं गुरु जे पन्नालाल गोटेवालन के ताईं बनाई है। आज उनके याँ पै सूर स्वामी जी की कथा होन वारी है ना।"

"कौन है सूर स्वामी। बड़ो हल्लो मचाय रखे हैगो सारे ने।"

"अरे गुरु, भौत अच्छो गावे हैं सूर सामी जी। इनकी कथा ते हटिबे को मन नाहीं होत है। और राग-रागिनी तो लौंडी बाँदियाँ हैं इनकी। बिरज में दोई तो गान बारे हैंगे, एक तौ बिन्दराबन के हरिदास स्वामी जी और दूजे जे सूर सामी जी। जाओ एक बार सुन तो आओ। अपने मथरा जी में ऐसो कथाकहन वारो और कोऊ नाय हैगो।"

"अ-ऽ-रे, बो सारो आँधरो; कल्ह को छोरो कथा कहिबो का जानै। मथरा में कथा कहन बारे एक ते एक धुरंधर पड़े हैं। मथुरा जी के पण्डित पण्डान ते कोऊ जीत सके है भला।"

"अबे छदम्मी के, भौत बढ़-बढ़ के बोल रयो है सारे। सूर स्वामी ऊँचो भगत हैगो।" सामने यमुना जी की ओर नीम के पेड़ तले चबूतरे पर बैठे अँगोछे से हवा डुलाते पहलवान बदन अधेड़ छन्नू जी ने बढ़-बढ़ के बोलने वाले छदम्मी नन्दन युवा मकुन्दे गुरु से कहा।

सुनकर मकुन्दे गुरु की माँग तड़क गई, बोले—"बा सारे कौ भगत कहो हो। चाचा! सारो पक्को...भगत हैगो। अपनी आँधरी कलूटी के ताईं खानों माँगे है। जिजमानन ते केहै जो मैं खाऊँगो सोई वोइ खाएगी। लम्पट कहूँ को, अपनी बदनामी हू ते नाँय डरे है।"

"अबे, हथेली पै अंगार लिए डोले है के देखो मेरी हथेरी जरे नाँय हैं। मैं वाकी परिच्छा लिवाय चुकौ हूँ। खरो भगत है सूर स्वामी। सुनी मुल्लो, जब पाँच बरस को ध्रुव जैसा बालक हतो तब वाने ऐसी घोर तपस्या करी हती कि सुयम् कृष्ण भगवान को परगट होनो पर्यो। भगवान ने कही परसन हूँ वरदान माँग तो बाने हाथ जोड़ के कही कि प्रभु जिन आँखिन ते देख्यो तुमकों तिन आँखिन ते अब देखिबौ कहा। बन्द कर देऊ सारीन को। भगवान ने..."

मकुन्दे इतना चिढ़ गया कि छोटे-बड़े को होश भी न रहा—"जो सारा ब्राह्मण की जड़ खोदे बाकों म्लेछन सी कबर खोद के गाड़ दऊँगो।"

"आ सारे, देखूँ तो सही कित्तो दूध पिलायो है तेरी मैयो ने। तोहे जा एक हाथ से उठाय के जमना जी में फेंकुंगो की धार मेई जाय के गिरेगो धप्पसानी। साऽरो, कबर खोदेगो मेरी।"

लोगों ने बीच-बचाव कराया तो बात टल गई। परन्तु मथुरा का कथा वाचक ब्राह्मण समाज सूर स्वामी की बढ़ती हुई लोकप्रियता से बेहद क्रुद्ध था। सूर स्वामी पिछले एक महीने से विधर्मी राजपुरुषों, धनिकवर्ग और जनसाधारण की आँखों की ज्योति से चमक रहे थे और इस कारण से पण्डितों के कलेजों में ज्वालाएँ भड़क रही थीं।

कन्तो बराबर उनके साथ रहती थी। इसके कारण उनको लेकर समाज में भ्रम भी कुछ कम नहीं फैला था। यद्यपि दो बार वह भरी सभा में यह घोषित कर चुके थे कि वह उपेक्षित और अनाथ है इसलिए साथ रहती है।

किन्तु बात चूँकि उभरी जा रही थी, इसलिए दिनोंदिन बढ़ती ही चली गई। पठान सरदार रहमत खाँ के सम्पर्क से यहाँ के आला हाकिमों में स्वामी जी का मान था। नगर के बहुत से पठान सैनिक भी उनका आदर करते थे। इसी कारण विरोधियों को सूर स्वामी की जान लेने का साहस नहीं होता था। इसीलिए चरित्र हनन की प्रक्रिया में तेजी आती ही चली गई। कन्तो और सूर अलग-अगल सोते थे। जब वे भक्तों की भीड़ से घिरे होते थे तब वह दूर बैठी उन्हें सुना करती थी। केवल राह चलते समय वह उनका बायाँ हाथ अपने दाहिने हाथ में थाम लेती थी।

एक रात सोने जाने से पहले कन्तो बोली—"सामी जी एक बात कहूँ?"

"कहो।"

"इत्ते जनान के बीच मैं कह दऊँ?"

"यह और भी अच्छा होगा।"

"तुम मेरे ताईं अपजस च्यौं मोल लो हो।"

"कन्तो सखी, न तो मैंने तुझे अपनी मरजी से बुलाया और न अपनी मरजी से जाने को कहूँगा। हाँ, यह अवश्य सोचता हूँ कि यदि इस समय तू जाएगी तो लोग यही कहेंगे कि कलंक से बचने के लिए सूरे ने कन्तो का साथ छोड़ दिया।"

बैठे हुए दो-चार लोगों ने बात का समर्थन किया और कन्तो को यह आश्वासन भी दिया कि आधी से भी अधिक मथुरा की हिन्दू प्रजा तुम दोनों के साथ है। केवल झूठ प्रचार के कारण ही कोई पापी नहीं हो जाता।

एक दिन मकुन्दे, ऋंगी गुरु, हरिहर चौबे, दाऊ दयाल आदि सूर विरोधियों की गुप्त बैठक हुई। मकुन्दे ने खीझकर कहा—"या सारे ने सम्मोहिनी विद्या सिद्ध कर रखी है।"

"अरे मैं याकी सगरी विद्या को चूनो न चटाऊँ तो मेरा नाम ऋंगी ते भंगी कर दीजो। अरे हरिहर—तू बा भोले को जाने है ना, घाटवारो?"

"जानू हूँ, पन बो तो या सारे आँधरे का यार हैगो।"

अबे पैले सुन तो सही। अपनी रखैल रानी को कब्जा में करबे के ताईं बु काहू हकीम ते बेहोशी कौ सफूफ लायो हतो। वासों काहू जुगत ते हकीम कौ पतौ पूछि आओ। फिर मैं सारेन को तमासौ बनाय दऊँगो।"

षड्यन्त्र पक गया।

एक रात जमना किनारे के एक टूटे मन्दिर में कन्तो और सूर स्वामी सोते पाए गए। दोनों प्रायः विवस्त्र, सूर का एक हाथ कन्तो के खुले वक्ष पर।

आयोजित नाटक में दर्शकों का अभिनय करके इधर गलियों में गुहार लगाने

के लिए इकट्ठी की हुई भीड़—रात में प्रचार हुआ, 'सूर कन्तो की लीला भीड़ देखि बे चलो।' गली-गली में गुहार लगने से कौतूहल वश अचानक जुट जाने वाली भीड़ जुड़ गई। कालू केवट की बस्ती में भी बात फैलाने में कसर न रखी गई थी। दृश्य दर्शाने के लिए ढेर सारी मशालों का प्रबन्ध भी कर रखा था। सब कुछ चौकस! डेढ़ पहर रात में दर्शायी गई यह लीला भावनात्मक दृष्टि से नगर के लिए भयानक सिद्ध हुई। तरह-तरह से टूटते विश्वासों के दिनों में सूर स्वामी ने मथुरा वालों का मन श्रद्धा और विश्वासों से तनिक बाँधा था। इस कपट लीला में मारपीट करने वाले भी पहले से ही नियुक्त थे। कन्तो और सूर स्वामी की मरम्मत होने लगी। जन की श्रद्धा विद्युत् गति से घृणा बनी, क्रोध बनी। यह लात, यह थप्पड़, यह घूँसा। औषधि की बेसुधी से भीषण प्रहारों के साथ होश में आते हुए सूर स्वामी भय, कल्पना, प्रश्न और करुण प्रार्थना के अचम्भे भरे लोकों से गुजरते हुए बेहोश हो गए। कन्तो की पिटाई कालू और अधिकतर उसकी बस्ती के लोगों ने ही की थी। दोनों ही लहूलुहान, अधमरे, ऊपर की साँस ऊपर, नीचे की साँस नीचे, कराहें तक कठिनाई से निकल पाती थीं। होश आने पर भी ठीक तरह से न आया। यह सब हुआ क्या? क्यों हुआ? बुद्धि उलझती थी।

उड़ती खबर भोले गुरु के कानों में भी पहुँची। इन्दलदूध वाले की दुकान पर अपने आठ-दस जवान पट्ठों के साथ थे। वहाँ जो सुने वही धक्क। पर भोले की भाँग ठनकी, बोला—"हरिहर मोंते हकीम को पतो पूछ गयों हतो। कहूँ वा दवा कौ स्वाँग तो नाँय रचायो गयो?" यह बात भेजे में आते ही लाठी उठाई और पाँवों में पंख लग गए। चेले पीछे-पीछे भागे। सीधे प्रचारित घटना-स्थल पा जा पहुँचे। पिटाई हो चुकी थी। हरिहर मकुन्दे ऋंगी, गुरु आदि नायक बने खड़े थे। भोले ने सीधे हरिहर को और भीड़ के सामने ही पूछा—"सच्ची बात, ये हकीम के सफूफ को तमासो तो नाँय हैगो।" फिर सबकी ओर देखकर कहा—"हरिहर परसों कि नरसों वा हकीम को पतो पूछिबे कौ आयो हतो जो बेसुधी लाइबे कौं एक सफूफ बनावे हैं। भौत दिना ते जे सब गुरु लोग मेरे भगत जी के पीछे पड़े हैं। या बात कोऊ छिपी ढकी नाँय है। सब जाने हैं कि याही लोग इनको विरोध कियो करते हते।"

उधर से खलनायक दल भी गरजने लगा। बात मुख से न होकर लाठियों से होने की नौबत आ गई। भीड़ के कई लोगों ने बीच-बचाव किया। जन मानस फिर पिटने वालों के प्रति करुणा से भर उठा। भोले गुरु का ध्यान जब उधर गया तो खलमण्डली कन्ना काटकर निकल गई।

धीरे-धीरे भीड़ भी छँटने लगी, फिर भी कुछ उपकारी लोग खड़े ही रहे। किसी के घर से हल्दी-चूना आया। एक उपकारी बुढ़िया ढूँढ़ लाई गई। नारियों को एकान्त देने के लिए सूर स्वामी को अलग उठा ले जाया गया। प्रारम्भिक उपचार के बाद भोले ने दोनों को अपनी कोठरी में ले जाने का निश्चय किया। कोई उपकारी कहीं

से बैलों को उढ़ाए जाने वाले मोटे टाट माँग लाया। भोले ने अपने लठैतों से सावधान होकर आगे-पीछे चलने के लिए कहा। उपकारी जन घायलों को टाटों में डालकर बीच में चले। अँधेरी गलियों में भोले जोर से ललकारता चलता–"सूर स्वामी जैसे सच्चे भगत कौ पीटन वारेन कौ सत्यानास होय।"

वही कोठरी--अपनी नाग देवता की, भोले की। चेतना शुद्ध होते ही पहले उस कोठरी की चिरपरिचित गंध नाक में समाई। चिर परिचित खुर्राटे भी कानों में अपनी पुरानी जगह की गवाही देने लगे। शरीर के दुःख के साथ सन्तोष भी हुआ। यमुना जी में डूबने वाली रात की याद आई। आज फिर वही शरण स्थली मिली। वही भोलानाथ के खुर्राटे। शान्ति भी एक रागिनी है जिसकी मधुर गन्ध से मन-प्राण सम्मोहित हो जाते हैं। ऐसे में बरबस श्याम सखा का ध्यान आता है। शान्ति बिखर गई। क्रोध में तुमने किस कारण से मुझे यह दण्ड दिया?–क्रोध से नशीली दवा की उतरती खुमारी में फिर से गर्मी आई। जी घुटा, करवट ली पिटी देह दुःखी। "अब मथुरा में नहीं रहूँगा।" झुँझलाहट में यह निश्चय किया।

दूसरे दिन जब सूर स्वामी ने कहा–"कन्तो तू मेरे साथ मत रह।"

सुनते ही कन्तो रो पड़ी।

"अरे मेरी बात तो सुन। मैं इसलिए कह रहा हूँ कि गेहूँ के साथ घुन क्यों पिसे। तेरे पिटने का मुझे बहुत पछतावा हो रहा है।"

"जब पिट रही थी तब मेरे कानों में आवाजें इ पड़ी थीं कालू दौआ की बंसी थी गजोधर की। इनके कने जाऊँ ? अब तो मेरो जीनो मरनो याही चरनन में होयगो। मुझे तुमसे और कछु नाय चइए।

"तेरी नैया तो जल गई।"

"अच्छा भयो, या चरनन की किरपा ते पार लग जाऊँगी।"

मीठी झिड़की देते हुए बोले–"खाली श्रद्धा से ही काम नहीं चलता। विश्वास भी चाहिए और विश्वास ज्ञान से प्राप्त होता है। मैं मथुरा में नहीं रहूँगा। मेरा तो कोई घर-द्वार नहीं पर तेरे बाप-दादों का घर है यहाँ..."

"घर तो घरवाले से होय है। मेरे भाग में घरवालों नाँय है तो घर को कहा करूँगी। मेरो घर तो आपके चरनन में हैगो। ऐसो सतसंग, कथा भागवत, ऐसो जी को गानो, ऐसे अच्छे-अच्छे भजन...ना। तुम कहीं भी जाओ सामीजी, मैं तुम्हारे पीछे-पीछे चलूँगी।"

"हर जगह इसी प्रकार झूठा कलंक लगेगा तो?"

"अपनो म्होड़ो पीटेंगे निगोड़े। हमारो का लेवेंगे। अच्छा सामी जी, भगवान कहा झूठेन को ही पच्छ लेत हैं सच्चेन को नाँय लेत हैं?"

स्वामी जी हँसे, कहा–"मैं भी अभी भगवान पर अपने क्रोध के पत्थर फेंक रहा था। अब सोचता हूँ कि यह ठीक नहीं। भगवान ने सबको एक-एक मन दे

दिया है, मन को चलाने का उपाय भी दे दिया है। मेरे मन को अब यह लगता है कि भगवान ने मेरे विश्वास की परीक्षा ली थी। शरीर तो, क्या कहूँ, ऐसा पीटा है दुष्टों ने कि हड्डी-हड्डी दुख रही है। पर अपनी बात पर मन का भरोसा और बढ़ा है। जो भी हो, अब मथुरा में नहीं रहूँगा।''

''और कहाँ रहोगे?''

''अरे कहीं भी। फकीर की तो चारों अलंग जगीरी होती है।...एक इच्छा यह हो रही है कि कृष्ण भगवान की मथुरा देख ली अब तनिक राम जी की अयोध्या भी देखें, विश्वेश्वर की वाराणसी में साधु सत्संग करें, प्रयागराज संगम स्नान करके इस चोले को पवित्र करें। जहाँ मन रम जाएगा वहीं कुछ समय बिता लेंगे।''

कन्तो खिलखिलाकर हँस पड़ी। सूर स्वामी को लगा जैसे उनके मन के अँधेरे में तारे चमचमा उठे हों। कितनी सरल हृदय के सरोवर में मानो तल से ऊपर तक तरंगें ही तरंगें उठी हों। कन्तो बोली—''आँखें तो हैं नाँय, इत्ती दुनिया कैसे देख पाओगे।''

''राधारानी मेरी लाठी पकड़ के ले चलेंगी। मैं तो विश्वास कमाने चल रहा हूँ। कल की मार ने मेरे विश्वास को चुनौती दी है।''

''महातमान की बातें महातमानई जानै हैं मैं तो बस तुम्हारे पीछे-पीछे चलबौ जानू हूँ।''

''एक बार दुनिया में निकलकर अपनी भक्ति को पहचानूँगा, परखूँगा।''

रात करवटों में ही बीती। बचपन से लेकर अब के सारे जीवन की स्मृतियाँ बरात-सी निकल पड़ी, कुछ सरसरी, कुछ टिकाऊ। विचार, तर्क, ऊहापोह, मन्थन, अर्थ-बोध। भाव के आकाश में बहुत से सारे तारे चमक रहे थे। यों ही भोर हुआ। स्नान जप ध्यान सारे काम तो नियम से किए पर बोले-चाले बहुत कम। दोपहर में कन्तो भोजन के लिए बुलाने आई। तब शान्त मन से गा रहे थे—

सुवा, चलि ता बन कौ रस पीजै।
जा बन राम नाम अम्रित-रस स्रवन पात्र भरि लीजै॥

12

भोले गुरु पिछले तीन-चार दिनों से यह दम दिलासा दे रहे थे कि भूतेश्वर के बूढ़े रघुनाथ पण्डित हर पूर्णमासी को नहाने के लिए गंगाजी जाते हैं। उन्हीं के साथ कर दूँगा। नाव से जाजमऊ तक चले जाना। वहाँ से लखनऊ होते हुए अयोध्याजी का

सीधा रास्ता है। इन्होंने सोचा, ठीक है, पर बीच में दो दिन भोले आए ही नहीं, तीसरे दिन वे आए तो पर उन्हें रघुनाथ पण्डित नहीं मिले। चौथे दिन भी यही हाल रहा। कन्तो ने कहा कि नदी ही अकेला मार्ग नहीं। जहाँ रथ और छकड़े सवारियों की तलाश में गोहार लगाते हैं, वहीं चलो। सूर स्वामी ने कहा कि पहले किराए भाड़े का पता लगा लो। कन्तो चली, इतने ही में भोले गुरु आ गए। स्वामी जी का स्थल मार्ग से ही जाने का दृढ़ संकल्प देखकर भोले गुरु दोनों को साथ लेकर रथों-गाड़ियों के अड्डे की ओर चले। एक रथ आगरे जा रहा था। उसी पर भाड़ा अग्रिम चुकाकर दोनों को बिठला दिया और दो रुपए स्वामी जी के हाथ में रखकर हाथ जोड़े।

आगरा ही नहीं, वहाँ से पैदल यात्रियों के साथ फिरोजाबाद तक भी राजी खुशी पहुँच गए। शाहजादपुर से आगे के देश में सूखा पड़ा था। रैयत तबाह थी। रास्ते में एक-जगह कुएँ की जगत पर सत्तू सानने बैठे तो कहीं से चार भुखमरे आ टपके। सना, बेसना सारा सत्तू छीन ले गए, अँगोछा घाते में गया। सारी दोपहर भूखे ही बीती। चौथे पहर सूरज रहते ही वे दोनों एक गाँव में पहुँच गए। सबका ध्यान आकर्षित करने के लिए एक पेड़ के चबूतरे पर बैठकर भजन-भाव आरम्भ किया। स्वर का जादू लगभग आधे से अधिक गाँव को उनके पास खींच लाया। कोदों-साँमा मिल गया, हंडिया भी। कन्तो ने खिचड़ी बनाई। सारे आदर-भाव के बाद भी गाँव वालों को कन्तो और स्वामी जी के नाते पर शंका थी। एकाध ने तो हँसी में कह भी दिया।

अगले गाँव में तो गा-बजाकर भी कुछ न मिला। पता लगा कि ठाकुरों पठानों की लड़ाई में दो पठान मारे गए थे, इसका बदला लेने के लिए कल सेना आई थी। गाँव का एक-एक घर तबाह कर डाला और जाने क्या-क्या किया गया। खैर, गाँव वालों के साथ कन्तो और सूर स्वामी भी भूखे सोए। यहाँ भी कन्तो और स्वामी जी की जोड़ी की कुछ-न-कुछ चर्चा तो छिड़ ही गई।

फिर चले। भादों का महीना बीत चुका, क्वार लग गया है पर गर्मी अब भी बड़ी प्रबल है। पानी नहीं बरसा सो दूर-दूर तक अकाल की स्थिति है। एक तो भोजन से भेंट नहीं दूजे क्वार की कड़ी धूप। प्यास बार-बार लगे। दो जगह तो पानी पीने को मिल गया किन्तु तीसरे पड़ाव पर तो कुआँ भी सूखा ही मिला। आगे एक छोटी-सी बस्ती तो मिली पर उजाड़ा। आठ-दस पथिक और भी साथ थे, किसी ने चूल्हे पर हाँडी चढ़ाई, किसी ने अँगोछे सत्तू साना, पर किसी ने यह न पूछा कि अरे अंधो, तुम लोग भी भूखे होगे, आओ हमारी रूखी-सूखी में तुम भी शामिल हो जाओ। उल्टे अंधे-अंधी की जोड़ी पर ताने कसे गए। कन्तो की भयानक कुरूपता की खिल्ली उड़ाई गई। सूर जैसे सुन्दर गोरे युवक के साथ यह काली बनमानुसी—जैसे मखमल में सड़े टाट का पैबन्द! वह रात भी भूखी बीती। अगले दिन रात रहे ही ताल पर नहाए। जप ध्यान से छुट्टी पाई, फिर स्वामी जी ने कन्तो से कहा—"आओ चल पड़ें।"

"अभी तो मुर्गा हू नाय बोल्यो है माराज...."

"ऊजड़ गाँव में मुर्गा किसके लिए बोलेगा। स्यात् यहाँ होगा भी नहीं। आओ चल पड़ें।"

"रस्तो तो सूझै नाँय है, कितै चलोगे?"

"अंधे को रास्ता कैसे सूझेगा भला। चल पड़ री, अपने लोग कोई रुजगारी बपारी तो नहीं जो एक रस्ते चलें। कहीं भी पहुँच जाएँगे, भोजन तो मिलेगा।"

"और जो न मिल्यो तो?"

"अरी चलते रहने से तो कहीं-न-कहीं मिल ही जाएगा। यहाँ बैठने से क्या मिलेगा?"

निकल पड़े। टटोलते-टटोलते मार्ग भी मिल गया। दिन निकला तो दो-चार घोड़े और एक-दो बैलगाड़ियाँ भी आती-जाती सुनाई पड़ने लगीं। सूर स्वामी मगन हुए कि बिन देखे भी रास्ता देख ही लिया, अब आगे कोई-न-कोई बस्ती मिलेगी ही। बस्ती तो न मिली, मगर दूर से बहुत सारे घोड़ों की खबड़-खबड़ अवश्य सुनाई पड़ी। स्वामी जी चौंके, कहा–"अरे यह कोई फौज के असवार हैं। राम जाने हिन्दू हैं कि यवन। कन्तो, रस्ता छोड़, दाएं-बाएं कहीं भी घुस पड़।" कन्तो का हाथ खींचकर स्वामी जी दाहिनी ओर भाग चले।

कन्तो बोली–"अपने कने हतोई का जो लूटते फौजवारे?"

"तू थी।"

"मेरो का करते भला। काली करूप...."

"जीता हुआ सिपाही पशु से भी गया बीता होता है।"

फौज से तो बच गए पर बीहड़ जंगल में फँस गए।

कन्तो बोली–"याँ पे तो रस्तो सूझे नाँय हैगो, कित कूँ चलोगे?"

"चल तो सही। प्रभु केशव हरि राम नारायण तो साथ हैं ही। वही रास्ता भी सुझाएँगे।"

सचमुच ईश्वर ने कृपा की। आगे एक व्यापारी मिला। उसने रोका–"अरे भैया, मेरी कछु मदद करि देव।" बैपारी रस्ता भूल गया था। उसके साथ बोझ उठाने वाला एक मजदूर भी था किन्तु बियाबान जंगल देखकर मजदूर ने आगे बढ़ने से इन्कार कर दिया। कहा-सुनी हुई तो बोझा धरती पर रखकर वह भाग गया। बैपारी बड़ी कठिनाई में था, बोला–"बोझ ले कैसे जाऊँ। तुम भगवान के भेजे-भए आए हो। ऐसो करो, एक की तीन गठरी बनाय के तीनों जने उठाए ले चलें। तुम्हें जानो कहाँ को है?"

"भाई हम तो अजुध्या जी के लिए निकले हैं।"

"मैं तुम्हें इलाबास से अजुध्या जी को मारग बताय दऊंगों। मोहें तो पटने जावनो हैं। इलाबास से नाव ले लऊँगो।"

सूर स्वामी ने अपनी भूख की व्यथा बतलाई। बेपारी के पास लड्डू मठरी काफी थे। पेट भरा और तीनों जने बोझा उठाकर चल पड़े। कन्तो को तो थोड़ी-बहुत आदत भी थी, बेपारी भी जब-तब थोड़ा-बहुत बोझा तो उठा ही चुका था पर सूरजनाथ स्वामी तो आज तक केवल अपनी अंधी काया का बोझ ही ढोते रहे थे। पीठ पर बोझ लादकर चले बोलते-गाते जंगल का मार्ग एक बस्ती से जा लगा। दो दिन वहाँ विश्राम किया। सूर स्वामी के भजन-भाव से वहाँ के लोग इनके बड़े भक्त हो गए। खीर, पूड़ी, दूध मलाई से मन चिकना हुआ। वहीं से फत्तेपुर की ओर जा रहे दो रथों में सामान रखकर तीनौ जने बैठे। साँझ पड़े फत्तेपुर पहुँच गए। सवेरे बनारसीदास बैपारी ने इलाबास परयाग राज, गोहारते हुए एक ऊँट गाड़ी वाले से भाड़ा तय किया और दुमंजिली गाड़ी के ऊपर वाले खण्ड पर जा बैठे। गाड़ी झकोले खाती चली। बनारसी दास लुढ़कते तो अपनी गठरी पर टिकते किन्तु कन्तो और सूर स्वामी के बदन तो छह कोस की राह में इतनी बार टकराए कि रति-पति अनंग बावला हो उठा। सूर स्वामी ने कन्तो की बाँह धीरे-धीरे सहलाना शुरू कर दिया। कन्तो ने बाँह ऊपर उठा ली और घुटने पर रख ली। सूर स्वामी तब सावधान हुए। लेकिन यह सावधानी बहुत काम न आई। छह कोस की राह में तन के मन ने कई झकोले खाए। इलाबास पहुँच गए। बनारसीदास ने दो कोठरियाँ रात भर के लिए भाड़े पर ले लीं। एकान्त में सूरज और कन्तो के शरीर फिर टकराए। सूरज ने अपने आलिंगन में बाँधना चाहा। कन्तो का मन भी कमजोर पड़ रहा था, परन्तु मुख पर 'ना-ना' थी। सूरज की आकांक्षाएँ उस 'ना' को अपनी 'हाँ' से दबा देने के लिए उतावली थीं।

खपरैल की छत पर बन्दरों की चींचीं खोखों भरी भागम भाग से एक पुरानी ईंट का टुकड़ा टूटकर नीचे गिरा, बढ़ते मदन वेग पर मानो गाज गिरी। खों-खों-खों—"यन्द्री का लड़बड़ा।"

"परे हटो! हनुमानजी देख रहे हैं" कहकर कन्तो छिटककर दूर जा खड़ी हुई। अंधे जोश में एक ही उछाल में आकाशी मीनार तक चढ़ जाने वाला कामोत्तेजन सहसा मर्मस्थल पर चोट लगने से लड़खड़ाकर उतर रहा था। सूरज हाँफ रहा था—अपने प्रति क्रुद्ध, लज्जित और पश्चात्ताप विगलित। ऐसा लगता था कि हजारों बिच्छुओं ने एक साथ उसके शरीर में अपने डंक चुभो दिए हों। वह फूट-फूटकर रो पड़ा। ऊँचे आकाश में उड़ने वाले पक्षी के पंखों पर सहसा बिजली गिर पड़ी थी और वह असहाय निरुपाय-सा नीचे गिरने के लिए बाध्य था। यह बेबसी उसे रुलाए चली जा रही थी।

"सामी जी।" यह स्वर जो पहले की सकाम-निष्काम दोनों ही मनःस्थितियों में सदा सुहाना लगा है, इस समय डरा गया। कन्तो कह रही थी—"मन की दिवारई तो तनक-सी गिरी है, तन की नींव तो पोढ़ी है जस की तस। फिर च्यौं रोवो हो? अरे मन तो बड़े-बड़े देवी देवतान हू कौ डिग जाए हैं, तुम तो बिचारे म्हातमा हो।"

महात्मा शब्द की महत्ता को बेचारगी की स्थिति तक उतार लाने वाली भोली सच्ची सहानुभूति पर सूरज को मन-ही-मन हँसी आ गई। दुःख में सुख का स्पर्श मिला। कन्तो कितनी सरल है, कितनी सच्ची और कितनी सुन्दर! उसकी सुन्दरता को सूरज-मन वैसे ही देख रहा है जैसे बाहरी आँखों से प्रकृति की सुन्दरता दिखलाई देती है। बात भी कितनी सुन्दर कही, तन अखण्डित रहा। अभी कुछ भी नहीं बिगड़ा, गिरे मन को उठाया जा सकता है। पछतावे से बढ़कर कोई पाप नहीं।...निराश क्यों होता है सूरज, हनुमान बजरंगबली बचाने वाले हैं। सहसा भावावेश में कन्तो के पैर छू लिए, कहा—"तू सचमुच पूजने लायक है। तेरा आज का उपकार कभी नहीं भूलूँगा कन्तो। मेरे साथ हर जगह कलंक सहने के अतिरिक्त तुझे मिला ही क्या है!"

"तुम्हारे चरनों की धूल बनके इन्हीं ते लागी रहूँ, बस! मेरे ताईं जस और कलंक दोऊ एक समान हैं।"

दूसरे दिन बनारसी दास जी से बिदा ली और अयोध्या के लिए चल दिए। बतलाने वाले ने यह कहकर उनके मन में विशेष आकर्षण उत्पन्न कर दिया था कि बनवास के लिए जाते हुए भी राम, जानकी और लक्ष्मण जी अयोध्या से इसी मार्ग से प्रयागराज आए थे।...और उसी मार्ग पर यह पतित सूर-कूर अपने कलंक, अपने अपराध की प्रत्यक्ष प्रतिमा को साथ लेकर चल रहा है। नहीं, यह केवल मेरे अपराध का कारण ही नहीं मेरी अपराध निवारिणी भी है। बहुत सावधान होकर चलते हुए भी कभी-कभी ठोकर लग ही जाती है। सूरज, तू अपने आपको अनोखा क्यों समझता है? यह जगत माया है, माया के अपने प्रपंच हैं। जो गिरे सो पापी और जो गिरते-गिरते भी सँभल जाए उसे पापी कैसे मानें?...भला क्यों न मानोगे सूरज, कल से शांत मन में जो विकार जागा उसके आरोहण और अवरोहण से वह शान्ति का दिव्य सिंहासन डोल गया जिस पर मेरा श्याम मन विराजता है।

"और कोउ हो तो कल्ल मैं बचती नाँय। जे तो तुम्हारोई निर्मल सुभाव हतो जो तुरन्त मान गयो। तुम भौत अच्छे हो सामी जी, भौतई भौत अच्छे हो,' कहते हुए बाँह की पकड़ में गर्मी आ गई, भावावेश में उसने अपना गाल सूरज की बाँह से चिपका दिया। एक ही काया के दो स्पर्श, कल तो वारुणी था आज सुधा सम लग रहा है। कितना निष्पाप है यह स्पर्श। सच है, काया तो रथ मात्र है, मन तुरंग उसे जैसे चलाता है वैसे ही चलता है "बाँधि न मारिबा दाबि न राखिबा जानिबा अगिन का भवेम्।" काम ही राम है, श्याम है...माया भी है अग्नि के समान। हाथ जलाओ या रोटी पका लो। सूर स्वामी स्नेह से बोले—"अच्छा तो तू है सखी, तेरे भाव के उजाले में मेरी राह भटक न सकी। जब कभी मेरा श्याम सखा जो मुझे फिर मिलेगा न, तो उससे कहूँगा कि मेरी कन्तो सखी को दृष्टि दे दे चाहे मुझे दे या न दे।"

"मेरी आँख तो तुमी हो।"

"और मेरी?"

"राधे रानी।"

दोपहर के समय आती-जाती राह पर एक कुएँ के पास गुड़-चने और पानी का घड़ा लेकर बैठी हुई एक बुढ़िया से दमड़ी के गुड़-चने खरीदे, लोटे तुमड़ी में पानी भरवाया और बैठने की छाँवदार जगह पूछी। बुढ़िया रसीली थी, कहा– "थोड़ी दूर पै पंच पेड़वा लागि है। तुम चलो हम गुहार के बताय दे, बस, वहें माँ घुस जाओ। छाया है, इकन्त है। दिनै का राति मानि के जौन चाहो तौन मजे मारो हः हः हः।"

"स्त्री पुरुष साथ देखे नहीं कि दुनिया उनका मनमाना नाता जोड़ लेती है।" सूर स्वामी बोले।

कन्तो हँसी, कहा–"जहाँ-जहाँ गए वहीं जेई नातो मानो गयो हमारो।"

बुढ़िया की आवाज़ आई कि दाहिने हाथ मुड़कर दस कदम सीधे चले जाओ। बुढ़िया के बतलाए हुए कदम भले ही दस के पचास-साठ हो गए मगर सघन छायादार जगह आ गई। चने चबाए, पानी पिया, दो बोल हँसे, बोले, सो गए। लौटते समय दिशा भ्रम हो गया। अयोध्या जाने वाली राह के बजाय दूसरी ओर मुड़ गए।

आगे पठानों का बड़ा गाँव है, सभी खालिस अफगानिस्तान के न थे, पर अधिक आबादी उन्हीं की थी। तुर्क, हिन्दुस्तानी, पठान-तुर्क, हबशी-हिन्दुस्तानी, पठान-हिन्दुस्तानी सभी तरह की खिचड़ी सन्तानें भी थीं। चूँकि इस गाँव में एक भी हिन्दू नहीं रहता था, इसलिए छोटे-बड़ेपन की कलह कभी-कभी आपस ही में हो जाती थी पर बाहरी हमला होने पर पूरा गाँव एक था। गाँव में मौलवी कुतुबुद्दीन की तूती बोलती थी। बोलचाल में उसका नाम कुदबुद्दी मौलवी था।

शकूर खाँ तेली का बैल मर गया था। पन्द्रह दिनों से काम ठप था। अब तो भूखों मरने की नौबत आ चली थी। ऊपर से शकूर खाँ एक रात अंधेरे में लड़खड़ाकर गिर पड़े थे। सो बाईं टाँग की हड्डी टूट गई थी। मौलवी कुदबुद्दी मिजाज पुर्सी के लिए आए थे। पट्टी बँधी टाँग फैलाए एक खटिया पर शकूर खाँ बैठे थे। दूसरी खटिया मौलवी के लिए डाल दी गई थी। लड़का नूरे खड़ा था।

शकूरा दुखी स्वर में कह रहा था–"एक मुसीबत हो तो बतलाऊँ। बैल सुसरा मर गया सो एक पखवारे से कमाई ही नहीं हुई। ऊपर से यह जर्राही खर्चा।"

"बस यही रोए जा रहे हैं तब से। रोटी कैसे चलेगी, दवा-दारू कैसे होवेगी। अरे मैं जो पाँच हाथ का बैठा हूँ मौली साब, लग जाऊँगा कोलू में तो किसी बैल से कम नहीं पेरूँगा।"

"अरे नहीं बरखुरदार मैं अपने जीते जी तुझे जानवर का काम नहीं करने दूँगा। देखो हो मौली साब, मेरो एक ही एक बेटा है उसकूँ बैल का काम..."

“अरे तो ले लो ना एक बैल। आखिर तुम्हारी रोटीसालन का सहारा वही तो है।” मौलवी साहब खाट से उठते हुए बोले।

“छह सौं पैंसठ पैसों का भाव है मौली साब। और मेरी चची एक-एक दमड़ी, चाँदी, की एक-एक तार तक लेके भाग गई है अपने यार के साथ। और जब वो बेवा हुई थी तभी मैंने आपके रूबरू अब्बा से कही थी कि इन्हें घर से अलग कर दो। इनका चलन क्वारेपन से ही बिगड़ा है तभी तो बड़े चाचा की चौथी बनीं। मगर आप दोनों ही ने मेरी बात....”

“नूर खाँ, वो देखो, एक अंधा जोड़ा जा रहा है। काफिर हैं, इधर के हैं भी नहीं। पकड़ लो इन नामुरादों को। काम लो इनसूँ।” कुदबुद्दी मौलवी छड़ी के सहारे खड़े होकर उस ओर देखते रहे। नूर खाँ लपका, चलते-चलते ही पुकारा “ओबे अंधे, ठहर!”

“सूर स्वामी ने पलटकर पूछा—“क्या है भाई।”

“मजूरी करेगा बे?”

“नहीं भैया, जनम का अंधा मजूरी भला क्या कर पाऊँगा।”

कुदबुद्दी मौलवी वहीं खड़े-खड़े ही कड़ककर बोले—“दे सालों को एक-एक धौल कस कसके। अहदी कहीं के साले, कामचोर। इन्हीं की वजह से तो यह मुल्क तबाह हुआ है।”

नूरे ने सूरे का लाठी वाला हाथ पकड़कर अपनी ओर घसीटा। बायाँ हाथ पकड़े हुए कन्तो क्रोध में एकाएक अपना आपा खो बैठी। “देखूँ तो सही अपनी मैयो को कित्तो दूध पियो है जो ले जाएगो मेरे सामीजी को।” स्वामीजी का हाथ छोड़ दोनों हाथों से लाठी पकड़कर तान के मारी, नूरे कतरा गया फिर भी पुट्ठे पर कसके पड़ी। नूरे तिलमिला उठा, मुँह से भद्दी गालियों का फव्वारा छूटा। सूर स्वामी को छोड़कर कन्तो की तरफ झपटा। अंधी कन्तो की लाठी अंधाधुंध घूम रही थी। भद्दी गालियों का कोष उसके पास भी भरपूर था। रणचण्डी-सी प्रचण्ड होकर लाठी और जबान बेलगाम घुमा रही थी। सूरस्वामी मना कर रहे थे। नूरे कतराकर फुर्ती से कन्तो क़े पीछे गया और उसकी टाँग पकड़कर घसीट ली। कन्तो मुँह के बल गिरी। बस, फिर तो घूँसों-लातों की मार ने उसे उठने ही नहीं दिया। अंधे सूरज का मन ज्वालामुखी की तरह लावा उगलने लगा। आव देखा न ताव, नूरे की गालियों की दिशा में आगे बढ़ा। कुदबुद्दी यह समझा कि नूरे को मारने झपटा है, अपनी कड़कदार आवाज़ में गालियाँ बकता हुआ सूरज की ओर झपटा और कमर पर एक छड़ी मारी। सूरज चीखा, चीख सुनते ही कन्तो में जाने कहाँ से इतनी शक्ति आ गई कि पलटकर नूरे को ढकेला और अपने आगे खड़ी छायाकृतियों की ओर झपटी कुदबुद्दी की दाढ़ी उसके हाथ पड़ी। इतनी जोर से खींची कि मुट्ठी भर बाल नुच कर हाथ में आ गए। कुदबुद्दी गला फाड़ कर चीखा। मजबूर शकूर बैठे-बैठे ही चिल्लाने लगा। पास-पड़ोस के कुछ लोग आ गए। सबने

पकड़कर कन्तो को घसीटा। नूरे पर खून सवार हो गया था। कन्तो का गला पकड़कर दबाना शुरू किया। दबाया, और दबाया और दबाया यहाँ तक कि कन्तो की सफेद पुतलियाँ और जीभ बाहर निकल पड़ी। चारों ओर के शोर के बीच कन्तो मरी पड़ी थी और नूरे खाँ उसकी छाती पर लदा हुआ गला दबाए ही जा रहा था। कुदबुद्दी अपनी हाय-हाय से आसमान सिर पर उठाए ले रहा था। एक आदमी उसकी ठोड़ी और गाल से बहते खून को पोंछने के वास्ते अँगोछा गीला करने चला। कुछ लोग मरी हुई कन्तो का बदला सूर स्वामी से लेने लगे। सूर स्वामी बुरी तरह पीटे जाने लगे। मन में संगिनी की मृत्यु का गहरा आघात, ऊपर से पिटने की चोटें।

"छोड़ दो साले को। इसको तो मैं सजा दूँगा। इधर चल साले।"

अंधे सूरज का करुण चेहरा और उसके फटे होंठ से टपकती हुई लहू की धार शकूर खाँ के मन में करुणा जगाने लगी–

"अरे छोड़ दे नूरे। जाने दे बिचारे को।"

"बिचारा! ये साला काफिर कुत्ता बिचारा है? इसे तो मार-मार के तेल निकालूँगा। इसकी वजह से हमारे मौली साहब को इतनी जक उठानी पड़ी। जो अब्बू, तू और सकीला दोनों जने अब्बा की खाट उठाकर पिछवाड़े नीम तले रख आओ वरना ये मुझे काम नहीं करने देंगे।"

कादिर और खुदाबख्श कुदबुद्दी मौलवी का हाथ पकड़कर उनके घर छोड़ने चले। कन्तो का शव अपनी फटी उबली आँखों से उस विजेता संस्कृति को घूर-घूरकर देख रहा था जो हर धर्म पर यों ही बलात्कार करती है।

माँ की आँखों का तारा सूरज, पिता का प्रिय सूर्यनाथ, सूरा, भक्तों का सूर स्वामी, कवि संगीतज्ञ साधक सूरदास नूर खाँ का बैल बनकर कोल्हू चलाने और अकारण चाबुकें खाने के लिए बाध्य था। इस समय उसे न मुक्ति की चाह थी और न ब्रह्म का होश। कन्तो की मौत ने उसके मन में स्तब्धता की एक ऐसी दीवार खड़ी कर दी थी जिस पर उसकी गूँगी करुणा बार-बार अपना सिर फोड़ रही थी।

दूसरे दिन नूर खाँ के कोल्हू का बैल बना हुआ अंधा गुलाम बस्ती भर की औरतों और बच्चों के लिए तमाशा बना हुआ था। बच्चे एक अजूबा देखकर चहक रहे थे। औरतों ने, अनेक बेपर्दा बुढ़ियों ने धर्म की दृष्टि से तो इसे अच्छा माना कि कुफ्र के लिए यही सजा मुनासिब है परन्तु पर्दे वालियों में किसी-किसी के मुख से "हाय अल्ला ऐसा दिन किसी को देखना नसीब न हो," भी सुनाई पड़ जाता।

और कोल्हू में नाचता हुआ सूर सोच रहा था–'सर्वखल्वमिदम् ब्रह्म।' जो बैल है वह मैं हूँ , मार खाने वाला मैं हूँ, मारने वाला भी मैं ही हूँ। श्याम सखा जिससे विमुख हुआ है वह अभागा मैं ही हूँ।...यह जन्म ही केवल दुःख भोगने के लिए पाया है। आगे भी न जाने और क्या-क्या देखना पड़ेगा। हे हरि! यह लख चौरासी के फेरे कब तक फिरवाते रहोगे राम। कोल्हू के बैल की तरह सूरस्वामी का मन

भी नाना भावों के चक्कर में घूमते-घूमते गा उठा—"रे मन गोबिन्द के है रहिए।" दुःख-सुख यश जो कुछ भी अपने हिस्से में आए उसे ग्रहण कर।

वेदान्ती मन अनुभव से ज्ञान ग्रहण कर रहा था, भोगने वाला मन भीतर-भीतर रो रहा था। अभी दोनों के बीच की खाई पटी नहीं थी।

चारों ओर हवा फैल गई कि नूरखाँ तेली द्वारा पकड़ा गया काफिर गुलाम बहुत उम्दा गाता है। बड़े पठान सरदार के घर भी यह खबर पहुँची, लेकिन सरदार दोस्त मोहम्मद खाँ ने इस मामले में दिलचस्पी न ली। लड़ाई में हारे हुए दुश्मनों को पकड़कर गुलाम बनाया जाता है, इस तरह किसी राह चलते गरीब को पकड़कर यह जुल्म करना नामुनासिब है, लेकिन कुदबुद्दी की लगाई आग को कौन बुझाए। कुदबुद्दी यों ही दोस्त मोहम्मद और उसके घरवालों से चिढ़ता है। दोस्त मुहम्मद कई बार कमीनी हरकतों पर उसे फटकार चुके हैं। नूर खाँ की गरीबी की आड़ लेकर, दीन का परचम उठाकर दोस्त मोहम्मद को खुलेआम गालियाँ देगा। बर्दाश्त न होने पर बात बढ़ जाएगी इसलिए कौन बोले।

लेकिन जब सूर के भजनों की धूम मचने लगी, आमतौर से औरतों और रहमदिल बूढ़ों में यह बात चलने लगी कि आपस में चंदा करके गाँव वाले नूर खाँ के लिए बैल खरीद दें और इसे आजाद कर दिया जाए। तब कुदबुद्दी बोला कि जो यह इस्लाम कबूल करें तो इसे आजाद कर दिया जाएगा। एक दिन सूरे से भी यह बात कही। सूरे हँसा, कोल्हू को जोर से चक्कर में आगे बढ़ाते हुए चिल्लाया "अल्ला अकबर! श्याम अकबर! एक अकबर! एक अकबर"!

कुदबुद्दी चिढ़ गया। चक्कर पर चढ़कर कोल्हू चलाते सूर पर छड़ियाँ बरसानी शुरू कर दी। नूर खाँ को बहुत मारपीट पसन्द नहीं। कहीं मर-मरा गया तो चलती रोटियों के भी लाले पड़ जाएँगे। उसका तर्क था, वह गाता है, गाने दो। कुफ्र गाता है, गाने दो। खुदा उसे सजा दे रहे हैं और भी देंगे मगर एक दीन परस्त की रोटियाँ कमाने में वह सहायक है, इसलिए मारपीट न की जाए।

मनमाने भजन, अल्ला अकबर—श्याम अकबर, राम अकबर की पुकारों के साथ सूर स्वामी को कोल्हू का बैल बने एक पखवारे से अधिक समय बीत गया। आसपास के हिन्दू गाँवों में खबर फैल गई। अयोध्या के उजागरमल सेठ अपने पचास सवारों और हाली महालियों के हुजूम के साथ काशी से लौट रहे थे। सुना तो उल्टे रास्ते पर लौट पड़े। चार बैलों के दाम चुकाकर सूर स्वामी को मुक्त कराया।

कोल्हू के चक्कर से हाथ पकड़कर बाहर निकाले जाने के बाद सूर को पहली बार खुलकर कन्तो की याद आई। अनुमान से उस धरती पर बैठ गए जहाँ उसका शव उस दिन पड़ा था। मिट्टी उठाकर मुट्ठी में भरी और फिर फूट-फूटकर रो पड़े।

13

तन से बुरी तरह टूटे हुए, मन से द्विविध विरह तप्त। एक चक्कर में निरन्तर चलते-चलते पैर ऐसे बँध गए थे कि सीधे चलते ही नहीं बनता था। सेठ उजागर मल उन्हें घोड़े पर सवार के सहारे से बिठलाकर अगले गाँव तक लाए। वहाँ से डोली में डाला और रघुकुल कमल दिवाकर की जन्मभूमि की ओर चले।

डोली में शरीर को आराम मिला। मन उस नाते-विहीन नाते से जुड़ा था जो न स्वकीया थी न परकीया। प्रथम अंग-संग के लोभवश दोनों आपस में खिंचे थे। सूर ने फिर उस लोभ कक्ष पर लौह कपाट जड़ दिया तब भी साथ न छोड़ा। दीवानी-सी मथुरा से ब्रह्माण्ड घाट तक दौड़ी चली आई। वृन्दावन में सुबल राजा जब टोली में आई नई स्त्री के सुखभोग की लिप्सा से उसकी ओर बढ़ा, आक्रामक हुआ तब वह कैसे जीवट से अपना खेल खेल गई। मेरे अपराध पर कैसी बेबसी से लचीली हुई जा रही थी और कैसी सफाई से हनुमान जी की आड़ लेकर अपने को बचा गई—सच तो यह है कि मेरी बात निभा गई। मैं कच्चा पड़ा वह नहीं। मैं अपने मन के विविध प्रपंचों में पड़ा पशु भी बना किन्तु कन्तो की कान्ति तनिक भी मलीन न हुई। कौन थी वह प्रिया? भुलावा देकर कहाँ से कहाँ ले आई?....हवा का झोंका छूता है मानो कन्तो की साँस छूती है। हर गंध कन्तो की देह गन्ध है। कहीं पेड़ों पर मीठे पंछियों की बोलियाँ सुनाई पड़ जाती हैं, कन्तो का स्वर कानों में घुलकर टीसें जगाता है। "पपैया पिऊ बोले कोकिल बानियाँ..." हाय कैसी जादू-सी आई और जादू-सी ही बिछड़ भी गई। कहाँ गई?

अंधी आँखों में पानी सागर की भाँति अथाह था। डोली भागती रही। एक स्पर्श, गन्ध, कानों में एक स्वर, एक अनुपम सौन्दर्यमयी छवि बार-बार अंधी आँखों के बीच में अटक जाती है, नाक कान हाथ और भीतर वाली आँख, सबका स्थान मानो यह त्रिकुटी ही है। यहाँ जो तरंग संकेत उठते हैं वह हृदय स्थल में प्रलय मचा देते हैं। मस्तिष्क ने काम करना बन्द कर दिया है, केवल दर्द की अनुभूति और कुछ नहीं। दिन में जहाँ सब विश्राम के लिए रुकते हैं, वह भी डोली से उतरकर बैठ जाता है। 'हाथ मुँह धो लो' कहो तो धो लेगा, न कहो तो नहीं करेगा। खाने को कहो, कहते रहो तो खाता रहेगा। कहना बन्द कर दो तो हाथ रुक जाएगा। कलदार पुतले में जितने संकेत देने वाले पुर्जे लगे होते हैं, उतने ही काम वह करता है। अयोध्या का सेठ उनकी दशा देखकर दुःखी है। वह उन्हें उनकी पूर्व मनःस्थिति में लाना चाहता है। निरुपाय है। तीसरे दिन सवेरे पड़ाव उठने पर सेठ ने डोली पर बैठे सूर स्वामी से कहा—आज दोपहर तक हम लोग अयोध्या पहुँच जाएँगे। वहाँ अच्छे वैद्य से आपका उपचार करवाऊँगा। बहुत कष्ट—"

बात पूरी भी न हो पाई थी कि सूर स्वामी डोली से उतरकर खड़े हो गए। संगीत की तरंगें भीतर-ही-भीतर सारी नसों नाड़ियों में पूरे तन्तु विधान में एक साथ ही लहरा उठीं। ऐसा लगा कि काया के भीतर एक अथाह समुद्र लहरा रहा हैं मन ने उन तरंगों को यह अर्थ दिया कि भगवान रामचंद्र अयोध्या आ रहे हैं। कहाँ से आ रहे है? लंका जीतकर आ रहें हैं और सारे अयोध्यावासी हर्ष से पुकार उठे हैं...

"वे देखो रघुपति हैं आवत।
दूरहि तैं दुतिया के ससि ज्यौं व्योम विमान
महा छवि छाजत।
सीय सहित बर बीर बिराजत अवलोकत आनन्द बढ़ावत।
निकट नगर जिय जानि धँसे घर जन्मभूमि की कथा चलावत॥"

कहाँ तो यह अंधा दो दिनों से शववत् निष्प्राण पड़ा था और कहाँ यह अब इतना मधुर रस बरसा रहा है। क्या छोटे क्या बड़े सभी सूरस्वामी को घेरकर खड़े हो गए। जब तक वे गाते रहे, कोई पत्ते सा भी न हिला। गायन समाप्त होते ही सेठजी ने सूर स्वामी के चरण छुए और कहा–"भगवान अपने सच्चे भक्त की ऐसी ही कठिन परीक्षा लेते हैं।"

अयोध्या। पहली ध्वनि–धम धम धम धम, नगाड़े।

सेठ बोले–"देखिए स्वामी जी, रामजी आपके नाम का डंका बजवा रहे हैं। बड़ी कठिन परीक्षा में उत्तीर्ण होकर आए हैं आप।"

सूर स्वामी बोले–"यह आपका कीर्तिनाद है श्रीमन्। आप कष्ट झेलकर भी जो व्यक्ति दूसरों का उपकार करता है, यशो दुन्दुभी उसी के लिए बजती है। मेरा क्या, मैं तो सीताराम जी का ढ़ाढ़ी हूँ।"

सहसा बड़ी ज़ोर से 'सीताराम' का प्रचण्ड जयघोष सुना। सूर के कान चौकन्ने हुए। सेठ बोले–"यह साधुओं की भोजन वेला है। पत्तलें लग चुकी हैं, जय जयकारा बोल रहे हैं।"

"इतने साधु?"

"अरे यहाँ इस समय बीस-बाईस हजार साधु पड़े हैं। ये सिकन्दर शाह पठान बड़ा मूर्ति भंजक है ना, तो समय आने पर यह लोग उसका मस्तक भंजन करने के लिए यहाँ दण्ड पेलते हैं।"

"हरि जाने लोगों की ऐसी कुबुद्धि क्यों हो जाती है कि दूसरे की धार्मिक आस्था पर प्रहार करते हैं। अरे जीता है तो दण्ड दो, कर अधिक लगा दो। इतना कर लगाओ कि हारे हुए लोगों में एक बार फिर मुक्ति की लालसा से शक्ति जाग उठे।"

उजागर मल बोले–"जो किसी के ऊपर प्रबल होने से विजय पा लेता है न

महाराज, वह हारने वाले को तरह-तरह से कुचलता है। यह विजेता लोग एक नहीं दो धर्मों का नाश कर रहे हैं हमारा और स्वयं अपना धर्म।

"मथुरा में कृष्ण जी की जन्मभूमि पर कितनी बार मन्दिर बने और कितनी बार टूटे। इस समय जो मन्दिर है वह कन्नौज के विजयपाल राजा का बनवाया हुआ है।"

"राजा रामचन्द्र जी की बड़ी महिमा है। यह जन्मभूमि का मन्दिर हज़ार वर्षों से भी अधिक पुराना है। सम्राट विक्रमादित्य का बनवाया हुआ है। गर्भ गृह के द्वारे ठोस सोने के बने हैं।"

"यहाँ और भी मन्दिर होंगे सेठ जी।"

"हाँ-हाँ, शेष भगवान का मन्दिर, नागेश्वर नाथ महादेव हैं। जैनों के आदि नाथ भगवान का मन्दिर है। एक बुद्ध भगवान का मन्दिर अभी शेष है। प्राचीन कनक भवन के जीर्ण शीर्ण मन्दिर में सीताराम जी विराजते हैं। पहले तो सुना बहुत सारे थे।"

"सेठ जी, एक प्रार्थना है।"

"आज्ञा कीजिए स्वामी जी।"

"कोई एक व्यक्ति मेरे साथ कर दीजिए। मैं एक बार जन्मभूमि के द्वारे पर माथा टेक आऊँ।"

"महाराज आप ही नहीं मैं भी जब कभी बाहर से अयोध्या जी आता हूँ तो मेरी पहली ढोक वहीं लगती है।"

दिन का समय होने पर भी रामजी के मन्दिर के आस-पास बड़ी गहमा-गहमी थी।

महाद्वार की चौखट पर माथा टेका। बाल भगवान दिन में दो पहर विश्राम करते हैं। चौखट पर एक साथ दो माथों की ढोकें दीं..."राम! श्याम सखा! यह तुम्हारी दूसरी जन्मभूमि में आया हूँ। या तो मेरा जन्म सार्थक करो अन्यथा तुम्हारे ही द्वारे पर सिर फोड़-फोड़ के मर जाऊँगा।"

सेठजी उन्हें अपने साथ ही घर लाए। मालिश, अच्छा भोजन, स्वच्छ वस्त्र मानो तप्त और विकट मरुभूमि से लष्टम-पष्टम निकलकर शीतल जलवायु के देश में आ गए हों। कन्तो के कारण, दुःख की सर्वव्यापकता के कारण उनके मूल चिन्तन संस्कार भले ही भीतर धँस गए थे, किन्तु थे अक्षत। श्रीराम जन्मभूमि में प्रवेश करने के समाचार के साथ वे उछलकर ऊपर आ गए। यह समाचार मानो वाराह भगवान के समान उनकी शोक वारिधि में डूबी हुई मूल मनोभूमि को ऊपर उबार लाया।... पर वह 'निगोड़ी' मन से नहीं जाती बल्कि उसकी निष्ठा भक्ति में दर्द बनकर समा गई है। खाते-पीते, कहीं दर्शन करने जाते समय वह बराबर यह अनुभव करते हैं कि उनके एक व्यक्तित्व में दो व्यक्तित्व फूट आए हैं—एक नारी एक नर। वह नारी बोलती नहीं, केवल उनकी भीतर की आँखों में आँखें डाले अपने नर को अहर्निश देखती रहती है। उसके देखने का अर्थ क्या है, यह सूर के मन में अभी स्पष्ट नहीं।

यह किसी निरर्थक भावावेश की स्थिति तो नहीं? कभी-कभी मन ऐसे छलावे के अन्तर्दृश्य प्रस्तुत करता है जो उसे बहकाकर रसातल तक में ढकेल सकते हैं। भोले भ्रमों की भूलभुलैयाँ में कई बार वह भटक चुका है।...''हे राम, मर्यादा पुरुषोत्तम, तुम तो मेरे श्याम सखा की भाँति लीलामय नहीं। हँसी में भी छलकपट नहीं करते, सहज शीलवान् हो। मैं इस समय तुम्हारे कनक भवन की भाँति ही जर्जर हूँ। एक झटके में ही टूटकर बिखर भी सकता हूँ। हे सीतापति, अयोध्यापति, रघुपति, तुम जानते हो भाव से मैंने कभी हरि विष्णु श्याम राम में भेद नहीं माना। वेद उपनिषदों के परब्रह्म परमेश्वर आप ही हो। अपने इस दीन-हीन जन की लाज रखना। उसे विवेक की दृष्टि देना। मुझ अंधे की लाठी बनना राम!''

राम श्याम कन्तो और सूर के बीच में जागते-ऊँघते रात बीत गई। सवेरे सपना देखा। कन्तो कह रही है, मेरी आखें तुम हो। सूर पूछते हैं और मेरी? उत्तर आता है, राधेरानी। स्वप्न आगे बढ़ जाता है। सूर को स्वप्न में लगता है कि वे अँधेरे में चले जा रहे हैं; इतना अँधेरा कि वे अपने-आपको अँधेरे से अलग नहीं कर पाते। बस जा रहे हैं, यह प्रतीति होती है। कहाँ जा रहे हैं? रावल! राधारानी की जन्मभूमि! अब कन्तो जाने कहाँ से आकर उनका बायाँ हाथ पकड़कर रोती है, कहती है, ''देखो, जे हैं राधेरानी।'' सहसा ग्वाल दाऊ बाबा आ जाते हैं।–''माँ से डरता है मूर्ख।'' ''नहीं बाबा, मैया से मुझे भय नहीं लगता। वही तो मेरा एकमात्र सहारा रही हैं।'' कन्तो कहती है–कि कोयल कूकती है!–''बु देखो सामी जी, राधेरानी तुम्हें बुलावे है।'' ''मुझे तो दिखाई नहीं पड़ता पर तूने कैसे देख लिया री अंधी।'' ''अब मैं आँधरी-धूँधरी नाँय रही सामी जी, अब तो मेरे हूँ कमल नैन हैंगे। राधे ठकरानी की चाकरी में हूँ न। और ठकरानी ने मोंय काम दिया है कि तुम्हें निहारूँ। अब तो मैं आठों घड़ी तुम्हें जी भर के निहारो करूँ हूँ। जित्ती निहारू हूँ उत्तोई रीझूँ हूँ। हाय तुम कैसे सुन्दर हो सामी जी।'' सपना टूट गया। सपना क्या, अपना ही मन सपना बनकर बोल उठा; फिर भी चकित और प्रसन्न मन से उठे। आनन्द गद्गद स्वर में मन ने स्वयं अपने ही से पूछा–कौन सुन्दर है? जिस पर रीझो वही सुन्दर।.. .कन्तो? नहीं, जिसके लिए प्रतिक्षण अपना सब कुछ दे डालने की कामना तरंगें ही प्रेम की इठलाती हुई बसंती बयारों से टकराकर सदा छलछलाती रही हैं, छल्-छल्-छल्-छल् कितना निश्छल!

खुली छत पर सोए थे। द्वार की समीर के झोंके स्नायु मण्डल में विविध संगीत वाद्ययन्त्र से झनझना उठे। शान्त सिद्ध, अति सूक्ष्म संवेदनाओं से युक्त भाव भीने स्वर से कण्ठ गा उठा–

''अपनी भक्ति देहु भगवान।''

अब तो चाहे तुम कोटि लालच दो पर अब मेरी रुचि अन्यत्र कहीं नहीं है। 'जा दिना तै जनम पायो यहै मेरी रीत, विषय विष हठि खात नाहीं डरत करत अनीति।'

मैं अपने हाथ से अपना शीश काटकर ऊँचे पर्वत से नीचे जलती ज्वालाओं में गिर रहा हूँ। हारा भी नहीं! मैं इतना कठोर भी हूँ कि अनेक वासनाओं के निर्मल घौनों का निर्मल संहार भी कर चुका हूँ। यह इन्द्रादि शक्तिशाली सत्ताधीश मुझे ऐसे डराते हैं जैसे अपनी माँद से बाहर भटके हुए सिंह शावक को डराया जाता है। अरे, मैं बड़ा हठी हूँ। अनेक बार यमपुरी के नरक कूपों में यमदूतों की कठिन मारें खाकर भी अपनी मनमानी पर चला हूँ। आज मैं तुम्हारे द्वार पर जाकर अड़ जाऊँगा। कोई धक्के देगा तो नहीं हटूँगा। बस यह मँगता एक ही माँग करता रहेगा—'अपनी भक्ति देहु भगवान।'

सूर स्वामी ने स्वयं ही नहीं अयोध्या की बस्ती के एक बहुत बड़े भाग के निवासियों ने भी यह अनुभव किया कि ब्राह्ममुहूर्त के धुँधलके उषा के आने तक का सारा काल स्तब्ध हो गया था। प्रत्येक शब्द, प्रत्येक भावोंमि स्नायु-मण्डल की संगीत वाद्यों-भरी सनसनाहट के साथ एक तल से उठ-उठकर आने वाली तीसरी सतह की लहर थपेड़ों में सब कुछ सिमटता ही चला गया। बिन्दु बनकर मन और चित्त पर ज्योति की ओस बूँदें बड़ी देर तक बहकर मनों और चित्तों को सहलाती रहीं।

आत्म-निवेदन का क्षण पीछे छूटा, तब इस विचार से लज्जा का बोध भी हुआ कि मन की तरंग में नित्य के कृत्य तक पिछड़ गए। उस छत पर सेवा में नियुक्त चाकर ही नहीं—घर का मालिक-मालकिन, लड़के-बहुएँ, बड़े घर के मत्थे आ पड़ने वाले असहाय सगे-सम्बन्धी, सभी उस छत पर उपस्थित थे। आसपास के घरों की छतों पर भी यही हाल था।

सूर स्वामी खिसियाए हुए खाट से उतरे, कहा—"अरे, रघुपति की राजधानी में पहला सवेरा ही नियम से चूक गया।"

"महाभाव अपने आप से ही बँध जाए तो नियम का पालन आदि की चिन्ताएँ मोटी पड़ जाती हैं। वह भक्ति क्या जो सब कुछ भुला न दे। हम सब भी अब तक किसी-न-किसी नित्य कर्म से चूके हैं।" कहकर सेठ जी हँस पड़े। सेठ उजागर मल व्यापारी ही नहीं संस्कृत और भाषा के अच्छे जानकार भी थे। अपनी हवेली में प्रायः सत्संग करते थे। धार्मिक विषयों पर चर्चाएँ हुआ करती थीं। बातचीत में बड़े कुशल, मन के उदात्त, आचार-व्यवहार में स्वच्छ।

पहर-भर बाद सूर स्वामी और उजागर मल पाँव पैदल बाल भगवान के दर्शनार्थ चले। स्वामी जी ने नालकी पालकी रथादि पर राम जी के घर जाने से इन्कार किया तब सेठजी पाँव पैदल चले। पीछे आठ चाकर, दस लठैत। शृंगार हाट से होते हुए लोगों की आँखें सूर स्वामी पर टिक गईं।

पहली ड्योढ़ी। फाटक इतना बड़ा कि पाँच हाथी एक साथ प्रवेश कर जाएँ। चुनार के पत्थर की दीवारें। दूसरी ड्योढ़ी। फाटक पत्थर का ही परन्तु परकोटा ईंट-चूने का। फाटक से केवल तीन हाथी ही प्रवेश कर सकते हैं। एक साथ पधारे पाँच

दर्शनार्थी राजाओं में से दो को अपनी मर्यादा समझकर यहाँ रुकना पड़ेगा। पहले तीन श्रेष्ठ राजाओं के हाथी जाएँगे, बाद में वे दो। इसी तरह अगले फाटक से दो, फिर एक श्रेष्ठतम दर्शनार्थी का हाथी ही प्रवेश कर पाएगा। फिर हाथी से उतरकर मुकुट छत्र आदि सारे राज चिन्ह त्याग कर नंगे पाँव दशनार्थी राजा मन्दिर में प्रवेश करता था। यह मर्यादाएँ महाराज चन्द्रगुप्त विक्रमादित्य ने स्वयं बाँधी थीं। यह मर्यादाएँ राजों महाराजाओं के लिए थीं, सदात्मा सद्योगी महापुरुष तो आप ही मर्यादाबद्ध थे।

राम के दरबार में सब समान हैं। मूल मण्डप के बाहर, बाहर की दीवारें सफेद पत्थर की, संगमरमर का भव्य द्वार, ऊपर सूर्य की भव्य मूर्ति, चन्दन किवाड़ों पर अनेक दलों वाले कमल बने थे। भीतर से पूरा मण्डप कसौटी के पत्थर का ही बना हुआ था। चौरासी खम्भों के गोल मण्डप में हरे खम्भे के पास एक-एक वीणा और एक मृदंग वादक बैठा हुआ धीमे स्वरों में सारे मण्डप को 'राम-राम' की गूँज से भर रहा है।

भीतर प्रवेश करते ही इस रामनाद ने सूर स्वामी को रमा दिया। उनके संगीत स्फूर्त स्नायुमण्डल में सनसनाहट भर गई, मण्डप में दर्शनार्थियों की भीड़ की गूँज के हिसाब से मृदंगों का नाद और वीणा की झंकारें घटती-बढ़ती रहती हैं। जिससे स्थिति में राम-राम ही सर्वोपरि सुनाई दे।

उजागर सेठ, जो स्वामी जी को एक-एक वस्तु का हाल बतलाते आए थे। अब उन्हें गर्भगृह के द्वारे पर लाए। वहाँ तीन प्रकार के कटहरे लगे थे। एक सोने का, दूसरा चाँदी का, तीसरा ताँबे का। मर्यादानुसार ही दर्शनार्थी भगवान के निकट दर्शन पा सकता है। उजागर मल और सूर स्वामी ने चांदी के कटहरे में खड़े होकर दर्शन पाए। जड़ाऊ हिंडोले पर अष्टधातु से निर्मित बाल भगवान राम का मनोहर विग्रह विराजमान था।

उजागर सेठ के साथ आए कृशकाय अंधे सन्त युवक के प्रति पुजारी की आँखों में जिज्ञासा भाव था। उजागर सेठ ने उनसे कुछ निवेदन करने का अनुरोध किया। मन की आती-जाती भाव तरंगों के बीच में अनुरोध की दीवाल ने पानी को ऊँचे उछलने में सहायता दी। हाथ जोड़कर खड़े हो गान आरम्भ कर दिया—

अद्‌भुत राम नाम के अंक
धर्म अंकुर के पावन पैदल मुक्ति बधू ताटंक॥
मुनियों के मन रूपी हंस के यह 'रा' और 'म' दो पंख हैं....

हर तरह से पतित सूरदास बस एक हठ ठाने बैठा है—उसे अपनी भक्ति दीजिए और वह कुछ नहीं चाहता। वह डूब रहा है प्रभु, उसे बाँह पसारकर अपने अंक में ले लो।

अयोध्या में इस गन्ध-भरे फल की महक फैलते देर न लगी। जन्मभूमि के पुजारी की इच्छानुसार विजय दशमी के दिन से जन्मभूमि के चौरासी खम्भों वाले

मण्डप में भागवत के नवम स्कन्ध की कथाएँ आरम्भ होंगी। चौथे पहर के दर्शनों के लिए जब पट खुलेंगे तभी आरती के उपरान्त कथा होगी।

उधर टांडे से लेकर इधर सुरहुरपुर रौनाही तक, दूर-दूर यह हवा फैल गई थी। बड़ी भीड़ थी। "हरि हरि हरि हरि सुमिरन करो।" गाते ही चौरासी मृदंगों की थापों और चौरासी वीणाओं की झंकारों ने गायक कवि सूर में एक नई उमंग भर दी। कथा जमी और सप्ताह-भर तक खूब ही जमी। कोल्हू वाली घटना जाने कितने नए-नए रूपों में किवदन्तियाँ बनकर फैलीं। ब्रज का अंधा सूर अवधवासियों की आँखों का नूर बन गया।

परन्तु सूर स्वामी अपने भक्तों की भीड़ से बचना चाहते थे। उन्हें अब इस सबमें तनिक भी रुचि नहीं रह गई थी। दुःख शोकादि से टूटे हुए जन में गाकर नया जीवन रस प्रदान करने का निश्चय वे वृन्दावन में ही कर चुके थे। काव्य कण्ठ और गायन कला ईश्वर की देन है, अपनी नहीं। उसे देने में वह कंजूसी कर ही नहीं सकते, परन्तु भीड़ से मान-सम्मान, प्रशंसा, भाँति-भाँति की सेवाएँ आदि ग्रहण करने में उन्हें रुचि नहीं है ऐसा लगता है। बस एक यजमान सध जाए, चाहे रूखी-सूखी खिलाए, चाहे दूध, रबड़ी! भाग्य और संयोग जब जो दे दे। दमड़ी के रखने का मोह भी छोड़ दिया था। कन्तो के मरण और कोल्हू के बैल बन चुकने के बाद अब वे पूरी तरह अपने-आपको अदृष्ट के प्रति श्रद्धा से समर्पित कर चुके थे—जो हो सो हो। जिसने मेरे लिए सरल भाव से इतने नाच नाच लिए, मुझे भी बहुत नचाया पर दम देने के लिए आप भी साथ नाचे, उसका पीछा अब मैं भी नहीं छोड़ूँगा। वह जिससे बचपन में माँ ने सखापन का नाता जुड़वा दिया, जो पहले नहीं बोलता था फिर बोलने लगा, आठों पहर का सखा बन गया, फिर सुख-वैभव के दिनों में प्रश्नकर्ता बना। अब गया सो ऐसा गया कि कहीं पकड़ाई में ही नहीं आता। मैं उसे अपने पास लाकर रहूँगा। बचपन की तरह उससे लडूँगा, झगडूँगा, उसका श्रृंगार करूँगा। उस पर रीझा हूँ, उसे फिर से रिझाकर लाऊँगा।

अयोध्या में सूर स्वामी ने भीतर की दो ही शक्तियों की स्पष्ट पहचान पाई—इच्छा और उसे पूरी करने का दृढ़ हठ। श्रीराम के दरबार से यही प्रतिज्ञा करके वह जा रहे हैं। सूर सोचते तो हैं कि अब जा रहे हैं परन्तु मथुरा से विदा लेते समय जैसे भोले गुरु कई दिनों तक हीले बहाने करते रहे थे वैसे ही उजागर सेठ यहाँ भी करते हैं। इनके बहानों में आकर्षण होता है। प्रत्येक पूर्णिमा के दिन इनकी सरयू तट वाली बगीची में सवेरे ही विद्वत् समाज जुड़ता है। स्नान, ध्यान, भोजन सब कुछ यहीं। एक दिन कवि और काव्यशास्त्र के पण्डित रसिक जमा होते हैं। कभी मौज आ गई तो ज्योतिष विद्या की चर्चा हो गई। कभी गवैए रस बरसाने और रस शास्त्र की खेती करने के लिए जुटते हैं। आठ वार नौ त्योहार की कहावत के अनुसार उजागर सेठ के यहाँ भी आए दिन कुछ ऐसे नागर जनोचित कार्य होते ही रहते हैं। अयोध्या

के निकटवर्ती जितने जुलाहों के गाँव हैं प्रायः सब ही उनके लिए वस्त्र बुनते हैं। छकड़ों पर लदकर थान के थान बनारस और जौनपुर जाते हैं। बड़े व्यवहार कुशल, विद्या रसिक, कला रसिक, उदारमना व्यक्ति का प्रेमाग्रह वस्तुतः श्रीराम जी का आग्रह ही है यह मानकर स्वामी जी अन्तर में मगन थे।

अब अकेले ही जन्मभूमि और कनक भवन की ओर जाते थे। एक पचपन-साठ वर्षीय पुराना चाकर गयादीन उनका चुपचाप पीछा और निगरानी करने के काम पर नियुक्त कर दिया गया था। उसे विशेष आदेश थे कि स्वामी जी को इस निगरानी का पता न लगे। पहचाने हुए रास्तों पर सूर स्वामी हिरन की चाल चलते हैं। वह भी फुर्ती के साथ। आहट लेने में कान इतने चौकन्ने हैं कि कोई साँस के समान भी पास से निकल जाए तो उन्हें पता चल जाता है। जन्मभूमि के पहले परकोटे के आगे 'दाता का भला हो, राम जी सरकार चोला मगन रहे, परवार फले'—भिखारियों का बड़ा मजमा था। फूलहार और प्रसाद की दुकानों की पुकार भी कुछ कम न थी। सूर स्वामी गली में तेज कदम आगे बढ़ रहे हैं। एकाएक खट। कोई बैसाखियों वाला है, रास्ता दाएँ से ज़रा बाएँ सरक कर निकालने लगे। इधर भी खट्-खट्। बैसाखियाँ नहीं यह तो कोई अपना लट्ठ ठोंक रहा है।...लगता है कोई जान-पहचान है, खिलवाड़ कर रहा है मेरे साथ। पर मेरे परिचितों में कोई बैसाखियों वाला तो है नहीं। पूछा—''राह क्यों रोकते हो भैया?''

नाभि से निकला हँसमुख स्वर—''जानना चाहूँ हूँ कि मेरी और तेरी राह एक है या दो?''

सूर स्वामी मुस्कराए। प्रश्नकर्ता कोई प्रेमी जीव है। मुस्कराकर उत्तर दिया—''सीधी राह तो एक ही है रे भैया, घर और घरवाला भी एक ही है। उसके नाम बहुत से हैं।''

''हसबुनल्लाहों यं नेमल वकील। लानकाँ का मकान ढूँढ़ लिया। आफरीन। नाम क्या है आशिके आजम?''

''सूर। सूरज कुछ भी कह लो। और आप कौन हैं भाई?''

''दिलखुश शाह।'' कहकर हँसने लगा। हँसी ऐसी लुभावनी और मुक्त थी कि उड़नरोग की तरह सूर स्वामी को भी लग गई। दोनों हँसने लगे। एकाएक सूर स्वामी ने दिलखुश शाह की बाँह पकड़ ली और मुलायिमत से दबाने लगे, फिर बोले—''मेरा श्याम सखा तुमसे हँसता-बोलता है न इसी से खुशदिल हो।''

''कैसे जाना साईं?''

''देख जो रहा हूँ।''

''बिन आँखों के?''

''तुम्हें छूकर मैंने जो देख लिया वह भला आँखें कैसे देख सकती हैं। मैंने तुम्हारी मौजें देख लीं।''

''शायद यह सही हो लेकिन हर चीज तो छूकर देखी नहीं जा सकती।''

"आँखें दृश्य को छूती ही तो हैं। अपनी सारी सीमाओं के भीतर ही मैं जीवन की सुन्दरता के अनेक बिन्दुओं पर स्पर्श कर लेता हूँ। तन की न सही पर कल्पना की दृष्टि तो पास है ही शाह जी।"

सूर स्वामी हँसे, कहा—"अँधेरे में आँख गड़ाने पर मैंने सुना है मनुष्य बहुत कुछ देख लेता है, ठीक कहता हूँ कि नहीं?"

"हाँ यह बात सच है।"

"अंधे के लिए अँधेरे और सन्नाटे के कुछ अपने चमत्कार भी होते हैं। मेरा अनुभव है कि अव्यक्त महाशून्य सब कुछ व्यक्त कर देता है। और जहाँ तक मैं समझता हूँ कि वह सदा ठीक ही व्यक्त कर देता है। और जहाँ तक मैं समझता हूँ कि वह सदा ठीक ही व्यक्त करता है।"

"तुम्हारी बातों में रोशनी नजर आवे है। आओ, तनक छाँव में बैठकर मन सूँ मन मिलाएँ।"

"दिलखुश बाबा यों तुम्हें छूकर मैंने राम जी का ही दरस पा लिया है, फिर भी आया हूँ तो दर्शन करने भी जाऊँगा।"

"कितना आसान है तुम्हारे लिए अपने दिलबर सूँ मिल लेना। यहाँ तो आशिक और माशूक के बीच में एक अपार और अथाह दरिया है और उसके दोनों किनारों पे कोसों तलक खौंफनाक दरिन्दों से भरा बियाबान जंगल।...खैर, सिधारो। उस प्यारे सूँ मेरा सलाम भी कह दीजो।" खट्-खट्—दिलखुश शाह की बैसाखियाँ ढाल पर उतरती चली गईं। अन्तरंगता का यह विद्युत परिचय अपने आप में कितना विराट था। ज्ञान और प्रेम की अन्तःसलिला इस सूफी फकीर में घाघरा नदी-सी तीव्र प्रवहमान थी। प्रेम और ज्ञान के मिलन का संकेत-स्थल है भक्ति। सूरज, प्रेम को प्रगाढ़ कर और ज्ञान की खोज को तीव्र।

चौरासी खम्भों वाला मण्डप मृदंगनाद और वीणा की झंकारों से गूँज रहा था। सूर स्वामी के मण्डप में प्रवेश करते ही अनेक प्रेमीजन "राम राम स्वामी जी" कहते हुए उनके आस-पास घिर आए। एक ने कहा—"स्वामी जी, आपने कुछ सुना?"

"क्या?"

"सुनते हैं पठान यहाँ धावा बोलने आ रहे हैं।"

"उनके पेट में ऐसी पीड़ा क्यों हुई भैया?"

"कहते हैं किसी मुसलमान साधु ने पठानों को यह मन्दिर तोड़ने के लिए उकसाया है।"

"तो चिन्ता किस बात की है। क्या अवध के वीर निस्तेज हो गए हैं?"

"अरे यहाँ आएँगे तो उनकी चटनी पीस डाली जाएगी। यह अयोध्या है। इससे युद्ध नहीं किया जा सकता।"

"जब इतना विश्वास है तो यह घबराहट क्यों है?"

"अपना न सही पर बाल-बच्चों का मोह तो होता ही है महाराज।"

"राम से प्रीति करो भाई। उन्हीं पर विश्वास रखो।"

"अरे स्वामी जी सब कहने की बातें हैं। उपदेश चाहे जितना दे लो पर जब विपदा पड़ती है ना तब राम-नाम भी बिसर जाता है। ऐसी मार-काट, ऐसी लूट-पाट मचाते हैं ये लोग कि सुन-सुन के कलेजा काँप रहा है।"

"होनी को कोई रोक नहीं सकता। यातनाएँ मैंने भी सही हैं पर राम-नाम के दो अक्षरों का बल मेरे मन को कभी दुर्बल नहीं बना सका। यह राम-नाम के अंक बड़े अद्भुत हैं। 'रा' और 'म' धर्म रूपी अंकुर के दो दल हैं, मोक्ष रूपी देवी के कानों के कुण्डल हैं। अज्ञान का अँधेरा दूर करने के लिए यह दो अक्षर सूर्य और चन्द्र के समान प्रकाशित हैं। इन पर भरोसा करो। यही भव भय का नाश करेंगे, तुम्हें आस्था प्रदान करेंगे।"

मन्दिर से बाहर निकलते हुए वह व्यक्ति भी साथ था, मार्ग में बोला–"आपकी बातें सुनने में तो बड़ी अच्छी लगती हैं। पर क्षमा कीजिएगा, बहुत व्यावहारिक नहीं लगतीं।"

"क्यों भाई?"

"हजारों वर्षों तक इस देश ने राम, कृष्ण, शिवादि देवों को भजा। यज्ञ, तप, ज्ञान, ध्यान, श्रद्धा, विश्वास, सब कुछ किया, परन्तु पाया क्या? युद्धों में हर हर महादेव और जय-जय सीताराम के ललकारे जोर-जोर से लेकर हारते हैं और अल्ला अकबर जीतता है।"

"तुम उनके अल्ला और अपने राम को अलग-अलग क्यों मानते हो? ब्रह्म एक है, नाम अनेक हैं। विश्वास जीतता या हारता है।"

"वही तो मैं भी कह रहा हूँ महाराज, उनका विश्वास क्यों जीतता है? हमारा क्यों नहीं जीतता।"

"उनके विश्वास के पीछे शक्ति है।"

"कौन-सी शक्ति?"

"इच्छा की शक्ति।"

"कौन-सी इच्छा?"

"जीने की इच्छा। वो अपना घरबार छोड़कर हजारों कोस दूर यहाँ आए हैं। यदि जीतेंगे नहीं, हमें आपको दबाएँगे नहीं, लूटेंगे नहीं तो वे जी नहीं पाएँगे। वह जीने-मरने के लिए कटिबद्ध होकर यहाँ आए हैं। संगठित हैं। हमारे आपके समान असंगठित नहीं हैं। हमारे यहाँ तो व्यक्ति-व्यक्ति का स्वार्थ इतना अलग हो गया है कि हम कहीं मिल ही नहीं पाते। इसीलिए जी भी नहीं पाते।"

"कल एक साधु आए थे। कहते थे कि आज के युग में सारे दर्शन झूठे हैं। ब्रह्म-ब्रह्म कुछ नहीं, चार्वाक दर्शन ही सच्चा है। ऋण लो और घी पियो। कल की

चिन्ता छोड़ो, आज में जियो। कल है ही नहीं, 'जब होगा तब आज होगा।''

सूर स्वामी को झटका लगा, दुःखी स्वर में बोले–''अपने-अपने भाव अपने-अपने विचार हैं भाई। परन्तु मेरा विश्वास तो यही है कि जब तक महाभाव का उदधि नहीं उमड़ेगा तब तक ये बूँदें रेती में बिखरकर सूखती जाएँगी। कहीं हम एक जगह जमें तो सही, संगठित मन से संकल्प तो करें। हमारा-तुम्हारा मन कहीं बँटा-बँटा है तभी जुटकर भी जुट नहीं पाते। इसीलिए जूझकर भी हारते हैं। जिसकी राम में क्षणगत आस्था है वह निकम्मी आस्था है। वह हारेगा किन्तु राम की लाखों मूर्तियाँ टूट जाने से मेरे मानस राम का विग्रह त्रिकाल में अखण्ड है। जगाइए उस महाभाव को फिर देखूँ कैसे हारते हैं आप।''

''कहीं सहमत होते हुए भी आपकी इस बात से मन पतियाता नहीं।''

सूर स्वामी हँसे, बोले–''कैसे पतियाए। आज के समय में अविश्वास यथार्थ बनकर फैल गया है। हम बातें करके भी वस्तुतः अन्य किसी पर और स्वयं अपने ऊपर विश्वास खो चुके हैं। संशयात्मा विनश्यति।''

''अरे हम कहिति हति कि बाबा बैरागी हुई गयो तौ का हम घर गिरस्ती-वारन की जान लै लेहौ!''

''कौन, गयादीन? सेठ ने तुम्हें भेजा है?

''भेजा है? अरे भोरहे ते कूकुर अस तुअरे पाछे-पाछे हम जौन लागि रहित हे तउका तुम्हरे हकुम ते?''

''सेठ जी, तुम्हें बराबर मेरे साथ भेजते हैं?''

''अउर नाहीं तउ का। जब से तुम कह्यों कि हम आपे-आप जइबे, हमका कोऊ का साथ न चाही तौ अन्नदाता कहिन कि गयादीन तुम स्वामी जी के पाछे-पाछे जावा करौ। उनका जानि न परै। कहाँ लगन परै ससुर। तुम तउ हउ स्वामी जी, तनुकु गाय-बजाय नीक लेत हौ तउ पचास जने घेरै वाले मिलि जात हैं। जस ते तुम्हार तउ पेट भरि जात है और हम ससुर भोरहे ते पानी पियाव तलकु नाही किया। हम खाय बइठे हे रहे कि तुम चलि परे।''

''राम राम! मैं तुमसे क्षमा माँगता हूँ गयादीन। आज मैं सेठ से कह दूँगा कि तुम्हें मेरी देखभाल करने के लिए बाहर न डोलाया करें।''

''बस बस बस करौ महाराज स्वामी जी। यह कहि-कहि कै तौ तुम हमार नौकरी लै लैहो बुढ़ापे माँ।''

''तुम्हारे घर में और कौन-कौन है?''

''सबे हैं। हमार बुढ़ौनी है, दुई बेटवा हैं। खेती पाती है, नाती-पोता हैं। सबै हैं।''

''तो यहाँ क्यों पड़े हो भाग्यवान्, अपने घर जाओ।''

''हम घर-गिरस्ती क मायामोह छाँडि के अजुध्याजी आए हन। समुझयौ?''

''तो राम नाम जपो बैठ के एक ठिकाने, मेरे पीछे-पीछे क्यों डोलते हो भाई?''

"तुम स्वामी जी जरूर हुई गए हौ मुला हउ लरिका ठाकुरै ना! अरे रामराम जपै की अवही हमार उमिर कहाँ आई है।"

सूर स्वामी को हँसी आ गई, पूछा—"अब तुम्हारी क्या आयु होगी गयादीन?"

"अरे हम कछु पढ़े-लिखे ध्वारय हैं जौन याद राखी। हुईहै तीन बीसी के ऊपर, कौन जादा उमिरि है। आगे बुढ़ाई माँ जपषु राम-राम।"

"कहत हैं आगे जपिहैं राम।" सूर स्वामी हँसकर गुनगुनाने लगे—"बीचहि भई औरै की और पर्‍यो काल सौं काम। कहत हैं..."

"तुम तउ हमका गारी देते हो महाराज।"

"नहीं भाई। राम करे तुम्हारी उमर हुजारी ले। हम तो केवल चेतावनी दे रहे हैं। माता के गर्भ में दस मास औंधे मुँह पड़े रहे फिर बालापन खेलन में गँवाया और जवानी भर दाम जोड़ते रहे। फिर जब कमाई कम होने लगी तो तुम्हारी बुढ़िया ने लड़-लड़ के तुम्हें घर से निकाल दिया। सच्ची बात है कि नहीं?"

"हाँ बात तउ ठीकै आय। बाकी हम यू सोचिति हयि कि अपन बुढौनियाँ ससुरी का करेजु जरावै कै बदे हमे याकु बेहाव और करि लेवी। दुई चारि लरिका बिटियाँ और पैदा करके दिखाई और कही कि देखु दहिजार कै—हम अबहीं बुढ़ाये नाहीं हैं..."

गयादीन रास्ते-भर आत्ममहिमा मण्डित रहा, बीच-बीच में टीप के बन्द की तरह अपनी जवानी का दम भरते हुए यह भी कहता रहा कि जब रामनाम लेने की उमर आएगी तब जप लेंगे।

सूर स्वामी सोचने लगे, कैसा है जगत्?...नहीं, जगत और जीव तो परब्रह्म के ही अंश हैं। माया है यह संसार जो विभिन्न गतिचक्रों में घूमता हुआ जीव और जगत् को भ्रमाच्छादित करता रहता है। संसार जगत् का रूपान्तरण मात्र है। जीव और जगत् तो नित्य हैं—केवल उनका सांसारिक परिवेश बदलता रहता है। मथुरा में केशवदेव की जन्मभूमि में एक लाला जी मिले थे, एक यहाँ श्रीराम जन्मभूमि में मिले। दर्शन करने नित्य जाएँगे पर राम केशव में आस्था "है और नहीं है।" की बालुही स्थिति अस्थिर है। एक कहता है ब्रह्म नहीं है, ऋण लो और घी पीयो। एक यह है गयादीन—राम की चिन्ता छोड़कर अपनी पत्नी को यह दिखलाने के लिए उतावला है कि मैं अभी जवान हूँ, तू ही बुढ़िया होकर मेरे योग्य नहीं रही। कुदबुद्दी मौलवी समझता है कि काफिर पर अत्याचार करके वह अपने ईश्वर को प्रसन्न कर रहा है, जैसे ईश्वर एक न होकर अनेक हों और परपीड़न ही उसका धर्म हो। नूरखाँ स्वयं तो मुझ पर चाबुक चलाता था, परन्तु गिरे मनुष्य को दो लातें और मारने के पक्षधरों की मारपीट से मुझे केवल इसलिए ही बचाता था कि मेरे अधिक चुटीले हो जाने अथवा मर जाने से उसका धंधा चौपट हो जाएगा।...कितने-कितने संसारी रूप देख डाले हैं अब तक। जगत् में परपीड़क भी हैं और परोपकारी भी। कामी

कुटिल कुचाली भी अनन्त हैं और भक्त योगी साधक भी कम नहीं हैं। एक दृष्टि से देखो तो दुनिया बुरी ही बुरी है और दूसरी दृष्टि से कितनी सुन्दर भी है। यह अमृत-हलाहल-मिश्रित संसार क्या जड़ है?...नहीं, जड़ता में भी संचरण है, चेतना इस घोर निद्राकाल में भी स्वप्न-सी जाग रही है। श्याम सखा तुम मुझसे दूर नहीं हो। मन में नहीं बोलते जग में तो बोल रहे हो।

गयादीन के साथ सूर स्वामी अपने डेरे पर जा रहे थे। श्रृंगार हाट में सुक्खू तमोली के चबूतरे पर बैठे पान खाते और बतियाते हुए मुल्लर बाजपेयी और रजोले शास्त्री ने उन्हें जाते हुए देखा। उन्हें देखकर पान की पीक पिच्च से धरती पर थूकते हुए रजोले शास्त्री बोले—"वो देखो, भक्तकुल चूड़ामणि श्री कुक्कुट स्वामी जा रहे हैं।"

"कु.कुट नाही गर्दभ स्वामी कहौ सारे का। रेंकि-रेंकि कै अयोध्या जी मूड़े पै उठाय लिहिस है सार।"

"अस अन्याय न करो मुल्लर, गावत तौ बहुत नीक है पर पाण्डित्य के क्षेत्र महियाँ पूर्ण रूपेण है लंठ।"

"लँगड़ी कट्टो अक्कास माँ घोंसला। घमण्ड तउ इत्ता ऊँचा है कि ससुर भागवत बाँचत है। बड़ा ज्ञानी बना है।"

"ए मुल्लर याकु दिन ई सारे का भरी सभा माँ रगेदा जाए।"

"परौं पूर्णिमा है। यावनी भाषा माँ जेहिका मजम्मत कहा जात है न, वहै करि देब।"

पूर्णिमा के दिन उजागर मल सेठ की सरयू तट वाली बगीची में विद्वत् समाज नियमानुसार सवेरे से ही जुटने लगा। स्नान, ध्यान, जलपान, भोजन, विश्राम आदि के बाद तीसरे पहर जब बैठक हुई तो मुल्लर वाजपेयी बोले—"आज इस बात का निर्णय हो जाना चाहिए कि भवताप से मुक्ति पाने के लिए ज्ञान अथवा कर्ममार्ग श्रेयस्कर है अथवा गा-बजा और तालियाँ पीट-पीट के रोटियाँ पकाने वाला यह भक्ति मार्ग।"

रजोले शास्त्री बोले—"शंकराचार्य भगवान् के मतानुसार यह जगत ब्रह्म से अभिन्न है। जीवात्मा भी ब्रह्म से अभिन्न है तब भक्ति किससे की जाए। ब्रह्म का नाता ज्ञान से है प्रेम से नहीं। क्यों सूर स्वामी जी आप किस तर्क से भक्ति को ब्रह्म से जोड़ते हैं।

"पण्डित जी, मैं तो अपढ़ गँवार हूँ। तर्क की सीढ़ी लगाकर जब बड़े-बड़े मीमांसक गण भी ब्रह्म तक न पहुँच पाए, उन्हें भी शब्द प्रमाण का सहारा लेना पड़ा, तब मैं भला तुम्हारे तर्क कारागार में कैद ब्रह्म को कैसे छू पाऊँगा। पर मेरी समझ में तो बद्ध जीव ब्रह्म नहीं और अविद्या का बन्धन भक्ति से ही काटा जा सकता है।"

"धन्य हो अंध प्रभु, ककड़ी से कदुआ काटोगे?" मुल्लर वाजपेयी की बात

पर कई युवा पण्डित हँस पड़े, मुल्लर ने आगे कहा—"अरे ज्ञान से अज्ञान कटेगा कि भक्ति से?"

"यामुनाचार्य महाराज तो अपने को पापों का आगार कहकर प्रभु से ही विनय करते हैं कि प्रभु मुझे पाप भुक्त करो। यह भक्ति ही तो है और क्या है।"

"कौन करेगा पापमुक्त? ब्रह्म का तो कोई रूप ही नहीं है। न वह मोटा है न पतला, न लम्बा है न नाटा, वह असंग है। स्नेह रस रूप गंध प्राण तेज सबसे रहित है। न उसके आँखें हैं न कान, न नाक, न हाथ-पैर। वह अक्षर है। वह केवल ज्ञान गम्य है।"

"होगा भैया यह तुम्हारा अद्वैत ब्रह्म पण्डितों के काम का भले ही हो हमारे काम का नहीं है। हमारे लिए तो ऐसा सहज मार्ग ही भला है जिस पर चलकर श्वपच और ब्राह्मण समान रूप से मुक्ति लाभ कर सकें। सोई भलो जु रामहिं गावै। स्वपचहु श्रेष्ठ होत पद सेवत बिनु गोपाल द्विज जनम न भावै। जो मिथ्या वाद-विवादों, व्रत-तपादि में तो अपना जन्म नष्ट करता है किन्तु उस सर्वान्तर्यामी जगदीश का स्मरण नहीं करता उसे भला क्या मिलेगा। भक्त अपनी भक्ति के द्वारा चारों पदार्थ सहज ही प्राप्त कर लेता है।"

सूर का स्वर ऊपर से शान्त होते हुए भी आवेशमय था। ऐसा लगता था कि स्वामी जी पाण्डित्य की दुकान लगाने वाले खोखली मन बुद्धि वाले लोगों से चिढ़ रहे हैं, पर साथ ही उस चिढ़ पर अपना अंकुश भी लगा रहे हैं।

वयोवृद्ध आचार्य देवनन्दन वाजपेयी सूरस्वामी की इस मनःस्थिति को पहचान रहे थे, साथ-ही-साथ वे यह भी भाँप रहे थे कि चार-पाँच युवकों की टोली केवल सूरस्वामी की टाँग घसीटने के उद्देश्य से ही यह व्यर्थ का वितण्डा खड़ा कर रही है। यह लोग सरल सन्त स्वभाव के अंध कवि को अपने 'बौद्धिक ऐन्द्रजालिक' भ्रम में फँसाना चाहते हैं। स्थिति सम्हालने के लिए वह स्वयं बोल उठे—"विचार चलते हैं। गति करते हुए वे देश कालानुसार नव चेतना और नव दर्शन बिन्दुओं को स्पर्श भी करते हैं। उपनिषद् से लेकर महात्मा महावीर और बुद्ध तक के मतानुसार धर्म जब तर्क से बँध गया और जब तर्क का महत्त्व अपनी अति तक पहुँचकर घुटन अनुभव करने लगा तब शंकराचार्य भगवान ने वेदान्त शास्त्र का निर्माण किया। उनके अकाट्य तर्कों को आसेतु हिमाचल विजय श्री लाभ हुई। श्रीमद्भागवत ने उस रूढ़ तार्कवादिता को त्यागकर दर्शन रो लेकर रााहित्य के क्षेत्र गें रस की सृष्टि की है। भक्ति रस है। देश काल को उद्बुद्ध करने के लिए यह भी एक मार्ग है। इसे अब बुद्धजन अस्वीकार नहीं कर पाते। देशकालानुसार किसी-किसी में संयोगवश—या अधिक सच कहूँ तो सद्भाग्यवश मानक प्रतिभा समूह का मन और समूह की करुणा लेकर जन्म लेती है। ऐसे जीव आप जलकर औरों को प्रकाश दे जाते हैं। हमारे सूर स्वामी ऐसे ही एक अनोखे ईश्वरप्रद प्रतिभापुंज हैं। आयु में मेरे द्वितीय पुत्र

के समान होते हुए भी रस सिद्ध आशुकवि और गायक होने के नाते वे मेरे लिए प्रणम्य हैं। मैं आयु को नहीं प्रतिभा को प्रणाम करता हूँ–प्रतिभा जो स्वयं मृत संजीवनी शक्ति है।" कहकर देवनन्दन वाजपेयी जी ने प्रबन्धकों से अपने और सूर स्वामी को घर छोड़ आने की व्यवस्था करने के लिए कहा।

आचार्य जी की बात चूँकि काटी नहीं जा सकती थी, इसलिए आदरपूर्वक सुनी गई। अधिकांश पण्डितों ने पिछले दिनों में सूरस्वामी के अनेक प्रवचनों और पदों को सुना था, उन्होंने भी प्रशंसा की। गायन कला की सभी ने एक मुख से सराहना की।

चुहलबाज अखाड़िए पण्डितों का सारा आनन्द गुड़ से गोबर हो गया। वे लोग बड़े दुखी थे। किरकिरे मनसे सूरस्वामी और बुढ़वा आचार्य को आपस में धीरे-धीरे गालियाँ देते हुए सभा से गए।

डेरे पर लौटने के बाद सूर स्वामी का मन अपने भीतर-ही-भीतर तल तक अणु-अणु में मथ उठा। गहराई से सोचने लगे कि भक्ति को ज्ञान से सम्बद्ध करके देखना ही चाहिए। देख लें, इन पण्डितों और आचार्यों का ज्ञानधाम वाराणसी भी।

गयादीन से कहलाकर उजागर सेठ जी से मिलने का अवसर माँगा। उत्तर में बावन पचपन वर्षीय अधपकी दाढ़ी-मूँछों वाले उजागर मल जी स्वयं आ गए, बोले, "महाराज क्या आज्ञा है।"

"सेठ जी, मैं अंधा हूँ। अपनी सूझ से ही चला जाता हूँ। पराई सूझ मुझे सदा भरोसा नहीं देती, फिर भी जीवन के मान्य आधारों को कहीं-न-कहीं सादर मानना और आँकना भी पड़ता है, इसलिए अपने जीवनदाता से वाराणसी भेजने की सविनय अरदास करता हूँ। आपके श्रीमुख से स्वीकृति को मैं अपने मन में स्वयं अयोध्यापति राजा राम की रजायसु मानूँगा।"

उजागर मल सेठ ने बगीची वाली बात पर खेद प्रकट किया। सूरस्वामी बोले, "सेठ जी, आँखें न होने पर भी मन मानता तो है नहीं, वह अपनी दृष्टि से ही उस दुनिया को देखना चाहता है जो अपको अपनी बाहरी दृष्टि से ही दिखलाई पड़ती है। जीवनेच्छा किसी भी परिस्थिति में हार नहीं मानती। वह अपनी राह, अपना ढंग निकाल ही लेती है।"

"साधु!" सेठ के मुख से निकला। सूर स्वामी कह रहे थे। "मैं स्वरों से विभिन्न चरित्रों का आभास पाता हूँ। आप कदाचित् दूसरे की आँखों में अपनी अनुभवी आँखें डालकर अपनी जिस व्यावहारिक सूझ से जीवन का मर्म भाँप लेते हैं, मैं उसे स्वर से भाँपता हूँ। अपनी आस्था को इस बार सब प्रकार की बौद्धिक आँचों पर तपाकर देखने के लिए मुझे बनारस जाना चाहिए। कुछ वर्ष तो अध्ययन में बिताऊँगा ही। मेरे लिए यात्रा और काशी में रहने का प्रबन्ध करवा दें तो आपकी कृपा से द्विज हो जाऊँ।"

मृदु वचनों से उजागर मल प्रसन्न हुए, कहा–"काशी में दशाश्वमेध घाट पर

मेरी धर्मशाला है। आपके काशी निवास का सारा भार आज से मुझ पर है। आपके रहने की व्यवस्था, नए नगर में पथ-प्रदर्शक के रूप में एक योग्य परिचालक की व्यवस्था, आदि सब कुछ आपकी इच्छानुसार हो जाएगी। आप अपना तप सिद्ध करें, यही मेरी एकमात्र लालसा है—सहज लालसा जो न कुछ चाहती है न कुछ माँगती है। जो कुछ मुझसे होता है भगवद् आदेश मानकर ही करता हूँ इसलिए मेरा यश नहीं । मैं तो राम जी की ड्योढ़ी का छोटा-सा साहूकार होने का कर्तव्यमात्र निभाता हूँ। हृदय से निभाता रहूँ, बस यही मेरा लालच है, यही मेरा मुनाफा जो चाहे समझें!"

अयोध्या से विदा लेते हुए सूर स्वामी अपने भीतर वाले, अव्यक्त ब्रह्म की खोज के विचार से अभिभूत थे। उनका श्याम सखा पहली बार गम्भीरता-पूर्वक व्यक्त से अव्यक्त बना था। अपने यात्रा काल में पचासों गोष्ठियों, विविध विषयों और विविध रुचियों का परीक्षण करते हुए सूरस्वामी अब यश-अपयश से आप ही आप ऊपर उठ गए थे। उन्हें जीना है, अपने ढंग से जीना है। उसके लिए अनुभव प्राप्त करना है और आस्था को सही रूप से प्रतिष्ठित करना है। सूर दृष्टि में उस समय एकमात्र यही संकल्प ज्योति जगमगा रही थी।

14

राजघाट के निकट ही अजुध्यावाले सेठ की धर्मशाला थी। नीचे के दो खण्ड सार्वजनिक उपयोग के लिए और तिमंजले पर विशिष्ट अतिथियों के ठहरने योग्य प्रबन्ध था। पुद्दन पण्डित तीन पीढ़ियों से उजागर मल के वंश के संरक्षण में थे। वही इस धर्मशाला और अन्य छत्र के प्रबन्धक भी थे। सूर स्वामी को अतिथि खण्ड में ही ठहराया गया था। कमरा छोटा था पर गंगा की ओर दो बड़े झरोखे होने से खूब हवादार था। कुछ तो सेठ के आदेश से और कुछ स्वामी जी की सरलता, अंधता और गायन कला से प्रभावित होकर पुद्दन गुरु ने उनकी सुख-सुविधा का पूरा ध्यान रखा था। सवेरे-साँझ अपने साथ गंगा जी ले जाते और अपने ही सामने बैठाकर उन्हें भोजन कराते थे। मन्दिरों को तोड़ने वाले तुर्क-पठान बादशाहों को गालियाँ देकर, विशेष रूप से कुछ वर्षों पहले विश्वेश्वर भगवान का मन्दिर तोड़ने वाले सिकन्दर लोदी के लिए भद्दी-से-भद्दी गालियाँ मन्त्र की तरह पग-पग पर बकते हुए उन्होंने स्वामी जी को सभी ध्वस्त अनध्वस्त मन्दिरों के दर्शन कराए। केशवजी का मन्दिर तो भग्न हो चुका था। परन्तु विग्रह एक स्थानीय ब्राह्मण के घर में आज भी सुरक्षित और पूजित था।

'मथुरा के भगत' को पुद्दन गुरु वहाँ भी बड़े भाव से दर्शन कराने ले गए।

लगभग वर्ष-भर के बाद काशी में केशव जी फिर मिले। स्वामी जी गद्‌गद हो गए। आनन्द की लहरें केवल ऊपर ही नहीं अन्तर तक को हिलोरे डाल रही हैं, स्वामित्व विवश बह जाता है, बालक सूरज सूरजमुखी के फूल-सा खिल उठता है। परदेश में श्याम सखा मिले। वह मिले जो रूठने पर भी उससे निरन्तर मिलते हैं। फिर भी यहाँ नए रूप में मिल रहे हैं।

सम्मुख केशव हैं। सूरज उन्हें मन में देख रहा है। अपने ही स्वर को दो स्वरों में बाँटने की बान बचपन ही से पड़ी है। उस दूसरे का मालिक सूरज से अलग व्यक्ति है। उसकी कल्पना ने श्याम सखा को एक भाव-प्रकाश के रूप में देखा है। होश की बढ़ोतरी के साथ-साथ वह सखा, अण्ड से ब्रह्माण्ड—कोटि-कोटि ब्रह्मखण्डों से विराट होकर अब तक नेह बूँद बनकर ही उसके अन्तर में समाया है। वह सखा इतना अपना है कि उसके बिना सूरज सूरज नहीं और सूर स्वामी तो नहीं ही नहीं। धन्न मेरी मैया, मेरी परमगुरु जो श्याम को सखा बनाकर खेलने का मन्त्र दे गई। वह सखा जो आयुमान बढ़ने के साथ ही साथ अपनी ससीमता में भी असीमता का आभास विकास कराता हुआ, उसकी सारी आयु उसकी एक-एक साँस, उसका कर्म बन गया है। वह केशव सामने है। मन, मथुरा, काशी में भेद नहीं। केशव है तो कहीं भेद नहीं।...फिर भी भेद है। काशी में केशव के विग्रह के सम्मुख खड़े होकर सूरज को जननी का ऋण याद आया। केशव राधा की याद दिलाते हैं क्यों?...जो भी हो श्याम सखा सम्मुख हैं, उन्हें ही देखो।

सूर स्वामी की काया में फिर सूरज-मन आ गया। 'नन्हें' सूरज का मन लेकर मान से 'बड़े' सूरज ने मुँह फुलाया। बचपन का सखा अब चेतना में त्रिलोकी का राजा हो गया तो बोलता भी नहीं। भीतर-भीतर दर्द घुमड़ने लगा। अपना—घना अपना—जब यों पराया हो जाए तो क्यों न खले।...वह पराया नहीं, अब भी वही है—कान रूपी आँखों से ओझल है। नाहं प्रकाश सर्वस्व योगमाया समावृतः। उस योगमाया से कहा कि मैया, श्याम को अदृश्य करके तुमने अभागे सूरज की आँखें ही छीन ली हैं। मेरा चाँद खिलौना मुझे दे दे माँ।...नन्हे मुन्ने बनने से अब काम न चलेगा रे सूरे। उस प्रकाश को खोज जिसमें तुझे अपने माता-पिता, भाई, गुरु, सखा के नित्य दर्शन हो सकें। वह प्रकाश ज्ञान ही है उससे तेरा नातों का नाता है। तेरा सर्वस्व अब सर्वव्यापी सर्वान्तरयामी अव्यक्त-व्यक्त, अनादि-अनन्त, शक्तिशील और सौन्दर्य का परम पुंज तेरे सम्मुख प्रत्यक्ष है।

सोचने मात्र से ही अन्तर में बड़ी तेज फुरफुरी दौड़ गई, मद-सा चढ़ आया, मौजें मस्त हो गईं।

"माधव जू जो जनते बिगरै।

तऊ कृपालु करुनामय केशव प्रभु नहिं जीय धरे—

भव आतंक से भयाक्रान्त श्री केशवराय जी के गोपनीय मन्दिर में आती-जाती

छोटी-सी किन्तु बड़ी सम्भ्रान्त दर्शनार्थी मण्डली भाव-विभोर हो गई। गायन समाप्त करने के बाद कई पलों तक रस-स्तब्धता छाई रही। फिर सभी गद्गद होकर घेरने लगे। पुद्दन पण्डित के बखान शुरू हुए, "मथुरा जी से आए हैं, बड़े सन्त हैं, कुछ समय काशीवास करेंगे। हमारे पास ही ठहरे हैं।"

"तब तो कुछ दिनों भाव भजन और सत्संग का लाभ हमें भी दीजिए।"

"लाभ मेरा है। हरि पद रति हेतु भजन ही राजमार्ग है। इस सरल मार्ग से भक्ति, भक्त और भगवान तीनों एक रूप हो जाते हैं। मेरे मन में एक विचार यह भी आ रहा है कि यदि कोई मिल जाए तो भाषा में रची अपनी भागवत सुनाऊँ।"

"आपने भाषा में भागवत रची है?"

"हाँ। पिताजी से प्रसाद रूप में मिली। विविध अवसरों पर गा के सुनाते हुए नौ स्कन्ध रच गए। अभी स्मृति में हरे-भरे हैं। हरिकृपा से कोई लिखने वाला मिल जाए तो काशी में सम्पूर्ण भागवत की रचना कर डालूँ।"

"हम आपको लिखने वाला देंगे। लोढ़ू और खनमन दो कायथ भाई मेरे परिचित हैं। उनकी लिखत बड़ी सुन्दर है।" जिनके घर में केशवजी विराजमान थे वे ब्राह्मण देवता बोले। गजोधर साव पास ही बैठे थे, कहा–"उनसे पक्का कर लें। देवता। खर्चा मेरे जिम्मे रहा।"

"साव जी आप कह चुके तो हम नौकर आदमी क्या बोलैं, बाकी लिखाई के दाम तो हमारे सेठ जी देंगे और कथा भी हमारी धरमशाला के आँगन में ही होयगी।"

दिन में लोढ़ू-खनमन आए। प्रणाम कर गए। सायंकाल अपने कमरे में बैठे सूर स्वामी कुछ गुनगुना रहे थे तभी एक कर्कश, बनावटी विनम्र स्वर कमरे के द्वार से आया–"हर हर महादेव! पालागी महराज।"

"जय श्री कृष्ण। कहाँ से पधारे हैं?"

"आपके चर्ण सेवक हैं महराज जी। पाण्डे छिदम्मीलाल सर्मणाह हमारा नाम है। हमने सुना है कि आप भाखा में भागौतजी का पाठ करेंगे।"

"हाँ। यही विचार है।"

"बड़ी शुभ वार्ता है। ई तो नई चाल होगी और हमने ये भी सुना है कि आप अपानी भागौत जी लिखावैंगे।"

"आपने ठीक ही सुना है।"

"तब फिर आपकी कथा का अस्थान और लिखने वाले का पिरबन्ध हम पर छोड़िए।"

"मुझसे इन बातों का कोई सम्बन्ध नहीं है। पाण्डे जी। पुद्दन जी जानें। हाँ, लोढ़ू और खनमन जी को मैं अवश्य वचन दे चुका हूँ।"

"पुद्दन सखा अपनी अकड़ में हैं। आप मुझे अभी जानते नहीं हैं। यों तो

आप सब का चर्ण सेवक हूँ। कासी जी में और इधर वाल मीरजापुर चुनार उधर वाल जौनपुर तलक किसी नन्हे बालक से भी पूछेंगे तो वो भी हमारा परचै आपको बतावेगा। जौनपुर के सुर्खी बास्साय ने हमको मल्ल मार्तण्ड की उपाधी दी है आपके चरणों की किरपा से।''

''आपसे पुद्दन जी की बात हुई थी?''

''वो कहता है कि हम जिम्मा ले चुके हैं तो और किसी को नहीं देंगे।''

''और आपका विचार...''

''हमारा विचार? ऐसा है कि आप आज केसौ जी के दर्सनारथ गए रहे ना। तो हम भी पासै रहते हैं, पंचगंगेस्वर में, समझे न आप। तौ हमै बाद में दुइचार लोगन ने बताया, आपकी बड़ी परसंसा करी सबने--कहा भाखा में भागौतजी गाएँगे। हम दौड़े-दौड़े सुमेसर के पास गए जिनके यहाँ केसौ भगवान रहते हैं। सुमेसर ने कहा, पुद्दन से कहो। मैंने तो केवल लोढ़ू-खनमन की जिम्मेवारी ली है, गजोधर साव ने पैसे देने की बात कही है। परन्तु पुद्दन तो लिखवाई के दाम भी देने को कहते हैं। हमने सुमेसर से कहा कि भाखा में भागौत जी तो हमीं करावेंगे। ये नई चाल की कथा होयगी और नई चाल का काम तौ विस्वेस्वर बाबा का यह नन्दी ही करेगा। ये हमने ठान लिया है। आपको चेताए देते हैं महराज।''

''मुझे चेताने से क्या मिलेगा पाण्डेजी।''

''नहीं महराज बताना आपही को है। कासी, जौनपुर, मीरजापुर, चुनार, ई चार अस्थानों पर आप सबसे पहले जदी कहीं कथा बाचें-गाएँगे तो वह हमारे यहाँ। नहीं तो कहीं भी कथा नहीं होयगी। अच्छा पालागी।''

''सुनिए पाण्डेजी, आप अपना विरुद और मंतव्य तो सुना चले किन्तु यह भी जान लीजिए कि--(सहसा गाने लगते हैं) 'स्याम गरीबनि हूँ के गाहक। दीनानाथ हमारे ठाकुर साँचे प्रीति निबाहक।' हूँ लीजिए, गा भी लिया। आपके यहाँ नहीं गाया। अब जो चाहे मेरा बना लीजिए। धमकी मैं यमराज की भी नहीं सहूँगा। जहाँ जी चाहेगा वहीं गाऊँगा। मैं यवनों की बस्ती में भी गाऊँगा। जहाँ मेरे श्याम कहेंगे वहाँ गाऊँगा। मृत्यु तो एक ही बार आती है न!''

दुबले-पतले सूर स्वामी का सत्यावेश देखकर मल्ल मार्तण्ड एक विषभरी फुफकार छोड़कर चले गए।

उनके जाने के बाद पुद्दन पण्डित आए। स्वामी जी कम ही उत्तेजित होते हैं परन्तु इतनी देर के बाद भी उनके चेहरे पर तमतमाहट बनी हुई थी। आहट से पुद्दन को पहचाना, कहा--''आज एक मल्ल मार्तण्ड धमकी दे गए हैं।''

''मुझसे भी कह गया है छिदम्मी। मैंने कह दिया है कि तेरे हजार गुण्डों से निपटने के लिए मैं भी तैयार हूँ। तेरे पास भोला के भूत हैं तो मुझे राम जी के बानरों का सहारा है। एक बार इस दुष्ट से निबटना परम आवश्यक हुई गया है स्वामी जी।''

सूर स्वामी मन-ही-मन में हिल उठे, बोले–"हरि कथा के लिए इतने द्वन्द्व! हे राम! हे राम! मैं अब यहाँ भागवत नहीं लिखाऊँगा। इन दोनों आयोजनों में से एक भी स्वीकार नहीं करूँगा।"

पुद्दन पण्डित की त्यौरियाँ चढ़ गईं। फिर कुछ संयम साधकर बोले–"आप तो ठहरे सन्त महातमा, रमते जोगी बहते पानी, बाकी हमैं तो काशीजी में ही रहना है न महराज। एक बार छिदम्मिया ससुरे की धौंस में आ जाएँगे तो जलम भर दबना पड़ैगा।"

"आप कहते हैं हजार गुण्डों के दल का मुखिया है–"

"अरे हम दुई-अढ़ाई हजार बैरागी बुलवाए लेंगे अजुध्या जी से। उजागर सेठ देउता के लिए देउता और दानौ के साथ पूरे दानौ हैं।"

"पण्डितजी, आप आयु में बड़े हैं। मुझे आपकी बात काटने का अधिकार नहीं किन्तु मैं अपनी कथा को रक्त-रंजित नहीं बनाऊँगा। यह मेरा निश्चित मत है।"

"तो क्या एक दुष्टातमा के कारन सैंकड़न भक्तन का मन तोड़ देओगे?"

"मैंने मल्ल मार्तण्ड से कह दिया है कि मुझे मारना चाहें तो मार सकते हैं किन्तु जहाँ मेरी इच्छा होगी वहीं हरि कीर्तन करूँगा। भागवत गान भी करूँगा। मैं कल सवेरे यह स्थान त्याग दूँगा।"

"फिर कहाँ रहौगे?"

"अविमुक्तेश्वर बाबा की नगरी बहुत बड़ी है। कहीं खाया, कहीं बैठे, कहीं सोए। शय्या भूमितलं दिशोपवसनं ज्ञानामृतं भोजनम्। मेरा कौन बन्धन है।"

"तब सेठ से क्या कहूँगा?"

"आप सोच-समझ के जो उचित समझें, कहें। मैं प्रभु के नाम पर न तो किसी से दबूँगा और न उत्पात ही पसन्द करूँगा। मैं यहाँ नहीं रहूँगा।"

"रहना तौ आपको यहीं है स्वामीजी, नहीं तो मैं गंगाजी में कूद के प्रान त्याग दूँगा। ये अपजस कदापि नहीं सहौंगा कि मैंने छिदम्मी के भय से आपको यहाँ से चले जाने दिया।"

"मल्ल मार्तण्ड पाण्डे छिदम्मीलाल सर्म्मणाह" एक धमकी भरा नाम था जिसने सूर स्वामी का जप-ध्यान विस्मृत करा दिया। छिदम्मी पाण्डे वस्तुतः काशी का बेताज बादशाह था। पठान, हाकिम, हुक्काम भी सहसा मल्ल मार्तण्ड से टक्कर लेने में हिचकते थे। इसमें सन्देह नहीं कि सिकन्दर लोदी के आक्रमण के बाद बनारस में गुण्डों की अराजकता बहुत बढ़ गई थी और यह मल्ल मार्तण्ड का ही जीवट था कि नगर के गुण्डों को साम-दाम दण्ड भेद से अपने वश में करके अविमुक्तेश्वर बाबा की राजधानी को आए दिन की लूटपाट के भयांतक से मुक्त कर रखा है। एक कर पठान हाकिम वसूल करते हैं, दूसरा कर छिदम्मी लेते हैं। पाँच सौ मुश्टण्डे हरदम इनके तावे में रहते हैं; और मोटी दक्षिणा मिलने पर पाँच-सात सौ लठैत आसपास के गाँवों से

बुलवा लेते हैं। कथा ब्रह्मभोज मुण्डन जनेऊ ब्याह और विशिष्ट व्यक्तियों की अर्थी श्मशान ले जाने के अवसरों पर मुसलमान गुण्डों के उत्पात से बचाव करने के लिए प्रत्येक धनीमानी हिन्दू छिदम्मी छत्र धारण करता है।

दूसरे दिन गजोधर साव, सोमेश्वर पण्डित, लोढ़ू-खनमन को साँप सूँघ गया। आधी रात को ही पुद्दन अपने गोयंदो से यह समाचार पा चुके थे कि छिदम्मी पाण्डे इतनी ही देर में दूर-दूर तक अपनी धमकियाँ पहुँचा चुका है। बिल्ली के बाहर निकल आने से सारे चूहे बिल में घुस गए। सूर स्वामी गंगाजी से नहाकर लौटे तो पुद्दन बोले—"स्वामी जी हमारा मुँह तो आपके भगतई सुभाव ने बन्द करवा दिया, अब छिदम्मी को रोकौ तो तुम्हारा तेज-परताप देखें।"

सूर स्वामी हँसे, बड़े प्रेम से पुद्दन का हाथ पकड़कर उन्होंने कहा—"आप से अपने मन का कपट बतलाते हैं। प्रभु कृपा पर ही भरोसा रखने के लिए पिछले कुछ महीनों से मैंने ज्योतिष विद्या को भुला दिया था, किन्तु आज गंगाजी को अंजुली में लेकर अपने मस्तक पर चढ़ाते ही कपाल के स्पर्श से मेरी होनी के पट अकस्मात् खुल गए। गंगाजी का ध्यान करते-करते सहसा अपने भविष्य की चिन्ता जाग उठने से मैं दुखी हुआ। किन्तु वह दुःख अपनी जगह पर है और होनी की जानकारी अपनी जगह पर। आप चिन्ता न करें, मल्ल मार्तण्ड मेरे दो जन्मों के मित्र हैं, इतने दिनों की बिछुड़न के बाद मिलने पर प्रेम कलह तो करेंगे ही। करने दीजिए। चिन्तामुक्त होकर आप अपना जगत व्यापार चलाइए। सूर के श्याम सखा हैं। मैं आज फिर केशवराय के दर्शनार्थ जाना चाहता हूँ। किसी को मेरे साथ कर दीजिए। एक बार और राह देख लूँ फिर कभी कठिनाई नहीं होगी।"

पचास डग सीधे चले, फिर दाएँ मुड़े। दस-बारह डग चले, फिर बाएँ। बारह बार दाहिने मुड़े, आठ बार बाएँ, सीधी राह की नाप कदम हैं। पंच गंगेश्वर पहुँच गए। सोमेश्वर जी का घर भी आ गया। आगे के घर में सोमेश्वर जी सपरिवार रहते थे, पीछे केशव जी पधराए गए थे। मन्दिर की ओर भी एक घर बनवा दिया गया था। दर्शनार्थी उधर ही से आते-जाते थे। सूर स्वामी को देखते ही सोमेश्वर के मुख पर धूप-छाँव के से रंग बदले।

"जय श्री कृष्ण पण्डित जी। दर्शन करने आया हूँ। आज्ञा है?"

"अरे स्वामी जी, भगवान तो सबके हैं, आइए।"

केशव सम्मुख हैं। कल केशव के सामने ही कथा-भजन भाव की बात चली थी, आज वह फिर गई। जीवन में कब क्या घटता है, क्या मिट जाता है, कोई नहीं कह सकता। जन्मभूमि में जब तुम्हारे दर्शन करने गया था तब मन और था। तब तुम और भाँति से नचाकर मेरी परीक्षा ले रहे थे, अब दूसरी तरह से जाँच रहे हो। तुम्हारी इच्छा। जो हम भले-बुरे सो तेरे। तेरा हूँ तो तुझसे ही अपना दुख-सुख कहूँगा। मुक्तिनाथ की राजधानी में विराजमान हे भक्तिनाथ, अपनी झलक दिखाओ और कुछ

नहीं चाहता। मुक्ति चाहता हूँ अज्ञान से, भक्ति चाहता हूँ तुम्हारे चरण कमलों की।...पहले भक्ति कि ज्ञान? भक्ति कारण है या कार्य? ज्ञान कारण है या कार्य? पण्डित कुछ भी कहें—कि जिस दिन तुम्हारें चरणारविन्दों के दर्शन कर लूँगा उसी दिन मुझे चारों पदार्थ प्राप्त हो जाएँगे।

अनामिका के स्पर्श से त्रिकुटी में जागा ध्यान राधेगोपाल के चारों ओर चक्कर काटने लगा। अभी कुछ समय पहले तक ध्यान एकाग्र करते तो त्रिकुटी में आग का गोला-सा नाच उठता था, अब वह प्रक्रिया अधिक श्रमसाध्य नहीं रही। हथेलियों के स्पर्श मात्र से जिन आकृतियों की सहज रेखाएँ ध्यान में आतीं और मिट जाती थीं वह अब देर तक टिकती हैं, छवि तरंगें अधिक स्थूल होकर उभरती हैं। सूर स्वामी का मन उस युगल में मिलकर शान्त और सन्तुष्ट हो जाता है।

जब चलने लगे तो सोमेश्वर जी ने फिर बाँह थामी, कहा–"मेरी विवशता को क्षमा करेंगे स्वामी जी। बाल-बच्चेवाला हूँ, जल में रहकर मगर से बैर नहीं कर सकता। लोढू-खनमन और गजोधर साव भी मेरे समान ही दुखी हैं।"

"क्यों? अरे मल्ल मार्तण्ड तो सबके रक्षक हैं। आप लोग घबराएँ नहीं। कल वह बतला गए थे कि उनका घर यहाँ से अधिक दूर नहीं है।"

"बहुत पास है। क्या वहाँ जाएँगे?"

"हाँ।"

"मैं पहुँचाए देता हूँ।"

"जो सेवक मेरे साथ आया है उसे ही मार्ग बतला दीजिए।"

"वह तो आपको यहाँ छोड़कर कब का चला गया। अरे दीनू बेटा, स्वामी जी को छिदम्मी के घर छोड़ आओ।...तो आप उसके यहाँ कथा बाँचेंगे स्वामी जी? उसी की बात रहे, हम लोगों का तो भला होगा ही।"

"धमकी देकर तो मुझसे कोई काम करा नहीं सकेगा महाराज।"

"मैं आपको बतलाता हूँ। उसका झगड़ा ज्ञानेश्वर जी से है। ज्ञानेश्वर भागवत के महान् आचार्य हैं पर उनके नखरे भी उतने ही बड़े हैं। छिदम्मी की किसी बात से चिढ़ गए। अब वे उसके किसी यजमान के यहाँ नहीं जाते। नगर में ज्ञानेश्वर जी की ऐसी प्रतिष्ठा है कि छिदम्मी भी उनसे खुलकर बदला लेने का साहस नहीं कर पाता। आपके गायन की प्रशंसा और भाषा भागवत गाने की बात सुनकर उसे लगा कि वह ज्ञानेश्वर जी को नीचा दिखला सकेगा। इसीलिए अपने आयोजन में आपकी कथा कराने को उत्सुक है। आपने मना कर दिया इसलिए कुपित हो उठा है! आप स्वीकार कर लें तो..."

"एक स्वाभिमानी आचार्य को नीचा दिखलाने के लिए वह मेरा उपयोग करेगा और इसे मेरा श्यामाभिमान स्वीकार कर लेगा—यह असम्भव है। कहाँ हैं दीना भाई, मुझे मल्ल मार्तण्ड की गली में ले चलें।"

गुजरी हुई गलियों की अपेक्षा उस गली में अधिक सन्नाटा था। पूछा तो पता लगा, पण्डों की बस्ती है, जवान जिजमानों की टोह में गए हैं। बूढ़े और स्त्रियाँ ही अधिकांश घरों में हैं। यह छिदम्मी पाण्डे का घर है और यह हरिहर जी का ठाकुरद्वारा है। दक्षिण के एक बड़े भारी पण्डित लक्ष्मण भट्ट जी जब अपनी पत्नी और पुत्र के साथ काशी पधारे थे तब वे ही उनके तीर्थ पुरोहित बने थे। उनके पुत्र श्री बल्लभ भट्ट साक्षात् श्रीकृष्ण भगवान के अवतार हैं। ग्यारह बरस की आयु में ही पूरे पण्डित बन गए थे। यहाँ के बड़े-बड़े पण्डितों ने एक मुख होकर उनकी प्रशंसा की। बाल सरस्वती वाक्पति की उपाधि दी। हरिहर जी ने उन्हीं की प्रेरणा से यह ठाकुर द्वारा बनवाया था।

"वे बाल सरस्वती वाक्पति अब कहाँ हैं?" सूरस्वामी ने उत्सुक होकर पूछा।

"अपनी माता के साथ दक्षिण तीर्थयात्रा पर गए हैं।"

"आपने देखा है उन वाक्पति बाल सरस्वती को?"

"अरे बहुतै बार। अभी दो-तीन ही बरस तो भए हैं उन्हें यहाँ से गए। बड़ी बड़ी आँखें, गौर बरन हजारन लाखन के बीच में देखौ तौ भी आँखें सीधी जाय के उन्हीं पर टिकें। देखते ही मन खींच लेते हैं।"

"आपके बखान से ही मेरा मन उनकी ओर खिंचने लगा है। अब क्या आयु होगी उनकी?"

"आयु अधिक नहीं है। आपै के बराबर होएँगे।"

"दीनाभाई, इस ठाकुर द्वारे में दर्शन करने जा सकता हूँ।"

"हाँ, हाँ। आइए।"

राधा माधव के सम्मुख प्रणाम किया और दालान में बैठ गए। गाने लगे–

"करी गोपाल की सब होइ
जो अपुनो पुरुषारथ मानत अति झूठो है सोइ।..."

ऊँची आवाज़, जादू-सा अपनी ओर खींचता हुआ यह कौन गा रहा है? एक आया, दो आए, आते चले। औरतों के लिए पूरा महल्ला ही एक घर के समान होता है, निकली और ठाकुर द्वारे में धँस आईं। राह चलते लोग भी दरवाज़े से झाँके, कुछ भीतर चले आए, कुछ दहलीज में ही अड़े रह गए। छोटी जगह में देखते ही देखते बड़ी भीड़ हो गई।

सूरस्वामी उत्साह में थे। दो-तीन भजन गाए। सब पर उनका जादू चढ़ गया, सब भक्त, पर जिसे सुनाने आए थे वह नहीं आया। मल्ल मार्तण्ड पाण्डे छिदम्मी लाल सर्मणाह इस समय घर पर मौजूद न थे।

दूसरे दिन केशव जी के दर्शन करके फिर मल्ल मार्तण्ड की गली में राधामाधव के प्यारे बहाने से गए। आज हरिहर के पुत्र रामरत्न घर में मौजूद थे। बाल सरस्वती वाक्पति श्री वल्लभ भट्ट के सम्बन्ध में स्वामी जी ने और जानकारी पाई। रामरत्न बोले–"उनके जैसा चमत्कारी पुरुष तो मैंने आज तक देखा ही नहीं। जब यहाँ लोधी

सुल्तान ने बड़ा विध्वंस मचाया तो एक दिन बोले कि देश में म्लेच्छों का प्रभाव बढ़ रहा है। गंगादि तीर्थों में भी उनका उत्पात बहुत बढ़ गया है। सत्पुरुष पीड़ित हैं। ऐसे भयानक समय में श्रीकृष्ण ही हमारे रक्षक हैं। तभी हमारे पिताजी ने यह ठाकुर-द्वारा स्थापित किया था। कहते थे कि जिसकी श्रीकृष्ण भगवान की सेवा और कथा में दृढ़ आसक्ति है उसका कभी नाश नहीं होता। बस फिर उनकी लौ जो श्रीकृष्ण भगवान में लगी तो और सब छूट गया। माँ की सेवा और कृष्णजी की सेवा, यही दो काम रह गए। छोटी आयु के होकर भी दुःखी जनों को ऐसा बोध देते थे कि मानो साक्षात् भगवान ही बोध दे रहे हों।"

सुनते हुए स्फूर्तिवन्त ज्योति बिन्दुओं का फुहारा-सा मन में फूट पड़ा। रोम-रोम आनन्द से पुलकित हो रहा है—अनदेखे कीर्ति सुनते हुए कानों में मिठास घुल रही है; उसकी मिठास से एक आकार बन रहा है। अग्निपुंज-सा तेजस्वी, अपूर्व सौन्दर्य बोध मुग्धता से भरा हुआ स्व-रूप तरावट-भरी अनुभूति करा रहा है। कुछ देर के लिए मानो समाधि-सी लग गई। हरिहर ने जड़वत बैठा देखा तो हौले से हिलाया—"स्वामी जी!"

"हाँ" कहीं अतल से आवाज़ आई फिर एक-दो क्षणों में ही अपने को सावधान कर लिया; गला खखारकर बोले—"उन सिद्ध महापुरुष का वर्णन सुनकर लगा जैसे अपने किसी अत्यन्त आत्मीय जन का बखान सुन रहा हूँ।"

"आपने सच कहा स्वामी जी, उन्हें देखकर मुझे भी लगता था कि बाल सरस्वती वाक्पति मेरे ही हैं।"

"रामरत्न जी आप सुनकर हँसेंगे, परन्तु आपसे मिलकर मुझे ऐसा ही लग रहा है जैसे प्रिय का सन्देशा लेकर आने वाले से मिलकर प्रिया को आनन्द होता है। जय श्री कृष्ण! कल फिर आऊँगा।"

फिर गलियों की 'तई' में सूर स्वामी जलेबी से नाचने लगे। इधर से उधर, फिर जिधर लाठी ने निकास टटोलकर पाया उधर! सट्टा बाजार आया। शोर। उसे पार करके आगे आए तो नया शोर, दो क्रुद्ध साँड़ों की टकराहटें, फुंकारें, खबड़-खबड़ हट-हट! स्वामी जी लाठी से टटोलकर एक चबूतरे पर चढ़ गए। सुरक्षा की दृष्टि से दो-चार राह चलते वहाँ और भी चढ़े हुए थे। ऊपर छज्जों पर से पानी के डोल भर-भरकर बैलों पर छोड़े जा रहे थे। किसी ने ईंट-पत्थरों के टुकड़े भी बरसाए। मगर दोनों नन्दीश्वरों ने अपनी टक्कर न छोड़ी। साँड़ों के बार-बार क्रोध में डकराने और लड़ाई में गतिशील उनकी आगे-पीछे बढ़ती टाँगों की खबड़-खबड़ से दर्शकों का अच्छा मनोरंजन हो रहा था। सहसा सूर स्वामी को भी मौज आ गई। खड़े-खड़े ही हाथ बजाकर गा उठे—

"आजु हौं। एक-एक करि टरिहौं
के तुमही के हमहीं माधव अपुन भरोसे लरिहौं।—"

गली वालों के लिए एक नया आकर्षण। पहले इन पंक्तियों ने विनोद उत्पन्न किया। अरे जियो—वाह-वाह जैसे बनारसी कुमकुमे फूटे, किन्तु जैसे-जैसे गायन बढ़ने लगा वैसे-वैसे गाने वाले व्यक्ति के प्रति लोगों का आकर्षण भी बढ़ता गया। और सबसे बड़ा आश्चर्य तो यह हुआ कि साँड़ों की टक्कर छूट गई। कुछ देर दोनों आमने-सामने खड़े हाँफते रहे और फिर अलग-अलग चल दिए, एक इधर दूसरा उधर। साँड़ों के हटते ही भीड़ घिर आई। ''कहाँ से पधारे हैं? कहाँ ठहरे हैं? हमारे यहाँ अपनी जूठन गिराएँ। हमारे यहाँ एकादशी को भजन-भाव होता है, आप भी पधारें।'' तरह-तरह के प्रश्न, तरह-तरह की जिज्ञासाएँ, कामनाएँ। स्वामी जी बढ़ते चलते हैं। उनके स्वर का जादू और सन्तत्व की महिमा दिनोंदिन उनके आगे-आगे बढ़ती चलती है। एक घाट से दूसरे घाट तक जाना चाहते हैं तो कोई-न-कोई मार्ग दर्शक बनकर उनके साथ हो जाता है। छिदम्मी पाण्डे से उनकी गाँठ पड़े अभी पूरा सतवारा भी नहीं बीता था कि देव बनारस के कोने-कोने में सूर स्वामी का जस फैल गया। दो पहर तक डेरे पर लौटकर रोज पुद्दन से कहें—''मल्ल मार्तण्ड आज भी नहीं मिले। रोज उनके महल्ले में जाता हूँ। सबसे जान-पहचान हो गई। वही नहीं मिलते।'' कहते-कहते उनके मुख पर विजेता की-सी दमक आ जाती थी। एक दिन पुद्दन बोले—''स्वामी जी, समुन्दर की थाह तो पाने वाले पा भी लेते हैं पर छिदमवा साले के पेट की थाह किसी को नहीं मिली। एक सौ एक मुरहों के सिर जोड़कर बिरम्हा जी ने इसकी खोपड़ी बनाई थी। अकेले घूमते हो, किसी दिन धोखे में घात करेगा।''

''मेरे मन में कोई छल-कपट होता तो बात और थी पर मेरा स्वाभिमान किसी की धमकियों से नहीं दबेगा पण्डित जी। उसे केवल मेरे श्याम सखा ही तोड़ या झुका सकते हैं।'' बात वहीं समाप्त हो गई।

दो-तीन दिन और बीत गए। अब तो काशी की गली-गली सूर स्वामी का घर है। छोटे-बड़े सभी उन्हें जानते हैं। दिन-भर कोई-न-कोई उनका हाथ पकड़कर कहीं-न-कहीं दर्शन कराने ले जाता है। ''स्वामी जी आओ तुम्हें मत्योदरी ले चलें।—आओ कपिल ह्रद दिखाएँ।'' काशी में देवों, ऋषियों और अप्सराओं के द्वारा स्थापित अनेक शिवों के दर्शन किए जिनमें अधिकांश तोड़ भी डाले गए थे। एक दिन दूध विनायक में उन्हें एक सज्जन मिले, बोले—''आओ आज तुम्हें देव-देव अविमुक्त नाथ के खण्डहर दिखाय लावें।''

''खण्डहर में भटकाने से क्या लाभ होगा भैया?''

''अरे वह क्या कोई साधारण भूमि है स्वामी जी। अरे स्वयं देवदेव ने अपनी मुक्ति लाभ के लिए वह स्थान चुना था।''

''मुक्तिनाथ स्वयं मुक्त होना चाहते थे! यह क्या कह रहे हो भैया?''

''बात ऐसी है स्वामी जी कि एक बार, निशाचर कैलास पर्वत की गुफा से स्वयं एक भू लिंग उखाड़ के ले उड़ा। तब देव-देव ने सोचा कि दुष्ट निशाचर तो

किसी अपवित्र स्थान पर मुझे ले जाकर प्रतिष्ठित करेगा, इसलिए उपयुक्त स्थान देखकर इस दुष्ट के चंगुल से मुक्त होना चाहिए। आकाश से काशी दिखलाई दी। बस देवाधिदेव की माया से मुरगा बोल उठा। सबेरा होने के भय से निशाचर लिंग छोड़कर भागा। जिस जगह राक्षस से मुक्त होकर धरती पर गिरे थे वह स्थली अविमुक्तेश्वर ने अपनी स्थापना के लिए चुनी थी। मन्दिर खण्डहर हो गया तो क्या हुआ भूमि तो जाग्रत है। आप तो सन्त महात्मा हैं। वहाँ पर बैठकर खुद ही देख लीजिएगा। स्वामी अघोरानन्दजी, स्वामी भैरवानन्दजी, अभेदानन्द जी आदि बड़े-बड़े संन्यासियों की कैवल्य समाधि वहीं लगी। चल के देखिए तो सही फिर रोज वहाँ न जाइए तो मेरा नाम चक्रपाणि से बदल के पनहीपाणि कर दीजिएगा। आइए।''

चक्रपाणि ने उनका हाथ पकड़ा, स्पर्श अशुभ लगा। मन बोला, प्रवंचक है। स्वामीजी ने अपना हाथ चक्रपाणि से छुड़ाना चाहा, बोले–''फिर कभी चलेंगे चक्रपाणि जी। आज रहने दीजिए।''

''क्यों?'' हाथ को और मजबूती से पकड़ते हुए चक्रपाणि ने पूछा।

''मन तरंगें उधर नहीं जा रहीं।''

''तब तो समझ लीजिएगा उत्तम योग है! यहाँ एक बालक भगवान रहे। हमारे पिता उनसे कहें कि भगवान चलिए। भगवान कहें कि नहीं, उस स्थान को म्लेच्छों ने भ्रष्ट कर दिया है। पिताजी कहें कि चलकर परीक्षा तो लीजिए। एक दिन मेरे पिता उन्हें ऐसे ही ले गए जैसे मैं आपको लिए जा रहा हूँ। बस वहाँ बैठते ही भगवान की बंशी आकाश से उतरकर उनके हाथ में आ गई। बड़ा चमत्कार फैला उनका।''

''आप बाल सरस्वती भगवान की बात कर रहे हैं?''

''हाँ-हाँ-हाँ! वही-वही। आप तो सब जानते हैं। आइए।''

''परन्तु रामरत्न जी ने उनके सम्बन्ध में यह कथा तो कभी नहीं सुनाई थी।''

''हरिहर रामरत्न का वंश हमारे वंश का शत्रु है। ऊपर से वह जितना भला लगता है उतना ही भीतर मैला है। आइए।''

सूर स्वामी उसके साथ घिसटते हुए ही चले। इधर से उधर–आड़ी तिरछी सीधी घुमावदार, सन्नाटे-भरी, भीड़-भरी गलियों कुलियों से होते हुए चले जा रहे हैं। सूर स्वामी की गम्भीरता में बालक सूरज का चंचल मन मचल रहा है–यह तुझे पशु की तरह खींचे लिए जा रहा है और तू खिंचा जा रहा है। स्वामी जी की गम्भीरता बरजती है श्याम सखा पर भरोसा रख। अभी से चंचल क्यों होता है। कृष्ण कृष्ण जप।

जपते-जपते एक जगह पहुँचे जहाँ कानों में भनक पहुँची–''ये अंधे स्वामी आज इधर कहाँ जा रहे हैं?'' एक का प्रश्न तो सुना किन्तु दूसरे का उत्तर न सुन पाए, चक्रपाणि उन्हें हठात् आगे घसीट ले गए। स्वामी जी को यह घसीटा जाना अच्छा न लगा, माथे की त्यौरियाँ कुछ-कुछ चढ़ीं। तभी चक्रपाणि ने रुक कर ज़ोर से आवाज़ दी–''छन्नू।''

"आवथई पण्डित।"

पीछे वाली आवाज़ फिर आई–

"अंधे बाबा, का करवत लैके मोच्छ लेवै बदे हिंया आए हौ?"

चक्रपाणि गरजे–"तू कौन है रे?"

"अरे हम कोई हों तुमसे नहीं, अंधे बाबा से पूछ रहे हैं।"

सूर स्वामी तन गए, पूछा–"करवत? अरे ये तो हमें अविमुक्त नाथ के..."

"आए गए छन्नू, पहले ई सारे क मार दे दुई हाथ। दार भात में मूसर चन्द बनके आया है ससुर।"

"आओ, आओ, एक तो बिचारे अंधे आदमी को..." बात पूरी भी नहीं हुई थी कि छन्नू की पहाड़-सी काया उस इकहरे बदन के मझोले कद वाले व्यक्ति पर एकाएक बिजली बनकर टूटी, पर लगता है वह पहले से तैयार था। ऐसी फुर्ती से उछलकर परे हट गया कि छन्नू अपने जोर से आप ही गिर गया। गिरे हुए छन्नू के सिर पर एक लात पड़ी तब तक उस व्यक्ति का दूसरा साथी सात-आठ जनों की भीड़ लेकर आ धमका।

परिस्थिति पलट गई। लाल-लाल आँखों से देखते छन्नू खड़े तो हुए, पर कई तगड़े पट्ठों से उलझने का साहस न हुआ। चक्रपाणि चतुराई से अपनी घबराहट को छिपाता हुआ भागने की जुगत में था। तभी छन्नू से टकराने वाला व्यक्ति बोला–"मैं इस भ्रामण को जानता हूँ। वेदपाठियों के टोले में रहता है जिसे जावनी बोली में औअल हरामी कहते हैं न, यह वही है।"

"ए, हमार पण्डित का गाली..."

छन्नू बात पूरी न कर सका, कुछ लोग और भी वहाँ आ गए। नवागन्तुकों को सम्बोधित करते हुए कहा–"अरे हम पचास बार कहेंगे। ये भ्रामण नहीं कुत्ता है साला।"

सूर स्वामी ने कहने वाले की पीठ पर हाथ रखा–"जाने दो भैया।"

"अरे क्या जाने दें। आपको कुछ पता भी है कि ये आपको कहाँ लाया था। करवत वाले कुएँ में ये आपको छज्जे से गिरवा देता। जो भगवान उस समै हमैं सदबुद्धी ने देते तो अब लग आपकी बोटी-बोटी कटारों से कटकर बिखर चुकी होती।"

"शिव-शिव, ई बिचारे अंधे, सरल सन्त भला इनसे किसी का क्या बैर?"

सुनकर ऊपर की साँस ऊपर नीचे की साँस नीचे। कैसी भयानक मौत होती। पर होती कैसे, बचाने वाला श्याम सखा जो है। मन मोहन। ऊपर से शान्त किन्तु भीतर से तीव्र गतिशाली भावतरंगों से सूरस्वामी की स्थूल और सूक्ष्म कायाओं के रोम-रोम झूम उठे, राग बयार डोल उठी–"

"जाको मनमोहन अंग करै।

ताको केस खसै नहिं सिर तैं जो जग बैरि परे।..."

यथार्थबोध की कड़वाहट और भावबोध की मिठास एक साथ फूट पड़ी। मारक कटुता से तारक श्याम की मोहकता पलांशों में प्रबल होती गई। हिरण्यकशिपु ने प्रहलाद से कैसे-कैसे कठोर बदले लेने चाहे किन्तु वह नहीं डरा। उत्तानपाद के पुत्र ध्रुव का सिंहासन आज भी अटल है। अंधे का बेटा चीर खींचते-खींचते थक गया पर द्रौपदी की लाज न उघाड़ सका। बदले की भावना से इन्द्र ने जब कोप बरसाया तो नन्द का लाला छंगुलिया पर गिरि का छत्र धारण करके सबको बचाने के लिए खड़ा हो गया। अरे मेरे मनमोहन की बिरुदावली अनन्त है। उसके यश के आगे किसी का गरब-गुमान कभी ठहर ही नहीं सका। उस परम सखा को भला क्योंकर भुलाया जा सकता है। उसके भजन से ही मनुष्य भवभय बन्धनों से मुक्त होता है।

इसके बाद हर जगह सूर स्वामी करवत प्रथा के विरुद्ध प्रचार करने लगे। मुक्ति पाने के लिए आरे से शरीर कटवाने, कटारों लगे कुएं में अपने आपको गिरवाने की इच्छा मनुष्य की सुव्यवस्थित बुद्धि से नहीं वरन् कुटिल कुबुद्धि से प्रेरित होकर उपजती है। देवदेव अविमुक्तेश्वर के नगर को धूर्त लोग अपने आर्थिक स्वार्थवश मुक्ति के नाम पर ठगी फैलाकर कलंकित कर रहे हैं। यह मुक्ति नहीं, बल्कि सच पूछो तो इससे जीव मरकर प्रेतयोनि पाता है, अनन्त दाह, अनन्त पीड़ाओं से भरा हुआ एक दूसरा अनचाहा जीवन! क्या यह मुक्ति है? इतनी असुन्दर , इतनी घिनौनी!

एक दिन पुद्दन पण्डित ने फिर कहा—''हमारा मोही मन मानता नहीं सो कहना पड़ता है।''

''क्या बात है पण्डित जी। मल्ल मार्तण्ड क्या फिर नया चमत्कार दिखलाने वाले हैं?''

''वह परम मूरख है स्वामी जी। ब्रामन होके निरच्छर रह जाए, चाकरी करै तो हम उसे अभागा अवश्य कहेंगे पर ब्रामन मान लेंगे। पर छिदम्मी जैसे कुटिल कुचाली को ब्रामन कहना भी पाप है। वह अब जवन हाकिम से मिलकर आपको नगर से निकलवाने की जुगाड़ बैठा रहा है।''

सूर स्वामी को धक्का लगा, स्वाभिमान की बिजली चमक उठी, 'मेरी इच्छा के विपरीत कोई मुझे काशी से निकाल नहीं सकता। या तो अपनी इच्छा से जाऊँगा या फिर मरकर ही जाऊँगा। वह हज़ार गुण्डों का सरदार है। बड़े-बड़े धनाधीश उसकी आज्ञा का पालन राजाज्ञा के समान ही करते हैं। प्रसिद्ध, प्रतिष्ठित और श्रीमन्त विद्वानों को भी वह अपने प्रभाव के आगे नत रखता है। एक विद्वान् ने उसकी मनसा पूरी न की तो मुझे बदले की तलवार बनाकर उन्हें काटना चाहा। अब मुझे काटना चाहता है। हुँ—उसके पास एक बनारस के ही हाकिम का बल होगा, मेरे पास तो तीन लोक चौदह भुवनों के सर्वसत्ताधिपति का परम बल है। आए तो सही बड़ा मल्ल मार्तण्ड बना है। अरे, कंस चाणूर को पछाड़ने वाला मेरा श्याम सखा ऐसी पटकनी देगा कि बच्चू की हड्डी-पसलियों का चूर्ण बन जाएगा।'

सिर में हिंसा का तनाव आ गया। सूरज के कुण्ठाजनित आक्रोश को सूर स्वामी के करुणा विगलित तपोपूत व्यक्तित्व ने झिड़का--हरि-हरि यह कैसी चाह? श्रीकृष्ण जो दण्ड देना उचित समझेंगे, देंगे। अपने कुण्ठित अहम् की तुष्टि के लिए उसका निर्णय करने वाला तू कौन है रे।

पल-दो पल के भीतर मन में एक ब्रह्माण्ड नाच गया। चेतना चक्र अटका, उलटा, सुलटा और अपनी सहज गति पाकर चल पड़ा। स्वामी जी पुद्दन से बोले—"पण्डित जी, हथेली की आड़ देकर कोई गंगाजी का प्रवाह रोक सकता है भला? आप निश्चिन्त रहें। हरि जिसे अंगीकार कर लेते हैं उसके मार्ग में पहाड़ों-सी खड़ी करोड़ों विघ्न-बाधाएँ भी धूल बनकर बिछ जाती हैं। हरि भक्त-वत्सल हैं। आप कृपा करके किसी के साथ मुझे नगर के उस भाग तक पहुँचवा दें जहाँ मुसलमानधर्मी हाकिम और प्रजाजन रहते हैं।

"मुसलमान!" विद्रूप-भरे स्वर में कहा और पल-भर चुप रहे। स्वामी को लगा, मुझे घूरकर देख रहे हैं। कोई अपने को किस तरह से देखता है, इसकी कल्पना करके स्वामी जी का सरल मन रंगीली मौज में आ गया। तभी, पुद्दन पण्डित रूखे स्वर में बोले —"वो सब जवन बनारस में रहते हैं।"

"यवन बनारस! बनारस में भी बनारस? हे राम!"

"तुम तो इतने ही में राम बोल गए। यहाँ अभी दो बनारस और हैं।"

"चार बनारस हैं?"

"हाँ देव बनारस जिसमें सनातनी, जैनी और बुद्धमतों के लोग रहते हैं और जो सबसे प्राचीन है, देवी देवताओं ने अस्थापित करी रही। दूसरी भयी जवन बनारस। तात्पर्ज ये कि पूर्व काल में हती तो वह हमारी ही देव बनारसी, बाकी जब बहुतों ने स्वारथवस धरम बदला और हुँजाँ आय बसे तब उसका नाम भया जवन बनारस। बाकी रहे दुई, मदन बनारस और बिंजै बनारस सो गाहड़वाल राजों ने अपाने-अपाने नाम से बसाए रहे। परन्तु ये दुई तो बस नाम के ही बनारस हैं।"

"तो कृपा करके किसी के द्वारा मुझे यवन वाराणसी भिजवा दीजिए।"

"स्वामी जी आप सन्त महात्मा बड़े भगत, सब कुछ हौ बाकी हमारे आगे अबही नान्हे हौ, समझे। तुम्हें कुछ हो गया तो हम जलम-भर के लिए उजागर सेठ का मुँह दिखाने जोग नहीं रहेंगे।"

पण्डित जी आपकी आवाज़ से मेरा अनुमान लगता है कि आपकी आयु 37-38 बरस की होगी।"

"हाँ तुम्हारा अंदाजा बिल्कुल सही है। ओ आप अबहीं बीसी से अधिक नहीं हौ।"

"आपने सत्य कहा, पिछले बैसाख में मैंने उन्नीस वर्ष पूरे किए हैं। यह बीसवाँ वर्ष चल रहा है।"

"मैंने यह बात इसलिए उठाई कि आपका मुख अभी बयालीस वर्षों तक यों ही उज्ज्वल रहेगा। बेटों-पोतों की तो बात ही छोड़िए, आप अपने चार पड़पोतों के

कंधों पर महायात्रा करेंगे।...और एक बात और कह दूँ, एक को छोड़कर और किसी के आगे आपकी नाक कभी नीची नहीं होगी।''

स्वामी जी की अन्तिम बात पर उनके चेहरे की मुस्कान देख सशंकित स्वर में पुद्दन ने पूछा—''किसके आगे नीची होयगी?''

''जिसके आगे सदा नीची रही। आज सबेरे भी घर से नीची नाक लेकर ही चले थे। तब से बाहर सब पर झुँझला रहे थे और अब हमारे सामने झण्डे-सी उठा रहे हैं।'' स्वामी जी फिर खिलखिलाकर हँस पड़े।

''हम अपनी घरवाली से ही नहीं आपौ से हारे हैं देवता। जलम-भर साधू सन्त संन्यासी देखे। जिसने हिरदे जीता हो वैसा आपको देखा। प्रेम से मोह जागता है, हम क्या करें।'' पुद्दन पण्डित के स्नेह सिक्त स्वर ने स्वामी जी को भिगो दिया। उनकी बाँह पकड़कर बोले—''जो काम आपके पाँच हजार वैरागी करते वह अकेला मैं ही कर देखूँ। क्या हर्जा है।''

आप समझते नहीं हो स्वामी जी। छिदम्मी बड़ा कुचाली है। ब्रामण हुइ कै सातौजात की रंडी-मुंडी निखिद्द भोजन दारू सब करता है! राम राम। जहाँ-तहाँ से सुन्नर स्तिरियन लड़कन का उड़वाय के जवन हाकिमों से उनके मुँह काले करवाता है। उनका बिचौलिया बनके कमाता है। क्या-क्या कहैं, ब्रामण में एक राक्छस रावण भया दुसरा ये छिदम्मी।''

''पण्डित जी, आप निश्चिन्त रहें, मल्ल मार्तण्ड अभी जगत् के अखाड़े में लड़ रहे हैं न, सो धूल-मिट्टी के कारण विरूप से लगते हैं। उनका सुन्दर मन अभी गड़े धन के समान दिखलाई नहीं पड़ रहा। अस्तु जो हो, आप मुझे यवन वाराणसी पहुँचवा दें।''

''देखौ स्वामी जी हम एक बार फिर कहते हैं कि छिदम्मी से पार न पाओगे। कोई भी जवन हाकिम अमला तुम्हारे अंधेपन पर दया विचार के उसके विरुद्ध नहीं जाएगा। चाहो तो हमसे बद लेव।''

''ये बात, तो लाइए हाथ। यदि मल्ल मार्तण्ड का मित्र भाव मैंने न जीता तो कृष्ण भगवान को छोड़कर फिर आपकी चाकरी करूँगा, आपके भजन गाऊँगा और यदि मैं जीत गया तो...''

''तो?''

''तो आप मेरे भीतर बिराजे सत्यरूप कृष्ण भगवान को स्वादिष्ट कचौरियाँ और खूब गाढ़ी केसर मेवा पूड़ी और खीर खिलाएँगे।''

''अरे खीर जब कहौ खवाय दें। बाकी छिदम्मी नहीं बदलैगा, देख लेना।''

''अब तो बात बद ली महाराज। जो होगा सो देखेंगे—हम भी और आप भी। मन से सोच-विचार निकाल दीजिए और एक पथ प्रदर्शक दीजिए।''

पुद्दन पण्डित ने हारकर एक को उनके साथ कर दिया। राह चलते मन अकेला हुआ। हिए में जप की धुकधुकी सुनाई पड़ने लगी। जब बाहर की हलचलों से उबरते

हैं तो 'नाम' रूपी सुई के छेद से अपनी अहंता को उस पार निकालने की कसरत में जुट जाते हैं। आज भी यही हुआ। परन्तु शीघ्र ही जप से बिछलकर ध्यान एक नई अनुभूति पर चला। थोड़ी देर पहले विनोद ही विनोद में पुद्दन पण्डित के सम्बन्ध में जो बातें अचानक ही उनके मुख से निकल पड़ी थीं वह ज्योतिष का सहारा लेकर नहीं आई थी। वह उनके सहज ज्ञान का करिश्मा था। पुद्दन के स्वर में ही उन्होंने रूप, रस, गंध और स्पर्श पा लिया। आवाज़ से ही पहचानकर अनुमान कर लिया कि पुद्दन पण्डित अपनी पण्डिताइन से झिड़कियाँ खाकर आए हैं। ज्ञान की सहजता सहज में नहीं मिलती सूरे। चेतना के बिखरे अंगारे जब एक जगह समेटकर भाव की फूँक से चेताए जाते हैं तब लौ उठती है। या देवी सर्वभूतेषु चेतनेत्यभिधीयते। नमस्तस्यै नमस्तस्यै नमस्तस्यै नमो नमः। वह विष्णु प्रिया विष्णु माया बुद्धि निद्रा क्षुधा तृष्णा शान्ति भ्रान्ति कान्ति क्षमा उपेक्षा जाति वृति शक्ति आदि नाना रूपों में हमारे भीतर निवास करती है। वह जीवन ऊर्जा ज्ञान बनकर जब सिमटती है तभी उसमें सहजता भी आती है। 'जागती जोत जपै निसिवासर एक बिना मन एक न मानै।' जप ही साधे जा सूरज, इसी से तेरा सहज ज्ञान बोध जागेगा फिर तेरा श्याम सखा हँसता हुआ तेरे पास दौड़ा चला आएगा। तू उसका है, वह तेरा हो जाएगा।

यवन वाराणसी आ पहुँचे। साथ लाने वाला छन्नू बोला—"अब आप यहाँ बिचरैं स्वामी जी। हमें अखाड़े की देर हो रही है। जब आना चाहैं तो राजघाट पे अजुध्यावाली धरमसाला..."

"चिन्ता मत करौ, मैं पहुँच जाऊँगा। तुमने बड़ा कष्ट किया भगवान तुम्हारा सदैव मंगल करें।"

घुड़सवारों की खबड़-खबड़, खरड़-खरड़ करते रथों के बैलों की घण्टियाँ। डोली, फीनस कहारों के बोल, "साहेब क बेटवा जियै—भैया हो—दुलकी चाल रामा—अल्ला हो। बच कै चलौ भैया हो।" इन परम्परागत बोलों के बाद घण्टियाँ बजाता झूमता एक हाथी भी सड़क से गुजर गया। बड़ी-बड़ी हवेलियाँ जिनकी लम्बी-चौड़ी चहारदीवारियाँ। बीच-बीच में दो-चार दुकानें अपनी हलचलों से स्वामी जी के कानों ने देखीं। सब मिलाकर मन पर पहली छाप यह पड़ी कि यहाँ रजोगुणी दुनिया है—एक नई दुनिया—मथुरा में सेठ-साहूकारों के महल्लों में बहुत घूमे हैं। ताल के पास जब निवास था तब दो-एक पठान सरदारों और अमलों के यहाँ भी गए थे, परन्तु किसी राजसी ठाठ के महल्ले में आज से पहले कभी प्रवेश नहीं किया। डोली कहार 'रामा' कहते-कहते पलटकर 'अल्ला' बोल उठे। या तो वे नए मुसलमान थे या फिर साहबों के महल्ले में साहबों का प्रिय और पवित्र शब्द ही उच्चरित करना चाहिए, इसलिए अल्ला नाम जोड़ दिया था। यह भय के कारण किसी से कुछ कहनेवाले की बात ओछी है। मेरा राम श्याम तो अकबर है अल्ला भी है, जगत में जितनी भाषाओं में ईश्वर के लिए जो शब्द प्रचलित हैं, मेरे श्यामसखा वही हैं। अन्तर कहाँ है। अन्तर तो धर्मसत्ता

और राजसत्ता की आपसी साँठगाँठ के कारण दिखलाई देता है। इन रजोगुणी, तमोगुणी आडम्बरियों की माया विष्णु की माया की सहोदरा ही जान पड़ी है। उसके जाल से उबरा जा सकता है, किन्तु इस सत्ता-माया के जाल से मुक्ति पाना परम कठिन है। इनका जनम साहिबी करते ही बीतता है। अपने ही बुने जाल में मरण पावे हैं यह मणि मुकुटधारी नारकीय कीड़े। चिढ़ ने धुन जगाई, धुन ने मौज जगाई। वहीं किनारे एक चारदीवारी से लगकर खड़े-खड़े गा उठे—

जनम साहिबी करत गयौ।
काया नगर बड़ी गुंजाइस नाहिंन कछू बढ़्यौ
हरि कौ नाम-दाम खोटे लौ झकि-झकि डारि दियौ।
विषयागाँव अमल कौ टोटौ हँसि के उमयौ।
नैन अमीन अधर्मिनि के बस जहँ के तहाँ छयौ
दगाबाज कुतवाल काम रिपु सरबस लूटि लयौ
पाप उजीर कह्यों नहि मान्यौ धर्म सुधन लुटंयौ।
चरनोदय को छाँडि सुधारस सुरापान अँचयौ॥

आवाज़ का जादू टूटा। एक दुकानदार ने जो निश्चय ही इस देश का नहीं था अपनी अटकती हुई हिन्दी में कहा—"नादान नाबीने तू कित कूँ भटक आया। ये काफिरों का महाल नहीं है।"

"जानता हूँ भाई। मैं साहबों, हजूरों के क्षेत्र में आया हूँ।"

"तू साहबाने आलीशान ने खिलाफ बोले है, कुफ्र बोले हैगा। अरे नादान काहे कूँ अपनी जान पै बनावै हैगा।"

"इसकी यह मजाल कि अमीन कोतवाल के खिलाफ बोले। कतल कर देना चाहिए साले कूँ। हमारे कोतवाल साहब कूँ सभों के अगाड़ी दगाबाज कह दीना। वजीर कूँ पापी बना दीना।"

इसी गर्मी में पास वाली नायब सूबेदार सरदार मेंडू खाँ की हवेली से एक सिपाही सूर स्वामी को बुलाने आया। लोगों ने कहा कि "यही होना था। इसी चौराए, पै सूली पड़ेगी साले को।" सूर स्वामी के मन में मृत्यु-चिन्ता का तनाव अवश्य आ गया था, किन्तु उसके साथ-ही-साथ यह भी सच है कि स्वामी जी प्रायः शान्त मन से सिपाही के साथ चले। तू तो अपने-आपको श्यामार्पित कर चुका रे सूरे, फिर जो हो सो हो। मृत्यु ही तो आएगी न। आने दो तब तक जप तो चलता ही रहेगा।

किन्तु मृत्यु न आई। बनारस के नायक सूबेदार सरदार मेंडू खाँ की हवेली पर दिल्ली-गुड़गावा के सरदार रहमत खाँ इन दिनों मेहमान थे। गाने की आवाज़ उनके कानों में पड़ी तो एक भूली-बिसरी याद भी आ गई। खबर लगवाई तो पता लगा कि एक काफिर नाबीना गा रहा है। शक और पक्का हुआ, बुलवा भेजा। इन्हीं

रहमत खाँ के ताल किनारे उनके वास्ते पक्का मकान बनवा दिया था, नैना सुनैना दो बँादियाँ भी सेवा के लिए रख दी थीं।

बूढ़े सरदार रहमत खाँ सूर स्वामी को देखते ही मसनद से उठ खड़े हुए। बड़ी गर्मजोशी के साथ छाती से लगा लिया। मसनद पर अपने साथ बिठलाया। हाल पूछे।

ताल निवास के बाद परसाल मथुरा में रहमत से भेंट हुई थी। पूछा—"हिन्दुस्तानी इलाका छोड़कर इधर क्यूँ आए। खुदा का लाख लाख शुक्र है कि किसी मस्जिद के आगे गाना नहीं गाया वरना दिल्ली के सरदार रहमत खाँ का आला रुतबा भी उन्हें काजी के कोड़ों से न बचा सकता।"

"मैंने एक कारणवश यहाँ आकर और जान-बूझकर भजन गया था अन्नदाता। मैंने सुना, यहाँ के हाकिम एक स्वारथी मनुष्य के भड़काने से मुझे नगर में भजन गाने से रोकना चाहते हैं, मुझे काशी से बाहर निकालना चाहते हैं।"

"स्वामी जी, किसू ने भड़का दिया है तुम्हें। और अगर यह सच भी है तो मेरा विश्वास करो ऐसा कुछ भी नहीं होवेगा।"

"आपको भगवान ने ही मेरे लिए यहाँ भेजा है सरदार साहब। श्रीकृष्ण परमात्मा आप पर सदैव कृपालु रहें।"

"खो, अम तुम्हारे बगवान और अपने खुदा पाक परवरदिगार कूँ एक मान लेवेंगे मगर किरशन परमात्मा कूँ अल्ला मुतलक मानेंगे नहीं।"

रहमत खाँ के पास बैठे हुए एक सज्जन बख्शी नूरमुहम्मद बोले—"हजूर इनके शास्तर में एक नहीं करोड़ों सिरजनहारे हैं। बिश्नोई, किशना, महादेवा, हनोमान, रामा, जिसकूँ पाया उसी को खुदा मान लिया। कहते कि खुदा केरे हाथ पाँव हैं। कोरी बकवास अछै, सुनना भी कुफ्र बोलना भी कुफ्र।"

"भाई खुदा परमेश्वर तो सब में है। एक ही साईं। घर-घर में रमता है। आप तो अपनी बात को छोड़कर शून्यवादी हुए जा रहे हैं।"

"बख्शी जी मखौल उड़ाने पर ही आमादा थे, हँसकर कहा—"इनका खुदा बिश्नोई बली राजा सूँ भीक मँगने कूँ जाता है। इनके खुदा राम की बीबी कूँ रावना चुरा ले जाता है। इनका खुदा किशना गोपियों केरे घर से मस्का चुराता है, पराई औरतों सूँ जिनाकारी करता है। इनका महादेवा अमल करके नंगा नाचता है। बरम्हा अपनी बेटी का खसम बनता है। हः हः हः हः।"

सूरज की अंधी सफेद पुतलियों में भी भीतर के क्रोध की ललाई-सी आ गई।... क्रोध नहीं सूरे, मूर्ख और दम्भी से तर्क करके तू पाएगा क्या। सूर स्वामी ने समझाया—पर बदले का भाव सूरज मन में था। बहाने से नकसोरे दबाकर सुर पहचाना। भगवान श्रीकृष्ण के समान हथियार न उठाने की प्रतिज्ञा करके भी क्रोध में आकर ज्योतिष विद्या को ही अपना सुदर्शन चक्र बनाया और कहने लगे—"जो अपने सगे भाई के पुत्र को भी अपनी वासना का पात्र बनाने से न चूकता हो और उसकी

विधवा माता से भी ऐसे घिनौने सम्बन्ध रखता हो, जिसने कल ही सरकारी खजाने से सवा लाख रुपैया गबन करके उनके लुट जाने का नाटक रचाया हो..."

सुनकर बख्शी चौंके, पीले पड़े और बात पूरी भी न हो पाई थी कि बड़े तेज-तर्रार और काइयाँ बख्शी नूर मुहम्मद काँपते-काँपते बेहोश हो ढुलक पड़े।'

बूढ़े रहमत ख़ाँ का गोरा भव्य चेहरा क्रोध से तमतमा उठा। बड़ी-बड़ी आँखें घृणा से संकुचित हो उठीं—"कोई है?" पर्दा उठाकर खिदमतगार कमरे में आया और अदब से झुककर खड़ा हो गया। सरदार ने हुक्म दिया—"इसकूँ ले जाके बंदीघर में डाल दो। कल फैसला होगा।"

नायब सूबेदार का मुँहलगा मुसाहब्ब बख्शी नूर मुहम्मद जिसने अपने आका के मामू राजवंश से सम्बन्धित और देहली दरबार के अत्यन्त प्रभावशाली सरदार की दरबारी में पिछले दस दिन बड़ी मेहनत और खुशामद से बिताए थे और किसी हद तक उन्हें प्रसन्न करने में सफल भी हो गया था, क्षणमात्र में ही कानी कौड़ी मोल का भी न रहा। जिस बख्शी को देखते ही इस हवेली के छोटे-बड़े खिदमतगार झुक-झुककर सलामें करते थे और पीठ पीछे गालियाँ भी देते थे, वही इस बेहोशी की हालत में ही घसीटकर उठाया गया।

क्रोध के ज्वार की गरजती हुई उत्ताल तरंगें भाटे की करुण सिसकियों में बदल गईं। किसी हद तक गिड़गिड़ाकर सूर स्वामी ने कहा—"दयानिधान, मेरे कारण इसके प्राण न लिए जाएँ..."

"फिजूल की बाताँ बंद करो स्वामी जी और यह बतलाओ कि शाही रजधानी देहली में ही रहेगी या कित और कूँ जावैगी?"

पल-भर मन में अलख रही फिर विचार किया और कहा—"दिल्ली में नहीं रहेगी सरदार साहिब।"

"किंधे आबाद होगी?"

"इस सम्बन्ध में मैं बहुत पहले ही विचार कर चुका हूँ। राजधानी के लिए आगरा नगरी का भाग्य प्रबल है।"

"हमन कूँ अज़हद खुशी हुई स्वामी जी। बादशाह सलामत कूँ हमने यही सलाह दी है। उनके भाई बिरादर देहली में बहोत खडजन्तर करते हैं।"

"सिंहासन पर बैठे हुए पुरुष का भाग्य परम प्रबल है। सिकन्दरशाह तकदीर के भी सिकन्दर हैं। केवल मृत्यु ही जीतेगी और उसे भी आने को अनेक-अनेक वर्ष हैं। इन सब बातों के उपरान्त भी मैं यह देख रहा हूँ, नई राजधानी बनने के लिए आगरा के योग प्रबल हैं।"

"स्वामी जी, तुम सूँ संयोग से याँ भी मुलाकात बदी थी। अब यूँ के मिलन हो चुका इस कारण इतना विलम्ब अब आगे नहीं होगा। सुना?"

"सुना दया निधान। एक अरज मेरी भी सुन लेवें। मैंने अब ज्योतिष विद्या

का सहारा न लेने की प्रतिज्ञा ले ली है। यह तो आप जैसे दानी और उदार पुरुष की आज्ञा को शिरोधार्य करना था इसलिए...''

''देखौ स्वामी जी, तुम हमारे अगाड़ी अभी बच्चा है। खुदा एक है, आदिल है, रहीम है, करीम है, मगर ऊपर है। वह निरगुन है मगर शाही हुक्म सगुन है। भले अपनी मर्जी सूँ न जाना मगर जब रब की मर्जी ऐसी हुई है कि तुम्हारी हमन सूँ यहाँ भेंट हो, तो अब मैं तो तुमसे परशनों की हुक्म इलाही लगवाऊँगा ही और दूसराँ सूँ जिकिर भी करूँगा आमिल अमलों कने आना ही पड़ेगा। क्या कही। मतलब यह कि जब लग हमन का कयाम याँपे है तुम अपनी परतिग्या को यों मान लो कि हुक्मे खुदा से मुल्तवी कर दीनी। ज्यादे चिन्ता सूँ बचोगे खुदा कूँ उसे चैन सूँ याद करने का बखत ज्यादे मिलेगा। मैंने बौत कह दीना। कल सेपहर तुम्हारी सवारी कूँ हाथी भेजवा दूँगा। क्या कहीं।''

''नहीं सरदार साहिब, आपके कहने से ही हाथी पे चढ़ लिया। मैं आप आ जाऊँगा। आपकी आज्ञा से वह काम भी करूँगा जिसे अपनी इच्छा से मैंने छोड़ दिया है।''

एक पुराना भृत्य स्वामीजी को लेकर चला। बख्शी की छीछालेदर का समाचार फैल जाने से हवेली-भर के सभी नौकर-चाकर बड़े कौतूहल से इस दुबले-पतले अंधे चमत्कारी युवक को बाहर जाते हुए देख रहे थे। बख्शी से प्रायः किसी को सहानुभूति न थी, उसके प्रति दबा हुआ घृणा भाव इस समय उजागर होकर स्वामी जी को आदर दे रहा था। बाहर सड़क पर भी बहुत से तमाशबीन इस आशा से खड़े थे कि अंधे काफिर की दुर्गति देखेंगे परन्तु दृश्य दूसरा ही देखा। लोगों की आँखों में पहेली बुझौवल चमक देखकर अधेड़ नौकर अब्दुल्ला ने उन्हें आँखों-ही-आँखों में आगे बढ़ने से बरजा फिर अपना बड़प्पन जतलाने के लिए स्वामी से विनयपूर्वक कहा—''बोहोत से लोग आपके दर्शन कूँ खड़े हैं। आपसूँ अपने वास्ते दुआ मँगते हैं।''

''भगवान भलों का भला करें। अल्ला अकबर सबके सहाय हों।'' घट में जप की घुट्टी फिर घुलने लगी, राह चलती आवाज़ों की गूँज उस सुन्न साँकरी गैल में न समा सकी। कुछ दूर भीड़ भरे सन्नाटे में चलते गए। एकाएक एक आवाज ने कानों की बन्द खिड़कियाँ खोल दीं!

''थम रे थम! अकल की दुम! आदी पुरुष निर्गन निराधार कूँ याद कर। मेरे परिवार कूँ याद कर।—

अल्ला रखेगा वैसाई रहना।
मौला रखेगा वैसाई रहना।''

यह स्वर सुना है। यह तो अयोध्या में जन्मभूमि के निकट मिलने वाले दिलखुदा साईं हैं। बनारस आने को कह भी रहे थे। स्वामी जी सूरज बनकर मचल उठे, अब्दुल्ला से कहा—''ए भाई ये शाह जी कहाँ हैं। आवाज़ तो सामने से ही आ रही है।'' एकाएक दूर बैसाखियाँ भी खटकीं तो विश्वास पक्का हो गया। तभी तो साथ चलने

वाले व्यक्ति ने कहा–

"यह तो दिलखुश शाह बाबा हैं। अभी नेरे नहीं दूर हैं। आप इन्हाँ सूँ वाकिफ हैं बाबा?"

"अरे मेरे भाई हैं। मुझे झट से इनके पास ले चलो।"

"काल नबी पहले इस्लाम कहे कि इन्सान के बूजन के पाँचा तन, हर एक तनकूँ पाँच दरवाज़े हैं और पाँच दरबान हैं।–अरे मेरे नाबीने साईं, मेरे माशूक के दुलारे! तू इतकूँ भी आ गया मेरे प्यारे।" दिलखुश शाह ने सूर स्वामी को कसकर अपनी छाती से लगा लिया। फूलों से फूल जुड़े। मन गुलदस्ते बन गए।

"ये हाफिज जी का लम्डूया मेरे सूँ बौत अक्लिया दाँव पेंच लड़ावे था। कहवे की सूफी मुसलमान नहीं होते। बौत इल्म पढ़के भी कुछ नहीं बूझया सो गद्धा।"

"ठीक कहते हैं। जो एक मुसलमान कूँ गदहा बताय के काफिरन कूँ गले लगावता है सो काफिरै है।"

"मगरूर बच्चे तेरे कूँ अभी शबद का अर्थ तलक तो मालम नहीं हैगा। जिसे तू काफिर कहवे हैगा वो अपने हरी को जपने वाला खालिस मुसलमान है, देख, ये सिद्क (सत्य) का पैजामा, अदल (न्याय) का जाम, हया का कमरबन्द और शुजाअत की दस्तार पहने किस मोमिन सूँ कम हैगा। अल्लाह ने अपने दस्ते मुबारिक सूँ इसे इमामत का दुपट्टा उढ़ाके भेजा है। जदी आकिल है तो कदम बोसी कर इसकी।"

हाफिजनन्दन घृणा से जमीन पर थूककर बड़बड़ाता हुआ चला गया। हँसते-हँसते दिलखुश शाह ने सूर स्वामी के कंधे पर हाथ रखा और कहा–"चल प्यारे, तू मेरा मैं तेरा।"

"जब मैं था तब तू नहीं जब तू है मैं नाहिं।
प्रेम गली अति साँकरी तामे दो न समाहिं।"

"बोहोत बार सुनी लेकिन आज ठीक सुनी और मान गया।"

दिलखुश शाह दिल खोलकर हँस पड़े। बैसाखियों की खटखट लाठी की ठकठक के साथ एकरस हो गई।

15

दिन ढलने के बाद अपने गोर मुख पर जो अपूर्ण आनन्दकान्ति लेकर स्वामी जी धर्मशाला पहुँचे तो पुद्दन के पेट में हवा उचक-उचककर कलेजे की कुण्डी खटखटाने लगी। पर उस कूँडे में सोंटी नाच रही थी इसलिए 'जाय दऽ कौन पूछै' की ऐंठ में कुछ न पूछा। स्वामी जी तिखण्डे की सीढ़ियाँ चढ़ गए। "ईस्वमिया है खरा सोना।

मिलावट नहीं है। तभी तौ जवनों के बीच से कमल जैसा खिला मुख लैके लौटा है। स्वामी जी जरूर कहीं ऊँचे पहुँच के छिदमिया की खोपड़िया पर टीप जमाय आए हैं।...पूछैं?—अरे होयगा। अब इस चकल्लस में न पड़ेंगे हम। छिदमिया साला सौमुखी रावण है। स्वामी जी संजोगबस किसी छोटे-मोटे अमले आमिल से मिल आए होंगे, इसी से परसन्न हैं। पर यह नहीं जानते कि छिदमिया अभी कहाँ तक पहुँच सकता है। यह बिचरऊ काशी जी से अवश्य निकाले जाएँगे। भला हो कि हम अभी से ही सेठ के कान में बात डलवा दें, बाद में सुनेंगे तो रिसाएँगे।" इस सोच से कूँडी सोंटी का नाच तनिक मद्धम पड़ा। फिर मौज आई कि आगे जो होगा सो देख लेंगे। भाँग घुटी छनी। निपटे और आँगन के उत्तरी कोने में कुएँ की जगत के नीचे पत्थर की चौकी पर बैठ गए। शाम को गंगा स्नान नहीं करते। धर्मशाला के तीन नौकर कुएँ पर तैनात होते हैं। एक पानी खींचता है, दूसरा इनके सिर धार बाँधकर गिराता है, तीसरा छींटों से भीगता हुआ पण्डित जी की देह मलता है। गर्मी में ढाई-तीन घड़ी में ऐसे ही धारा-प्रवाह स्नान होता रहता है। नहाते-नहाते ही जब भाँग खोपड़ी पर टन्न से बोलने लगती है तब चौकी छोड़ते हैं। पर यह मौज आज अधिक न टिक पाई। "एक बार पूछैं तो जायके" यह इच्छा बार-बार उकसाती ही रही। जल्दी उठ खड़े हुए। तीनों नौकर हड़बड़ाकर पण्डित जी की देह पोंछने की सेवा में लग गए।

स्वामीजी अपने चौबारे में गंगाजी के सम्मुख ही झरोखे से लग खड़े फरफर हवा खाते हुए विचार उपवन की सैर कर रहे थे। मल्ल मार्तण्ड की पशु इच्छा पर विजय पाने के लिए रहमत खाँ की शासकीय इच्छा का पालन करेंगे। क्या यह बात स्वयं उनकी इच्छा के विरुद्ध नहीं है। ज्योतिष विद्या के सहारे के बिना भी आगे बढ़ सकते हैं, इसका एक हलका-सा आभास भी उन्हें आज सवेरे मिल चुका है। शक्ति के बाहरी प्रदर्शन से उसका अन्तर्दर्शन श्रेष्ठ है। रहमत खाँ ने कहा था, "मेरी इच्छा मानो।" रहमत खाँ ने शासकीय दम्भ से यह नहीं कहा था। छिदम्मी शर्मा के भीतर गुण्डे का दम्भ है। उसे निस्तेज होना चाहिए। निस्तेज करने वाला तू कौन है रे! जिस प्रभु शक्ति को तू अपनी मानता है वह जगत् के प्रत्येक प्राणी में है। हाँ जो मनुष्य प्रभुशक्ति को अपनी मानकर दम्भ से उसका प्रयोग करता है वह स्वयं ही पछाड़ खाएगा। अपने मन में बैर मत मान। सब ओर से हल्के होकर, भक्ति-भरे मन में राधागोपाल को सुप्रतिष्ठित करके उनका नाम जप कर—इतना कि तेरी हर साँस माला का मनका बन जाए। जप रे जप, शब्द में लीन हो।

"स्वामीजी आए गए?" पुद्दन पण्डित की आवाज़ चौंक के साथ पहुँची।

"ऐं?—"

"हम कहा, आय गए?"

"हाँ पण्डित जी, देर हुई।"

"कहाँ-कहाँ घूमें जवन बनारस में?"

"हमारे एक पुराने परिचित मिल गए। सूफी महात्मा हैं। उनके साथ बड़ा अच्छा समय बीता।"

"बस, फिर चले आए?"

"नहीं उनसे पहले एक और बड़े पुराने परिचित सद्‌भाग्य से मिल गए।"

"वो भी महत में होएँगे।"

"वह राजपुरुष हैं। इस समय जो देश का राजा है उसके ससुर हैं कि साले, यह अब स्मरण नहीं रहा।"

"अरे जिय ऽ ऽ स्वामी जी, सीधे राजा के घर में पैठ गए।"

"हमारे पुराने हितचिन्तक हैं। हम सड़क पर गा रहे थे, आवाज़ पहचान ली। बुला लिया। जो यहाँ के नायब सूबेदार हैं न–"

"म-म-मेंडू खान?"

"हाँ, उनके मामा हैं।"

भंग भवानी की आधार शिला पर उठी हुई पुद्दन पण्डित के मन की गगन चुंबी मीनार एकदम धराशायी हो गई। और उसी प्रकार उन्होंने स्वयं भी बैठे-बैठे ही स्वामीजी के चरणों पर हाथ रखकर अपना सिर नवा दिया, तरंगावेश में रो पड़े। "अरे तुम धन्न हो, तिरैलोक्य बिजयी हौ। अवश्य बिजयी हौ--बिजयी हो–बिजयी हौ।" रोते जाएँ और बिजयी बिजयी डकराते जाएँ। सूरज खिल-खिल-खिल-खिल हँस पड़ा। अपने पैरों पड़ा उनका मत्था दोनों हाथों से उठाकर स्वामी जी ने आँसू पोंछे। अभ्यासवश चौड़ा कपाल, औसत आँखें, लम्बी नाक, भरे-भरे गाल, बड़ी-बडी मूँछें, गभरी ठोढ़ी–पूरा नाक-नक्श भी समझ लिया; फिर बोले–"अरे इसमें मेरी धन्यता और विजय की क्या बात हो गई? यह तो एक संयोग मात्र है और सच पूछिए तो कृष्ण भगवान ने मुझे एक प्रकार का दण्ड दिया है।"

दण्ड सुनते ही नशा दूसरे कोठे पर कूदकर जा चढ़ा। आँसू ऐसे सूखे कि मानो निकले ही न थे। स्वामी जी के शब्द को प्रश्न बनाकर पूछा।

"हाँ पण्डित जी, कल तीसरे पहर उनके यहाँ फिर जाना है। नायबसूबेदार कुतवाल और जाने किस-किससे परिचय कराएँगे।"

नशा चौके से क्रोध पर पहुँचा, घुड़ककर कहा–"इसे डण्ड कहते हो! वाह स्वामी जी, जलम-भर भजन-ध्यान करके भगवान से यही नीकी बुद्धि पाई है तुमने। अरे सूबेदार का मामा बास्सायका सुसरा! उसके आगे कुतवाल साले की क्या मजाल है जो तुम्हें यहाँ से खेदै। अब हम मान गए तुम्हारी बात, छिदमवा मुँहे में तिनका दबाय के आवैगा, तुम्हारी सरण में । अरे तुम धन्न हो स्वामी जी धन्न हौ।" कहकर स्वामी जी को घसीटकर अपनी छाती से चिपका लिया।

जिस दृष्टिकोण से विचार कर पुद्दन महाराज सूरस्वामी के प्रति अपना प्रेम पयोधि तरंगायित कर रहे थे उसे नकारते हुए भी उन्होंने हार्दिक प्रेम को अंगीकार

किया। बैठे-बैठे ही उनके कंधे पर अपनी गर्दन डालते हुए उनकी पीठ को दोनों हाथों से दबाते हुए हँसकर बोले—"लगता है आज बूटी कुछ गहरी गई है।"

सूर स्वामी को छोड़कर फिर से सावधान होकर बैठे ही थे कि धर्मशाला के एक नौकर ने आकर नायब सूबेदार साहब के यहाँ से एक घुड़सवार के आने की सूचना दी। यह भी बतलाया कि स्वामी जी को पूछ रहा है। सूबेदार नायब के सवार का आगमन सुन पुद्दन पंडित हड़बड़ाकर उठे। स्वामी जी भी उठने को हुए, परन्तु पुद्दन ने उनके कंधे पर अपने हाथ का दबाव डालते हुए कहा—"बैठो, बैठो। अब आप बड़े महात्मा हुई गए हौ। हम ही मिल आते हैं।"

पुद्दन पण्डित ने सरकारी सवार का शाही सत्कार किया, भाँग के मोदक खिलाकर तो उसे मस्त ही कर दिया। अपना देसी मुसलमान था। स्वामीजी के चमत्कार बखानते हुए बख्शी की जो दुर्गति बनी वह सुनाई। उसके घर से लूट की रकम पूरी निकल आई। आला हुजूर ने गुस्से में आकर हुक्म दे दिया कि कल सवेरे बख्शी का मुँह काला करके गधे पर उलटा बिठलाकर जुलूस निकाला जाए और शहर बदर कर दिया जाए। सवार ने यह सूचना भी दी कि अब स्वामी जी को तीसरे पहर नहीं बल्कि सवेरे आदमी लेने आएगा। आला हुजूर उनकी बेगम और दूसरी औरतें सब स्वामी जी के दर्शनों के लिए आकुल हैं। गुड़गाँव वाले बड़े हुजूर से स्वामी जी की पुरानी करामातें सुनकर बेगम साहबा तो यहाँ तक मचल उठीं कि स्वामी जी को अभी ही ले आओ।

बात में कुछ मसाले सवार भाई ने भरे, कुछ पुद्दन पण्डित ने अपने हर्षोल्लास में और बढ़ा दिए। सुनाते-सुनाते जब बात पूरी हुई तो स्वामी को लगा कि बात अभी अधूरी है। परोक्ष में कोई कारण नहीं था परन्तु अपरोक्ष भाव से पुद्दन का अति-लौकिक स्वभाव और सरकारी चाकरों के उदार स्वभाव के बीच की एक कड़ी नहीं थी—फिर बात की माला पूरी कैसे हो? सब सुनकर स्वामी ने मुस्कराते हुए उनकी जाँघ पर थाप देकर पूछा—"और उन पाँच मोहरों का क्या हुआ पण्डित जी? अढ़ाई-अढ़ाई का डौल तो भुंजाने के फेर में बैठा नहीं होगा। तीन उसे दी होंगी, दो आपको मिली। क्यों?"

"पुद्दन पण्डित की भाँग की, सवार मिलन की सारी मस्ती उड़न छू हो गई। कुछ पल मौन बैठे अंधे स्वामी जी का चेहरा एकटक निहारते रहे, फिर टेंट से सोने की दो मोहरें निकालकर उनके चरणों में छुआकर फर्श पर रख दीं और कहा—"आप सर्बज्ञ हौ। आपकी सर्बज्ञता हमै भी अब मोच्छ पाने के जोग बनाय देगी। बाकी इस अपराध को अपने खाते में न चढ़ाना। भया ये, कि वह कहने लगा कि पाँच मोहरें आला हुजूर ने भिजवाई हैं आपके खर्चे खातिर। हमने बताया कि आप हमारे सेठ के अतिथी हैं तो बोला, लौटा तो सकते नहीं; हुजूर गुस्साय के जाने क्या दण्ड दें। यासों तीन हम रखे लेते हैं, दुई में तुम अपने बाल-बच्चे पाल लेना।"

"ठीक है; इन्हें आप ही रखें।"

"नाहीं स्वामी जी, अब तो हमारा इसमै एक नया जलम हुइ गया। संसारी जीव जो कुछ चाहते हैं वही हमारी चाहना भी है, करते भी वही हैं। बस, एक लँगोट के कच्चे नहीं हैं और खानपान सुद्ध है। मुझे अब अपनी इन दुइ असली मुहरन से अपना असली धनकोस बढ़ाना है।"

"तब एक काम कीजिए पण्डित जी, इन दो स्वर्ण मुद्राओं को अलग रखिए। यद्यपि मैं कल उन लोगों से विनम्रतापूर्वक यह कह दूँगा भविष्य में न भेजें परन्तु मैं जानता हूँ वे भेजते रहेंगे, मुद्रा के रूप में नहीं तो अन्न-फलादि के रूप में। उसे स्वीकार कीजिए और सेठ जी के अन्नछत्र भण्डार में श्री कृष्णार्पित कर दिया कीजिए।"

"आप बस अब कुछ न कहौ। आज आपके सम्मुख हमारा मुख काला भया, कल सेठ के आगे किसी ऐसी चूक पर होता। हर हर। हम सात जनम मुँह दिखावने के जोग न रह जाते। बस आज हमारा नया जनम हुई और हमारी महतारी हैं आप।"

कमरे में खिलखिलाहट का अनार छूट पड़ा।

एकान्त हुआ। जप क्रम चल पड़ा। बीच ही में विचार आने लगा। उसे हठ से रोका, पाँच मालाएँ पूरी कीं। विचार फिर कुनमुना उठा—बहुत-सा अदृष्ट बुद्धि और तर्क के अधीन रहकर भी दृष्ट किया जा सकता है। आज सवेरे और इस समय भी पुद्दन पण्डित ज्योतिष का सहारा लिए बिना ही मेरी पकड़ में आ गए। मानव स्वभाव की परख चाहिए, उसके लिए चौकस स्मृति चाहिए...परन्तु स्मृति तो बुद्धि के अधीन नहीं। स्मृति हमारी चेतना की स्वयंभू ज्ञानशक्ति है। स्वतः स्फुरित ज्ञान जिसका तर्क अथवा बुद्धि से हर जगह जुड़े रहना आवश्यक नहीं हैं। वह कार्य-कारण सम्बन्ध तोड़कर भी मन चलता है। बुद्धि किसी निर्णय पर पहुँचने से पहले शंकाएँ करती है, किन्तु अडिग विश्वास और कभी-कभी श्रद्धा से ज्ञान का जन्म होता है। दिलखुश साईं भी स्मृति को ही महत्त्व देते हैं। वे उसे सुन्ना कहते हैं। जो भी हो, नाम रट लगाए जा रे मन-सुग्गे। जप का गढ़ा जितना गहरा खुदेगा उतना ही सत्य का आलोक उसमें भरेगा।

इधर दस-बारह दिनों से समय अधिकतर यवन बनारस में ही बीतता है। मेंडू खाँ और उनका पूरा परिवार सूर स्वामी पर निछावर है। नायब सूबेदार की युवा पत्नी की आवाज़ रह-रहकर कन्तो की याद दिला देती है। कन्तो की याद फाँस-सी चुभने लगती और टीस देती दिल का दर्द बन जाती है। दर्द एक से दो होता है, कन्तो और कृष्ण। सूर की कमर से लेकर छाती तक लिपटी यह वेदना रज्जु दोनों छोरों से खिंचती है, कायिक भी आध्यात्मिक भी। रहमत खाँ के बहाने से सुनैना और बेगम के बहाने से कन्तो का ध्यान आता है। देह ने अपना सुख चाहकर भी न सुनैना से लिया और न कन्तो से। ऐसे क्षणों को श्याम दीवानगी से टाल दिया। और श्याम सुख भी सगुण-निर्गुण की खींच-तान से फैलकर अन्ततोगत्वा वेदना में

ही बदल जाता है। सुनैना की याद में सूरज के लिए मिठास तो है परन्तु वह अब सूर स्वामी को रास नहीं आती। कन्तो की स्मृति में भी मिठास है और वह श्याम की ओर ले जाने में सहायक भी होती है। सुनैना लू जैसी गर्म हवा का थपेड़ा है और कन्तो खस के तर पर्दे से छनकर आती हुई शीतल बयार। इसी प्रकार निर्गुण श्याम उन्हें रहस्य की चौंक दर चौंक भरी भूल-भुलैयाँ में झटका देता है और सगुण श्याम, जो उनके शिशु भोले भाव से इतना घुल-मिल गया था कि अपने से अलग नहीं लगता था, अब पर्दा दर पर्दा ऐसा छिप गया है कि मन का चैन खो गया पर वह खोजे नहीं मिल रहा। प्रेमपथ पर कन्तो केवल पाँव टिकाने भर के लिए ही ठाँव दे सकती थी, परन्तु श्याम सखा तो आप ही डगर और आप ही उस अनन्त यात्रा का साथी भी है। उसके अभाव से उपजी पीर मन को किसी करवट भी चैन नहीं लेने देती।

एक दिन दिलखुश साईं के आगे दिल खोला तो हँसकर बोले—"अनमोल रतन तेरे पास है? और फिर भी तू अपने कूँ गरीब कहता है? यह दर्द ही तो प्रेम की कसौटी है। इसी दर्द का बिख पचाकर ही तेरा शंकर देवा सूँ महादेवा बन गया मेरे यार। आशिक कूँ माशूक सूँ कौन मिलावे हैगा, दोनों के दरम्यान दुई का भेद कौन मिटावे हैगा—प्रेम।"

"प्रेम वही है जो अपनी शक्ति से अरूप में रूप भर दे।"

"यही तो भेद की गाँठ है। जो उसकूँ खोल ले सो निहाल हो जाए। मेरे माशूक की यही तो अदा है। पर्दा उठा के एक झलक अपना जल्वाए हुस्न दिखलाया, फिर गायब। अब तुम सिर धुनो, मजनूं बनो, वासूँ मिलने की राह तलाश करो। तसव्वुफ की हकीकत ही यही है, खुदी मिटै तो खुदा मिले।"

"खुदी राँड की रही ही कहाँ। आठों पहर तो मन उसकी टोह और आस में बावला बना रहता है जिसे बचपन में प्रत्यक्ष देखता था, खेलता था, जिसकी बंसी की तानों ने मुझे गायक और कवि बनने की प्रेरणा दी। वह मुझसे ऐसे ही बोलता था जैसे तुम बोलते हो। अरे, छेड़छाड़ बन्द करके जब वह मेरे लिए पैना प्रश्नकर्ता और पथप्रदर्शक ही बना रहा तब भी उसकी आवाज़ ऐसी ही प्रत्यक्ष थी। अब कुछ नहीं न रूप न ध्वनि। बौरा दिया है मैयों के सौंपे हुए राधा गोपाल रूपी सखा ने। सहायक पथप्रदर्शन—और भी जितने नाते हैं उन सबका एक रूप, नातों का नाता है किन्तु कैसा छलिया! कितना कठोर।" अंधी आँखों से दो नदियाँ उमड़ पड़ीं। सूर स्वामी बहुत दिनों के बाद किसी के सामने अपने लिए इतना बोले, किसी के सामने रोए थे।

आँसू देखकर दिलखुश शाह की आँखें भी भर आईं फिर हँसे, कहा—"तेरा माशूक बड़ा खिलंदड़ा है। तुझे नचा मारेगा यार, मैं उस रूप को भी जानूँ हूँ। मैंने कभू इश्के मज़ाजी भी किया हता। माशूक के नखरे भी झेले हते। वाका हाल जानूँ

हूँ। तू अब जवान हुआ साईं, बच्चा तो रया नहीं ना, यासूँ निर्गुन को जप। शफा पावेगा।"

पढ़े-लिखे नहीं हैं पर जानने की तीव्र इच्छावश आयु के इन बीस वर्षों में इधर-उधर भटक-भटककर सुनते-गुनते मानते न मानते सूर स्वामी ने अपने मन में एक राह बनाई है। बाहर देख नहीं सकते, इसलिए सुन-सुनकर बाहरी दुनिया का एक प्रतिरूप उनकी कल्पना में स्थापित हो चुका है। सूरज सूरे से लेकर सूरस्वामी के लिए वह प्रत्यक्ष होते हुए भी आँखों वालों के लिए प्रत्यक्ष का विषय नहीं। वह अविश्वास करते हैं। ब्रह्म का भी तो अविश्वास किया जाता है। ब्रह्म भी प्रत्यक्ष का विषय नहीं, अनुमान से भी उसकी झलक झाईं ही मिलती है फिर भी विचारक और विद्वान् मानते हैं कि वह शास्त्रों से प्रमाणित सत्य है। इसी तरह आँख वालों के लिए बाहर फैला हुआ सारा जगत्, समस्त संसार व्यापार ज्यों प्रत्यक्ष है त्योंही सूरे का जगत् संसार भी जीवन्त और प्रत्यक्ष है। तरंगें हैं; तरंगें लम्बी, छोटी भी हैं। तरंग प्रवाह में भँवर भी पड़ती है, तरंगों से तरंगें टकराती हैं, एक दूसरे पर अपने आपको आरोपित करती हैं, एक दूसरे में लीन हो जाती हैं, उन्हें फैलाव का आकार मिल जाता है। निराकार का आकार भी है, जिसे अलख कहा जाता है वह लखा भी जाता है।

हिए के आसन पर माँ का बैठाया हुआ राधागोपाल विग्रह स्मृति रेखाओं में सजीव हो उठा। अपने अस्तित्व का परिचय देने के लिए मचल उठा। दिलखुश साईं की बात सुनकर सूरसाईं के मन में ब्राह्मण नाच उठा। साईं के गद्य का उत्तर सूर ने पद्य में दिया—

"अविगत गति कछु कहत न आवै।
ज्यों गूँगे फल कौ रस अन्तरगत ही भावै॥

...उस अविगत गति रूप ब्रह्म में परम स्वाद है। वह सबको अमित सन्तोष प्रदान कराता है। वह रूप रेखा गुण जाति युक्ति से रहित है। निरवलम्ब है। यह सब सोच-सोचकर सिर ऐसा चकरा उठता है कि बाबा रे बाबा। इसलिए सूर तो भाई सगुन को ही गाता है उसे ही गाएगा।

यवन बनारस में सूर स्वामी के ग्रह नक्षत्र उन दिनों मानो हीरे मोतियों जड़ा ताज पहने हुए थे और देव बनारस में उनकी ताजपोशी का बखान हो रहा था। अभी नायब सूबेदार, अभी काजी, अभी कोतवाल के यहाँ का सवार आया। यहाँ बुलाया है, वहाँ बुलाया है। पुद्दन पण्डित का महत्त्व इन दिनों गगन चूमता है। स्वामी जी तीसरे पहर लौटकर जब गंगाजी और गंगाजी से धर्मशाले तक जाते हैं, तब गलियों में चारों ओर से बड़ी अपनत्व और आदर-भरी आवाज़ों में रामजुहारों के झोंके आते हैं। सवेरे केशवजी और राधा माधव के मन्दिरों में भी भक्तों-भक्तिनों के रूप में मानो राधेगोपाल ही उन पर प्रेम पुष्प बरसाते हैं। एक भगत जो इतने दिनों न मिले

थे आज मिले। राधा माधव के मन्दिर से निकले तो कानों में आवाज़ आई—"पालागी गुरु जी।"

"अ ऽ रे, मल्ल मार्तण्ड। किस बदली की ओट में छिपे थे भाई? हम तो तुम्हारी गली में नित्य फेरी लगा जाते हैं।"

"महराज आपके चारों ओर तो बड़े-बड़े हाकिम-हुक्काम पलकें बिछाए खड़े रहते हैं। आपने बख्सिया सारे को भी भक्छ डाला, बड़ी ऊँची सकती पाई है। आइए, हमारी कुटिया में भी अपनी चरण-धूली गिराए जाइए।"

"ठीक है प्यास भी लगी है, आपके यहाँ जल पियूँगा।"

"जल क्या शीतल सरबत पिलाऊँगा, आपको।"

छिदम्मी स्वामी जी का हाथ पकड़कर ले चले। राधामाधव के ठाकुर द्वारे के सामने ही उनका घर था। बैठके में चटाई बिछाकर बैठाया और घर के भीतर हाँक मारकर शरबत भेजने का आदेश दिया और पंखा डुलाने के लिए नौकर बुलाया। पास आकर बैठे और बात छेड़ते हुए बोले—"जवन लोग आपका बहुत सनोमान करते हैं। वो साईं जौन आपके साथ बहुत डोलता है उसका भी बड़ा मान-सनोमान है।"

"हाँ, बहुत उच्च कोटि के सन्त हैं। सिद्ध पुरुष हैं।"

कमरे में हवा फरफराने लगी। सन्तोष की गहरी साँस छोड़ते हुए छिदम्मी बोले—"हाँ, उन्हें तो मैं बहुत दिनन से चीन्हता हूँ। पहले सारनाथ लगे रहते रहै धमक टोप के पास।"

"दिलखुश साईं बतलाते थे कि उन्होंने अपने लिए कभी कुटी नहीं छवाई। जहाँ मौज आई वहीं टिक गए। जितने दिन मौज आई वहीं रहे फिर दूसरी जगह चल दिए।"

लोटों में शरबत आ गया। उसमें केवड़ा भी महक रहा था। छिदम्मी बोले—"तीन कुएँ हैं महराज आपके आसिरबाद से हमारे हियाँ। एक में हम सतवारे में एक बार दुइ बोरा खांड़ और केवड़े की बालैं छुड़वाय देते हैं। अब क्या करैं, हजारन मनई आपके इस चर्णसेवक को जानता है, सैकड़न लोग अपाने-अपाने कामों से आते-जाते हैं।"

"हाँ, यवन बनारस में भी आपका यश सुना कहीं-कहीं। बल्कि एक सज्जन ने हमैं यहाँ तक बतलाया कि बनारस में एक सरकार सिकन्दर पातिशाह की है और एक आपकी।"

"सब कासी विश्वनाथ की माया है। हमको भी एक जवन साईं ने बताया रहा कि हमारी आयु डेढ़ सौ बरिस की है और राजा के समान जिएँगे, राजै समान मरेंगे।"

"वह कोई धूर्त चाटुकार होगा। उसने आपको झूठी बातें बतलाईं।"

"क्या?" मल्ल मार्तण्ड की नशीली आँखों के डोरे लाल हो गए।

"सच कहता हूँ। अगले मास, श्रावण का शुक्ल पक्ष लगते ही आप मन से राजा नहीं रहेंगे, साधु हो जाएँगे।"

मन यों खौलने लगा, मानो छिदम्मी की राजगद्दी अभी ही छिनी जा रही हो और स्वयं स्वामीजी ही उसे छीन रहे हों। एक बार दाँत पीस, सिर को झटका दिया और वैराग्य के तैश में आकर संस्कृत का श्लोक झाड़ने लगे–

"भोगा न भुक्ता बैमेउ भुक्ता
तापो न तप्तं बैमेउ तप्ताह
कालो न जातो बैमेउ जाताह
तृस्ना नजिर्ना बैमउ जिर्नाह। इतीसिरी भर्थरी महाजोगी जोगाभ्यां नमह।

स्वामी जी, हमै बड़े-बड़े इस्लोक याद हैं। आप ये समुझ लें कि जजुर्वेदान्तरगत मा धियेदिनी सखायां भरद्वाज गोत्री पण्डित पुत्तूलाल सर्मणात्मज पाण्डे छिदम्मीलाल सर्मणाह ने घुट्टी तलक में इत्ता ग्यान बैराग पी लिया है कि वहीं बाहर के पाँच पण्डितन की खोपड़ियाँ मिलके जो न सोच पावै वह हम पल भरे में सोच लेते हैं।"

"हरे आप बड़े संस्कारी पुरुष हैं। जैसे धरती में गड़ा पुराना धन किसी भाग्यशाली को अचानक मिल जाता है न वैसे ही अगले महीने आप स्वयं अपने को ही एक दम नए रूप में मिलेंगे।"

"अच्छा अब हमको अन्ते जाना है, पालागी। और ये हमारी भी भविस भाखा सुन लें महाराज कि बाबा विस्वनाथ के बाद मल्ल मार्तण्ड पाण्डे छिदम्मीलाल सर्म्मणाह कासी का राजा है और राजा ही रहेगा।" अपने साधुमना हो जाने की बात सुनकर छिदम्मी अपने भीतर और बाहर एकदम से खौखिया उठे थे।

सवेरे गंगा-स्नान करके केशव जी और राधामाधव के दर्शन करने गए। लौटते समय गली की साग सट्टी से गुज़र रहे थे, एकाएक पन्द्रह-सोलह वर्ष का एक लड़का 'अरे मोर दादा' कहते हुए कसकर लिपट गया।

"कौन है भाई?"

"हमैं नहीं चीन्हा?"

"चीन्ह लिया, किसी के सिखाए हुए मुझसे छल करने आए हो।"

परन्तु स्वामी जी की यह बात उस लड़के के क्रन्दन नाटक में डूब गई। फिर तो उसके जोर-जोर से रोने और लिपटने का तमाशा चलने लगा। लड़के ने "दादा, घर चलो, घर चलो" की रट लगा दी। सूर स्वामी जैसे बोलने के लिए मुँह खोलें तभी लड़के का रोना-चीखना बढ़ जाए। भीड़ इकट्ठी होने पर लड़के ने बतलाया कि "अंध स्वामी उनके सगे बड़े भाई हैं। चुनार के पास उसका घर है। त्यौरस साल नौरातों में इन्हें बुखार चढ़ा। सन्निपात हुआ। चिल्लाए, मैं नहीं जाऊँगा, मुझे मत ले जाओ। अरे मुझे कुछ दिखाई नहीं देता। फिर अंधे हो गए। हमसे बोले चुन्नू हमारे पीछे एक चुड़ैल लगी है, हम नहीं बचेंगे। फिर यह मर गए। घर के लोग

रोए-धोए, बाँध के मरघटे ले गए, चिता पर रखा। मैं चिता में अग्नि देने बढ़ा ही था कि एक कापालिक आया और इन दादा की चिता के पास खड़ा होके हँसने लगा। बस बिजली फट पड़ी। पानी इतनी जोर से बरसा कि सब इनका शव छोड़कर भागे। तब चिता पर देखा था और आज इन्हें यहाँ देख रहा हूँ।''

आरम्भ में स्वामी जी ने दो-तीन बार टोकने का प्रयत्न किया परन्तु भीड़ उस रोते-बिलखते लड़के की बात सुनना चाहती थी। स्वामी जी मूर्तिवत होकर सुनते रहे। भीड़ में एक कोई तन्त्र विशारद आ गए। पीछे किसी के कान में फुसफुसाए—''यह प्रेत है। इसकी मुखकान्ति यह स्पष्ट बतलाती है कि कोई कापालिक इसकी मृत काया में प्रविष्ट होकर विचर रहा है, नगर पर कोई महाविपत्ति आने वाली है।'' उन्होंने यह भी कहा कि लड़के को तुरन्त इस मुर्दे से अलग कर लो, नहीं तो उस पर गाज गिरने ही वाली है।

आधी घड़ी के भीतर-ही-भीतर सूर स्वामी जीवित मनुष्य से किसी कापालिक के द्वारा सिद्ध किए जाने वाला मुर्दा बन गए। भीड़ दूर-दूर बहुत दूर खिसक गई। सहानुभूति और आकर्षण का पात्र देखते-ही-देखते भय और घृणा का पात्र बन गया। स्वामी जी सब कुछ जानते थे परन्तु विवश थे। मल्ल मार्तण्ड ने उन्हें निस्तेज करने के लिए जब 'यवन युक्ति' सोची थी तब तो अपने प्रभु और गायन गुण का विश्वास लेकर वह यवन बनारस गए थे। अब कहाँ जाएँ? दिलखुश साईं के यहाँ गए तो पता लगा कि रमते राम साईं जी सबेरे मुँह अँधेरे ही उठकर कहीं चले गए हैं। सोचा, रहमत खाँ के यहाँ चलें। पुराने परिचित होने के कारण इस नई अफवाह का खण्डन करा सकेंगे, परन्तु वह घड़ी-भर पहले ही कार्यवश जौनपुर जा चुके थे। थोड़ी देर इधर-उधर भटकते रहे। बनारस के इस मुसलमानी क्षेत्र में अब बहुत-से लोग इन्हें जान चुके थे। स्नेह-भाव, दुःख-सुख राम-अल्ला की चर्चा करते-कराते जल्द ही धर्मशाला लौट आए। उस समय मध्याह्न वेला हो चली थी।

दलान में प्रवेश करते ही पुद्दन पण्डित ने ज़ोर से कहा—''अरे आओ हो प्रेत स्वामी।'' कहकर ज़ोरदार ठहाका लगाया।

सूरज भी खिलखिलाकर हँस पड़े, बोले—''कुछ भी कहिए पण्डित जी, पर हम तो भाई मान गए मल्ल मार्तण्ड के इस दाँव को।''

''हमने आपसे कहा नहीं था कि यह सौमुखी रावण हैगा।''

''चिन्ता नहीं पण्डित जी, असत्य शतमुखी क्या सहस्रमुखी हो जाए किन्तु अन्ततोगत्वा विजय सत्य की ही होती है। बाकी ये तो आप ही मानेंगे कि मल्ल मार्तण्ड की बूटी आपकी विजया से अधिक सूझ वाली होती है। हः हः हः।''

''सुनौ स्वामी तुम सिद्धपुरुष हौ यासों हँस लैते हो। औ भगवान तुम्हारे रच्छक हैं। ये सब ठीक है पर अब हम तुम्हें अकेले नहीं निकलने देंगे।''

बात को दूसरी ओर मोड़ते हुए स्वामी जी ने कहा—''आज तो बैरागियों की

बड़ी भीड़ आई है काशी जी में, क्या किसी स्थानीय पर्व का दिन है।''

''ना हीं। कहूँ दुई टका और चार बड़के लेडुवा के बदे केहू राजा पठान की तरफ से लड़े जात हुइहैं। ऐसे बैराग से अब हमैं चिढ़ हुई गई है स्वामी जी।...अच्छा ये बताओ कि कहीं कुछ फलाहार-उलाहार...।''

''भूखा हूँ। बात झूठ नहीं पण्डित जी जो देंगे वह ग्रहण करूँगा।''

''आज आप हमारे घर चलो स्वामी, वहीं जूठन गिराओ, आओ।''

सूर स्वामी ने सूरज, चाँद और तारे भले ही कभी न देखे हों पर गंगा स्नान तारों की छैयाँ में ही होता है। साधु-संन्यासी सद् ब्राह्मण और सद्गृहस्थ मुर्ग की पहली बाँग घाट पर नहाते समय ही सुनते हैं। उस समय प्रायः अँधेरा था किसी ने उन्हें ठीक से नहीं देखा? ध्यान करने बैठते हैं। शिव, शिव, अरे यहाँ को बैठा है सरवा, सीढ़ियाँ घेर लिहिस।—क्षमा करें चूक हुई। सरके जाता हूँ। अरे ई तौ प्रेत के स्वामी हौवे। राम राम राम राम ! घाट पर दो-चार लोगों की अट-पट बातें सुनीं तो स्वामी जी ने सोचा कहीं एकान्त में चलकर बैठना चाहिए। सीढ़ियाँ चढ़कर दाहिने हाथ पीपल तले चबूतरा था। टटोलकर वहीं पहुँचे। छिदम्मी के फैलाए भ्रम से चिड़चिड़ाया मन हठपूर्वक शान्त किया और श्री राधेगोपाल मय हृत्पुरुष को जगाने बैठ गए।

लौटते समय धर्म प्रिय और धर्मभीरु गंगा स्नानार्थियों की आवाजाही गलियों में पहले से अधिक हो जाती है। गलियों में इधर-उधर पसरे हुए रात के साँड उठकर अपनी चहलकदमी से खड़खड़ खबड़-खबड़ की आवाजें कर रहे हैं। कहीं कोई स्नानार्थी बाहर खड़ा घर के भीतर अपनी पत्नी से कह रहा है।—''अरी ओ राँड, अरघा पन्च पात्र तौ द गई पर भभूत की बटिया तौ लाव।''...''अरे लाय रही हूँ। हवा के झोंके से दियना बुझ गया मैं क्या करूँ।'' (बड़बड़ाहट) ''और क्या करेगी? रात में घुस-घुसकर मेरा ब्रह्मचर्य खण्डित करती है।'' (ज़ोर से) ''अरी राँड, ला जल्दी, गंगा जी जाने को खड़ा हूँ।''

''विलासी ब्राह्मण। अपने ही दोषों को दूसरे के मत्थे मढ़ने वाला आलसी! अपनी ही सौभाग्यवती को राँड कहता है, मूर्ख।'' खट-खट, सूर स्वामी की लठिया आगे बढ़ गई। ''कहाँ तक शिक्षा अर्जित की है तूने?...'' ''मैंने सांग पूर्वक चारों वेद और षड्दर्शन पढ़े हैं।'' ''उनके नाम बता।''...''ऋक् यजुस्-साम और आथर्वण, उनके अंग हैं शिक्षा, कल्प, व्याकरण, निरुक्त, छन्दस और ज्योतिष दर्शनों के''...''ठीक है। और भी कुछ पढ़ा है?'' ''हाँ आर्य, काव्य नाटक अलंकार और स्मृति ग्रन्थ भी पढ़े हैं।''—''साधु अध्ययनशील है उन्नति करेगा।'' सूर स्वामी को लगा कि पण्डितों की गली से जा रहे हैं।

काशी में गुरुओं और शिष्यों की महिमा है। यद्यपि पण्डितों में भी अब दम्भ और दुश्चरित्रता की मात्रा बहुत बढ़ चली है। कानों में ऐसी बातें भी आती ही रहती हैं कभी-कभी।

"वो देखो प्रेत स्वामी।" खट-खट-खट! गलियाँ कुलियाँ पार होने लगीं। दिन का उजाला और फैल गया है। यह...बाजार की गली है। आवाज़ों से यही नक्शा बनता है–

"अरे चुन्नू अढ़ाई सेर घी तोलो ना। हमे देर हो रही है, आज बाबा का सिराध जिमाना है।"

"देता हूँ, देता हूँ कोई चार हाथ तो कर नहीं लूँगा।" जीरा, कस्तूरी, हींग, सौंफ, सुपारी इलायची की माँग है। कहीं आटा-दाल बढ़िया बारीक चावल की। पंसारियों की कई दुकानें हैं। शोर भी है, पर साग-सट्टी की तरह यहाँ कौआ रोर नहीं है। भीड़ कम हो या अधिक प्रेत स्वामी को देखते ही भय-भरी हटो, बचो होने लगती है। सूर स्वामी मुस्कुरा देते हैं जो आज गालियाँ देती है वह कल प्रेम से हर-हर महादेव, जय श्रीराम, जय श्रीकृष्ण कहती थी। समझती है कि प्रेत के छूने से अमंगल होगा। अशौच से जन साधारण भयभीत हो गया है। सूर स्वामी अब जीवित मनुष्य नहीं हैं, उनकी मृत काया में कोई कापालिक गुजर रहा है। खट खट खट!

'धृक-द्धिकिट धगटित कत गिदगिन धेतृक धिकिटि धित्तगन्न गिदगिन धा दिगधित्ता किणान धा किणान् धा।' सम से सम तक चौताला ध्रुपद नचा रहा है। बोल पैरों की थाप, घुँघरू पखावज। आनन्द आ गया। लगा कि वेश्याओं की हाट में आ गए हैं। कोई कह रही थी–"अरी सुग्गो अब तोरा पाशुपताचार्य नहीं आवता है का।–कैसे आवे बिचारा, अपनी जूठी मदिरा पिलाय-पिलाय के भरी हाट में नचवाय दिया उसे। आधी शिखा काट के गिरौं रखी ली है कि दस दिनारैं लाओ सुवरन की, छुड़ाय लै जाओ। हः हः हः।–अरे इन गलियन में बड़े-बड़े संन्यासी, वेदज्ञ, बुद्ध, सरावगी क्रादी न जाने कौन-कौन आयके अपना मुख काला नहीं करावता है।...ए पियरवा, हमसे काहे रिसाए हैं आजकल ? अरे हम रिसैबे, औ तुमसै? तुम तौ हमार मन पिंजरा की सुगनी हौवा पियारी। अरे जाव, धन्नो साव के इकलौते लाड़ले को तो बिन्दो से लगाय दिया। हमसे ऐसी कौन-सी बैर की गाँठ पड़ी रही।–अरे मोर चिरैया, मूँ जिन फुलावऽ। आजै संझा के पटाय देब, कहब बिन्दिया महीने से बैठी है गेंदिया से बगल गरमाय लऽ।" क्षुद्रता, ईर्ष्या, काम, कपट। मुक्ति के क्षेत्र में माया के कितने बन्धन।"अरी, भाग भाग। प्रेतस्वामी!"

गलियाँ गुजरती रहीं। कभी बाजार, कभी बच्चों की चहल-पहल, कभी सन्नाटा।

सन्नाटा ही सूर स्वामी के मन में भी चल रहा है। यद्यपि मल्ल मार्तण्ड से वह व्यक्तिगत द्वेष नहीं मानते फिर भी यह सहन नहीं कर पाते कि उसका पाशविक दम्भ इनकी सद्भावनाओं से जीत जाए।

उस दिन पुद्दन पण्डित से स्वामीजी ने हँसी-हँसी में कहा था कि उनकी भाँग से उसकी भाँग तगड़ी रही। पर सच तो यह है कि चुनौती तो उनके श्याम बल के लिए है। 'मेरा श्याम परास्त नहीं हो सकता।' भीतर-ही-भीतर मन घुमड़ता है।

किसी दूसरे की मन्त्र शक्ति से परिचालित प्रेत कहलाकर सूर स्वामी तो अपने-आपको संयम में कर लेते है पर सूरज अब भी रह-रहकर उत्तेजित हो उठता है। सूर स्वामी और सूरज के अन्तर्द्वन्द्व की तह में एक और मन गूँगे की तरह संकेत में कुछ कह रहा है। एकाएक सूरज ने घोषणा की मैं भागवत गान करूँगा, चाहे कोई आए या न आए।

ठक-ठक-ठक! पैरों में मानो पंख लग गए थे। आड़ी-तिरछी गलियों का जाला, कहीं सन्नाटा, कहीं आवाजाही, कहीं हाट-बाजार का शोर। प्रेत स्पर्श के भय से लोगों की हटो, बचो में रास्ता आप ही आप सूझने लगता है। दो-चार जगह भटके भी, उनसे मिथ्या ही डरने वालों में से ही कोई-न-कोई बतला देता—"राजघाट जाबो? ओहर जाओ ओहर!"

धर्मशाला के आस-पास के लोग छिदम्मी द्वारा फैलाई गई अफवाह से विशेष प्रभावित न थे। उनके प्रति आत्मविश्वास का एक बहुत बड़ा कारण पुद्दन पण्डित का डंका चोट सुप्रचार था।

"आओ जी, प्रेतस्वामी।"

"पण्डित जी, आप ज्ञानेश्वर दीक्षित जी से परिचित हैं?"

पुद्दन ने हँसकर कहा—"अरे हमरे हू संगे तो अजुध्या जी जाते हैं। सावन के झूलों के समय हर साल जाते हैं। हमारे सेठजी के हियाँ भागवत बाँचते हैं। अबकी न जाए पाएँगे बिचारे।"

"क्यों?"

"अरे बूढ़ मनई। गली में गिरे तो एक पैर की हड्डी टूट गई। कुछ छिदम्मी साले का आतंक भी है।"

"पण्डित जी, आप मुझे ज्ञानेश्वर जी से मिला दें।"

"बड़ी उतावली है मिलने की? क्या काम है?"

"मैं भागवत गान करूँगा। उनका आशीर्वाद लेना है।"

"चलौ, पर वो बिचारे क्या कर लेंगे।"

साठ-पैंसठ की आयु, भव्यगौर काया, सुखी जीवन और दास, दासियों, शिष्यों, सेवकों से जगमगाता दरबार। भागवत् पुराणादि बाँचने वालों में ज्ञानेश्वर जी का बहुत ऊँचा स्थान है। वे महाराजाओं और कोट्याधीशों की ही यजमानी करते थे। अब कई बरसों से अयोध्या के उजागर सेठ को छोड़कर और कहीं नहीं जाते। छिदम्मी का प्रस्ताव नहीं माना इसी से दोनों के बीच गाँठ पड़ी है। ज्ञानेश्वर जी सूरस्वामी से मिलकर प्रसन्न हुए। सूरस्वामी के गायन और कवित्त शक्ति का प्रभाव भी उन पर अच्छा पड़ा। फिर स्वामी जी ने अपनी और छिदम्मी की बात उठाई। सारी कथा सुनाई। सुनकर ज्ञानेश्वर जी कुछ पल मौन रहे फिर कहा—"श्रीकृष्ण परमात्मा की कृपा से आपके मधुर कण्ठ और आत्मशक्ति की विजय होगी। किन्तु आप मुझसे क्या चाहते हैं।"

"मेरी यह अभिलाषा है कि आप मेरी कथा सुनें। मुझे लगेगा कि साक्षात् विश्वेश्वर भगवान को अपनी तोतली किन्तु भाव-भरी वाणी सुना रहा हूँ।"

कुछ देर चुप रहने के बाद ज्ञानेश्वर जी हँसे, कहा—"पुद्दन, तेल के कढाह में नाचती मछली की परछाई देखकर अर्जुन ने उसकी आँख फोड़ी थी, जानते हो न?"

"हा-हाँ धर्मावतार द्रोपदी का सुयंबर..."

"हाँ, उसी प्रकार यह भक्त एक परमधूर्त के कुचक्रित मत्स्यवेध के लिए मुझे स्नेहाशय बना रहे हैं। हः हः।"

अस्वीकृति की आशंका से सूरज व्यग्र हो उठा, हाथ जोड़कर बोला—"आचार्य जी मैं..."

"मैं तुम्हारी प्रशंशा कर रहा हूँ युवा सन्त। युक्ति के अनूठेपन को सराह रहा हूँ। जिसे शुक्राचार्य ने प्रेत सिद्ध कर दिखलाया है उसे देव सभा में बृहस्पति ही मनुष्य प्रमाणित करेंगे।—मनुष्यों में भी पावन भगवद्भक्त। मुझे तुम्हारा प्रस्ताव स्वीकार है। देवनाथ, आयोजन करो।"

पुत्र देवनाथ ने पूछा—"किस यजमान को आपका आदेश..."

"यजमान मैं स्वयं हूँ।"

"अ-आप? आप स्वयम्?"

"हाँ पुत्र, वह धूर्त कहीं मेरे मन पर बोझ बनकर पड़ा है। यह सरल सन्तमना युवक निष्पाप हृदय से उस पशु को चुनौती देना चाहता है, इसीलिए मैं यजमान बनकर पहले अपने मन से अपनी ही कायरता की उस कलंकरेखा को मिटाना चाहता हूँ जो स्वप्रतिष्ठानुकूल समझकर कभी मैंने स्वयं ही लगाई थी। उस पशु की धमकियों से इतना कतरा गया कि मेरा वह मार्ग ही प्रायः छूट गया। सामने वाले मैदान में सहस्र दो सहस्र लोगों के बैठने की व्यवस्था हो। भाषा में भगवद् कथा होगी। देशकालानुसार इस चलन को भी समर्थन देना है। परन्तु एक बात तुम्हें भी हमारी स्वीकारनी होगी सन्तजी।"

"आज्ञा दें प्रभु।"

"तुमने नौ स्कंध अब तक रचे हैं।"

"हाँ प्रभु।"

"तुमने सम्पूर्ण श्रीमद्भागवत का अनुवाद तो किया नहीं है। अंश ही स्वतन्त्र रूप से गीतबद्ध किए हैं।"

"हाँ जो पिताजी से सुनकर स्मृति में रह गए। नवम स्कन्ध की राम कथा अयोध्या में रची थी।"

"मैं वहीं तक सुनूँगा। दशम स्कन्ध की जैसी दिव्य रसानुभूतिमयी व्याख्या काशी में तुम्हारी ही वय के एक तपोपुंज विद्वान् ने की थी वैसी न तो कोई कर

सकता है और न ही कर सकेगा। मैं स्वयं सुन्दर व्याख्या नहीं कर पाया।''

सूरज ने ईर्ष्या का हलका स्पर्श पाया पर स्वामी जी की साधना प्रबल थी। प्रबल भावतरंग से गीली रेत पर छपे उस पाँव की भद्दी छाप को धोकर मिटा दिया, जिज्ञासावश पूछा—''कौन थे वह महापुरुष?''

''सत्य ही वह महापुरुष हें। अवतारी हैं। श्री वल्लभ भट्ट।''

''बाल सरस्वती वाक्पति।'' मन रहस्य के पाताल कूप में डोल खा उछला। पानी से उस डोल को अपने भीतर स्वयं खींच लिया—डोल पानी से भरा है और पानी में ही गहरे और गहरे में डूबता चला जा रहा है अथाह! अथाह में हैं—राधागोपाल! स्मृति में आनन्द है, प्राण में स्फुरण है, मन में कौतुहल भरी जिज्ञासा है—कौन हैं श्री बल्लभ? क्यों इतने पहचाने से लगते हैं, यद्यपि उन्हें इस जन्म में सूर ने कभी देखा नहीं है। हाथ जोड़कर बोले—''आपकी आज्ञा मेरे लिए रामाज्ञा है।''

''लौटते समय रास्ते में स्वामी जी पुद्दन से बोले—''कैसी माया है भगवान की—जिस इच्छा से बात उठाई थी वह तो वहीं की वहीं धरी रह गई और उसके बहाने अँधेरे-उजाले का एक और युद्ध छिड़ गया। अस्तु। जो हो, श्री कृष्ण जो चाहेंगे वही होगा।''

बात उठाते समय मन एक था। बात करते-करते मन बँटकर बाहर एक प्रसंग जो छिड़ गया है उसे पूरा कर रहा है और बीच ही में स्मृति एक दूसरा प्रसंग छेड़ देती है जो दूसरे मन को अपने पहेली-भार से बोझिल बनाने लगता है। पहेली था बल्लभ प्रसंग—श्री बल्लभ बाल सरस्वती वाक्पति! कैसे देखूँ उन्हें? कब मिलेंगे? ऊपरी मन जो बात कर रहा था, पूरी कर चुका; भीतरी मन जो श्री बल्लभ भट्ट के ध्यान में अटका है, एक रहस्यमयी टीस से अपने भीतर-ही-भीतर उलझ भी रहा है कि तीसरी सतह पर एक गूँगी याद तड़प उठी, अपने बालबन्धु श्याम की। आ जा रे आ जा!—मन दस-बीस भी हो सकते हैं पर मन एक ही मन्त्र से सिद्ध होगा। ''आकाशात् पतितो तोयं यथागच्छति सागरम्। सर्वदेव नमस्कारः केशवम् प्रति गच्छति!''

ज्ञानेश्वराचार्य जी बड़े हौसले से भाषा भागवत ज्ञान के लिए तैयारियाँ करवा रहे हैं। काशी के सभी ख्यातनाम पण्डित और विद्वान् आमन्त्रित किए जा रहे हैं। काशी के पण्डितों में कोई बंगदेश का है, कोई मिथिला, गुजरात, महाराष्ट्र, कर्णाटक, तिलंगाने, पंजाब का है। कोई पण्डित ज्ञानेश्वर जी का निमन्त्रण टाल नहीं सकता था। दो जने शंख-घड़ियाल बजा-बजाकर गलियों-गलियों में सूचना देते आए कि ज्ञानेश्वर महाराज के यहाँ भागवत गान होगा। उत्सव में बड़े संन्यासी भी पधार रहे हैं।

ज्ञानेश्वर जी के व्यक्तित्व की छाप सूर के स्वामी व्यक्तित्व पर तगड़ी पड़ी। सूरज प्रभावित तो हुआ पर अनमना ही रहा—वह कहीं अपने ही भीतर खो जाने वाले रूठे सखा के बिना इतना जड़-पीड़ित हो चुका है कि वह अब कहीं आसानी

से नहीं झुकता, फिर भी स्वामी जी सूरज का हाथ पकड़े उसे टहलाए ही लिए जाते हैं। दूसरे दिन से केशव जी और राधामाधव के दर्शनों के बाद वे ज्ञानेश्वर जी के दरबार में जाने लगे। अंधे सुगायक और सरल भोले युवक के प्रति ज्ञानेश्वर जी के पुत्रों, देवनाथ और छविनाथ, तथा अचार्य के शिष्य मुसाहिबों के मन में प्रेम और आदर का भाव था। आचार्य जी भी जिज्ञासु सूर स्वामी की ज्ञानझोली में सप्रेम भीख डाल दिया करते थे। क्या उस परम सत्ता का कोई व्यक्तित्व, कोई रूप है अथवा वह अलख, अरूप और नितान्त व्यक्तित्वहीन ही है। इन कोटि-कोटि ब्राह्मांडों को नित्य संयोजन करने की क्षमता उसकी अपनी है अथवा किसी अन्य शक्ति के द्वारा यह कार्य होता है। उस शक्ति का परमसत्ता से क्या नाता है?

"प्राचीन मीमांसक उस निर्गुण निरंजन चैतन्य को सनातन सत्य रूप में स्वीकारते हैं। लीला करने के हेतु वह निराकार कभी-कभी व्यक्तित्व भी धारण करता है किन्तु यह उसकी माया मात्र होती है।"

"माया ब्रह्म से अलग नहीं है?"

"नहीं। किन्तु चेतन सत्ता में उत्पत्ति, स्थिति और प्रलय का भ्रम उसी के द्वारा होता है। इसी भ्रम में फँसकर हमारा ध्यान ब्रह्म की ओर नहीं जा पाता।"

ब्रह्म तो अद्वैत है। जो हम सो ब्रह्म। सत् चित् आनन्द। अन्ततोगत्वा चित और आनन्द भी सत् में समा जाता है इसलिए ब्रह्म सत्य है। सत्य ही ब्रह्म है। महात्मा बुद्ध की बुद्धिगत व्याख्या के अनुसार सत्य भी रूप मात्र है। अतः ब्रह्म शून्य है, अनिर्वचनीय है।

सूर स्वामी तो बड़े-बड़े पण्डितों के महाज्ञान के तेज से प्रभावित होकर बैठ भी जाएँ पर सूरज मन नहीं बैठने देता। वह जो प्राणों में समाया है, जो चेतना में खरी विरह वेदना बनकर अपने अस्तित्व का सतत परिचय देता है, वह और चाहे जो हो निश्चित रूप से स्वरूपवान भी है, व्यक्तिशाली भी है। वह कोरा सत्-चित्-आनन्द नहीं—वरन् सच्चिदानन्द मय पुरुष है। स्वयं सुन्दरता भी जिसे न बखान सके इतना सुन्दर है उसका श्याम सखा।

जाते आते हैं, सुनते हैं, गुनते हैं, पर जपते अपने श्याम को ही हैं। वैसे तो रूठा है, पर कठिन-से-कठिन क्षणों में भी श्याम सूरज में एकाकार होना ही पड़ता है।

एक बार बचपन में...सूरज तब पाँच बरस का रहा होगा, परासौली से सीही आए हुए बरस डेढ़ बरस बीत चुका था। श्याम सखा से बोलचाल आरम्भ हुए भी पाँच-छह महीने हो चुके थे। अब तो गहरी मिताई हो गई थी। एक दिन तड़के, मैया ने जगाया भी न था पर सूरज की आँख खुल गई। सोचा आप ही उठकर बाहर जाएँ तो मैया हरस उठेगी। पर श्याम तो सो रहा है, फिर अकेला कैसे जाए। अरे श्याम उठ।...ऊँ ऊँ—आलसी कहीं का! मैं राजा बेटा जाग उठा और तू इत्ता बड़ा भगवान होके भी सो रहा हे। श्याम ताव में उठ बैठा, बोला—तुम्हारी मैया तो तुम्हारे

लिए पंचरंगी सूतली से बिना खटोला बिछाती है और उस पर नरम गद्दा डाल के सुलाती हैं। मैं कहाँ सोऊँ? तू नित्य सोता है, मुझे जागना पड़ता है। आज तू जल्दी उठ बैठा तो मैं बहुत-सी रातों का निदारा तेरी गोद में टुक सो लिया। तब भी तू मुझे आलसी कहता है? जा तुझसे खुट्टी, खुट्टी! उस दिन सूरज सारा दिन उदास रहा, अपने को अपराधी समझता रहा। रात में मैया को बहकाने के लिए झूठ मूठ लेट गया। जब मैया की नाक बोलने लगी तो उठकर बैठ गया। बड़े लाड़ से बड़े बड़प्पन से कहा—"श्याम आज तू सो ले भैया। मैं जागूँगा।" सूरज को आज भी याद है कि नींद आती और वह उसे हठपूर्वक टाल जाता था। बड़ी रात गए मैया की नींद खुली तो सूरज को बैठे देखकर सोचा कि कदाचित् कोई बुरा सपना देखा है सो उठके बैठ गया। पूछा तो सूरज बोला—"श्याम सखा मेरी गोद में सोया है।"

सूरज का यह विश्वास सूर स्वामी का मेरुदण्ड है। जप अब वह नहीं करते, अपनी साँस से कराते हैं। नाम और साँस ज्यों-ज्यों एक होने की प्रक्रिया में समगति होते जाते हैं, त्यों-त्यों सूरज का विश्वास स्वामी जी का तपोबल बनता जाता है।

पुद्दन पण्डित बड़े मगन थे और इसी मगनपने में दो बार हाट बाजार में खड़े होकर वह छिदम्मी गुरु का भाव दीनार से कानी कौड़ी पर उतार लाए। कहते फिरे, "सन्त को प्रेत कहा है तो मरते समय उसके रोम-रोम से कीड़े झड़ेंगे। कोई पास नहीं फटकेगा। गिद्ध, कुत्ते, सियार उसका मांस नोच-नोचकर खाएँगे। दो-चार बार लोगों ने टोका भी कि छिदम्मी से बैर मोल लेना उचित नहीं पर पुद्दन जब अपनी ऐंठ में हों, ऊपर से भाँग भी चढ़ी हो तब भला किसी की सुनते हैं। परसों प्रातः काल से भागवत होगी। छान-निपटान के बाद सेवक जब उन्हें नहला रहे थे तभी विचार आया कि यों तो छिदम्मी अपने आपको अजेय और सर्वोच्च समझता है पर ज्ञानेश्वर महाराज और बड़े-बड़े पण्डितन की सभा में कुछ न करेगा। जानता है वहाँ उत्पात किया तो अनर्थ हो जाएगा। बनारस का बच्चा-बच्चा भड़क उठेगा। नायब सूबेदार और स्वामीजी के सम्बन्ध को भी जानता है। मुसलमान बस्ती में छोटे-बड़े सभी उनका आदर करते हैं—फिर भी वह ऐसी कुटिल बुद्धि का है कि बदला लेने के लिए नीची से नीची चाल भी चल सकता है। इस समय साला खौंखिया गया होगा। अपने बचाव के लिए हमें भी सावधान रहना चाहिए। हीरा अहीर से मिला जाए। छिदमवा से दबता तो अवश्य है पर मन-ही-मन में खार भी खाता है। उसे टटोलेंगे तो कोई-न-कोई जुगत अवश्य निकल आएगी। इसके सब विरोधियों को इकट्ठा कर लिया जाए तब तो फिर क्या बात है।

डोल पर डोल सिर पर पड़ते रहे। ठण्डाई की तरावट में विचार की भाँग गर्मा उठी तब उठे। बदन पोंछा, पाँचों पोशाक पहनीं, माथे पर तिलक, हाथ में लट्ठ, कमर में कटार, पीठ पर ढाल बाँधी और नुक्कड़ के तंबोली से आठ बीड़ा पान जमा कर अहीराने की ओर चल पड़े। भंग तरंगें उठ रही थीं। सब जान-पहचानियों से रामा-श्यामा

करते और परसों सवेरे मथुरा के स्वामी जी की भागवत सुनने की याद दिलाते हुए झूमते-झामते चले जा रहे थे। एकाएक बाईं गली से एक व्यक्ति कटार तानकर अचानक उनकी ओर झपटा। बीच में कुछ पलों का ही अन्तर रहा होगा कि उसी गली में से कोई एक क्रुद्ध साँड़ भी झपटता हुआ निकला। आक्रमणकारी साँड़ की टक्कर से गिर गया और पुद्दन चौंककर गली की दूसरी ओर दीवाल से जा चिपके। साँड़ गिरे हुए को रौंदता चला गया। साँड़ के निकल जाने के बाद दस-पाँच की भीड़ तुरन्त जमा हो गई। आक्रमणकारी को पहचाना गया। छिदम्मी के गिरोह का ही था, एक तो साँड़ ने मारा था दूसरे लोगों के द्वारा धिक्कारा गया, उधर पुद्दन महाराज की भाँग इस चमत्कार से प्रभावित होकर ऐसे लहरा रही थी कि मानो मथुरा के स्वामीजी ने अपनी सिद्धियों के चमत्कार से उनकी जान बचाई हो।

सूर स्वामी की सिद्धि महिमा की बात तो पुद्दन पण्डित अपनी मौज में कहकर निकल गए, पर वह गलियों-गलियों में तेजी से फैली। हीरा अहीर के घर जब पुद्दन महाराज पहुँचे तो उनके बचने की बात उनसे पहले ही पहुँच चुकी थी। हीरा अहीर ने पुद्दन पण्डित के विचार-विमर्श में गहरा साथ निभाया। लौटते समय हीरा अपनी बिरादरी के दस तगड़े लठैतों के साथ पुद्दन पण्डित का रक्षक बनकर आया था। अब अपने राजघाट क्षेत्र में पहुँच गए तो हीरा और पुद्दन में कनफुसकियाँ हुईं; ''देखो पैसा तुम्हें भरपूर मिलेगा हीरा। कल तलक सेठजी भी आ जाएँगे। तुम जित्तो को फोड़ सको फोड़ लो। उस कुचाली के घर की एक-एक खलर तुम्हें मिलती रहे, तभी बात बनेगी।''

''गुरुजी, तोहरे चरनन की किरपा से सब काम ठीक होई। ई कारियानाग का अबकी दाई दमन हुइ जाए तो हम यहौ कहिबे पण्डित जी, कि मथुरा ते ई अंधे स्वामी जी नहीं आए, साच्छात कृष्णा भगवानै दमन करै के बदे आए हैं।''

दूसरे दिन प्रातःकाल ज्ञानेश्वर महाराज गंगा स्नान करने आए, डुबकी लगाई तो फिर निकले ही नहीं। आचार्य जी के साथ सदा रहने वाला उनका दास सुबरन भी लगभग उन्हीं की आयु का था और उसे आँखों से दिखाई भी तनिक कम ही देता था। थोड़ी देर तो सुबरन अँधेरे में खोया खड़ा रहा, पर जब देर हो गई और आचार्य जी न निकले तो गोहार मचाई।

आचार्य भी तारों की छैयाँ में नहाने वालों में से थे। घाट पर एकाध संन्यासी और एकाध कोई अन्य पण्डित ही उस समय तक पहुँचता था। संन्यासी जी यद्यपि स्नान कर चुके थे और अपने योग-ध्यानादि में बैठने ही वाले थे कि सुबरन की बातों से वे एक बार फिर गंगा जी में कूद गए। अच्छे गोताखोर और तैराक थे, कई डुबकियाँ लगाईं, बड़ी दूर तक थाह ली, फिर निराश लौट आए। तब तक अँधेरा धुँधलके में बदल चुका था। स्नानार्थियों का आना क्रमशः बढ़ने लगा था। परन्तु स्नान-ध्यान तो पीछे रह गया, घाट पर सबसे अधिक चर्चा ज्ञानेश्वरजी के सहसा लुप्त हो जाने

की ही थी। सूर्योदय होते न होते आधी काशी इस समाचार को जान चुकी थी। तहलका मच गया। जानने वाले जानते थे कि यह काम छिदम्मी का ही है। काशी के पण्डित समाज में रोष छा गया। ज्ञानेश्वर जी काशी की विद्वतमण्डली में बहुत अधिक आदर पाते थे। सभी क्षुब्ध, सभी का सवेरा बिगड़ गया था। और जब काशी की भोर बिगड़ती है तो बहुत कुछ बिगड़ जाता है।

सूर स्वामी उस समय मल्ल मार्तण्ड छिदम्मी शर्मा के पड़ोस में राधा माधव के ठाकुरद्वारे में भजन गा रहे थे। सूचना एक गहरे धमाके के साथ उनके कानों में पहुँची। अंधे सूरज की सफेद पुतलियाँ फड़फड़ा उठीं। यह क्या हुआ, नाथ? यह कैसा अन्याय? छिदम्मी इतना नीच हो सकता है कि साक्षात् ज्ञान के अवतार को इस प्रकार लुप्त कर दे और वह भी ज्ञानमय अवियुक्त क्षेत्र काशी में। स्वामीजी के भीतर एक-एक स्नायु झनझना उठा। जप, शान्ति, ध्यान, ज्ञान, सब सपने-सा बिलमा गया। सूर की मन-काया में केवल क्रोध था। पुतलियों की प्रकाश गुफा की प्रखरता भले ही न हो, पर आँखों के डोरे लाल हो गए थे। क्रोध था अपने सखा, सहायक, प्रभु पर, पलटकर राधा माधव के सम्मुख हुए और बड़बड़ाए—"तुम माधव! तुम्हारे होते हुए यह अनर्थ! आज नहीं छोड़ूँगा। अब तो आज तुम्हारा भरोसा खोकर अपनी कवित्व शक्ति से जी खोलकर तुम्हारे विरुद्ध विध्वंस यज्ञ रचाऊँगा।" आवेश में कह गए फिर रो पड़े—"सर्वेश्वर, यह तुमने कैसी लीला दिखलाई प्रभु? मैं तुम्हारी देहरी पर आज अपना सिर फोड़-फोड़कर जाऊँगा—जो आचार्य जी को कुछ हो गया तो?"

देहरी पर मत्था टेके कुछ देर आँसू बहाते रहे फिर क्रमशः सावधान होकर बैठते हुए कहा—"गुरु बृहस्पति चाण्डाल के स्पर्श से पीड़ित हैं। आप ही की गली में—ये राधामाधव देख रहे हैं ठीक इनके सामने वाले घर में काशी के ज्ञान मार्तण्ड को लाकर बन्दी बनाया गया है। इस गली में और इस समय इस ठाकुरद्वारे में भी एक सज्जन ऐसे उपस्थित हैं जिन्होंने झुटपुटे में स्वयं उन्हें यहाँ लाए जाते देखा होगा। क्या सिकन्दर पातिसाह की प्रलय से लड़खड़ाकर काशी का नैतिक चरित्र इतना गिर गया है? मैं जन्म का अंधा, सरल भोला ब्रजवासी क्या-क्या भावनाएँ मन में सँजोकर सनातन काल से पूज्य और पवित्र ज्ञान और मुक्तिदायिनी इस नगरी में आया था, किन्तु यहाँ मुझे मिली धमकी, प्राणों का भय, अस्तित्व लोप कर दिए जाने की असह्य मानसिक यन्त्रणा। योगेश्वर की नगरी में मैंने सब कुछ तप की श्रद्धा के साथ सहा किन्तु ज्ञानेश्वराचार्य महाराज की पवित्र देह का यदि एक रोयाँ भी दुखा तो अपनी मथुरा के कोतवाल और तुम्हारी काशी के राजा को दिखला दूँगा कि भक्त का प्रलय ताण्डव कैसा होता है।"

रोष और आवेश से भरा हुआ प्रलाप करते-करते एकाएक मूर्च्छित होकर गिर पड़े। कुछ लोग उपचार के लिए झपटे। मल्ल मार्तण्ड के आतंक का महोच्च हिमालय

उपस्थित प्रसंग के करुणा के क्षिप्र प्रवाह में टुकड़े-टुकड़े होकर बह चला। रामरत्न पण्डा, जो श्री लक्ष्मण भट्ट और बाल सरस्वती वाक्पति श्री बल्लभ के तीर्थ पुरोहित के पुत्र थे, एकाएक उत्तेजित भाव से बाहर निकले और सीधे छिदम्मी के घर में घुस गए।

पुद्दन अहीरों की भीड़ लेकर ललकारते हुए आ गए थे। छिदम्मी के आदमी भी चौकस थे। बड़े-बड़े आचार्य गण ज्ञानेश्वर जी के लुप्त हो जाने से अपना धैर्य खोकर बाहर निकल आए थे, साथ में उनकी शिष्य मण्डलियाँ भी थीं। जिसने जहाँ ज्ञानेश्वर जी, छिदम्मी और प्रेतस्वामी के नाम सुने वहीं से भागा चला आया। आस-पास की गलियाँ ठसाठस भर गई थीं। बड़ा रोष और असन्तोष था। एक दीन दुर्बल अंधे के नैतिक साहस ने कायर प्रजा को आत्मबल की पहचान दी थी। वातावरण में बड़ा तनाव था।

आधी घड़ी के भीतर ही रामरत्न छिदम्मी के घर से शिथिल गात ज्ञानेश्वर जी को सहारा दिए हुए बाहर निकले। हर हर महादेव की गूँज उठी। हर्षोल्लास से वातावरण गूँज उठा।

अपने प्रेत-भ्रम निवारण के बाद मथुरा के स्वामी जी की यशोकाया का तेज और भी निखर उठा। नाम जप अब साँस में अधिक घुलने लगा है। स्मृति और श्रुति को तीव्रतर बनाने के प्रयत्न भी सावधानी से चल रहे हैं। राधेगोपाल की तरंगाकृति भी हृदय-स्थल में अधिक उभरकर सूर की अन्तर्दृष्टि में आने लगी थी। जब आस्था बढ़ती है तब सब कुछ बढ़ जाता है।

16

धौलपुर, बयाना, जलेसर, चन्दावर आदि इलाकों में बार-बार विद्रोह होते रहने के कारण सिकन्दर शाह लोदी ने आगरे में हैबत खाँ को कुचलने के बाद यह निश्चय किया कि जमना किनारे बसे इस कस्बे को राजधानी का रूप दे दिया जाए। राजपूतों के समय का बादलगढ़ नामक एक ध्वस्तप्राय किला जमुना किनारे बना था। सिकन्दर शाह ने उसकी मरम्मत कराने का काम तुरन्त आरम्भ करवा दिया, कुछ हिस्सा नए सिरे से बनवाने की आज्ञा दी। अपने लिए महल बनवाने का हुक्म भी दिया। जिस गाँव में पड़ाव डालकर आगरे का विद्रोह कुचलने की योजना बनाई थी उसका नाम बदलकर सिकन्दरा रख दिया और यादगार के तौर पर एक बारहदरी भी बनवाने की योजना निश्चित की। आगरे में मजूरों कारीगरों की माँग थी। आगरे को राजधानी बनाने के शाही निर्णय के कारण अनेक अमीर उमरा किले के पास ही अपनी हवेलियाँ

बनवाने लगे। बाज़ारिए भी आ पहुँचे और उनके संचालक सेठ साहूकारों ने भी अपने लिए घर बनवाने आरम्भ किए। सूर स्वामी की ज्योतिष गणना के अनुसार मथुरा के बहुधंधी चन्दन सेठ आगरे में अपना मलमल और मोटे कपड़ों का कारखाना पहले ही लगा चुके थे, अब दूसरे सेठ हुलासराय ने भी अपने पोते को यहाँ भेजकर हीरे-जवाहरातों का पुरखेलाई पेशा फिर से आरम्भ करवाया और उनके रेशम के कारबार की एक कोठी यहाँ बनने लगी। आगरा नाश में निर्माण का प्रतीक बनकर उभर रहा था।

चन्दन सेठ संयोग से उन दिनों आगरे आए हुए थे। मथुरा लौटे हुए रुनकता में गल्ले के आढ़ती अपने सम्बन्धी लाला गुन्दूमल से मिलने के लिए रुक गए। सन्देशा पहले ही मिल जाने के कारण लाला गुन्दूमल घाट पर ही मौजूद थे। बड़ी आवभगत, बड़ी खातिरदारी के प्रबन्ध थे। किनारे पर ही चार तखत जोड़कर गद्दे तोशक बिछवाए, ऊपर चंदोवा तनवा दिया था। शरबत पानी इतर-सुगन्ध मिठाई-पकवान, छप्पन भोग यावत् सुख स्वादादि की सुविधाएँ की गई थीं। पहर-डेढ़ भर का पड़ाव था मगर ऐसा लगता कि प्रबन्ध मानों दिनों और हफ्तों के लिए किया गया था। सुख से दोनों सेठों की बातें हो रही थीं तभी प्रयाग से आती हुई माल-सवारियों भरी नाव रुनुकता के घाट पर रुकी। जब मथुरा जाने के लिए उस पर चावल की बोरियाँ लादी जा रही थीं तब बहुत से यात्री बस्ती में घड़ी-भर टहलने के लिए उतर पड़े। भगवान् परशुराम की माता के नाम पर बसा हुआ यह रेणुका क्षेत्र बहुत प्राचीन है। माहात्म्य सुनकर सूर स्वामी ने भी यहाँ उतरकर जमुनाजी में एक गोता लगाने की इच्छा प्रकट की। वे उसी नाव से अपनी काशी, अयोध्या यात्रा पूरी कर ब्रज की आरे लौट रहे थे। तीर्थ-स्नान करके स्वामीजी भावमग्न आनन्द से एक चौकी पर जम गए। इलावास से यहाँ तक आते हुए यात्रियों में उनके भक्त और प्रशंसक काफी हो गए थे। वे भी नहाए-धोए। बहुतों ने घाट किनारे ही चूल्हे बनाकर भोजन प्रस्तुत करना आरम्भ किया। सूर स्वामी भजन गाने लगे। उनके मधुर स्वर रूपी जादू की डिबिया खुली तो सारी रुनुकता ही उसमें समाने लगी। घाट के एक ओर सुख से बैठे लाला चन्दनमल के कानों में पुरानी स्मृति झंकार उठी। उत्सुकतावश पूछा, "कौन गा रहा है?"

"कोई अन्धा है, आगरे से आने वाली दिसावरी नाम का यात्री है।"

चन्दनमल के लिए इतनी सूचना काफी थी। वे उठ खड़े हुए। बड़े सेठ, साथ छोटे सेठ, उनके पीछे चार-छः मुसाहिबों का लावलश्कर चला।

"अरे स्वामीजी आप? यहाँ? कहाँ से आ रहे हैं?"

"मथुरा वाले सेठ जी हैं। वाह, खूब दर्शन हुए। आप यहाँ इस समय कैसे पधारे?"

"अरे हम तो आपकी ही आज्ञा का पालन करने के लिए यहाँ आए हैं स्वामी जी। मलमल का कारखाना आगरे में बैठाया है।"

"बहुत अच्छा किया। शुभ होगा और जैसे-जैसे समय बीतता जाएगा आपका रहना भी अधिकतर यहीं होगा सेठजी।"

"आप इस समय कहाँ से आ रहे हैं?"

"काशी जी गया था। अयोध्या में राम जी के भी दो बार दर्शन कर आया। लगभग सवा दो वर्षों के बाद लौट रहा हूँ।"

"तो फिर ये नाव छोड़ दीजिए। मैं भी मथुरा जा रहा हूँ—हमारे साथ ही बजरे पर चलिएगा।"

"मथुरा तो नहीं जाऊँगा, यह नाव दिल्ली तक जा रही है। इसे मेरा वृन्दावन तक का भाड़ा दे दिया गया है।"

लाला चन्दनमल ने स्वामी जी का हाथ पकड़ा और कहा—"अरे, यह भला कौन-सी बात है। चलिए हमारे साथ, यह हमारे मौसेरे भाई लाला गुन्दूमल मेहरे जी हैं। यहीं रुनुकता में इनकी बड़ी भारी गल्ले की आढ़त है। इनसे मिलने के लिए ही यहाँ थोड़ी देर के लिए रुक गया था।"

गुन्दूमल बोले—"आइए महाराज, मेरे बड़े भाग जो आपके दरशन भए। बड़े भइया के साथ आप भी मेरे घर पधारें और जूठन गिराएँ।" चन्दन सेठ हँस के बोले—"घर की बात मुहावरे के रूप में ही समझें महाराज, घर तो इनका यहाँ से दो कोस दूर है। मेरे सुख के लिए इन्होंने यहीं घर जैसी व्यवस्था कर रखी है।"

भोजनोपरान्त बातें होने लगीं। गुन्दूमल भी इतनी ही देर में स्वामीजी के भक्त बन गए। बोले—"थोड़े दिनों यहीं रुक जाइए महाराज। यह अस्थान भी पवित्र हो जाएगा।" चन्दन सेठ ने भी हाँ में हाँ जोड़ी, कहा—"यह भी अच्छा प्रस्ताव है। मैं अभी एक पखवाड़े-डेढ़ पखवाड़े में फिर आता हूँ, आपको आगरे ले चलूँगा। तुम नहीं जानते हो गुंदूमल, इन्होंने आज से चार-पाँच बरस पहले ही मुझसे कह दिया था कि आगरा उन्नति करेगा। अपना मलमल का धन्धा वहीं चलाओ।" सुनकर गुन्दूमल गिड़गिड़ा उठे—"अरे स्वामी जी, तब तो हम आपको यहाँ से जाने नहीं देंगे। आपको हमारे लिए कुछ ऐसी ही आज्ञा करनी होएगी।" सूर स्वामी बोले—"यह चहल-पहल भरी बस्ती है, यहाँ—"

"अरे आप जहाँ रहेंगे, वहीं आपके लिए अस्थान बनाय दिया जाएगा। यहाँ से दुई कोस आगे गउघाट है। पहले यह रुनुकता की बस्ती वहीं बसी रही, अब उधर बड़ा इकन्त रहता है। मेरी जान में आपको वहाँ बड़ी सान्ती मिलेगी।"

बातों-बातों में ही बात बन गई। स्वामीजी रुनुकता में ही रह गए। गउघाट में ही पुरानी बस्ती के खण्डहरों के पास ही एक जगह सूर स्वामी ने अपने लिए चुनी। गायें भी उधर से तनिक हटकर ही आती-जाती थीं। बड़ा शान्त स्थान था। उसे ही स्वामीजी ने अपने निवास के लिए चुना। दो दिनों में ही अच्छी-सी कुटी बनकर तैयार हो गई और इन्हीं दो दिनों में रुनुकता निवासी सज्जनों के दिलों में

सूर स्वामीजी का प्रेम-साम्राज्य स्थापित हो गया। सबसे अधिक ख्याति और श्रद्धा तब पाई जब सूर स्वामी अपने दो सेवकों के साथ स्वयं एक दिन पहले आगरे जाकर लोगों को यह चेतावनी दे आए कि आज रात से कल तीसरे पहर तक लोग अपने-अपने घरों से बाहर खुले स्थानों में रहें, पेड़ों के नीचे न सोएँ, अपनी जानमाल की रक्षा करें। कुछ विपत्ति आने वाली है।

सचमुच भयानक भूकम्प आया। किले से लेकर झोंपड़ी तक समान रूप से थरथर काँप उठी। अल्लाह और भगवान के नामों की कलेजों से निकली गुहारें चीखें-कराहटें गगन गुँजाने लगीं। दो झटके आए। पहला झटका तेज़ पर केवल पलाशों तक ही टिका और जब लोग यह सोचने लगे थे कि संकट टल गया तब शेषनाग ने धरती को बड़ी ऊब और उतावली से अपने एक फन से दूसरे फन पर ढकेला। राजा रंक शक्तिशाली और दुर्बल सभी भय से कराह उठे। भयानक झटका था। किले के कई हिस्से टूटे। सिकन्दर शाह का महल टूटा। फौजदार सर्फराजखाँ का महल भी तब तक किले में ही था। उसके पिछवाड़े का हिस्सा टूटा। रखैलें काफी मरीं, बीवियाँ चारों बच गईं। साल-दो साल में बनी इमारतें हाट-बाजार तो ऐसे टूटे कि नीवें निकल-निकल पड़ीं। दूर-दूर तक त्राहि-त्राहि मच गई। सैकड़ों गाँव तबाह हो गए। बड़े-बूढ़े, देश-विदेश के लोग यह कहते थे कि इतना भयानक भूकम्प न उन्होंने कभी स्वयं ही पहले देखा न कभी बुजुर्गों से सुना। विपक्षियों ने अफवाह फैलाई कि अल्लाह सिकन्दर खाँ से नाराज़ हैं तभी तो उनकी राजधानी उलट गई। चन्दन सेठ का कारखाना बेदाग बचा परन्तु उनकी अधबनी हवेली अवश्य खण्डित हुई।

रुनुकता में झटके तो आए पर नुकसान विशेष न हुआ। मण्डी का माल गोदामों से निकाल लिया गया था। औरतें-बच्चे, गठरी-मोटरी सब बच गईं। घर छोटे, एक की पिछली दीवार भर टूटी; दुकानें सब सुरक्षित रहीं। सभी एक मुख से सूरस्वामी का गुणगान कर रहे थे। भूकम्प वाले दिन स्वामीजी रुनुकता में ही रहे। बड़े प्रेम से भक्तों को सुना रहे थे–

"भावी काहू सों न टरै।
रावन जीति कोटि तेतीसौं त्रिभुवन राज करै।
मृत्यु बाँधि कूप मैं राखै भावी बस सो मरै॥"

भूकम्प के समय भी एक रुनुकता ही ऐसी बस्ती थी जहाँ भवक्रन्दन के बजाय "हरि हरि हरि हरि सुमिरन करौ" का सामूहिक कीर्तन हो रहा था।

उस दिन से सूर स्वामी देवता की तरह से पुजने लगे।

और सूर स्वामी फिर सबसे अलग अपने भीतर की दुनिया में–श्याम सखा की खोज में। लाला गुन्दूमल ने स्वामीजी के लिए एक डोंगी बनवा दी थी। उसी से सतवारे में एक या दो बार रुनुकता आ जाते थे। उनका भक्त आर्तजन समुदाय

रुनुकता में ही उनसे मिलता। हर बार आर्तजन की एक ही पुकार सुनते-सुनते काशी में एक बौद्ध आचार्य से सुनी हुई एक बात उन्हें रोज ही अटककर अपनी याद दिलाती "को नु हासो किमानन्दो नित्यं पज्जलिते सति।" सचमुच यह संसार नित्य जलते हुए घर के समान है। इनमें रहने वाला भला क्या हँसेगा और क्या आनन्द मनाएगा? किन्तु नानक देव और ऊँची बात कह गए–"नानक दुखिया सब संसार, सुखी वही जिन्ह नाम अधार।" नाम ही की तलवार लेकर भागवत महाराज का अंधा बेटा सूरा दुःखों की अठारह अक्षौहिणी सेना को काटता चला जा रहा है। जप से ज्ञान, ज्ञान से प्रेम–श्याम सखा से प्रेम।

बचपन की बेहोशी में माँ के बताए सूरज मन-श्याम मन के खेल में कभी-कभी ऐसी आनन्दोर्मियाँ उठी हैं कि उनकी पुलक अब भी स्मृति में वर्तमान-सी सजीव हो उठती है। काशी से लौटती बार अयोध्या के जन्मभूमि मन्दिर में एक महात्मा से भेंट हुई थी। सिद्ध पुरुष थे। वे कहते थे कि सच्चिदानन्द स्वरूप को केवल सत में देखो, चित और आनन्द को उसी में लय कर दो, तभी तुम्हें शुद्ध सत्य रूप नारायण का अनुभव होगा। अपने ध्यान में राधामाधव की मूर्ति को प्रतिष्ठित करने का आग्रह छोड़ो। जिस मूर्ति का ध्यान करते हो, वह किसी और की कल्पना से उद्‌भूत है, तुम्हारा अपना अनुभव नहीं।"

सूफी दिलखुशसाईं भी यही कहते थे कि निर्गुन को जप, शफा पावेगा।

महात्मा की बात किसी ऐसे क्षण में मन में पड़ी कि सूर स्वामी उसके आगे मन से झुक गए। बात के शुष्क और स्पष्ट सत्य ने स्वामी जी की काशी में गुनी वेदान्ती बुद्धि ने जब-जब अपनी मजबूत घेरेबन्दी करके ध्यान की नयी चाल अपनानी चाही तब-तब सूरज हृदय ने विद्रोह किया। अपना मन्त्र छोड़कर ॐ ॐ की रट लगी। ॐ तो पहले भी मन्त्र के साथ जपते थे परन्तु तब केवल भक्त मन जपता। अब ओइम् शब्द की झील में तरंगें उठने लगीं। अन्तरिक्ष व्यापी तरंगों के दायरे पर दायरे बढ़ते ही चले गए। श्याम मन के रूठ जाने के बाद किसी और वस्तु से ऐसी आनन्दोर्मियाँ नहीं उठी थीं। अब भक्त संगीतज्ञ और कविमानस एक साथ जुड़कर तरंगायित होने लगे। परन्तु स्वामी जी चित्त और आनन्द को लय करके सत्य स्वरूप निर्गुण का ध्यान न लगा सके। उँगलियों और पूरी हथेली से नित्य प्रति दिनों, महीनों स्पर्श किए हुए राधेगोपाल के विग्रह का जो लयात्मक स्वरूप अभ्यासवश उनकी स्मृति में अटल विराजमान है। वह उन्हें आनन्दमग्न भी करता है और सौन्दर्यबोध युक्त बनाता है। सूरज मन चित और आनन्द को सत्य में लय करने के बजाय सत्य और चित को आनन्द स्वरूप देखने के लिए आग्रहशील है। स्वामी जी लड़े–पर लड़ न सके, सूरज से हार माननी ही पड़ी। श्याम मन भले ही मुँह से न बोले पर अपने संवेदन-संकेतों से अब भी आड़े में सहायक बनकर आता है। उससे भी ऐसे ही दृढ़ संकेत मिले।

स्वामीजी फिर से अपनी पुरानी चाल पर लौट आए। राधेगोपाल का विग्रह अपने पुराने और प्रेरित स्वमन्त्र के साथ फिर लौट आया। राधेगोपाल स्वरूप मन्त्र के साथ पुनः प्रतिष्ठित किया तो सूरजहृदय एक तो आनन्द से भर उठा, दूसरे मन्त्र का एक-एक शब्द अब तरंगित होने लगा। इस बार प्रत्येक शब्द की तरंग शक्ति पहचानी। दूसरे, सूर स्वामी ने भी चिर परिचित विग्रह को ज्ञान प्रकाश से अत्यन्त तेजोमय तरंगाकार होते हुए देखा। ऐसा अनुभव उन्हें पहले कभी नहीं हुआ था। पहले भक्त सूरज जप और ध्यान करता था, अब संगीतज्ञ भक्त कवि के अन्तर में आनन्त नाद तरंगों से घिरा हुआ वह विग्रह केन्द्र में बिन्दु-सा चमक रहा था। ऐसा अपूर्व आनन्द कि कभी-कभी स्वामी जी की आनन्द समाधि भी लग जाती थी। काशी से ही उन्होंने हृदय-स्थल के बजाय अपनी त्रिकुटी में ध्यान रमाना आरम्भ कर दिया था। एक दिन शूलपाणि गुरुजी से जिसके कारण विद्रोह किया था वह स्थिति अब सध गई। ध्यातृ ध्यान और ध्येय तीनों एक होने के लिए प्रत्यन करने लगे। ध्यातृ और ध्यान तो मिलने लगे परन्तु ध्येयाकार वृत्ति अपने ध्यानविग्रह को लेकर भी अभी अपनी ध्येय विषयक सम्पूर्णता को प्राप्त नहीं कर पाई। साधक सूर स्वामी के लिए बालक सूरज एक समस्या बन गया है। वह अपने श्याम सखा के बिना अपनी सम्पूर्णता को नहीं प्राप्त कर सकता। उसे अपने चिर-परिचित बोलने हँसने और साथ रहने वाला श्याम सखा चाहिए। उनके बिना चैन नहीं।

दिन बीत रहे हैं। खाने-रहने की चिन्ता नहीं। केवल भक्तों की भीड़ और अपनी पूजा उन्हें उचित नहीं लगती। अब तो गौघाट तक भीड़ पहुँचने लगी है। इसी से मन उखड़ता है। भूकम्प के बाद चन्दन सेठ ने आगरे में भूकम्प से खंडित अपने अधबने मकान को फिर से बनवाने का श्रीगणेश गौघाट में स्वामीजी के लिए एक पक्की कुटी बनवाकर किया।

आगरा के एक भक्त अपने काम से ग्वालियर जा रहे थे। आशीर्वाद लेने आए। स्वामीजी बोले, हम भी चलेंगे। उन दिनों ग्वालियर ध्रुपद-धमार की राजधानी बनी हुई थी। लगभग दो महीने रहे। आदर-मान भी मिला किन्तु वहाँ भी मन अधिक न लगा। जिनके साथ गए थे, वह जब लौटने लगे तो बोले, हम भी चलेंगे। आगरे में पता चला कि महाप्रभु श्री वल्लभाचार्य जी महाराज एक मास पूर्व आए थे। आजकल गोवर्द्धन गए हुए हैं। गोवर्द्धन नाथ भगवान का प्राचीन विग्रह प्रकट हुआ है। पृथ्वी प्रदक्षिणा करते झारखण्ड में श्री गोवर्द्धन नाथ भगवान का स्वप्नादेश पाकर प्रदक्षिणा स्थगित करके महाप्रभु दर्शनार्थ पधारे हैं।

माँ से बड़ी देर का बिछुड़ा भूख से बिलबिलाता शिशु जिस तरह व्याकुल होकर छटपटाता है, स्वामीजी उसी तरह भीतर-ही-भीतर बेहाल हो उठे। न कभी की जान न पहचान, परन्तु जब-जब बाल सरस्वती, वाक्पति और अब आचार्य महाप्रभु श्रीवल्लभ भट्ट का नाम सुनते हैं तब उन्हें लगता है वह किसी अपने, बहुत अपने व्यक्ति का

नाम सुन रहे हैं। मन मिलने के लिए अकुला उठता है। निश्चय किया कि गोवर्द्धन चलकर महाप्रभु के दर्शन करें। चन्दनसेठ के कारखाने में गए। प्रबन्धक से कहा, मेरे लिए मथुरा की नाव करा दो, गोवर्द्धन जाऊँगा। कारखाने में एक बजरंगी सनौड़िया भी उपस्थित थे, स्वामी के पाँव पकड़कर बैठ गए, ''स्वामीजी मोहू कौ संग लै चलौ।''

''अरे स्वामीजी, ये बजरंगी भैया बड़े भंगेड़ी और बड़े उखड़चित्त हैं। इन्हें साथ न ले जाइए।''

''ये सुदामा तौ स्वामीजी सेठ कौ चाकर है और मैं हौं साधूसन्तन कौ सैवक। यासों ये मोंसे ईर्ष्या करै है। त्रिकाल सिद्धी कौ मेरा नियम अवश्य है परन्तु आपकी सेवा में जो र.ी बरोबर चूक होय तो शाप दै दीजौ।''

सूर स्वामी ने बजरंगी को साथ लिया और सिद्धिदाता गणेश को मना कर चल पड़े। रस्ते में रुनुकता में कुछ सन्देश दिए। गौघाट में कुटी में रहने वाले युवा भक्त-सेवक गोपाल संयोग से किनारे पर ही बैठे थे। स्वामी जी को नाव पर देखा तो पुकारा। नाव रुकवाकर स्वामीजी ने आधी-पौन घड़ी उनसे भी कुछ बातें कीं, आदेश दिए।

नाव मथुरा में रुकी।

''अरे सामीजी!'' कालू केवट का स्वर कानों में पड़ते ही अपने मथुरावास के पिछले दिन मन में गूँज उठे—नाव-दुर्घटना, नागदेवता, भोले, कन्तो...कन्तो, एक चुभती फाँस। कालू से देर तक बातें हुईं। कन्तो और स्वामी जी की मिथ्या कलंक कथा सुनकर कालू और उसके क्रोधोन्मत्त संगी-संघातियों ने जो मारपीट की थी, उसके लिए क्षमा माँगने लगा। कन्तो अभागी की मृत्यु के समाचार सुनकर आँसू भी बहाए। भोले गुरु के हाल-चाल सुनाए, बतलाया कि भोलानाथ अब पहले जैसे नहीं रहे। रखैल रानी के पैसे से काँच और कागद के दो धंधे चला रखे हैं। दोनों हाथों से पैसा कमा रहा है। ब्याह नहीं किया। अपनी रखैल रानी को अच्छी तरह से रखता है। भतीजों को काम पर लगा रखा है। थोड़ी मान-मर्यादा भी बना ली है। कालू ने बहुत आग्रह किया कि एक दिन रुक जाएँ, पर वल्लभ विरही सूर ठहर न सके। उस दिन अड़ींग में बसेरा लिया, दूसरे दिन गोवर्द्धन जा पहुँचे।

गोवर्द्धन, जिसे देवराज इन्द्र का मानमर्दन करने और उनके द्वारा की जाने वाली वज्रवृष्टि से ब्रज के गोप गोपीजनों की रक्षा के लिए देव दमन भगवान श्रीकृष्णचन्द्र ने अपनी हथेली पर धारण किया। स्वामीजी भी भाव विह्वल हो गए। जिन शिलाओं को कभी स्वयं भगवान के करकमलों का स्पर्श मिला था उन्हें छूकर वे कुछ देर के लिए अपनी संज्ञा खो बैठे। बजरंगी ने कमण्डलु से पानी लेकर मुख पर छींटे दिए। कुछ देर के बाद और छींटे दिए। चित्त स्वस्थ होने पर उन्हें दूसरा आघात यह सुनकर मिला कि महाप्रभु पधारे थे, किन्तु भगवान का पटोत्सव कराके वे दो दिन पहले ही यहाँ से सिधार गए। ''हे हरि, क्या मुझे महाप्रभु के दर्शन नहीं होंगे?

मैं सचमुच जन्मजन्मातरों का पापी हूँ, पतित हूँ। वह सहस्रदल कमल क्या मुझे देखने को न मिलेगा जिसकी दिव्य यशोगंध से मैं अभिभूत हूँ।'' मन खिन्नता के चहबच्चे में लोटता रहा।

एक ग्रामवासी से सुना कि श्री पद्‌माधवेन्द्रपुरी श्रीकृष्ण आनन्दमग्न होकर आन्यौर ग्राम के निकट रम रहे थे। एक दिन उन्हें स्वप्न आया कि मैं यहाँ से कुछ दूर इस घने में दबा पड़ा हूँ। मुझे निकालो और मेरी सेवा-पूजा का प्रबन्ध करो। दूसरे दिन पुरीजी ने वह स्थान स्वयं जाकर देखा और स्वप्न में भगवान ने जो स्थान दिखलाया था, उसे पहचान गए। तत्काल गाँव के कुछ लोगों को प्रेरित करके अपने साथ लाए। कुल्हाड़ियों से कँटीली झाड़ियाँ कटवाईं और स्वप्न में इंगित भूमि मूर्ति की खोज में खोदी जाने लगी।

माधवेन्द्रपुरी सावधान से अधिक भाव-विह्वल थे। ''देखो सम्हाल के फावड़ा चलाना भैया, मेरे गोपाल को कहीं तनिक-सी भी चोट न लगने पावे।'' उनके बार-बार सावधान, सावधान कहने से खोदने वाले प्रौढ़ वय के एक अहीर ने पूरे आदर और प्रेम सहित झिड़का—''गोपाल का तुम्हारौइ है बाबाजी, हमारौ कछू नाय?''

गिड़गिड़ाकर उसके पैर छूते हुए पुरी जी बोले—''अरे गोपाल ब्रज के और ब्रज गोपाल का। मैं तो तुम्हारे द्वार का एक पगला भिक्षुक हूँ, अपने गोपाल के दर्शन करा दो।''

मिट्टी खोदते-खोदते नीचे तिनकों का ढेर मिला। इसी के नीचे मूर्ति दबी है। फावड़ों की जगह हाथ चलने लगे और फिर मिली भूसे की पर्तें, मिट्टी तले कीड़े खाए हुए जीर्ण रेशमी आवरण से झाँकते गिरिवरधारी गोपाल! माधवेन्द्रपुरी और सभी ग्रामवासी आनन्दविस्मित हो उठे। ''बोल गिरधारीलाल की जय, कंसनिकेतन गोपाल की जय।''

ठाकुर बड़े भारी, उन्हें धरती से उठाकर खड़ा करना, एक-दो जनों के बस की बात न थी। फिर भी ''सात-पाँच की लाकड़ी एक जने का बोझ'' वाली कहावत के अनुसार श्री गिरिवरधारी को हाथों-हाथ उठाकर ब्रजवासी गण पर्वत के शिखर पर ले चले। आगे-आगे माधवेन्द्र पुरी जी आनन्दोन्मत्त हो, पैरों में गरुड़ के पर बाँधे ''कृष्ण-कृष्ण'' उच्चारते तेज़ी से बढ़े जा रहे थे। पुरी जी ने शिखर पर एक शिला को झाड़-पोंछकर विग्रह को विश्राम दिया। विग्रह को बार-बार देख-देखकर ग्रामवासी भाववश थोड़े-थोड़े हुए जा रहे थे। लगता था कि उन्हें त्रिलोक का सारा वैभव ही मिल गया हो। दूर-दूर तक गोवर्द्धन नाथ जी के प्रकट होने की खबर बिजली-सी दौड़ चली। दर्शनार्थी स्त्री-पुरुषों की भीड़ें आने लगीं।

पत्थर का सिंहासन बनाकर पीठ की ओर टेके के लिए एक बड़ी शिला जमा कर गोवर्द्धननाथ जी को प्रतिष्ठित किया गया। मन्त्रोच्चार के साथ भगवान के स्नानार्थ ब्रह्मणगण गोविन्द कुण्ड से जल लाए। नाना वाद्य भेदी शंख मृदंग बजे। स्त्रियाँ

मंगलगीत गाने लगीं। गाँव-गाँव से दूध दही घी-मक्खन आया, भोग सामग्री प्रस्तुत हुई, फल-फूल, शाक-भाजी नाना उपहार आ गए। माधवेन्द्रपुरी महाराज ने बरसों से धूलिधूसरित अंगों को मलमल कर पंचामृत से स्नान कराया, फिर तेल मला, जल से नहलाया, अंग मार्जन करके केसर कस्तूरी कपूर संयुक्त सुगन्धित चन्दन से सर्वांग लेप किया, पीत वस्त्र पहनाए। तुलसीपुष्प गुंजमाला धूपदीप नैवेद्य इत्यादि से षोडशोपचार पूजन किया। उत्तमोत्तम षट्रस भोजन बने। बड़े-बड़े अभिमानी ब्राह्मण और उनकी ब्राह्मणियाँ चाकर बनी हुई रसोई की व्यवस्था कर रही थीं। भगवान को भोग अर्पित किया गया। आबाल वृद्ध वनिता सभी ब्रजवासियों ने प्रसाद पाया।

उस अद्भुत अन्नकूटोत्सव को देखकर गिरिराज के परिक्रमा-मार्ग में और दूर-दूर तक बसे हुए ब्रजवासियों में बारी-बारी से अन्नकूट अर्पित करने की होड़ लग गई। जिस युग में मूर्तियाँ खण्डित हो रही हों और आस्था विश्वासादि रसातल में जा गिरे हों, उस युग में गोवर्द्धनधारी का प्रकट होना अद्भुत आनन्द की बात थी। मथुरा तक धूम मच गई। बड़े-बड़े सेठ साहूकार भगवान के लिए नाना वस्त्राभूषण और भेटें लेकर आने लगे। उन दिनों अम्बाले के एक जौहरी पूरनमल खत्री मथुरा आए हुए थे। वे भी आए। दर्शन करके उनके मन में ऐसा भाव आया कि अपने लाभ की एक लक्ष मुद्राएँ वे भगवान का मन्दिर बनवाने के लिए अर्पित कर दें। आगरे के उस्ताद हीरामन मिस्त्री का उन दिनों बड़ा नाम था। उसी से नक्शा बनवाया और फिर भगवान के विग्रह को नियमित सेवा-पूजा के लिए निर्मित होने वाले मन्दिर की सीमा से हटाकर एक शान्त और सुरक्षित स्थान पर प्रतिष्ठित कर दिया। परन्तु मन्दिर आधा ही बन पाया, पैसा चुक गया। पूरनमल से सन्देशा भिजवाया—पैसा लेकर आता हूँ, मन्दिर मैं ही पूर्ण करवाऊँगा।

पूरनमल अभी पैसा लेकर नहीं आए। उधर माधवेन्द्रपुरी भी स्वप्न में भगवान का आदेश पाकर मलयज चन्दन लाने के लिए नीलाचल चले गए। वे दो बंगीय विप्र वैरागियों को सेवा-पूजा का भार सौंप गए थे। वैरागी अभी सच्चे विरक्त नहीं बने थे। चढ़त देखकर लोभवश उन्होंने वृन्दादेवी की एक छोटी-सी मूर्ति अपने लाभ के लिए भी ठाकुरजी के पास ही प्रतिष्ठित कर ली। उस पर भी पुजापा चढ़वाने लगे, हिसाब में भी गोलमाल हुआ। गाँव के प्रतिष्ठित लोग कुछ कहते तो वैरागी बाबा लाल-पीले हो जाते थे।

उन्हीं दिनों पृथ्वी प्रदक्षिणा करते हुए एक रात महाप्रभु को स्वप्न में आदेश मिला, "आकर मेरा पाटोत्सव करो, सेवा-पूजा की समुचित व्यवस्था करो।" महाप्रभु पृथ्वी प्रदक्षिणा का कार्यक्रम स्थगित करके तुरन्त यहाँ पधारे। अधबने मन्दिर का शिखर देखा, बोले—"यदि शिखर न होता तो भगवान सदैव यहीं विराजमान रहते किन्तु अब लगता है कि मन्दिर का शिखर देखकर ही यवन किसी दिन आकर यहाँ उपद्रव करेंगे और भगवान को यहाँ से किसी अन्य स्थान में जाना होगा। अस्तु।

इस समय तो यही अच्छा होगा कि भगवान को इस खुले स्थान से अधबने मन्दिर में ही ले चला जाए। प्रभु के लिए सुख का स्थान तो बन ही चुका है, बाकी जगहें बाद में बनती ही रहेंगी।''

श्री ठाकुरजी का पाटोत्सव हुआ। बड़ी धूमधाम हुई। पुजारियों के मुखिया पद पर तो उन्होंने माधवेन्द्र महाराज को ही प्रतिष्ठित रखा; उनके रखे बंगाली वैरागियों को भी यथावत् रहने दिया। केवल मन्दिर के समुचित प्रबन्ध के लिए वे अपने एक विश्वस्त सेवक गुजरात के कृष्णदास को अधिकारी बनाकर यहीं छोड़ गए। अपनी उँगली में पड़ी सोने की अँगूठी देकर ग्राम के सम्पन्न सद्‌गृहस्थ सद्दू पाण्डे से कहा कि इसे बेचकर ठाकुरजी के लिए एक गाय ले आओ। सद्दू बोले–''यह अँगूठी अपने ही पास रखें, गायें मैं अपनी ही अर्पित कर दूँगा।'' महाप्रभु बोले–''पहली गाय इसी धन से लाओ, फिर जी चाहे जितनी गायें अर्पण करो। ठाकुर जी सबके हैं।''

सूर स्वामी ने सब कुछ सुना। आन्यौर गए, गोपालपुर गए, पर ऊपर जाकर मन्दिर में दर्शन न किए। कहा, ''जिनके दर्शनों के लिए यहाँ आया था वे महाप्रभुजी मेरे दुर्भाग्य से न मिले, अब तो जब वे ही मेरा हाथ पकड़कर ऊपर ले जाएँगे तभी दर्शन करूँगा।'' नीचे बैठकर ही उन्होंने कई पद सुनाए। सद्दू पाण्डे आग्रहपूर्वक उन्हें अपने घर ले गए। उनके भाई मानचन्द भी मिले। सूर स्वामी के अपने को परासौली का मूल निवासी बतलाने पर गाँव के एक वयोवृद्ध पण्डित तपोधन द्विवेदी ने पिता-पितामह आदि का परिचय पूछा। भागवत महाराज का नाम सुनकर वे गद्‌गद हो गए। पास आकर कलेजे से चिपटा लिया, रोने लगे, फिर लाड़ उमड़ा, मुख चूमा, फिर सद्दू जी की ओर देखकर बोले–''याकौं तो मैंने जब अत्तो सो हतो तब अनेक बार देख्यौ है। हीरो ग्वाल की कनिया में जाने कित्ती बेर आयो होयगो या बस्ती मैं। यजमानी में जहाँ बेद पाठीन कौ काम होय तहाँ रामेश्वरजी के साथ मैं बरोबर जात हतो। ऐसौ मधुर कण्ठ हतो उनको कि बेदपाठीन की मण्डली में मुँदरी में हीरो ऐसो चमके और भागवत बाँचै तो ऐसौ लगे मानो कोकिला स्लोक सुनावे है। भागवत महाराज के नाम ते बिख्यात हते रामेश्वरजी। बाकी या युवक ने तो ठेठ माखन चोरा की बंशी के स्वर चुराय लीन्हे हैं। धन्य है! वाह वाह! आजु मैं बड़ो प्रसन्न भयो।''

पण्डित तपोधन द्विवेदी की भावभीनी बातों ने सूर स्वामी के लिए आत्मीयता के पट खोल दिए। एक अपरिचित अन्धविरक्त गायक के प्रति दिया जाने वाला पूजावत् आदरभाव अब स्नेह से सन उठा। परासौली के सूरज को सभी अपना अतिथि बनाने के लिए आग्रहशील हो उठे, परन्तु सद्दू पाण्डे के रहते यह सौभाग्य भला और किसे मिलता!

सोचा था, प्रसाद पाकर परासौली चले जाएँगे पर न सद्दू जी ने जाने दिया न मानक जी ने। कहा कि आज ठहर जाओ, तुम्हें जमनावतौ के भक्त कुम्भनदास

जी से मिलाएँगे। वे बड़े भक्त हैं। पद रचना भी अच्छी करते हैं। महाप्रभु ने उन्हें श्रीजी महाराज का कीर्तनिया नियुक्त किया है। बेचारे ज्वरग्रस्त हो गए हैं, इसी से इधर तीन-चार दिनों से नहीं आ रहे हैं। कल शायद आएँ। तुम उनसे मिलकर प्रसन्न होगे।

ऊपर शयन की आरती हुई। नीचे शिला पर बैठकर भागवत महाराज का बेटा कीर्तन करने लगा। भीड़ लग गई। सभी एक मुख से कहें, अब इस रत्न को कहीं न जाने देंगे। सूरज अब यहीं चमकेगा।

दूसरे दिन मंगला आरती के बाद वयोवृद्ध तपोधन महाराज सूर स्वामी को साथ लेकर स्वयं परासौली गए। बजरंगी सनौड़िया तो साथ थे ही। परासौली में उनकी फुफेरी बहन का घर भी है। नान्हेंपन में साथ खेले रहे। ब्याह के बाद एक बार मिले थे। अब तो नाती-पोतों वाली होगी।

सुन-सुनकर सूर स्वामी सोचते हैं वह किससे मिलेंगे। हीरो बाबा तो मरखप चुके होंगे। कदाचित् उनके बेटे मुन्ना काका हों, स्यामों बुआ हों। एक गजोधर नामक समवयस्क बालक था, वह बड़े प्रेम से बोलता था। एक मुर्रों की काकी थीं...। पाँव बढ़ रहे थे सूरज मन उड़कर परासौली पहुँच गया था।

"वाह-वाह, जे कदम्ब के पात पै ओस की बूँद कैसी मन मोहे है। बड़ी सलोनी सुतानी है। आहा!" तपोधन महाराज चलते-चलते माटी के एक हरे-भरे ढूह पर गिरे हुए पत्ते की ओस बूँद को क्षण-भर थमकर निहारने लगे। उगते सूर्य के प्रकाश में वह बूँद आबदार मोती की तरह चमक रही थी।

"सलोनापन कैसा होता है काका?" बालक सूरज ने जिज्ञासा की।

"अब तोहे कैसे बताऊँ पूत। न्यों समझ के जैसे दाल, कढ़ी, साग, अचार, चटनी में सब मसाले तो चोखे पड़े होय और लौन डारिबो बिसरि जाए तो सवाद कैसो लगैगो, अलौनो फीको। तैसेइ सुन्दरता है जौं लौ सलौनी न होय तौ लौं फीकी।"

ओस बिन्दु का प्रत्यक्ष न देखा सलोनापन पुरानी यादों की मिठास में धुलकर बह गया। परासौली के मार्ग पर चलते हुए एक ही व्यक्ति परासौली का प्रतीक बनकर उनकी स्मृति में साथ-साथ चल रहा है—हीरो बाबा। जिस मार्ग से इस समय सूर सुख्यात स्वामी बना हुआ चल रहा है, उस मार्ग पर और परासौली के आसपास अनेक मार्गों पर निपट अचेतन अवस्था से ही वह हीरो बबा की कनिया में घूमा है। सुनी हुई बात याद आती है कि जब जन्म हुआ था तो आरम्भ में मैया कभी-कभी दुःख के कारण चिड़चिड़ाकर उसे अपने से अलग कर दिया करती थीं। घर में मैया की सहायता करने वाली विधवा स्यामो बुआ ने कभी अपने पिता के आगे प्रसंगवश यह कहा होगा। बस, उस दिन से और सूरज के सपरिवार सीही जाने के क्षण तक हीरो बबा ने बालक सूर को बराबर अपने साथ ही रखा। सीही जाने से कुछ महीनों पूर्व भागवत महाराज ने साढ़े तीन बरस के अबोध बालक को बोध देने के लिए हीरो गोप की बड़ी लड़ैती गोदी से उतारकर तम्बूरी पकड़ा दी। पिता का उपकार

भुलाया नहीं जा सकता जो संगीत से आज उन्हें ख्याति के शिखरों पर चढ़ाता है वह पिता गुरु की देन है। पर हीरो बबा ने भी उसे कम प्रबुद्ध नहीं किया था। घर के बर्तन भाँडे खूँटी भाले टाँड़ों से लेकर गाय बैल भैसा, कुत्ता बिल्ली अनेक जानवर, पक्षी, फूल, पत्तों-पौधों, पेड़ों आदि से स्पर्श करा-कराके इतना सुपरिचित करा दिया था कि उसके प्रदर्शन लोगों को चमत्कारिक लगते थे। सिंगार मन्दिर की दीवारों पर किसी प्रेमी साधु चितेरे ने राधाकृष्ण के कई चित्र अंकित किए थे। झूलते हुए 'संकेत' गाँव में वट वृक्ष के नीचे प्रतीक्षा करते हुए व्याकुल श्याम विहारी भवों के पास हथेली रखे दूर राह ताकते हुए चीते गए थे। बाँसुरी उपेक्षिता-सी जमीन पर पड़ी थी और श्याम के ठीक पीछे ही राधेरानी चुपचाप खड़ी हुई चंचल आँखों से उन्हें देखते हुए ठोड़ी पर हाथ रखकर मुस्कुरा रही थी। एक रास मण्डल का चित्र था...ऐसी स्मृतियाँ जो पहले नहीं आई थीं या बहुत काल से विस्मृत हो गई थीं इस समय सूरज के साथ-साथ उछालती हुई अपनी-अपनी उद्गम स्थलियों की ओर बढ़ रही थीं। तीस बरस का युवा सूर स्वामी अपने भीतर नन्हे मुन्ने सूरज को साकार देख रहा है। सूरज जल्दी बोला था और वह भी इस विशेषता के साथ कि कभी तुतलाया नहीं, इसलिए हीरो बबा अपने इस 'पट्टे बेटू' को दिन-भर तरह-तरह के 'सीताराम' पढ़ाया करते थे। चित्रों पर झुके तो दिन में तीन बार एक-एक रेखा पर सूरज की उँगली फिरवाकर फिर पूछते यह क्या है। आँख। दोनों आँखें कहाँ-कहाँ हैं। ये और ये। राधेरानी कहाँ हैं? ये पीछे। क्या कर रही हैं? श्यामजी की उतावली का तमाशा देखते हुए हँस रही हैं। ...डेढ़ पौने दो बरस ही हीरो बबा ने सूरज को बाहर की दुनिया दिखलाकर उसकी काव्य संगीतमयी प्रतिभा के विकास में वही योगदान दिया है जो उसके पिता ने उसकी गायन कला की बारीकी से तराश कर किया है।

चन्द्र सरोवर पर आ पहुँचने की बात सुन सूरज की स्मृतियाँ उसे बस्ती की ओर बढ़ा ले चलीं। अब मानो उसे रास्ता दिखाने के लिए किसी का सहारा नहीं चाहिए। अपरिचय के इन पचीस-छब्बीस बरसों का अन्तराल सूरज के लिए कोई अर्थ नहीं रखता, उसकी दृष्टि स्मृति तरंगों पर प्रवाहित है। वह रास्ता जानता है, यह उसका दृढ़ शिशु विश्वास है और सचमुच अपना पैतृक घर आने पर वह रुक गया।

"बृजनन्दन ओ बृजनन्दन!"

बृजनन्दन आए। दुबेजी के पैर छुए और सूर स्वामी तथा बजरंगी की ओर अपरिचय की दृष्टि से देखते हुए भीतर किसी को खार लाने का आदेश दिया।

"इन्हें पहचाना बृजनन्दन! ये तुम्हारे सीही वाले चाचा रामेश्वर जी..."

"अरे समझ गए। क्या नाम सूर्जनाथ।"

"हाँ-हाँ। वही! अरे, अब यह बड़े सिद्ध और प्रसिद्ध भगवदभक्त हैं। हमने मथुरा में इनकी ख्याति सुनी थी। महाप्रभुजी के दर्शनों के लिए आए थे, कहने लगे परासौली का हूँ। तब भेद खुला कि अपने ही पुत्र हैं। मैंने इन्हें इतना-सा देखा था।"

पैतृक घर में बड़ी आवभगत रही। बृजनन्दन सूरज के बड़े भाई की आयु के बराबर थे। उनकी पत्नी, पुत्र, पुत्रवधू सभी ने बड़ा अपनत्व दिया। सूरज ने अपने पैतृक घर का एक-एक कोना देखा। उनकी स्मृति पहचान-भरी आँखों-सी दौड़ रही थी। नीचे के चारों दालान, कुएँ वाली कोठरी, भूसेवाली कोठरी, कक्का का बैठका, यहीं पहली बार तानपूरी हाथों में दी गई थी। विधिवत्! गणेशपूजन और सरस्वती देवी की वन्दना हुई थी। थोड़ी देर तक वहाँ खड़े रहे, फिर कहा—"दाऊ, अपने इष्ट मित्रों को बुला लें। जिस भूमि ने गान विद्या के प्रथम दर्शन कराए उस भूमि को अपनी दक्षिणा भेंट करूँगा।"

ऊपर भी मैया का कमरा, इस कोने में बैठकर मैया के बनाए गुड्डे-गुड़िया, जानवरों और चिड़ियों के खिलौनों से खेलता था। ठाकुरद्वारा, रसोई, भण्डार, गोपाल दाऊ की कोठरी, यहाँ स्यामो बुआ बैठती थीं, यहाँ इस खम्भे से टकरा गया, बड़ी चोट लगी, खून बहा था। स्मृतियाँ झड़ी बाँधकर उन पर बरस रही थीं। इन्द्र देवता के औंधे पड़े नगाड़े, बाजनी शिला, शृंगार कुटी, देवला कुण्ड, मोह कुण्ड, महारास मण्डल, चन्द्र सरोवर सबको पूछ डाला। हीरो बबा के घर गए उनके पोतों से मिले।

परासौली में सूरज ने पूरा एक सतवारा गुजारा। बजरंगी सनौड़िया भी आत्मीय सम्बन्धियों में बड़े मगन रहे। चन्द्र सरोवर के तट पर नित्य प्रति कीर्तन कथा हुई। दूर-दूर के लोग घर के सिद्ध जोगी के दर्शन करने आए।

सूरज मन जी भरकर जन्मभूमि की गलियों में लोटा। सूरज काया और मन अपने गाँव के हरकुण्ड में, सीही में मैया से पाए हुए अपने श्याम सखा सहित जी भरकर नहाया। कभी-कभी ऐसा आभास भी हुआ कि श्याम के साथ छाती से छाती जोड़कर पानी में पैठा हो। चिरपरिचित श्याम स्वर तो न बोला, किन्तु यात्रा के अन्तिम दिन जब चन्द्रसरोवर में श्याम सहित बुड़की मारी तो ऐसा लगा मानो श्याम ही कह रहा है—"सूरज जहाँ जीवनरास रचा है वहीं सम्पूर्ण भी होगा।"

17

बैशाख शुक्ल 5, संवत् 1567 विक्रमीय। रुनुकता में सूर स्वामी के जन्म दिन का भण्डारा हो रहा है। आगरा फरह तक के साधु सन्त, वैरागी, फक्कड़, घुमक्कड़ आदि भोजन पा रहे हैं। कँगले भिखारियों की सेना भोजन की प्रतीक्षा में कभी दाता की जय-जयकार गुहारती और कभी परस्पर की गाली-गलौजों से आकाश सिर पर उठा लेती है और दूसरी ओर फेंकी गई पत्तलों की बची-खुची जूठन में अपना-अपना हक जतलाने के लिए कुत्ते कौवे और अस्पृश्य कँगले उस महारव में अपना योगदान देते

हुए मारपीट छीना-झपटी कर रहे हैं। रुनुकता और आगरा के अनेक व्यापारी इस पुण्य कार्य में धन से अपना सहयोग दे रहे हैं। घने अँधेरे में नन्हे जुगनू की चमक से भी देखने वालों की आँखें प्रसन्नता से चमक उठती हैं, सूर स्वामी तो ऊँची लपटों वाला अलाव थे जिसके चारों ओर बैठकर काल-शीत से ठिठुराए हुए जीव आस्था का सेंक पाते हैं।

आज स्वामीजी का बत्तीसवाँ जन्मदिवस है। उन्हें गोवर्द्धन परासौली से लौटे हुए भी अब लगभग नौ मास बीत चुके हैं। पखवाड़े में दो दिन आठ-दस कोस के घेरे में बसे हुए गाँवों में निश्चित रूप से एक फेरा अवश्य लगाते हैं। उनके कथाकीर्तन से, उनके कृष्ण की बंसी के समान मधुर स्वर से और सबसे अधिक उनके बालसुलभ सरल और निष्कलुष व्यक्तित्व से हजारों मुर्दा दिलों में जान पड़ जाती है। शकुनविचार और मन्त्र जपकर दुखियों के माथे पर हाथ फेर देना लोक हृदय जीतने के लिए यही सिद्धियाँ उनके पास थीं। उसमें शकुनविचार तो वे प्रायः बहुत ही कम करते थे। हाँ, मस्तकों पर उनका हाथ फेरकर दुःखपीड़ा हर लेने की बात चमत्कारिक रूप से फैली हुई थी।

अपने जन्मदिन के डेढ़ पहर दिन चढ़े की बात है कि कीठम की झील किनारे वाले जंगल से चौबीस-पचीस वर्ष की आयु का एक दुबला-पतला सुनहरे बालों, दाढ़ी-मूँछ और बड़ी-बड़ी चुम्बक आँखों वाला गौरवर्ण का साधु स्वामी जी की कुटी की ओर आता दिखलाई दिया। कुटी के पिछवाड़े एक छप्पर में दो गाएँ और बछड़े हैं और खुले में चूल्हे बनाकर गोपाल खीर बना रहे हैं और बजरंगी कढ़ाही में मालपुए उतार रहे हैं।

"आप सूर स्वामी जी के साथ रहते हैं?"

"हाँ, क्या काम है?"

"मैं उनके दर्शन करना चाहता हूँ।"

"महाराज आप यहाँ गलत अस्थान पे आ गए हैं। भण्डारा तो बस्ती में हो रहा है। वहाँ..."

"किन्तु मेरा भण्डार केवल स्वामी जी ही भर सकते हैं।"

"तो अभी पहर-भर जमनाजी के किनारे जाय के बैठौ। स्वामीजी परसाद-उरसाद लैके, विश्राम करके वहाँ आवेंगे तब भेंट होयगी।" बजरंगी गुरु ने बिना उनकी ओर देखे ही अपना मंतव्य झाड़ दिया।

"आओ भक्तवर! मैं तो तुम्हारी बाट देख रहा था।" सूर स्वामी ने कुटी के पीछे वाले भाग में आकर कहा।

युवक उन्हें देख रहा है। यह आँखें भी बड़ी-बड़ी हैं, परन्तु इनका चुम्बक लम्बी सुतवाँ नाक, नोकीली ठोड़ी और दोनों भवों के मध्य में उभरे हुए दूज के चन्द्र जैसे आकार में है। सूर स्वामी के चेहरे पर टकटकी लगाए युवा साधु पास आया और उन्हें देखता हुआ खड़ा हो गया।

"क्या देख रहे हो?"

"आप मुझे देख रहे हैं?"

"देख अवश्य रहा हूँ परन्तु जैसे तुम देखते हो वैसे नहीं। आओ विराजो।" हाथ पकड़कर कुटी की ओर ले चले। फिर सहन के नीचे खड़ा करके तेजी से कुटी के भीतर गए और ताड़ की चटाई लाकर बिछाने लगे। युवा साधु ने बढ़कर चटाई बिछा दी। दोनों बैठे। स्वामी बोले–"दूर से आ रहे हैं, हाथ पैर धो लें फिर–"

"नहीं, पहले मन पर लिपटी भ्रान्तियों का मैल छुड़ाऊँगा।"

सूर स्वामी ने हँसकर कहा–"जैसे तुम्हारी इच्छा।"

"हाँ तो, आप किस प्रकार से देखते हैं?"

"मेरे पूर्व के पाप जब जन्मते ही मेरी पुतलियों पर मढ़ गए तो भगवान ने कृपा करके मेरी प्रकाश वाहिनी नसें नाक और कान से जोड़ दीं। मैं बादलों की गरज को देखता हूँ और बिजली को सूँघता हूँ।" कहकर स्वामीजी खिलखिलाकर हँस पड़े।

"आपकी बात भले ही विनोद जगाती हो, परन्तु कहीं पर मन को बाँधकर प्रेरणा भी देती है। अन्ततः देखने-सुनने, सूँघने, छूने और स्वाद लेने वाला हमारे भीतर कोई और है।"

"इन पंचेन्द्रियों के अतिरिक्त और भी सूक्ष्मेन्द्रियाँ हैं।"

"हाँ, जिनसे छठी इन्द्रिय अर्थात् मन बनता है।"

"स्थूल पंचेन्द्रियों को तो देखते हो, पर क्या मन को भी देखा है?"

"नहीं। मन अदृश्य है...फिर भी लगता है कि दृश्यमान है।"

"हाँ, किन्तु मन भी ज्ञान का साधन मात्र ही है, ज्ञाता नहीं। मन अणु है। वह समस्त इन्द्रियों का सहायक और सुखदुखादि का अनुभव कराने वाला है।"

"किन्तु बड़ा चंचल होता है यह लक्ष्य-अलक्ष्य मन।"

"चंचल तो है परन्तु जब स्थिर होता है तो सृष्टि के सारे व्यापार मन से ही चलते हैं। सिद्ध पुरुषों की अलौकिक शक्तियों में जो दिखलाई पड़ता है वह मन की एकाग्रता का ही तो चमत्कार है। संगठित मानस ही आत्मा का योग होता है।"

"मन तो तरंग है स्वामी जी। हाथ आई मछली-सा फिसल जाता है।"

"मेरे लेखे तो यह सारा ब्रह्माण्ड ही तरंगमय है। जब एकाग्र मन से, संगठित तरंगशक्ति से जो चाहता हूँ, देख लेता हूँ। सुन लेता हूँ। इसमें आश्चर्य की कौन-सी बात है भला?"

"अच्छा बतलाइए इस समय मैं क्या कर रहा हूँ।"

स्वामी जी पल-भर चुप रहे, फिर कहा–"साधक होकर भी आप क्या यह चाहते हैं कि मैं अपनी शक्ति इन छोटे-मोटे खेलों में लगाऊँ? इसके उत्तर तो प्रातिभ ज्ञान और प्रश्न विद्या से भी दिए जा सकते हैं।"

"फिर भी आप बहुतों के लिए विद्याओं के प्रयोग करते हैं, यह मैं बहुत लोगों से सुन चुका हूँ।"

"पहले करता था, अब भी यदा-कदा करता ही हूँ, परन्तु तुम्हारे लिए नहीं तुम इस समय मन के बिखराव की स्थिति में हो।"

युवा की बड़ी-बड़ी आँखें पानी भरे कटोरों-सी छलक पड़ीं। रुद्ध कण्ठ से कहा—"मैंने कुछ नहीं पाया।"

"दुविधा में ही रह गए, क्यों!"

"ठीक कहते हैं।"

"भाई यह उचित नहीं। आयु प्रमाण से मुझमें भी सबकी तरह काम-भोगों की इच्छा जागी। प्रभु का प्रेम पाने की इच्छा उससे भी पहले जाग उठी थी। दोनों ही प्रकार की मन वासनाओं में मल्लयुद्ध होने लगा। काम मेरी वासना के स्तर पर ही क्षणभंगुर सिद्ध हुआ, प्रभु मेरी इच्छा सिद्ध हुए।"

"आपकी आयु मुझसे बहुत अधिक नहीं लगती। यह मेरा पच्चीसवाँ वर्ष चल रहा है।"

"मैंने आज आयु के 31 वर्ष पूरे किए हैं।"

"क्षमा करें, क्या आपके अन्दर पुंसत्व की कमी है?"

"इच्छा पुंसत्व की अनन्य पुजारिणी है। फूटे कमण्डलु में पानी कैसे भरेगा भैया।"

सूर स्वामी की तलवार-जैसी पैनी बात ने युवा साधु के कलेजे पर सधा प्रहार किया। वह टूटकर स्वामीजी के पैरों पर जा गिरा और फिर आँसुओं की बाढ़ आ गई। स्वामीजी उसके रूखे बालों पर हाथ फेरते रहे। शान्त मन अपनी ही काया में रमने वाली साँसें सुनने लगा। निरन्तर अभ्यास से अब हर साँस के साथ कृष्ण नाम भी सहज भाव से बाहर-भीतर आने-जाने लगा है। ध्यान ने आनन्द दिया। आनन्द करुणा से मिला, चेत गया, कहने लगे—"तुम भोग करके भी तृप्त नहीं होते और मेरे आगे से तो मेरा श्याम सखा दो-दो बार परोसी थाली उठा ले गया। फिर भी तृप्त हूँ। मुझे मेरी मनचाही तृप्ति मिल रही है। नित्य सूक्ष्म से सूक्ष्मतर होकर मिल रही है।"

युवा साधु दुःख भरे स्वर में कहने लगा—"मैंने अपनी ईश्वरासक्ति के कारण स्वेच्छा से ब्रह्मचर्य का व्रत लिया। पहली बार एक वृद्ध पुरुष की युवा पत्नी ने लुभाया। दूसरी बार दाम खरच कर नारी भोग किया और कल झील के किनारे मछली पकड़ने आई युवती का बलात् भोग किया। तब से पश्चात्ताप की धधकती आग में जल रहा हूँ। सुनी बात ध्यान में आई कि आप लोगों के सिर पर हाथ फेरकर उनकी पीड़ा हर लेते हैं।"

"यन्द्री का लड़बड़ा जिभ्या का फूहड़ा गोरख कहे वोपतंषि चूहड़ा। तुम तीन

बार अपनी नपुंसकता सिद्ध कर चुके हो। पुरुष वही है जो अपनी बात का पक्का हो।"

सूर स्वामी की सरल बातों के प्रहार से युवा साधु तिलमिला उठा। बहुत संयम रखते हुए भी तीखे स्वर में पूछ बैठा—"आपका पुंसत्व अब किस इच्छा को भज रहा है।"

"वह आँखें मिल जाएँ जिससे भीतर ही रमे हुए अपने श्यामसखा को निरन्तर अपलक देखता रहूँ।"

युवा ने एक दीर्घ निश्वास छोड़ी। फिर भी मैदान न छोड़ा—"आपको कभी काम सुख की चाह नहीं होती?"

स्वामीजी हँसे—"अभी कुछ मास पहले वृन्दावन गया था—"

"पहली बार?"

"नहीं एक बार हो आया हूँ...अब विचार भंग न करना, शान्ति से सुनना—तो पिछली बार जब वृन्दावन गया था, रसिक शिरोमणि हरिदास स्वामी ने मुझसे कहा कि एक बार स्त्रीभाव से अपने प्रिय को भजकर देखो। स्वामीजी ललिता सखी हैं। श्री राधाकृष्ण के अविराम विहार के चिर साक्षी। वे स्वयं अपने इस मोम के घोड़े पर सवार होकर नित्य जलते मैदानों के चक्कर लगाते हैं। मैंने सोचा सिद्ध महापुरुष की बात स्वयं प्रयोग करके देखूँ। अंधा तो हूँ ही, कल्पना का भण्डार भी भगवान ने भरपूर भरा है, सो मन में सोच लिया कि मैं गोपी हूँ अपने रूठे श्याम सखा की एक सखी।"

"इस भावना में रमकर आपको क्या अनुभूति हुई?"

"एक देवी मेरे पास सकाम प्रेम की इच्दा से आई थी, किन्तु मेरी दृढ़ता देखकर उसका प्रेम तो दृढ़ हुआ पर सकामता निष्काम हो गई। अपने मन प्राणों में मैं उस स्वर्गीया देवी के मन प्राण समोने लगा।...अरे बाबा, स्त्रीभाव में दावाग्नि-बड़वाग्नि संयुक्त जो प्रचण्ड कामाग्नि प्रज्वलित होती है, उसे सहन करना मेरे वश की बात न थी। हरिदास महाराज ही ऐसे अपनी कुण्डलिनी जगा सकते थे। मेरा सहज व्यावहारिक संयम ही मेरे लिए अधिक कारगर है। अपनी बात की लाज स्वभाव से मैं आप ही रखूँगा। अपने से स्वयं अपने को आँखें मिलाने लायक रखना चाहिए।

युवा कुछ देर तक अपने भीतर रमा रहा, फिर पूछा—"आपके प्रति उस देवी की प्रेमसिद्धि क्या कम थी जिसने अपने आपको सकाम से निष्काम बना लिया?"

"मेरी और मेरी कान्तो की अस्मिता अब दो भागों में नहीं बँटी है। वृन्दावन के इस प्रयोग के बाद तो हम अब एक हैं—सूरजकन्तो मेरा तप, सूरज-सूर स्वामी मेरी बुद्धि और सूर-श्याम मेरी प्रेम शक्ति है। यह मेरी प्रकृति की मौलिक शक्तियाँ हैं।"

"कन्तो को अपने साथ तपोशक्ति किसलिए माना?"

"देख रहा हूँ कि तुम भी इसी पथ के पथिक हो, देर-सबेर से वहीं पहुँचोगे अतः तुमसे खुलकर ही बात कहूँगा। एक बार मैं भी उस स्त्री के साथ बलात्कारी उन्माद में आ गया था। तब उसने हनुमानजी का ध्यान दिलाकर मुझे सचेत कर दिया। वृन्दावन में अपने कान्ताभाव से सोचते हुए मैंने उसका मन पाया। प्रेमी के लिए कितनी शुभचिन्तना होती है। चाहती तो मेरे क्षणिक उन्माद में मेरा तपोभंग कर देती। मेरे लिए उसका प्रेम तप फलीभूत हुआ। तब से कलेजे में उसका तपोभाव साथ लिए डोलता हूँ। कान्ता मेरे मन के नन्दनवन की अनुपम शोभा है।"

"मैं एक दिन आपके साथ रह लूँ?"

"विरक्त की कुटी में द्वार नहीं होता। वह सबके लिए सदा खुला है।"

दिन पानी से बहते जाते हैं किन्तु सूर स्वामी की दिनचर्या स्थिर है। अंतरात्मा में निरन्तर समृद्ध होता हुआ प्रेमभण्डार अब विपुल है। प्रायः यह भ्रम होता ही रहता है कि सूर को जिस श्याम की खोज है वह उसके बिल्कुल आस-पास ही डोल रहा है। पवन के झोंकों में बहुधा उसकी दिव्य उँगलियों का स्पर्श उसे पुलकित करता है। रात के सन्नाटे में कुटी के बाहर सेहन में लेटे-लेटे कई बार सूर को उसकी वंशी भी सुनाई पड़ी है। तब सूर जिस स्थिति में होता है उसी में मूर्तिवत हो जाता है, बुद्धि ज्ञान भाव के छोटे दायरे से मुक्त होकर गुफा-दर-गुफा के भीतर सुई के नाके जितनी साँकरी गैल में उसकी वंशी और साँसों के समाया नाम एक दूसरे से लिपटकर एक हो जाता है—बूँद में अनन्त असीम महासागर का आभास मिलता है।...केवल आभास ही है। एक बार प्रत्यक्ष होकर मिल जाए। उस निखिल सौन्दर्यपुंज नित्य बिहारी को अपनी राधारानी के साथ देख लूँ। अरूप नहीं, सरूप। दिखाएगा अंधे को अपना मुखड़ा?—दिखाएगा।—सच दिखाएगा? न-न, यह असम्भव है। परन्तु कदाचित् दिखला ही दे। मैं अपनी मैया से पाए हुए संस्कार को ही प्रत्यक्ष देखना चाहता हूँ। इस बाहरी जगत् का सौन्दर्य जिसके आगे फीका है, उसे ही देखना चाहता हूँ।...हाय रे सन्त कवि की मानुषी व्याकुलता!

कभी-कभी सवेरे अपने सारे नियमित कार्यों से निवृत्त होकर जब स्वामीजी की मौज आती है तो प्रायः लठिया टेकते हुए जमुनाजी के तट पर आकर बैठ जाते हैं। एक छोटा-सा तखत उनके लिए वहाँ रखवा दिया गया है, उसी पर बैठे-बैठे यमुना की तरंगों का लयदर्शन किया करते हैं। कभी-कभी जब यमुना तरंग और श्वास तरंग सम पर आती हैं, पुलक-पुलक उठते हैं। कछुए कभी पानी में 'बुडुक' करते हैं तो उनका मन भी राधागोपाल विग्रह के ध्यान में बूड़ जाता है। इलावास, प्रयाग, कालपी, आगरा आदि की नावें प्रायः रुनुकता मण्डी के घाट पर ही रुकती हैं। गौ घाट पर सन्नाटा ही रहता है। पहर डेढ़ पहर दिन बीतने के बाद जब रुनुकता से मथुरा-दिल्ली

जाने वाली माल और सवारी नावों का रेला दो-ढाई पहरों तक चलता रहता है उस समय से पहले ही वे वहाँ से उठ जाते हैं। पतवारों की छप-छप से कोमल ध्वनि तरंगें बिखरती हैं। वह उन्हें अच्छा नहीं लगता। लेकिन आज तो सबेरे-ही सबेरे छप-छप! नाव पर बैठे जा रहे दो मधुर स्वर (स्वरानुमान से 14-15 वर्ष के बालक) गा रहे थे--

द्वा सुपर्णा सयुजा सखाया
समान वृक्षं परिषस्व जाते...

नाव यमुना में जा रही है और उसकी प्रकाश-परछाईं स्वामी के हृदय में पड़ रही है। निविड़-अँधेरे में एक प्रकार बिन्दु उड़ता हुआ दूर चला गया। कौतूहल जागा—"गोपाल।"

"हाँ गुरुजी।"

"किसकी नाव थी?"

"वैष्णवन की लागी गुरुजी। गरुणाध्वज फैराय रही हती।...अरे जे तो यहीं पै रुकि गई।"

"कहाँ?"

"पोहे जहाँ ते पानी पीबे कूँ आवत जात हैं वहाँ ते तनक आगे। नाव बँध गई। बालक उतरे हुए हैं। एक बड़ो पहलवान सो भारी-भरकम मानस ढेर सारी गठरी मोटरी एक रस्सी ते बाँधि ते अपनी पीठ पै लादे है, सो उतूरयो। अब द्वै भद्र जनान के मध्य एक बड़े तेजपुंज महात्मा पधार रए एँ। तीन-चार जने उनके पाछे चल रए एँ।"

साँस रुक गई। हृदयगति थम गई। जन्मान्ध के मन की दुनिया में जितने प्रकार की तरंगावलियाँ हैं सब निस्पन्द हो गईं। गोपाल अपने उत्साह में बखानता जा रहा था—"अरे गुरुजी ऐसो पुरुख तौ कबहुँ देख्योई नाँय मैंने। अगिन केरी लपट मानो पुरुष भेस में चल रही होय। मेरी जान में कोऊ देवता हैं, मानुष नाहीं है सकत ऐसो!" गोपाल ने उधर हाथ जोड़कर प्रणाम किया।

"गोपाल, जाके पता तो लगा कि कौन पधारे हैं?" भीतर सूरज मन सूर स्वामी से कह रहा था—'तेरा मेरा आँख-खिलौना लेके पधारे हैं मेरे श्याम सखा।—निश्चय ही वह हैं'—भाव मन प्राण के विद्युत अश्व पर भाग चला। सूर-सूरज का प्रेमभाव इतना आग्रह-भरा उतावला था कि प्राणों को मन के पंख लगा दिए। दिव्यगंध भरा भाव अनदेखे प्रकाश के चरणों में गिरा और लीन हो गया।

गोपाल खबर लाया, "आचार्य चक्र चूड़ामणि जगद्गुरु श्रीमदाचार्य महाप्रभु श्री श्री वल्लभभट्ट महाराज इलावास के अरैल क्षेत्र ते पधारे हैं। गोविन्दघाट मैं विश्राम करैंगे। पाछे गोवर्द्धन हू जाँगे।"

"गोपाल तू वहीं चला जा। महाप्रभुजी जल भोजनादि करके निश्चिन्त होकर विराजें तो मुझे ले चलना।"

महाप्रभु और उनके साथ आई हुई वैष्णव टोली ने यमुना स्नान और संध्या वन्दनादि किया। फिर सब लोग अपनी-अपनी रसोई बनाने लगे। आचार्य महाप्रभु का बड़ा सम्मान था। महाप्रभु ने पाक सिद्ध किया। ठाकुरजी को भोग अर्पण किया। सभी वैष्णवों ने अपने ठाकुर को भोग लगाया। समयानुसार भोग सरा के अनोसर कर महाप्रसाद लेने के उपरान्त आचार्य महाप्रभु गद्दी-तकियों पर विराजे, सब वैष्णव मण्डली–दामोदरदास हरसानी, कृष्णदास मेघन आदि भी आकर चटाई पर बैठ गए। इतनी देर तक गोपाल दूर खड़ा देखता रहा था। पास आकर साष्टांग प्रणाम किया और हाथ जोड़कर निवेदन किया कि हमारे गुरु आपके दर्शन करने को लालायित हैं।

"अपने गुरु की कछु कीर्ति बखानो!" दामोदरदास ने कहा।

"सूर स्वामी हैं महाराज जनम से आँधरे। बड़े भगवदीय हैं। गान आछो करत हैं। बड़े गुनी महात्मा हैं तातें बोहोत लोग स्वामीजी के सेवक भए हैं।"

"उन्हें प्रेम से आमन्त्रित करो दमला। वे बड़े सूर हैं, श्रीकृष्ण के सखा हैं।" महाप्रभु ने संस्कृत में धनीकुल के अपने प्रिय सेवक से कहा। सूर के सेवक गोपाल भी कामचलाऊ संस्कृत के ज्ञाता थे। प्रसन्न होकर विनीत भाव से प्रणाम किया और चले गए।

गोपाल और बजरंगी के साथ सूर स्वामी चल रहे हैं। पहुँचने को आतुर, कदम-कदम पर पूछते हैं–"अब कितनी दूर है?"

"बस जे कोट कौ खण्डैरो पार कियौ औ आन पौंहोंचे।"

पाँच-सात सौ डगों की दूरी हजारों कोस की दूरी अनुभव हो रही थी। गोपाल ने गद्गद स्वर में कहा–"बो बिराज रए हैं महाप्रभु जी।"

आँखें भले न देख पाएँ पर मन देख रहा है। वायु में कदम्ब की महक भरी हुई है, यद्यपि यह उनके फूलने की ऋतु नहीं है। मन की बेकली उतावली अपने आप ही शान्त हो गई है। स्थिर मन, स्थिर गति–एक हृदय चुम्बक है, दूसरा लोहा, बरबस खिंचा जा रहा है। बिछी हुई बड़ी चटाई का सिरा आया, साष्टांग लेट गए। दोनों हाथ लम्बे करके प्रणाम किया।

"आओ शूर!" स्मितवदन महाप्रभु ने हिन्दी में कहा। श्याम सखा! वही स्वर! जो वर्षों भीतर था अब बाहर प्रकट है। भाव के महासागर में डूबते ही चले गए। चेतना लोप हो गई।

देखकर महाप्रभु स्वयं उठे, पास आकर बैठ गए, सूर के सिर पर हाथ फेरने लगे। बाढ़ की बत्ती-सी बह जाने वाली सुधि फिर खड़ी होने लगी।

महाप्रभु एक सेवक को जल लाकर सूर स्वामी का मुँह धुलाने का आदेश देकर पुनः गद्दी पर विराजमान हुए।

होश आ गया। गोपाल और बजरंगी के सहारे से उठ बैठे। मुख पर छींटे देने को कहा गया। उठ खड़े हुए। चटाई से दूर जाते हुए इस बात का ध्यान रखा

कि आचार्य महाप्रभु की ओर पीठ न हो। मुँह हाथ-पैर धोया। दास ने कहा—"महापिरभूजी बलावत हैं आपका।" अड़ैल से साथ आए हुए दास ने कहा।

"सूर्य पटबीजने को बुला रहा है। धन्य भाग्य।" गद्दी के निकट पहुँचकर हाथ जोड़कर खड़े हो गए।

"हम काशी और अड़ैल में भी तुम्हारी विशेषताएँ सुन चुके हैं। कुछ भगवद्यश वर्णन करो।"

श्याम की आज्ञा है कुछ भगवद्यश बखानूँ। क्या सुनाऊँ। बालपने के साथी सूर के एकमात्र मित्र अब गुरु रूप में प्रत्यक्ष हैं। मेरा गुरुत्व कितना हल्का हो गया है। भारहीन फूल-सा सुगन्ध-भरा मन तुम्हें अर्पित है, इसे स्वीकारो! मेरे भीतर रमने वाला तुम्हारा व्यक्तिस्वरूप अब तुम्हें प्रत्यक्ष पाकर तुम्हीं में लय पा रहा है। धूल के एक नन्हे से कण जैसा सूर प्रेम की वायु से उड़कर तुम्हारे मस्तक पर जा बैठा है। कितना अशिष्ट, कितना मैला, गन्दगी-भरे नाले जैसा! अब तो वह अटपटी राहों से बहता-बहता इस विशाल नदी से आ मिला है। अब तो यह भी सुरसरि हो गया है प्रभु। इसे स्वीकारो। यह पतितों का नायक, तुम्हारी शरण में है—

"हौं हरि सब पतितन को नायक।"

महाप्रभु के समीप बैठी हुई वैष्णव मण्डली सूर के गान पर मुग्ध हो रही है। गान रुकता है, महाप्रभु आज्ञा देते हैं, और सुनाओ। सूर फिर गाने लगता है। फिर वही विनय, वही दैन्य, वही अकिंचनता। महाप्रभु कहते हैं—"शूर होकर भी घिघियाते हो? कुछ भगवद्लीला वर्णन करो भाई।"

मीठी स्नेहभरी फटकार मन को धक्का दे गई, परन्तु प्रभु के आदेश का पालन करने के लिए उचित स्फूर्ति नहीं मिल रही। हाथ जोड़कर कहा—"मैं जन्म का अंधा, लीला रहस्य नहीं जानता प्रभु!"

"स्नान करके आओ। मैं तुम्हें समझाऊँगा।"

शरीर, प्राण, मन में एक नई शक्ति उदय हो रही है। दौड़ की प्रतियोगिता में मानो तीन दौड़ाक परीक्षक के आदेश की प्रतीक्षा में अपने दम साधे तत्पर खड़े हैं। ताल किनारे अनारो-सुनैना और बाह्य-समृद्धि आने से पूर्व जो श्याम सखा उनके साथ दिन-रात मौजें मारता था, वह अब फिर से सूर के पास आ गया है, और वह भी प्रश्नकर्त्ता के रूप में व्यंग के डंक चुभोने वाला श्याम नहीं वरन् मन, वचन और काया से सूरश्याम बनकर आया है। सखा अब गुरु है।

यमुना जी में डुबकी लगाते हुए वे दोनों ही एक मन, प्राण और काया से जल में बूड़ रहे हैं। श्याम कहते हैं—"सूरज, अब मैं तुम्हारे पास से कभी नहीं जाऊँगा।"

"पर मैंने तो तुम्हारे अ-रूप नहीं, स-रूप दर्शन करने की कामना की थी श्याम!"

"माँग पूरी होगी, तुम्हें चिदाक्ष प्रकाश मिलेगा।"

यमुना तट पर लाते समय गोपाल और बजरंगी दोनों बाँहें पकड़े थे। नया

घाट था, राह दिखलाने की आवश्यकता थी, परन्तु लौटते समय सूरज मन केवल सखा-गुरु-मानस के संग ही आया। और फिर उन्हीं के सम्मुख हाथ जोड़कर खड़ा हो गया। आचार्य महाप्रभु गद्दी से उठे। सूर की बाँह थामी और एकान्त में ले गए। "श्रीकृष्णः शरणम ममू" गुरु ने सूर के कान में तीन बार अष्टाक्षर मन्त्र सुनाया। अब तक सूर स्वामी स्वप्रेरित "श्री राधागोपालाय नमः" मन्त्र जपा करते थे, किन्तु समर्थ गुरु द्वारा प्रदत्त मन्त्र के आठ अक्षर कानों में क्या पड़े कि मानो आठ सिद्धियाँ एक साथ मिल गईं।

आचार्य महाप्रभु बोले–"सूर तुम तो पहले ही से पके खेत जैसे तैयार खड़े हो, किन्तु अब तुमने विधिवत् आत्म-निवेदन की पात्रता प्राप्त कर ली है। मैं तुम्हारा ब्रह्म-सम्बन्ध कराता हूँ। तुम अपनी अस्मिता ममता इन्द्रियों से संयुक्त अन्तस् मन प्राण आत्मा, अपना लोक-परलोक सब कुछ श्रीकृष्ण परमात्मा को समर्पित करके प्रभु के दास बनोगे। मेरे साथ-साथ दोहराते चलो–

"श्रीकृष्णाय नमः। सहस्त्रपरिवत्सरमित कालजात कृष्णवियोग जनिततापक्लेशानन्दतिरोभावोऽहं भगवते, कृष्णाय/गोपीजनवल्लभाय/देहेन्द्रियप्राणान्तः करणानितद्धर्मश्चि दारागार पुत्रेहापराणि आत्मना सह समर्पयामि दोसोऽहं कृष्ण तवास्मि।" सहस्रों वर्षों से कृष्ण वियोग जनित तापक्लेशों से आनन्द के तिरोभाव से पीड़ित मैं, हे भगवान कृष्ण, हे गोपीजनवल्लभ, यह देह, इन्द्रिय, अन्तःकरण, धर्म, धन, पुत्रादि सह सब कुछ समर्पित करता हूँ। हे कृष्ण! मैं आपका दास हूँ।"

"सूर, तुम्हारे पिता ने तुम्हारा नाम क्या रखा था?"

"सूर्यनाथ।"

"अब तुम्हारा नाथ कौन है?"

"श्रीकृष्ण।"

"साधु, जगत की परिणति ब्रह्म से अभिन्न है। श्रीकृष्ण परब्रह्म से प्रीति लगाना ही श्रेष्ठ धर्म है। जिस जीवन पर भगवद् अनुग्रह हो जाता है वह पुष्ट हो जाता है। आज से तुम सूरदास हुए। ध्यान से श्रवण करो। श्रीकृष्ण देश, काल-गुण, रूप इन चारों आवरणों से रहित हैं। वह न तो स्वजातीय हैं, न विजातीय और न स्वगत। वह आत्माराम होकर भी सर्वरमण हैं। निर्गुण होकर भी सगुण हैं। शिशु होकर भी रसिक शेखर हैं। मैंने तुम्हारी इच्छा पहचान ली है। हरि को साक्षात् देखना चाहते हो?"

हृदय इतना उमड़ा कि कुछ कह न सका। महाप्रभु मुस्कुराए और कहने लगे, "श्रीकृष्ण भगवान के प्रसाद से हमने वेद बाह्य मायावाद का निराकरण किया। श्री महादेव जी निःसंशय इसके साक्षी हैं। हमने सर्ववेदान्त गोचर ब्रह्मवाद ही स्थापित किया है। इससे त्रिलोकेश्वर और काशीश्वर हम पर प्रसन्न हैं और तुम्हारी सभी वृत्तियाँ निरुद्ध होकर श्रीकृष्ण परमात्मा में लीन हो गई हैं। जिस प्रकार घने वृक्षों

की छाया से शुभ्र स्फटिक अपनी श्यामता का भ्रम कराता है उसी प्रकार तुमहारा अन्तस्फटिक भी अब तक अँधेरे में था। लो अब उसे साक्षात् देखो।'' श्रीकृष्ण स्वरूप जगतगुरु आचार्य महाप्रभु ने अपने अँगूठे से सूरदास की छाती के मध्यभाग को छू दिया। गुरु द्वारा प्रक्षेपित शक्ति सूरदास जी के अणु-अणु में उजाला कर गई। गुणों का बाहरी परिणाम रुक गया। चित्तसत्व में निरोध का परिणाम जागा। गुणवृत्ति स्वरूप स्थिति आ गई। अस्वाभाविक और स्वाभाविक वृत्तियों का अभाव हो गया। जन्मान्ध सूर ने द्रष्टा की स्वरूप स्थिति पाई। इन्द्रियातीत होकर भी जो समस्त इन्द्रियबोधों को ग्रहण करता है वह 'अन्तरतम सूर' जाग उठा। सूर ने स्वयं को स्वयं के भीतर देखा। माँ के द्वारा चार-पाँच वर्ष की आयु में स्पर्श दृष्टि से दिखलाए हुए सीही मन्दिर के राधागोपाल इस समय प्रत्यक्ष थे। वह उनके नखशिख, एक-एक रोम तक को देख रहा है। वंशी के स्वर सुन रहा है। कृष्णमुख निहारती श्रीराधा की चितवनों को देख रहा है। कामधेनु अपनी जिह्वा से गोपाल के चरण चाट रही है--सब कुछ स्पष्ट और स्वच्छ दिखलाई दे रहा है। अब तक जो सूर निजी था वह मानो कोटि-कोटि प्राणों की आभा से दीप्त हो गया है। देखने वाले 'सूर' को यह देखने में सहायक बाहरी आँखों की आवश्यकता नहीं थी।

''जिन आँखिन में तब रूप बस्यौ, तिन आँखिन सौं अब देखिए का।''

''देखा सूर?''

''हाँ प्रभु!''

''तुम्हें श्रीमद्भागवत के संस्कार पहले ही मिल चुके हैं किन्तु वे तुमने कथाभाव से सुने और सुनाए। मैं तुम्हें दशम स्कन्ध की अनुक्रमणिका मात्र सुनाता हूँ। इससे श्रीकृष्ण की समस्त लीलाएँ समय आने पर तुम्हारे कवि मानस में स्वतः स्फूर्त हो उठेंगी। पुष्टिमार्गीय भक्तों का आविर्भाव ही भगवद् सेवा के लिए होता है। मैं तुम्हें प्रभुलीलाएँ देखने और बखानने का आदेश देता हूँ। उठो साथ आओ।''

सूर की बाँह पकड़े गुरु-शिष्य साथ-साथ आए। गद्दी पर सुखेन बैठ जाने के उपरान्त महाप्रभु ने आज्ञा दी, ''सूर कुछ सुनाओ। अपनी चित्तवृतियों का मर्म उद्घाटित करो।''

सूरदास ने गाया– ''चकई री चलि चरन सरोवर
जहाँ न प्रेम वियोग...''

''जहाँ भ्रम उत्पन्न करने वाली मिथ्या ज्ञान रूपी रात कभी नहीं आती वही प्रेम पयोदधि का तट सुख के योग्य स्थान है, जहाँ शिव रूपी हंस, मुनि रूपी मीन और भगवान के नख रूपी सूर्य प्रभा नित्य प्रकाशित है, वहाँ सदा आनन्द कमल खिलते हैं और उनकी सुगन्ध में मतवाले वेद रूपी भ्रमर सदा गुंजन करते रहते हैं। हे चकई, चल, वहाँ चलें। उस चरण सरोवर में सुन्दर मुक्ति-रूपी मोती प्राप्त होता है। हे सूरजदास अब अपने पुण्य के अमृत रस का पान करो, देखो लक्ष्मीसहित भगवान नित्य

लीलाविलास कर रहे हैं। अब मुझे ये छिछली जगत तलैया अच्छी नहीं लगती।''

महाप्रभु तथा समस्त वैष्णव मण्डली सूरस्वर के जादू से बँध गए।

महाप्रभु तीन दिन गौघाट पर ही विराजे। गुरु से गुरुदीक्षा ली है, यह सुनकर सूरदासजी के पास भक्तों की भीड़ आने लगी। अनेकों ने आचार्य महाप्रभु से दीक्षा ली। बजरंगी तो रुनुकता में ही रह गए, किन्तु गोपाल दीक्षित होकर साथ चले। गुरु के गुरु ने उन्हें यही आदेश दिया–''सदैव सूर की छाया बनकर साथ रहना, यही तुम्हारी भगवद् सेवा है।''

गोविन्दघाट।

''सूर, गोकुल के दर्शन करो। यही गोकुल है जहाँ माता यशोदा ने श्रीकृष्ण को पुत्ररूप में पाया था।''

यही गोकुल है। महावन को पुराना गोकुल ग्राम कहा जाता है। किन्तु प्रभु कहते हैं कि उन्होंने यहीं नन्द महरि के घर जन्म लिया। जन्म तो ले चुके हैं। किन्तु सूर की समाधिदृष्टि देख रही है–

''ब्रज भयो हरि के पूत जब यह बात सुनी।
सुनि आनन्दे सब लोग गोकुल गनक गुनी...।''

ग्रह लग्नादि विचार कर वेद पाठ किया और कहा कि ब्रज के पूर्व पुण्य उदय हुए हैं, आज बड़ा मंगल दिन है। सुनकर ब्रज नारियाँ सुन्दर साज सजकर नन्द बाबा के घर की ओर दौड़ पड़ीं। नूतन चीर कसी कंचुकी, माथे पर तिलक, हिए में हार, नैनों में काजल, माँग में सेन्दुर डाले कंगन पड़े हाथों में कंचन थाल लिए अपने मेल की औरतों के साथ ऐसी तेजी से जा रही हैं कि लगता है मानो बुन्दकियोंदार लाल चूनर ओढ़े ब्रजनारियाँ नहीं वरन् लालमुनियाँ चिड़ियों के झुण्ड चहकते हुए उड़े जा रहे हैं।

ऐसा सटीक नख-शिख वर्णन, ऐसी शब्द-ध्वनि कि जान पड़े मानो वे सचमुच उत्सव की दौड़-भाग लोगों का आनन्द उत्साह भरा कोलाहल, स्त्रियों के मंगल गीतों का मधुर 'कलरव'–सब कुछ ऐसा कि सूरदास मानो स्वयं ही नहीं देख रहे, वरन् गान सुननेवालों की आँखों और कानों को वह आनन्दकोलाहल भरा दृश्य, उन हज़ारों बरस पहले के पुनीत क्षणों का भागीदार बना रहे हैं।...

सुनि ग्वालिनि गाइ बहोरि बालक बोलि लिए
गुहि गुंज घसि घनसार अंग-अंग चित्र ठए।
सिर दधि माखन के माट गावत गीत नये,
डफ झाँझ मृदंग बजावत सब नन्द भवन गए॥...

दृश्य की गति और उसे दिखलाने वाले प्रज्ञाचक्षु कवि के उल्लास वेग ने मानो

अभी थमना सीखा ही नहीं! नाचते-गाते हल्दी-दही छिड़कते "रस आनन्द मगन गुवाल काहू बदत नहीं।" औरतें शिशु दर्शन के लिए जच्चाघर में घुस पड़ती हैं, सिर को नवाती है। धन्य-धन्य पुकारती हैं। गोपजन नन्द जी को बधाइयाँ देते हुए घेर लेते हैं, उनके चरण छूते हैं। नन्दजी नहाकर कुश हाथ में लेकर नन्दीमुख और पितरों को पूजकर सब ब्राह्मणों को तिलक करते हैं, द्विज गुरुजनों को दुपट्टा ओढ़ाकर उनका बहुमान करते हैं और दान देने के लिए गायें तो इतनी हैं कि गिनी नहीं जातीं। तरुणगैयाँ और बछियाँ जिनके खुर चाँदी मढ़े, पीठ पर ताँबा और सींग सोने से मढ़े हैं, वे जमुना किनारे चर और किलोलें कर रही हैं...।

अपने देखे दृश्य पर सूरदास स्वयं ही निछावर हो गए। ऐसा आनन्द काव्य रचना करने और गाने में उन्हें पहले कभी नहीं आया था। उन्हें स्वयं ऐसा लगता था कि वे नहीं वरन् उनके भीतर समाया कोई और ही सूर गा रहा था।

"साधु-साधु, सूर, तुम तो नन्दालय की लीला को निकट ही से देख रहे थे। अब तुम निरन्तर ऐसे ही श्रीकृष्ण लीलाओं के साक्षी रहोगे!" आचार्य महाप्रभु ने अति प्रसन्न होकर यह वरदान दिया। सूर उनके चरणों में नत हो गए। भाव भरे, स्मित वदन सूरदास बोले–"जब स्वयं लीला नायक सखा हों और सखा से गुरु बन जाएँ तब यह पतित अभागा भला कैसे भाग्यशाली न बनेगा।" वातावरण मन्त्रमुग्ध हो रहा था।

18

"हे पर्वतेन्द्र गोवर्द्धन, आप भक्तों के लिए नगाधिराज हिमालय और उत्तुंग सुमेरु से भी अधिक उन्नत और पूज्य हैं। आपके चारों ओर भगवान श्रीकृष्ण की लीला भूमियों का भाव-भरा इतिहास भगवदीय दृष्टि के लिए सदा प्रत्यक्ष है। हे गिरिराज, आप गोप-गोपियों और गोविन्द के लिए स्वर्ग से भी अधिक रमणीय हैं। दिन-भर और बार-बार आपकी परिक्रमाएँ करके भी सन्तों का मन नहीं अघाता। हे पाप पुंजहारी गोवर्द्धन, मैं आपको तथा गोवर्द्धनधारी गोपाल को बारम्बार प्रणाम करता हूँ।"

एक साधु तन्मय होकर सस्वर यह श्लोकगान कर रहा है। सूरदास, रामदास, कुम्भदास और कृष्णदास अधिकारी मिलकर परम भक्त परमानन्द दास जी के यहाँ जा रहे थे, सुनकर रुक गए, सभी के भाव रंगे नेत्रों के सामने गौवें चुराने और मन चुरानेवाला माखनचोर अपनी-अपनी भक्ति-शक्ति के अनुसार कच्चे धागे में बँधा खिंचा हुआ चला आया।

कुम्भनदास गुनगुनाने लगे–

"कहिए सो कहिबे की होई।

प्राणनाथ बिछुरन की बेदना जानत नाहिंन कोई।"

आँखों में से जल बह निकला। शरीर में पुलकावली होने लगी। सूर अधिकारीजी के साथ चल रहे थे। उनसे बाँह छुड़ाकर कुम्भनदासजी के पास ऐसे आए मानो उनका यह भाव-रूप प्रत्यक्ष देख रहे हों। कुम्भनदासजी की बाँह पर हाथ रखकर बोले–"दाऊ, हम लोग श्याम सखा के घर चल रहे हैं फिर बिछुड़ने की बात क्यों उठा दी? आओ चलें।"

भक्त रामदास बोले–"कहते हैं बावलापन निरंकुश होता है, फिर कृष्ण के बावलों पर अंकुश कैसे काम करेगा सूरदास जी!"

"जो बावला बनता है वही उसपर अंकुश भी रखता है रामदासजी। आचार्य महाप्रभुजी को देख-देखकर मुझे तो यही समझ में पड़ा है।"

कृष्णदास बोले–"सुन्यो है कि नदिया में एक बड़ौ चमत्कारी भगवदीय भयौ है। वाकौ तो कृष्णनाम उच्चारत ही मूर्छा आ जावे है। सुने हैं बड़ौ दिव्य रूप है वाको।"

"वा भगवदीय कौ नाम का है, अधिकारीजी।"

"मोकूँ ठीक पतौ नाँय रामदास जी, परन्तु उनकी भक्त मण्डली उन्हें श्रीकृष्ण चैतन्य महाप्रभु कहत हैं। वे अड़ैल में श्री महाप्रभुजी के अतिथि ह्वै के रहे हते। दोऊ दोऊन के बड़े प्रशंसक।"

"श्री चैतन्यदेव कौ नाम विश्वम्भर पण्डित है। आयु में तो बहुत छोटे हैं किन्तु उन्हें श्याम-सान्निध्य प्राप्त ह्वै चुक्यो है। छकड़ाजू ने मोकों हूँ उनकौ सिगरो वृत्तान्त सुनायौ तौ।"

कृष्णदास बोले–"छकड़ाजू ने आपको जे बतलायौ कि नहीं कि आचार्य महाप्रभुजी कौ शुभागमन इतै शीघ्र ही होन वारो है।"

"वह तो मैंने उसी दिन समझ लिया था जिस दिन आपने श्री आचार्यजी का निवास स्थान स्वच्छ करने के लिए अपने आदमियों को भेजा था।" सूरदासजी ने कहा।

"अरे! आपके ताईं तौ महाप्रभुजी नै अपने बैठका के सामने की कुटी बनवाय दई है म्हाराज, आपको भला कैसे खबर न होय।"

"विट्ठलनाथ जी गोद में ही थे तब इस घर में उनको और गोपीनाथजी को लेकर आचार्यजी का प्रथम पदार्पण हुआ था। अब तो चार-पाँच वर्ष हो चुके हैं। श्री विट्ठल की मुझे याद आती है। मन्दिर से लौट के जाऊँ तो सेविका उन्हें मेरी गोद में दे जाए। ऐसे प्रसन्न रहें मेरे पास कि क्या वर्णन करूँ। मानो मेरे शैशव काल के श्याम प्रत्यक्ष होकर मेरी गोद में आ विराजते हों। गाने लगूँ तो उस अबोधावस्था में ही खिलखिल-खिलखिल हँस पड़े। बड़ा मोह लगा गए हैं विट्ठलजी, कब आवेंगे?"

"बस गोपीनाथ जी को जनेऊ भयौ और श्री आचार्यजी सबरी मण्डली लैके पधारे। द्वै-चार मास की बात है।" अधिकारी जी ने कहा।

"अब समुझयौ, वासुदेव छकड़ा द्रव्य लैके अड़ैल च्यौं गए हते।"

वासुदेव छकड़ाजी का नाम सुनते ही सूरदासजी खिलखिलाकर हँस पड़े, कहा—"पक्के मनसुखा हैं हमारे छकड़ाजी। अड़ैल से लौटकर उन्होंने मुझे हँस-हँस के बतलाया कि कैसे वे स्वर्ण-मुद्राएँ लेकर गए थे। मिट्टी के गोले में सुवरन रखकर हाथों में झुलाते और शालिग्राम भगवान की तरह पूजते हुए चले गए। जाके धन जमा किया, पावती की रसीद ली और मस्ती से लौट आए।"

"अधिकारी जी क्या आपके कान में भी यह बात पड़ी है कि नदिया वाले श्री चैतन्यदेव केशवरायजी के दर्शन करने मथुरा पधारे थे।"

"सुन्यौइ नाँय मैंने नितके दर्शन हू किए हते। वा दिना मैं मथुरा मेई हतौ। दिव्य रूप है।"

"निराशा के अंधकार में सूर्य चन्द्र सम यह दो अवतारी पुरुष प्रकाशमान हैं। तभी तो देखो, चारों ओर मन्दिर टूट रहे हैं। और तब श्री गोवर्द्धनधर स्वयं प्रकट होकर यहाँ नवनिर्माण कराते हैं।"

"सत्य कह्यो आपने। मेरो जन्म इतै ही बीत्यौ पर ऐसी तो मैंने कल्पनाहू नाँय करी हती कि एक दिना याँपे ऐसो विशाल मन्दिर बनेगो।" रामदास जी ने कहा।

"माधवेन्द्रपुरीजी झोंपड़ी में पधराय गए हते श्री ठाकुर जी कौ। श्री आचार्यजी के तेज प्रताप तैं हम ब्रजवासीन कौ या दिन देखिबे कौ मिल्यौ।" कुम्भनदास जी बोले।

"नौ बरस पहले जब श्री आचार्यजी गोकुल से मुझे अपने साथ यहाँ लाए थे तब पूरनमल आधा निर्माण ही यहाँ करा सके थे।"

"तबहिं तौ श्री आचार्य जी ने ठानी कि मन्दिर पूरो बननो है तो अड़ैल छाँड़िके इतेही रहूँगो। याहीं तैं तो पूरनमल कौ प्रेरणा मिली और दक्षिण जाय कै तीन लक्षय मुद्रा और कमाय लायौ। पूरे चारि लाख खरच किए हैं वा भगत नै। धन्य है।"

"जब चन्द्रसरोवर पै आवास बनन लाग्यौ तो महाप्रभुजी ने मोंते कही कि कृष्णदास सूर कौ निवास मेरे बैठका के पास ही राखियो।"

"गुरु बिना इस अंधे की इतनी देखभाल कौन कर सकता है।"

बातें करते हुए चारों कृष्ण सेवक परमानन्ददासजी के यहाँ पहुँच गए। परमानन्दजी इन्हें देखकर गद्‌गद हो गए, कहा—"पधारौ-पधारौ आज तौ मेरो बड़ो भाग्य उदय भयो है जो साक्षात् गोवर्द्धननाथ जी अनेक रू ह्वै के मो अकिंचन की कुटिया पै पधारे हैं। मेरे कने ऐसौ कछु नाँय जो आप भगवदीयन पै निछावर करौ।"

"परमानन्द, तुम्हें तौ बाललीला भाव सिद्ध है और तुम्हारे जैसे पदों मैं रहस्य भी झलकता है। तुम जैसे भक्त के यहाँ आकर हम चारों को भी उतनी ही प्रसन्नता हुई है जितनी कि तुम्हें।"

"अरे पैले बिराजो तो महाराज।"

सबके पैर धुलाकर ऊँचे आसनों पर बैठाया और स्वयं नीचे बैठकर प्रेम से गाने लगे–

"आए मेरे नन्दनन्दन के प्यारे।–जिनके भाल तिलकों में त्रिभुवन का उजियाला चमकता है, जिनके हृदयकमल के मध्य में श्री ब्रजराज दुलारे, प्रेम सहित ऐसे बसे हैं कि टाले नहीं टलते। प्रभु ही जानें कि परमानन्द का ऐसा कौन-सा पुण्य प्रकटा है जिसके कारण आप लोगों ने अपनी चरण धूलि डालकर मेरे घर को पवित्र किया। यह अकिंचन आप पर बार-बार बलिहार हुआ जाता है।"

रामदासजी ने पूछा–"परमानन्ददासजी, ब्रज में सगरौ प्रेम भक्तन कौ है सौ यामैं श्री नन्दरायजी गोपीजन और ग्वाल सखान मैं किनकौ प्रेमभाव सबतैं श्रेष्ठ मान्यो जायगौ।"

परमानन्द बोले–"आप बड़े-बड़े भक्त सम्मुख हैं। हौं अकिंचन भला कहा बखानौं। परन्तु मेरे मते तौ गोपीन कौ प्रेम ही प्रेम की ध्वजा के समान ऊँचो है।"

कुम्भनदास ने गद्गद स्वर में कहा–"परमानन्द, मैं आयु में तुम सबनते जेठो हो तातें जे आशीर्बाद देऊँ हूँ कि सदा याही भाँति हरिपद रत रहौ। तुम धन्य हौं।"

महाप्रभु के आगमन की सूचना दी, थोड़ा-बहुत देश काल का बखान भी हुआ। कृष्णदास बोले कि श्री गोवर्द्धननाथ भगवान अपने नए मन्दिर के निर्माण से इतने प्रसन्न हैं कि एक बार पुनः बड़ी धूमधाम से अपना पाटोत्सव कराना चाहते हैं। पूरनमल खत्री कहते हैं कि जो खर्चा लगेगा मैं उठाऊँगा, पर उत्सव बहुत भारी होना चाहिए। मथुरा और आगरा के अनेक धनीमानी सेठ भी हाथ खोलकर खर्च करेंगे।

वैशाख शुक्ल, अक्षय तृतीया संवत् 1576 विक्रमी। नवीन मन्दिर बनकर तैयार हुआ। श्री आचार्य महाप्रभुजी पधारे। पूरनमल खत्री उस दिन परम प्रसन्न थे और आचार्य महाप्रभुजी पूरनमल पर प्रसन्न थे। श्रीमुख से कहा–"पूर्णमल्ल, कुछ माँग, मैं तेरे ऊपर बहुत प्रसन्न हूँ।"

पूरनमल ने कहा–"महाराज, मैं अति उत्तम सुगन्धित अरगजा श्री गोवर्द्धन्नाथजी के अंगों को लगाना चाहता हूँ।"

"सुख से अर्पित कर, पूर्णमल्ल, आज तू कोई मनोरथ अपने मन में मत रख।"

अत्युत्तम अरगजा लेपन करते हुए पूरनमल खत्री की प्रसन्नता का ओर छोर न था। वह अपने सद्भाग्य पर प्रेमाश्रुवर्षण करता रहा। महाप्रभुजी ने अपने हाथों श्री ठाकुरजी का शृंगार किया। अनेक धनाधीशों के द्वारा प्रेम से अर्पित किए बहुमूल्य हीरे-मोतियों के आभूषण पहनाए। बड़ी शोभा आई।

अक्षय तृतीया के दिन पाटोत्सव होने की बात कुछ दिनों पहले ही दूर-दूर तक फैल चुकी थी, इसलिए उस दिन भारी भीड़ थी। बड़ा चढ़ावा चढ़ा। सैकड़ों ने महा

प्रसाद पाया। तीन दिनों तक कीर्तन भजन गिरिराज की परिक्रमाएँ होती रहीं। बड़ा मेला रहा।

एकाएक आनन्द की लहलहाती फसल पर पाला पड़ गया। मथुरा से सूचना आई कि सिकन्दर लोदी की आज्ञा से केशवराय जी का मन्दिर तोड़ा जा रहा है। केशवराय जी का विग्रह सुरक्षित स्थान पर पहले ही भेज दिया गया। और इस कारण से पातशाह बहुत झुँझलाया हुआ है। उसे इस मन्दिर के निर्माण की सूचना मिल चुकी है और वह इधर भी आने वाला है।

बड़ी घबराहट फैली। मेला तितर-बितर हो गया। आचार्य महाप्रभुजी बोले—"प्रभुजी ने अपना मथुरा का मन्दिर भग्न होने से पूर्व ही इस मन्दिर का निर्माण करा लिया है। इस विश्वरूपी ब्रज में प्रभु का तेज सदा अखण्ड रहा है और रहेगा। यहाँ अभी कोई नहीं आएगा। मन निश्चिन्त करो।"

महाप्रभु के वचन सत्य सिद्ध हुए। लोदी की सेनाएँ इधर नहीं आईं। यही नहीं, जन्मभूमि मन्दिर तोड़े जाने के बाद पूरा एक वर्ष भी नहीं बीत पाया था कि सिकन्दर लोदी मर गया। प्रजा अस्थिर और अशान्त थी। इसी प्रकार राजा भी अस्थिर और अशान्त था। इब्राहिम लोदी केवल नौ वर्ष ही राज्य कर पाया था कि बाबर ने उसका अस्तित्व ही लोप कर दिया। पूरे उत्तर भारत में अशान्ति की आग फैल गई। हारे हुए पठानों ने जगह-जगह विद्रोह फैलाने के प्रयत्न किए किन्तु विफल रहे। राजपूत अभी सरकश थे। राणा सांगा ने बाबर से सहयोग देने के लिए राजनीति की बातें तो बहुत फैलाईं परन्तु वह अपनी ही चाल चलते रहे। इटावा, धौलपुर, ग्वालियर, बवाना अभी तो बहुत कुछ जीतना बाकी था। बाबर ने आगरे में बैठकर अपना जाल फैलाना आरम्भ किया। मेंहदी ख्वाजा को इटावे भेजा, रापड़ी, मुहम्मदअली जंगजंग के हवाले की। आदिल सुल्तान, मुहम्मदी कोकलताश, शाहमंसूर वगैरह से कहा कि धौलपुर जीतकर जुनैद बिरलास को सौंपो और फिर बयाना फतह करो। स्वयं बाबर ने आगरे के किले भीतर पराजित बादशाह इब्राहिम के महलों में डेरा डाला। धूलधक्कड़ लू और गर्मी से बाबर बेहद परेशान था। उसे इस बात पर भी आश्चर्य होता था कि हिन्दुस्तान के लोग अपने यहाँ नहरें बनाना भी नहीं जानते। इब्राहिम लोदी के महलों और किले की दीवार के बीच में ज़मीन का एक टुकड़ा खाली पड़ा था। उसमें बावड़ी बनवाई। जमना पार चारबाग बनवाया। अठपहलू हौज़, बारहदरी, खिलवतखाने का बाग, उसके मकान, फिर हम्माम। हम्माम से गर्मी-आँधी और धूल तीनों से बचाव हुआ—गर्मियों में इतना शीतल कि कँपकँपी आ जाए और सर्दियों के लिए गर्म हौज़वाला लाल पत्थर का कमरा बनवाया। बढ़िया बाग, अच्छे किस्म के पेड़, सुन्दर फूलों की क्यारियाँ। लोग कहें कि बाबरशाह ने तो आगरे में काबुल आबाद कर दिखलाया है। उन दिनों भारत में काबुल का बड़ा रौब था।

"कहा कहौं रघुनाथ की करनी कही न जाहि।

काबुल में मेवा करी टेंटी ब्रज के माहिं॥...मरौ रांड के...अरे जब भगवान स्वयं विदेशीन कौ मेवा खवाय-खवाय कैं आपनी जन्मभूमीन पै हल चलवाय रहे हैं तो भला हमारो कहा बस चल सकत है। लोधी रांड कौ तो इतै जनमभूमी कौ मसान बनाय गयौ हतो ओर उतै बब्बर ने रघुनाथ जी कौ घर उजारि डार्‌यौ। अब वा काग कौ जमाई आगरे में काबुल बनावे है। हे हरि, तिहारी माया तू ही जाने दीनानाथ।"

आज कुम्भनदास जी की बारी थी, इसलिए राजभोग के बाद गोपाल को साथ लिए सूरदासजी मन्दिर से घर लौट रहे थे। दाहिने पैर के तलुवे में फाँस चुभ गई थी। इसलिए गोपाल उन्हें चन्द्र सरोवर के निकट एक घर के बाहर बने कुएँ की जगत पर बैठाकर काँटे से काँटा निकाल रहे थे। वहीं दूसरी ओर राधाचरण चौबे की विजया भवानी बार-बार पानी से धोई जा रही थीं। उनकी स्वगत बड़बड़ाहट भी उसके साथ चल रही थी। सूर का श्याम मन राधाचरण के प्रति ममता रखता है; वे हँसकर बोले—"चौबेजी, भाँग के साथ क्रोध मत पीसो। हरी बूटी के साथ हरितरंग को ही लहराओ महाराज।"

चौबेजी लाल-लाल आँखें निकालकर बोले—"अरे जौ तेरे ज्ञानचक्षू होत तौ देखतौ कि अबहीं मैं सिलपै सिद्ध नाँय कर रह्यों हूँ, खाली धोय भर रहयो हूँ।"

"मन का मैल तो लिपटाए जा रहे हैं चौबेजी, फिर पानी बिचारा क्या धो पाएगा।"

"सुन रे सूरा, तू हमारा गाँव को छोरो है—"

"छोरा कहाँ महाराज अब तो इक्यावन वर्षों से भी दो-चार मास आगे बढ़ चुका हूँ। सच पूछें तो आप ही मेरे आगे छोरे हैं, आठ-नौ वर्ष तो छोटे होंगे ही आप।

सुनकर राधाचरन अग्निवर्ण हो गए, डपटकर बोले—"अरे निर्बुद्ध, आयु की छोटाई-बड़ाई तो माया है। भ्रम है। सत्य जाको कहैं और जो श्रेष्ठ है, सबतें ज्येष्ठ है, सो है ज्ञान। और ज्ञान दृष्टि पाइबे कौ एकमात्र साधन है भाँग।"

"आप निश्चय ही मुझसे बड़े हैं। कल तौ मुखराई के ठाकुर के यहाँ बड़ा भारी ब्रह्मभोज होने वाला है। न्यौता तो मिला ही होगा आपको।"

"अरे मूर्ख, मोकों भला न्यौतो न आवैगो। एक बेर कोयल के राजा के बाप को श्राद्ध हतौ। भरपेट जिमायबे के बाद वाने कही—लाडू तो मनन भरे हैं, डट कै आरोगो महाराज। मैंने कही कि छक गयो। वा बोल्यो कि एक लाडू पाछे एक रुपयौ मिलैगो चौबेजी। संजोग ऐसो कि मैंने अभी आचमन नाहीं कियो हतो। सो कही—ला जजमान डाल दे पत्तल पै। और रुपयौ पत्तल के आगे धर। सो दुसरो खवायो। मैं पचास लाडू और खाय गयो। अब बोल्यो कि दुई रुपैया धोंगों। मैंने कही कि अब रुपैयन के माया-मोह में न पडुंगौ। तृप्ति हूँ। स्वर्ग में तेरो बाप हू तृप्त है गयो हैं। राजा मेरी पातल के आगे ही बैठ गयो और बोल्यो—चौबे म्हाराज, अब जितने लाडू

खाओगे उतनी स्वर्ण मुद्रा द्योंगो। स्वर्ण मुद्रा की बात सुनकै मेरी विजया भवानी को तुरन्त निर्विकल्प समाधि लागि गयी। और वा समाधि में कृष्णजी ने मोसे कही कि राधाचरण, मैं चूरन बनके तेरे पेट में बैठ जाऊँगो, तू खाए जा। अरे सूरे, पचास पर पचास रुपयो और वो ऊपर से चार सौ लाडू पूरे पर चार सौ स्वर्ण मुद्रान का लाभ भयो।''

पैर में गड़ा काँटा निकल चुका था। सूरदास राधाचरन जी की कभी न खत्म होने वाली बातों का रस छोड़कर आगे बढ़े। चन्द्रसरोवर पर एक दूसरी टोली विजया-कर्म में रत बातें करती दिखाई दी। यह युवक मण्डली कल के भोज में किसी प्रकार राधाचरण चौबे को न जाने देने का विनोद भरा संकल्प कर रही थी। सूर को उन युवाओं की बात में भी रस आया, किन्तु रुके नहीं। गोपाल से कहा—''मेरे रुकने से ये लोग अपनी बात पूरी न कह पाएँगे। तुम तनिक थमकर सुनो, मैं धीरे-धीरे आगे बढ़ता हूँ।''

लौटकर गोपालजी खबर लाए कि कल सबेरे जब यह भोज के लिए मुखराई गाँव की ओर चलें तो पाँच-छह युवक मुँह पर मुड़ासे बाँधकर पीपल के पेड़ से अचानक इनके ऊपर टूट पड़ेंगे फिर हाथ, पैर और मुँह बाँधकर इन्हें उसी पीपल पर टाँग दिया जाएगा। बेचारे चौबे जी अपने भोजन-भीम होने का चमत्कार फिर ठाकुर के यहाँ नहीं दिखला पाएँगे।

सुनकर सूर के मन में दया आई, किन्तु श्याम बोले—''अरे आनन्द ले सूरज, भूखा मैं भी उसे नहीं रखूँगा, किन्तु आनन्द तो लेना ही चाहिए। इससे थोड़ा-बहुत उसका दम्भ भी कदाचित् शमित हो जाय।'' श्याम के रंग में सूर भी रंग गया। चलो, यही छेड़ सही। श्याम की लीला कहाँ नहीं है। आप माखन खाने पर ओखली में बँधे थे, अब चौबे को भी बँधवाना चाहते हैं। चौबे है वास्तव में कुछ-कुछ कुटिल बुद्धिवाला। दम्भ के कारण वह अपने लिए अनेक शत्रु खड़े कर लेता है। परन्तु यदि लड़के अपनी कूदने की योजना में तनिक भी चूक गए तो चौबे जी उनमें से किसी एक की चटनी बनाकर छोड़ेंगे। भोजन-भीम चौबेजी बल-भीम भी थे। एक बार कुम्भनदासजी ने वासुदेव छकड़ाजी से इन्हें लड़ने की चुनौती दी थी, छकड़ाजी इनसे दो गुना अधिक शरीर वाले हैं परन्तु वे इनसे न लड़े फिर भी यह सच है कि इनकी भोजन-भीमता को चुनौती देने वाला कोई दूसरा चौबे ब्रज में उत्पन्न नहीं हुआ।

श्याम के बहाने ही बाहर का मनोरंजन आज कुछ अधिक देर तक चल गया। वैसे सूर और श्याम की अपनी दुनिया है। ठेठ शिशुकाल का सौहार्द्र और प्रौढ़ वय की प्रौढ़ता के साथ सूर-श्याम अपनी ही तरंगमालाएँ बनाया करते हैं। किस लहर में सूर और किसमें श्याम है, कभी-कभी तो यह पता ही नहीं लगता। जब से श्रीनाथजी कीर्तनिया हुए तब से नित्य की सेवा-निधि में उन्हें मंगला से लेकर शयन-आरती तक श्री कृष्ण की ही लीलाएँ दिखाई पड़ा करती हैं।

श्याम को जगाया, फिर कलेऊ हुआ, दोनों भाई यशोदा माता से दधि-माखन रोटी की माँग ऐसे आग्रह से कर रहे हैं जैसे भूख के कारण अति व्याकुल हैं। फिर

माता ने उनकी आरती की, तेल उबटन लगाया फिर वस्त्र पहनाए, पूरा साज-शृंगार हुआ। नन्द के लाला ग्वाल वेश धारण करके दूध के फेने से बनी 'धैया' आरोग कर गायों और ग्वाल-बालों के साथ गोचारण के लिए चले; सर्दी के दिनों में घर ही में राजभोग करने आए, गर्मी हुई तो सखियाँ 'छाछ' लेकर वन ही में खिलाने गईं। राजभोग आरोग कर नन्द के लाला सो गए। छह घड़ी दिन रहे जगाए गए, फलाहार किया और शाम को गायें लेकर घर लौटे, ब्यालू किया, सो गए। तीस वर्ष तक प्रतिदिन श्री गोवर्द्धननाथ जी मन्दिर में जगमोहन पर बैठकर सूर ने नित्य अपने श्याम को नई-नई रचनाओं में देखा और दिखलाया। जिस दिन कुम्भनदास कृष्णदास या परमानन्ददास की बारी हुई, उस दिन भी सूर अपने मनोश्याम की सेवा में ही रमे रहते। सूरदासजी ने प्रभु से अपने लिए कभी एक दिन छुट्टी नहीं माँगी। सूर श्याम की ज्ञान कर्म और भक्ति तप के काल में भी अपने समस्त भेदभावों को हटाकर एक होती रही है। परन्तु श्री वल्लभमिलन के बाद से सूरदास की समस्त-चेतना तरंगें प्रेमानन्द में एक होकर श्याम रूप धारण करके उनके सम्मुख प्रत्यक्ष हो जाती हैं। जिनका मुख-कमल मृदु मुस्कान से मनोहर लगता है, जिनके पद्म परागोन्मत्त घुँघराले केश पवन झकोरों से लहराते हुए बार-बार श्रीमुख पर आते हैं, जिनके राजीव लोचनों की स्निग्ध ज्योति से जन्मान्ध सूर का मनोजगत् प्रभापूर्ण हो उठता है, वह श्याम सखा और सूर अब दो होकर भी दो नहीं रहे। निज निज में दृश्यमान है। सूर का रहा बसा, छुआ, सूँघा और सुना हुआ ब्रज अपनी समस्त अनुभूतियों के साथ श्याम का ब्रज बनकर अन्तर में दृश्यमान हो जाता है। कुछ पुष्टिमार्गीय सेवा विधान से, कुछ जयदेव बिल्वमंगल जैसे कृष्ण भक्त कवियों की कानों पड़ी कविताओं से और श्रीमद्भागवत में वर्णित लीलाओं की बहुत-सी छवियाँ उनके मन में आठों पहर प्रेरणा तरंगें उठाया करती हैं।

सूर हरदम अपने भीतर झाँका ही करते हैं कि देखें श्याम इस समय क्या कर रहे हैं—"खीझत जात माखन खात।" यशोदारानी अपने मनोविनोद के लिए ताल बजा-बजाकर शिशु श्याम को आँगन में नचा रही हैं। कृष्ण के नूपुरों और करधनी में लटके घुँघरू छम-छम बोल रहे हैं और माता के तालियाँ बजाने और गाने से प्रेरित होकर स्वयं भी तालियाँ बजाकर अपनी तोतली वाणी से उनकी नकल करके गाते और नाचते हैं। जरा और बड़े हो गए हैं लेकिन अभी उनके बालों की चोटी छोटी ही है..."मैया मोरी कबहिं बढ़ैगी चोटी, मैंने तुम्हारे कहने से जाने कितना दूध पी डाला पर यह अब भी छोटी ही है।" शिकायतें हुईं। उनका समाधान हुआ फिर अपनी पौर के बाहर जाकर खेलने लगे—"खेलत श्याम अपने रंग।...खेलत श्याम ग्वालिनि संग।" कभी ग्वाल बालों के संग खेलते दिखलाई पड़ते हैं। हरि हारे और श्रीदामा जीत गए। अब अपना दाँव नहीं दे रहे हैं श्याम। बिगड़ जाता है श्रीदामा—

"खेलत में कोऊ काको गुसैयाँ।"

कभी बाहर की दुनिया में कानों पड़े बच्चों के खेल सूर के मनोजगत् में दृश्यमान होकर कृष्णलीलाओं का रूप धारण कर लेते हैं। भाव, श्रुति और स्मृति की पूर्ण एकाग्रता से संगठित समस्त चेतनाओं की तरंगावलियों में उन्हें भीतर की दुनिया की इच्छित छवियाँ तो दिखलाई पड़ती हैं परन्तु बाहर की दुनिया वैसी की वैसी ही काली चादर में लिपटी हुई रहती है। इसीलिए सूर को बाहर के बजाय अपने भीतर रहना अधिक सुहाता है। उनका सर्वचेता मस्तिष्क द्रष्टा है। वह आँखों के बिना देखता और कानों के बिना सुनता है। आँखों-भरे इस विशाल जगत् रूपी महासागर में सूर की स्थिति एक सूने द्वीप जैसी है परन्तु जिजीविषा की चाह भरे उनके अकेलेपन दूसरे छोर पर उनके लिए प्रकाश, संगीत, सुगन्ध और अनोखी छुवन का आभास है; आठों पहर साथ रहने वाला मधुर रसमय चिरसंगी श्याम है। उसे और भला क्या चाहिए। श्री वल्लभ ने उसे लीला दृष्टि सम्पन्न बनाया है। सूर के मन प्राण और चित्त अब सूर के नहीं श्याम के लीला प्रांगण हैं।

आज मुखराई के ठाकुर के यहाँ ब्रह्मभोज है। परासौली के पण्डित राधाचरण चौबे ने ब्रह्म मुहूर्त्त में पहले तो कागावासी छानी फिर निबट नहाकर झटपट जैसे-तैसे संध्यापूजादि का कर्जा पाटा और दोपहर के लिए सिलगट्टे पर शिवप्रिया सिद्ध करने बैठ गए। उनके जीवन का शिवसंकल्प यही था--'कितनी पीसना है, कितनी पीसी, कहाँ तक पीसोगे।' पक्की डेढ़ पाव भाँग का गोला छानकर ब्रह्मभोज में अपनी भोजन-भीमता सिद्ध करनी थी। डेढ़ पहर में गोला सिद्ध हुआ। कागावासी अभी पूरी उतरी भी न थी कि सत्यानासी सिर पर चढ़ गई। नहा-निपटकार भोज के लिए चल पड़े। झूमते-झामते पीपल के पेड़ तले पहुँचे ही थे कि ऊपर डाल से चार-पाँच तगड़े युवक धमाधम कूद पड़े, दो उनके कंधों पर कूदे। राधाचरण औंधे गिरे। मुख से पूरी तरह 'हाय' भी न निकाल सके थे कि पहले ही से तैयार फन्दे में उनकी दोनों टाँगें फाँस दी गईं, घुटनों तक रस्सी कस-कसकर लड़के उनके चारों ओर लिपटाते ही चले गए। उधर उनकी पीठ पर कूदने वाले लड़कों ने उनके हाथों में फन्दे फँसाकर कसने शुरू कर दिए; तब उन्हें उलटकर सीधा किया। नशे में धुत्त 46-47 वर्षीय राधाचरण चौबे बँधे-बँधे हाँफ रहे थे। मुख से गालियों के गोले दनादन छूट रहे थे, परन्तु वे किसी को पहचान न पाए क्योंकि आक्रमणकारियों के मुख ढके हुए थे। युवकों ने हँसते-हँसते दो मोटी छालों में छोटी गराड़ियाँ बाँधीं, फिर उनकी टाँगों और हाथों में बँधी रस्सियों के सिरे गराड़ियों में डालकर चौबेजी को सदेह पीपल के स्वर्ग पर चढ़ाकर रस्सियाँ कस दीं और यह कहकर हँसते हुए चल दिए कि यहीं ब्रह्मभोज का आनन्द उठाते रहो, जब लौट के आएँगे तब खोल देंगे।

गोवर्द्धन मन्दिर में राजभोग की तैयारी हो रही थी। दर्शनार्थियों की नियमित भीड़ आ चुकी थी। सहसा किसी ने मुखराई के ब्रह्मभोज का जिक्र किया। सूरदासजी को चौबेजी की याद आई। चटपट तीन-चार आदमियों को गोपाल के साथ उनके

बन्धन निवारण के लिए भेज दिया। यह लोग जब ढूँढ़ते-ढूँढ़ते पेड़ तले पहुँचे तो ऊपर से आवाज़ आ रही थी–"अत तौ पातरें पड़ चुकी होंयगी, साग परोसो जाय रह्यो होयगो। सकोरान मैं रायतौ भरो जाय रह्यो होयगो। मोती चूर के लड्डुवा...हरे हरे! अब तो लछमी नारायन की बुल रही होयगी।"

चौबेजी बड़ी मुश्किल से उतारे गए। उनकी गालियों के उत्तर में यह समझाया गया कि इस समय जो लोग उन्हें मुक्त कर रहे हैं वे बाँधने वाले नहीं हैं और अभी लक्ष्मीनारायण नहीं 'बोले' गए। चौबेजी सुख से ब्रह्मभोज में ठीक समय से पहुँचकर अपने शत्रुओं को छका सकते हैं। खुलते ही चौबेजी बगटुट मुखराई की ओर दौड़ चले। कई दिनों तक यह चर्चा गाँववालों का मनोरंजन करती रही।

एक दिन दोपहर में भोजन और विश्राम करने के बाद महाप्रभुजी दामोदर दास और कृष्णदास अधिकारी के साथ अपनी बैठक में विराजमान थे। सूर को भी वहीं बुलवा लिया था। इधर-उधर की बातें हो रही थीं, कुछ जगचर्चा और उसके बहाने कुछ ज्ञानचर्चा भी।

नए देशाधिपति बाबर का प्रसंग आया। उसका पुत्र हुमायूँ मरणासन्न था, बचने की कोई आशा न थी। पिता ने पुत्र की रोगशैया की परिक्रमा करके प्रभु से कहा, नाथ, इसकी मृत्यु मुझे वरे, वह चंगा हो जाए। प्रभु ने प्रार्थना सुन ली। चिकित्सकों की आशा के विपरीत हुमायूँ चमत्कारिक रूप से स्वस्थ होने लगा और बाबर बीमार। बीमारी अब यहाँ तक बढ़ गई है कि किसी भी दिन उसकी मृत्यु के समाचार सुनाई पड़ सकते हैं।

अधिकारीजी से यह वार्ता सुनकर महाप्रभु कुछ देर तक चुप रहे फिर कहा–"दमला, अब मेरे संन्यास ग्रहण करने का समय आ गया है।"

"महाप्रभुजी आप संन्यासाश्रम में प्रवेश करके मुझे भी संन्यासी बना लें। आपके बिना मैं भला क्या करूँगा।" कहते हुए सूरदास का स्वर कुछ-कुछ भर आया था।

"तुम तो चिर संन्यासी हो, सूर सागर और तुम्हें रहना भी यहीं है। श्रीनाथजी तुम्हें नहीं छोड़ेंगे।"

सूरदास चुप हो गए। उन्हें सहसा यह आभासित हो गया कि परम गुरु सखा अब विदा ले रहे हैं। उनके दोनों पुत्र श्री गोपीनाथ और श्री विट्ठल अब वयस्क हैं। गोपीनाथ जी अभी हाल में, इसी वर्ष एक पुत्र के पिता भी बन चुके हैं। स्वयं श्री आचार्य जी ने ही अपने पौत्र का नामकरण किया है, पुरुषोत्तम। तीन बार भारत प्रदक्षिणा करके उन्होंने धर्म-स्थापना की है। आस्था का यह परम प्रतीक अब अपनी इस देह लीला का संवरण करना चाहता है।

जन्म और मृत्यु जुड़वाँ भाई-बहन हैं। भाई जीवन के विकास के हेतु संघर्ष करता है, सृजन करता है। बहन, मृत्यु, वह विमल शान्ति है जिसमें सूर्य नहीं, ऊर्जा नहीं, निबिड़ अंधकार और नीरस अकेलापन है। लेकिन इस ऊर्जाहीन कँपकँपी भरे

ठिठुरते अँधेरे और निपट एकान्त में भी जीव का साथ देती है उसकी चेतना, उसके संस्कारों का बीज। जीवनमुक्त आत्मायें ब्रह्मलीन होकर भी निरन्तर हमारे साथ हैं। श्री वल्लभ हमारे साथ आज हैं, कल भी रहेंगे, सर्वत्र रहेंगे, निरन्तर रहेंगे।...यह सब होते हुए भी वे परम गुरु, परम सखा सब नातों के नाते अगम स्नेह सिन्धु हैं, चले जाएँगे तो कैसा लगेगा!

बाहर की अंधी आँखें देख भले ही न सकें पर आँसू बहा सकती हैं। देखकर श्री आचार्य महाप्रभु ने मीठी झिड़की दी– "छिः, सागर उथला क्यों होने लगा। उन्नत स्थिति से निम्न शिखर पर आ बैठना क्या उचित है सूर सागर?"

स्थिति यथावत् है प्रभु। आप सर्वज्ञ हैं किन्तु भावसिंधु बरबस तट लाँघकर उमड़ आया तो क्या करूँ! मिलन के आनन्द में विरह की छिपी टीस क्या अपनी इच्छा से उठती है।" कहकर अँगोछे से अपने आँसू पोंछे और स्वस्थ होकर बैठ गए।

"दमला, छकड़ा जब मेरी ओर से भेंट लेकर श्रीकृष्ण चैतन्यदेवजी की सेवा में गया था तो सब की कुशल-क्षेम पूछने के उपरान्त उन्होंने उससे क्या पूछा था, जानते हो?"

"मेरे सामने यह प्रसंग नहीं आया, महाप्रभु जी।"

"आज्ञा होय तो मैं सुनाऊँ। श्री चैतन्यदेव ने छकड़ाजी को हिमालय जैसो भूधराकार शरीर देखि के जे कह्यो कि तिहारे पुष्टि सम्प्रदाय में और तो सब जने पुष्ट हैं अकेले सूरदास जी ही बड़े दूबरे-पातरे हैं। याको कारण कहा है। सो छकड़ा तो छकड़ा, चटपट बोलि पड़यौ कि महाराज सूरदास जो कौ बिरह भाव पुष्ट है यासों काया ते दूबरे हैं।"

एक मीठी हँसी की लहर दौड़ गई। थोड़ी देर के बाद ही उत्थान सेवा के लिए महाप्रभु उठ खड़े हुए। बैठक से बाहर आकर आचार्य महाप्रभु ने सूर के कंधे पर एक बाँह रख दी और उनकी कुटी की ओर ले जाते हुए धीमे स्वर में कहा–"सागर, अपनी प्रत्येक उर्मि पर अंकित श्रीकृष्ण लीला को सानन्द देखते रहो, गाते रहो। गायक और श्रोता एक हों, सूर और लोकमानस एक हों। श्रीकृष्ण जनजन के मनवृन्दावन में रास रचायें, तभी तुम्हें देह शृंखला के कठिन बन्धन से मुक्ति मिलेगी।...तुम्हारी ज्ञान दृष्टि ने मेरे सम्बन्ध में जो देख लिया है वह अभी किसी से कहने की आवश्यकता नहीं। समझे? उन्हें समय स्वयं बतला देगा!"

"जो आज्ञा प्रभु।"

गुरु शिष्य की बातें किसी ने न सुनी। परन्तु इतनी बात तो घर-घर फैल गई कि आचार्य महाप्रभुजी प्रयाग जाकर संन्यास ग्रहण करेंगे और अपने चतुर्थ आश्रम काल को महामृत्युंजय नाथ की काशी में ही व्यतीत करेंगे। ब्रज के घर-घर में यह समाचार फैल गया। श्याम गोकुल छोड़कर मथुरा जा रहे हैं, प्रेमी ब्रजवासियों ने जैसे कभी यह समाचार सुना था वैसे ही श्रीवल्लभ की ब्रज से विदाई की बात सुनकर नर-नारी रो पड़े। भीड़ आने लगी, सभी कहें, महाप्रभु, ब्रज को अनाथ न करें। हमें

छोड़कर न जाएँ। ब्रज-वल्लभ अभिन्न हैं, अभिन्न ही रहेंगे। किन्तु श्री वल्लभ को तो अपना निर्धारित लक्ष्य पूरा करना ही था।

ज्येष्ठ कृष्ण संवत् 1587 वि. के दिन उन्होंने प्रयाग में श्री नारायणेन्द्र तीर्थ जी से संन्यास ग्रहण किया और काशी चले गए। आषाढ़ के शुक्ल पक्ष में एक दिन उन्होंने अपना जल-समाधि लेने का निर्णय अचानक घोषित किया।

मध्याह्न वेला में वे हनुमान घाट की ओर चले। परिवार के लोग साथ थे, शिष्यगण पीछे-पीछे उदास भाव से चल रहे थे। अषाढ़ के दिन, एक सूर्य आकाशचारी, दूसरा पृथ्वी पर चल रहा था। सूर्य मौन, सब मौन। गंगाजल में प्रवेश करने से पूर्व उन्होंने एक बार अपने पीछे खड़े शोकाकुल समुदाय को देखा। ज्येष्ठ पुत्र श्री गोपीनाथ ने रोते हुए पूछा—"अब हमारा क्या कर्त्तव्य होगा?"

महाप्रभुजी पलभर मौन खड़े रहे फिर उँगली से बालू पर लिखा—'जिस दिन तुम लोग बहिर्मुख हो जाओगे, उसी दिन काल का प्रवाह तुम्हें बहा ले जाएगा। श्री कृष्ण लौकिक नहीं हैं, केवल लौकिक भाव को मान्यता भर देते हैं। वह तुम्हारी एकमात्र लौकिक और पारलौकिक सम्पत्ति है। मन-प्राण और देह से उन्हीं गोपीश्वर को भजो, उनकी सेवा करो। वे चिरमंगलमय हैं।"

सबको आशीर्वाद दिया। गंगाजल आचमन किया, माथे से लगाया। श्रीकृष्णः शरणं मम्...जल में एक डग, दो डग—जल घुटनों तक, कमर तक, छाती, अब कंधों तक, अब केवल मस्तक का पृष्ठ भाग ही किनारे खड़े लोगों को दिखलाई दे रहा है। अब वह भी नहीं। मध्यधारा में एक अग्निपुंज जल से उठता लोगों ने देखा और वह आकाश में जाकर मिल गया।

19

बारह वनों और चौबीस उपवनों वाली ब्रजभूमि, जहाँ पहुँचकर मनुष्य अपने राग, अनुराग, काम, क्रोध, भय, ईर्ष्या, द्वेषादि सभी भली-बुरी वृत्तियों को श्रीकृष्णार्पित करके उनकी अविराम लीलाओं में रम जाता है, जहाँ के नर-नारी बड़े सरल और प्रेमल हैं; उनके बीच पहुँचकर यह अनुभव होता है कि पराये लोगों में नहीं वरन् अपने ही स्नेही कुटुम्बीजनों के बीच आ गए हों, बानी ऐसी मधुर कि मन मोहे। डेढ़ हाथ का घूँघट काढ़कर भी ब्रजांगनाएँ इतनी स्वतन्त्र हैं कि क्या मजाल उनकी इच्छा के विरुद्ध कोई उन्हें उँगली तक से छू सके या दबा सके। पुरुष भी मस्त, मेहनती, लड़वैये। कोई किसी से दबने वाला नहीं पर प्रेम के आगे सभी नत हैं। यह परम प्रेमी रसिक नट नागर लीलापुरुषोत्तम श्रीकृष्ण और उनकी हृदय स्वामिनी

राधा रासेश्वरी रसेश्वरी की प्रिय लीलाभूमि है। युगल छवि की अमिट स्मृतियों से यहाँ के कदम्ब-महक भरे मादक पवन से लेकर धूलि के कण-कण तक स्वतः मुखरित हो उठते हैं। कुछ पुराणों ने बखानीं, कुछ भक्तों ने, कहीं कुछ कवियों ने अपनी-अपनी मति के अनुसार गढ़-गढ़कर सुनाईं, गवैयों ने गाईं—और अब वे लीला स्मृतियाँ ब्रज का जीवन्त यथार्थ बन गई हैं। जिसे बाहर की आँखों से नहीं देखा जा सकता। वह युगल रूप और उनके सखी सखादि ब्रजमानस में नित्य दृश्यमान हैं। उन्हीं के दर्शन करने के लिए आन्ध्र से श्री बल्लभ भट्ट और कौन-कौन बड़े-बड़े महात्मा सिद्ध सन्त पुरुष यहाँ पधारकर अपना जन्म सफल कर चुके हैं। अब उसी ब्रज भूमि में अपने भक्त समुदाय के साथ मेवाड़ की महारानी कृष्ण-कोकिला मीराबाई पधार रही हैं।

या ब्रज मैं कछु देख्योरी होना॥
लै मटुकी सिर चली गुजरिया आगे मिले बाबानन्द जी के छौना।
दधि कौ नाम बिसरि गयी प्यारी, लै लेहुरी कोऊ श्याम सलौना॥

भक्ति शास्त्र के मर्मज्ञ, अगाध रससिन्धु के अनमोल मोती और श्री चैतन्य चरणारविन्द पर सतत डोलने वाले मुग्ध मधुप महात्मा जीव गोस्वामी की ख्याति दूर-दूर तक फैली हुई थी। वृन्दावन की कुंजगलियों में फिरते हुए एक दिन श्याम रंग-रंगी मीराबाई महात्मा जीव गोस्वामी की कुटी के सामने से जा रही थीं, किसी ने गोसाईं महात्मा का नाम लिया तो बोली—"दर्शन करूँगी।" भीतर से गोस्वामी जी ने कहला दिया—"मैं स्त्रियों से नहीं मिलता।"

"मैंने तो सुना था कि ब्रज में केवल कृष्ण ही पुरुष हैं। यह दूसरे पुरुष यहाँ कहाँ से आ गए?" सुनते ही गोस्वामी जी हाथ जोड़े दौड़े चले आए।

नित्य लीलालीन महाप्रभु बल्लभाचार्य जी के दोनों पुत्र गोस्वामी गोपी नाथ और गोस्वामी विट्ठलनाथ भी उन दिनों अपने सेवकों सहित ब्रज यात्रा कर रहे थे। मेवाड़ की कृष्ण हठीली मीरा एक जगह उनके दर्शनार्थ गईं। गोस्वामी बन्धुओं को प्रणाम किया; भक्ति रस चर्चा हुई। गोपीनाथ जी ने उनसे पुष्टि मार्ग में दीक्षित होने के लिए कहा परन्तु अपने साँवरे के रंग में गाढ़ी रंगी मीरा को अब दीक्षा की आवश्यकता न थी। दर्शन करके गोस्वामी बन्धुओं के डेरे से बाहर निकलीं तो देखा कि सूरदास एक पेड़ के सहारे बैठे गुनगुना रहे थे—"आँखिन में बसै जियरे में बसै, हियरे में बसै निस दिन प्यारो।"

मीरा झूम गईं। अनुमान से पहचान लिया, सूरदास हैं। उनकी ओर हाथ बढ़ाकर खिले मुख से एक पंक्ति गाई—"या कुब्जा ने जादू डारा री जिन मोह्यो श्याम हमारा।" खिलखिलाकर हँस पड़ी फिर पास आकर मत्था टेककर प्रणाम किया, बोलीं—"मेरे मन मोहन को अपनी आँखों में छिपाए सौत बनी मेरी कुब्जा जीजी यहाँ बैठी हैं।"

सूरदास बच्चे की तरह खिलखिलाकर हँस पड़े—"जान गया, बसुरिया सौत आई है मेरे कने।"

"तौ सौतों में झगड़ा हो, तुम अपनी कहो, मैं अपनी सुनाऊँ। बहुत दिनों से आपका जस सुनती आ रही थी, आज बड़े भाग्य से आपके दर्शन पाए हैं, कुछ सुनाइए न!"

दो बार आग्रह किया। सूरदास जी गाने लगे–

"हमैं नन्द नन्दन मोल लिए।
जमके फन्द काटि मुकराए अभय आजाद किए॥
भाल तिलक स्रवननि तुलसी दल मेटे अंक बिए।
मूँडयौ मूँड कण्ठ बनबाला मुद्राचक्र दिए॥
सब कोऊ कहत गुलाम स्याम कौ सुनत सिरात हिए।
सूरदास को और बड़ो सुख जूठन खाइ जिए॥

श्री बल्लभ शरणागत सूर ने अपनी श्याम गुलामी का परिचय तन्मय होकर दिया फिर मीरा से भी कृष्ण कीर्तन करने का आग्रह किया। मीरा जी बोलीं–"जिसने तुम्हें मोल लिया है कुब्जा सखी, मैंने उसी को मोल ले डाला है–

मैं तो लियो है गोबिन्दा मोल।
कोऊ कहै महँगो कोऊ कहै सस्तो लियौ है तराजू तोल॥
ब्रज के लोग करैं सब चर्चा लियौ है बजाके ढोल।
मीरा पुनि उन हाथ बिकानी सर्वस दीन्हा घोल॥

सूर मीरा एक दूसरे से मन का आपा खोकर मिले। सूर बोले–"एक श्लोक में यह सत्य ही कहा गया है कि राधेरानी के बिना न श्याम सुखद है न श्याम बिना राधा ही सुखदा हैं और न इन दोनों के बिना गोपांगनाएँ भी सरस नहीं लगतीं। रजनी चन्द बिना, चन्द रजनी बिना और कुमुदनी इसके बिना प्रमुदित नहीं होती।"

"मैं दूसरों के श्लोक तुमसे सुनने नहीं आई हूँ, कुब्जा सखी। राधा तो मेरी सौतन है, उनके राजीवलोचनों को अपनी आँखड़ियों के जादू से बाँधे ठसक में खड़ी मुस्कराती है।

हम चितवत वह चितवत नाहीं ऐसो भयो कठोर।"

"अरी बँसुरिया तू बड़ी गुमान भरी है। श्याम के अधर लग गई तो क्या राधेरानी से झगड़ा करने का अधिकार भी पा लिया? श्री राधा तो श्याम सुन्दर के प्रेमभाव का मूर्त स्वरूप हैं। तुम तो रागात्मिका भक्ति हो बँसुरिया रानी! तुम्हारे भीतर प्राण संचार करने वाली ह्लादिनी शक्ति तो मेरी रावल बरसाने वाली स्वामिनी है। उसी की प्रसन्नता के लिए तो नन्द-नन्दन तुम्हें अधरों से लगाए हैं। राधेरानी से झगड़ोगी तो श्याम तुम्हें आधे ही मिलेंगे।"

"आधे क्यों, श्री कृष्ण को तो मैं मोल ले ही चुकी हूँ इसलिए उनकी मोल ली हुई राधिका भी अब मेरी है।"

विचित्र है यह वंशीरानी, मीराबाई, जिसे खरीदती है उसी के हाथों बिकती

है। मृदु भी है और कठोर भी। अपना गुरु सन्त रोहीदास कच्छ गुजरात वाले को बनाया है इसी से अन्य किसी की शरण में नहीं जातीं। मीराबाई के जाने के बाद एक सहयात्री सेवक ने सूरदासजी से कहा, ''याकौ बड़ो घमण्ड है। कहै कि आदर भाव तौ भौत है पर महाप्रभुन कौ गुरु नाँय बनाऊँगी।''

''उनकी गुरुदीक्षा हो चुकी है। उनका लीलानुभव भी स्वतन्त्र है। वे साक्षात् वेणु स्वरूपा हैं।'' सूरदास ने कहा, ''कोऊ होय। जो हमारे गुरुन कौ न मानें हम वाके बाप हूँ कौ न मानेंगे। इन्हें तौ हमारे कृष्णदास अधिकारी जी ने नीको उत्तर दियो हतो।''

''कब?''

''भौत दिना पहले अधिकारी जी वाकूँ देखिबे कौ मेवाड़ गए हते, सो पाँव पड़न लागी कि आप श्रीनाथ जी के घर ते पधारे हौ। बड़ी सेवा करी। जब चलन लागे तो मोहरें भेंट करीं के मेरी भेंट पोहोंचइयों। तब अधिकारी जी ने तो मोहरन कूँ लौटायके कही कि जो तू हमारे श्री आचार्य जी महाप्रभुन की सेवक नाहीं है तातें तेरी भेंट हम हाथ सौ न छुवैंगे। ऐसे कहि के कृष्णदास उठि के चले आए।''

''भेंट श्रीनाथ जी के लिए थी उसे अस्वीकार करने का अधिकार अधिकारी को भी नहीं था।'' सूरदास बोले।

''होय चाहे न होय पर जिते मीराबाई के सम्प्रदाय बारे वैष्णवजन उहाँ हते तिनकी नाक नीची करिबे के ताईं भेंट न लीनी। उनके सम्प्रदाय वारेन की नाक इकठौर ही पै काटिबे कौ मिलि गई। हः हः हः।''

यह साम्प्रदायिक अंध दृष्टि सूर को ग्राह्य न थी। श्रीवल्लभ सूर के लिए कृष्ण से अलग नहीं। श्रीवल्लभ रूप में सूर के अनन्य श्याम सखा ने उन्हें लीला दृष्टि दी है। साधना को सिद्धि बना दिया, सूर का जन्म सफल हो गया। ऐसे युग पुरुषोत्तम के प्रति वे बँधी साम्प्रदायिक दृष्टि से नहीं देख सकते। जब महाप्रभु स्वदेह लीला संवरण के लिए परासौली से विदा होने लगे तब सूरदास को ऐसा लगा कि मृत्यु नामक कंस को पछाड़ने के लिए श्रीकृष्ण मथुरा जा रहे हैं...आनन्द समाधि-लोक में सब ओर आनन्द ही आनन्द है। मधु स्वयं ही अपना स्वाद ग्रहण करता रहता है। चिद् दृष्टि में जो भाव-स्फुलिंग जिस भूमिका का लेकर अभिनय करता है वह उसी में अपनी पूर्णता को भी पा लेता है। वह सम्पूर्ण से जुड़ता है, श्याम रंग में रंग कर श्याम हो जाता है। बाहरी दुनिया का ताजा प्रभाव मीरा भी तुरन्त ही श्याम बन गईं। प्रकृति श्याम है और पुरुष भी श्याम। प्रेमानन्द परमानन्द एक रस है। रस ही प्रकृति, रस ही पुरुष इनकी अभिन्न हृदय भूमि में कामबीज अंकुरित होकर सतत पुष्पित, पल्लवित और फलित होता रहता है। आनन्द का रूप आनन्द, श्रुति आनन्द, स्वाद आनन्द, गन्ध आनन्द, स्पर्श आनन्द!... आनन्द तरंगें आपस में गुँथकर बिम्ब डार बन जाती हैं जिनके सहारे चढ़कर सिद्ध कवि गायक लीला लोक में पहुँच

जाता है। एक ओर श्याम सुन्दर 'ब्रज लरिकन संग खेलत-डोलत हाथ लिए चकडोरि' और सामने से सखियों के साथ आ रही है वृषभानुलली—'दिन थोरी अति छवि तन गोरी।' जादू से मोहक विशाल नैनों वाली राधा नील वसन फरिया कटि पे पहिरे, माथे रोली का टीका लगाए 'बेनी पीठ रुलति झकझोरी।' आँखों से आँखें मिलीं, दोनों ही ठगे से खड़े रह गए। दोनों के मनों में एक ही प्रश्न—'यह कौन है?'—"पूछत श्याम कौन तू गोरी।"

"गोरी तुम कौन हो, कहाँ रहती हो, किसकी बेटी हो, मैंने पहले तो तुम्हें ब्रज खोरि में कभी नहीं देखा।"

"मैं भला ब्रज में क्यों आती। हमारे घर में क्या खेलने की जगह नहीं है। हाँ, यह सुना था कि ब्रज में कोई नन्दजू का ढोटा रहता है, बड़ा ढीठ, बड़ा दधिमाखन चोर है, इसीलिए देखने चली आई।"

"पर तुम्हारा मैं कुछ चुरा लूँगा भला। चलो आओ न हमारे साथ। हम तुम जोड़ी बना के खेलेंगे। आओ न हमारे घर।"

मीठी बातों ने कुछ भोली राधा को भरमाया तो अवश्य पर अपनी ठसक न छोड़ी, पूछा—"मुझसे इतना आग्रह क्यों करते हो?"

"अरे, सूधी निपट देखियत तुमकौं तातै करियत साथ।"

श्याम की बातों ने राधा मन को गुदगुदाया पर वह भी बड़े बाप की बेटी, मुँह बिचकाकर अपनी सखियों से कहा—"आओ री चलें, इनके घर कौन जाएगा भला।" राधेरानी चल दीं। राधारंजित अधीरमन लिये श्याम पीछे-पीछे डोले। राधा तेजी से अपने गाँव की ओर चलने लगी। कृष्ण टेर रहे हैं। मनाने के लिए खुशामद भरी बातें कह रहे हैं। सुन-सुनकर गोरी का मन साँवला बनता जा रहा है। 'पराए' की चाह अपना सुहाग बनती जा रही है। गाँव की हद आ गई, श्याम ठहर गए पर अपना नाम-ठाम बताना न भूले—आज नहीं तो कल आएगी, जोर से कहा—"खेलन कबहुँ हमारे आवहुँ नन्द सदन ब्रजगाँव, द्वारे आय टेरि मोहि लीजो कान्ह हमारो नाँव।"

यात्रा के साथी घर के ठाकुर की शयन आरती होने के बाद विट्ठल नाथ जी आए और कहा—"सूरदासजी, आपके श्रीराधाकृष्ण, परिचय के पद मेरे लिखिया ने टाँक लिए हैं। यात्रा में जब-जब यह रस रहस्य आपके अन्तस में प्रकट हो तभी सेवकराम लिखिया को बुलवा लिया करें।"

मेरी राधेरानी तो गवई गाँव की भोली-सी छोरी है महाराज, न वेद पुराणों का सार न तांत्रिकों का राधा तत्त्व। इन पदों को चौपड़े में लिखाकर क्या होगा। श्री जी के दरबार में तो वात्सल्य भाव के पद ही गाए जाते हैं।"

"मन्दिर की व्यवस्था में शृंगार रस स्वीकार होगा या नहीं यह नहीं जानता परन्तु मैं यह जानता हूँ कि लोक मानस में त्रिलोक पति और त्रिलोकेश्वरी की अनुपम छवि आप ही की दृष्टि-तूलिका से अंकित होगी।"

सूरदास यश-अपयश से दूर, पण्डितों की कोरी शब्द-भरी पण्डिताई से कोसों दूर अपने श्याम सखा और उनकी स्वामिनी के प्रेम मिलन और केलि प्रसंगों को गाते चले, समय भी बाहर का कुछ और तथा मन के भीतर की दुनिया में कुछ और ही था।

राधा और कृष्ण सूर की सिद्धि में नित्य नवोन्मेष भरते रहे, निकुंज भाव गहराता रहा। और इधर बाहर की दुनिया में इतिहास पृष्ठ के पृष्ठ उलट गए। जब आचार्य महाप्रभुजी ने अपनी देह लीला संवरण की थी तब हुमायूँ गद्दी पर बैठा था किन्तु सूरी वंश के विजेताओं ने बाबर के बेटे को उखाड़ फेंका। लगभग सोलह वर्षों तक उस हुमायूँ के सितारे गर्दिश में ही डोलते रहे जो अपने ग्रह नक्षत्रों के अनुसार ही अपने वस्त्रों और नगों का व्यवहार करता था। चन्द्रवार के दिन सब कुछ सफेद बुर्राक, कमरा, कपड़े और सफेद मोतियों की अँगूठियाँ, आभूषण। मंगल को मूँगा, उसी रंग का कमरा, आभूषण, वस्त्र। इस प्रकार सप्ताह के हर दिन जो व्यक्ति ग्रह नक्षत्र विचार कर अपना शुभ मनाता रहा था, उसके दिन बहुरे। फिर हुमायूं भी एक वर्ष के भीतर ही अपना राजपाट अकबर को सौंपकर नवरंगों वाले अनन्त-धाम का निवासी हो गया।

देशाधिपतियों के भाग्य-चक्रों की उलट-फेर का प्रभाव तो सूर-मानस पर, दर्पण पर चढ़ी धूल जितना भी न पड़ सका किन्तु मन्दिर के प्रबन्ध की कुछ हलचलें उनके मनोजगत में विषैली बयार कभी-कभी अवश्य बहा लाया करती थीं। यात्रा पूरी करके गोस्वामी गोपीनाथ जी तो अड़ैल लौट गए किन्तु विट्ठलजी कुछ दिनों वहीं रहे। सूरदासजी को सान्निध्य उन्हें सुखद लगता था। कीर्तन सेवा में वात्सल्य भाव के साथ माधुर्यभाव को भी स्थान मिलना चाहिए। उनका यह मत था। वे चाहते थे कि गोवर्द्धन निकुंज बिहारी भी हैं। राधा स्वकीया है अथवा परकीया, इस पर भी विट्ठलेश राय सूरदास जी से बातें किया करते थे और सूर केवल बातों में ही नहीं पदों में भी राधाकृष्ण का ब्याह रचा गए।

अधिकारीजी को सूरदासजी से यों तो कुछ शिकायत न थी फिर भी बहुत-सी गुपचुप शिकायतें थीं। एक दो बार वे प्रसंग आने पर सबके सामने ही कृष्णदास से यह कह चुके थे कि तुम अपनी रचनाओं में मेरे भावों को चुराया करते हो। दूसरे अधिकारी जी स्वभाव के केवल मनरसिया ही नहीं कुछ-कुछ तन रसिया भी थे। गंगाबाई-भक्तिन के प्रति उनके मन में लगाव था। सूर के राधाकृष्ण अन्तरंगता को बखानने वाले पदों से भी कृष्णदास अधिकारी को अक्सर यह भ्रम हो जाता था कि सूर ने गंगा-कृष्ण को कहीं-कहीं राधाकृष्ण के रूप में चित्रित कर दिया है। उनके खिसियाए मन का जब धोबी से बस न चला तो गधे की गर्दन नापी। मन में खीझ उतारने के लिए अवसर मिल गया। एक दिन अडींग ग्राम में सन्त अवधूतदास ने उन्हें जाते देखकर पूछा—"अधिकारी जी कितै चले?"

“अरे बैठो, कुछ पानी पिआव करि लेओ पाछे जायो।”

हाथ-पैर धोए, मुख धोया। स्वस्थ चित्त हो बैठे। तब अवधूतदास ने कहा–

“श्रीनाथजी की सेवा कौन करत है?”

“बंगाली करत हैं महाराज।”

“अरे तुम या बंगाली कौ दूर च्यौं नाहीं करत?”

“अरे सन्त जी, महाप्रभु जी ने मोकूँ जे आज्ञा दीनी हती कि पूजा-सेवा में माधवेन्द्र पुरी जी इनकूँ लगाय गए हैं सो याही करत रहैं। व्यवस्था महाप्रभुन जी की है ताको भंग करनों कठिन है।”

“अरे, श्रीनाथजी या बंगालीन ते बड़े दुखी हैं। एक दिन मोसे स्वप्न में श्रीनाथजी ने कहयौ हतौ, जो मोंको बंगाली दुख देत हैं, सो जब-जब बंगाली श्रीनाथजी को भोग धरैं है तब-तब वा बड़ बंगाली की चुटिया भैं एक छोटी-सी सरूप देबी को छिप्यौ रहत है, सो वाको श्रीनाथजी के आगे बैठाल के भोग सरावते हैं। सो या बंगालीन कौ निकारनौ।”

“अरै महाराज श्री आचार्य जी ने राखे हैं सो गुसाईं जी की आज्ञा बिना कैसे काढ़े जाएँ।”

गंगा भक्तिन अधिकारीजी के अधिकारों की स्निग्ध छाया तले मन्दिर की अनियुक्त अधिकारिणी थीं। हर समय उनके कान और आँखें हर एक दिन का भेद जानने में ही लगी रहा करतीं कि कहीं कोई अधिकारी जी के विरुद्ध कुछ कहे सुने तो वे जाकर एक की चार जड़ें। पुजारी चढ़ावें की राशि में अक्सर गोल माल किया करते थे। गंगाबाई ने कुछ देख लिया। कृष्णदास से कहा। कृष्णदास बोले–“तुम इनपै दृष्टि राखियों। इनकी चोरी पकड़ौ तो मैं इन दुष्टन की चोटी पकरि कै इन्हें इहाँ ते निकारौ।”

श्री बल्लभाचार्य जी के गोलोकवासी होने के उपरान्त गोस्वामी गोपीनाथ जी ने पहली परदेश यात्रा की थी। भक्तों और शिष्यों से उन्हें लगभग एक लाख रुपयों का चढ़ावा मिला था। वह सारे जड़ाऊ आभूषण, सोने-चाँदी के भारी-भारी बरतन, रेशमी वस्त्र, नगदी आदि सब कुछ गोपीनाथ जी श्री ठाकुर जी को अर्पित कर गए थे। एक दिन गंगोबाई ने मोती की छह लड़ी माला छोटे पुजारी जी की लम्बी चुटिया में अलोप होते देखी तो लपक के चुटिया ही पकड़ ली। बड़ा रौरा मचा।

अवधूतदास बोले–“अधिकारीजी इन्हें जब लग नाँय निकासौगे तब लग श्रीनाथ जी महाराज कौ वैभव नाँय बढ़ैगो। गंगा भक्तिन तेरी अटल साक्षी है। हौ हू कहूँगो कि या सबरे जन बेईमान हैं। तुम इ गुसाईं जी की सेवा में अड़ैल जाय कै अरदास करौ कि बंगालीन कूँ काढ़ैं।”

कृष्णदास जी ने अड़ैल जाकर गोपीनाथ जी से सब हाल कहा तो वे बोले–“तीर्थ रूप पिताजी स्वयं इन्हें नियुक्त कर गए हैं। कैसे निकालूँ इन्हें?”

कृष्णदास हाथ जोड़कर बोले—"महाराज जब श्रीनाथ जी आप इच्छा करत हैं कि इनकू निकासो जाय। तब आप जामै कछु मति बोलौ।...मोकों आज्ञा करौ मैं अपनौ उपाय कर लूँगौ। जैसे निकसेंगे। वैसे निकासूँगौ।"

कृष्णदास ने गुसाईं जी से राजा टोडरमल और बीरबल के नाम दो पत्र लिखवाए। श्री गोपीनाथ जी ने दोनों राजाओं को लिखा कि कृष्णदास जो कहें उसे आप श्री जी महाराज की इच्छा मानकर पूरा करें। कृष्णदास आगरे आए। टोडरमल बीरबल से मिले। कृष्णदास ने राजा टोडरमल से कहा—"महाराज अब हम तौ श्री जी द्वार जाय के बंगालीन कौ काढ़ैंगे और जो कदाचित् बंगालीन वृन्दावन वासी गुरु देशाधिपति के द्वारा आगे पुकार करैं तो आप सम्हाल के लीजियौ।"

मथुरा से आते हुए रास्ते में अडींग के अवधूतदास जी ने फिर टोका—"कृष्णदास कहा ढील करि राखी है, बंगालीन कूँ काढ़ौ। श्रीनाथ जी की इच्छा ऐसी ही है। उन्हें अपनौ वैभव बढ़ावनौ है।"

कृष्णदास बोले—"गुसाईं जी ने आज्ञा दै दीनी, सब प्रबन्ध करि आयौ हूँ। अब तमासो देखौ।"

उसी रात रुद्रकुण्ड के किनारे बसी बंगाली साधुओं की झोंपड़ियों में आग लग गई। मन्दिर में सेवा का समय था। शयन आरती की व्यवस्था हो रही थी। तभी अपनी झोंपड़ियों में लगी आग के बारे में सुनकर बेचारे पुजारी घबराहट में सेवा छोड़कर भागे। कृष्णदास अधिकारी यही तो चाहते थे। उन्होंने फिर उन पुजारियों को गिरि के ऊपर चढ़ने न दिया। कहा, तुम सेवा छोड़कर भागे थे, इसलिए अब उसके अधिकारी नहीं रहे। बड़ी त्राहि-त्राहि और कलह मची। आगरे के शाही दरबार तक झगड़े का मुकदमा पहुँचा परन्तु वहाँ तो अधिकारी अपना खेल पहले ही खेल आए थे। अधिकारी ने "बंगालीन कूँ निकास दिया।"

साँप मारा और लाठी भी न टूटने दी। जिस स्थान पर उन बंगीय यतियों की झोंपड़ियाँ थीं वह स्थान गोशाला के लिए कब्जे में कर लिया गया।

परन्तु सब सुख में एक दुःखद घटना यह हुई कि श्री वल्लभनन्दन गोपीनाथ अल्पायु में ही गोलोकवासी हो गए।

वल्लभीय वैष्णवों के लिए संकट के दिन थे। सम्प्रदायाधीश का आसन अब कौन सुशोभित करेगा। स्व. गोपीनाथ जी के पुत्र पुरुषोत्तम जी अभी निरे बालक थे। अभी उनकी शिक्षा-दीक्षा के दिन थे। गद्दी क्योंकर सम्हालेंगे। मानिकचन्द्र सद्दू पाण्डे आदि विट्ठलनाथजी को आचार्य पद पर प्रतिष्ठित करना चाहते थे। परन्तु कृष्णदास अधिकारी यह नहीं चाहते थे। श्री विट्ठल जो परासौली और गोकुल में अधिक रहे, उद्‌भट विद्वान और भक्ति योगी थे। व्यक्तित्व भव्य और तेजस्वी, चरित्र निष्कलंक और भला क्या

चाहिए। कुम्भनदास सूरदास परमानन्द दास और श्री गोवर्द्धननाथ जी तथा सम्प्रदाय के नित्य वर्द्धमान वैभव की अधिकाधिक उन्नति चाहने वालों की यह इच्छा न थी कि गद्दी पुरुषोत्तम जी को मिले पर कृष्णदास अड़े थे कि मन्दिर व्यवस्था के सभी बन्धन जब राजमर्यादा के अनुकूल बने हैं तब बाप की गद्दी भी बड़े बेटे को ही मिलनी चाहिए। टीकैत सम्प्रदायाधिपति श्री पुरुषोत्तम जी ही होंगे, आज्ञा उन्हीं की ओर से दी जाएगी, भले ही उनके वयस्क होने तक गोस्वामी विट्ठलनाथ जी काम-काज देखते रहें। अधिकारीजी गोलोकवासी गोपीनाथ जी की विधवा पत्नी के कान भरते और उन्हीं के नाम लेकर मथुरा आगरा के सेठों और शासनाधिकारियों के कान फूँकते भी रहे। गृह कलह को बाह्य विस्फोट से बचाने के लिए विट्ठलनाथ जी ने अपनी भाभी और अधिकारी जी की बात मान ली। पुरुषोत्तम जी तथा अन्य गोस्वामी बालक गोकुल में प्रशिक्षित होते रहे और विट्ठलनाथ जी परासौली वाले घर में रहकर श्री जी की सेवा करने लगे।

कृष्णदास की रस-पटुलिया गंगा क्षत्राणी पक्की विट्ठलशत्रु थी। विट्ठलनाथ न होते तो गंगाबाई ही मन्दिर की खरी अधिकारिणी होती। अपनी निकुंज लीला के समय वह कृष्णदास के मन में उल्टे-सीधे रहस्य भरा करती। कृष्णदास भले ही अधिकार मद में हों पर यह तो जानते ही थे कि विट्ठल जी बड़े अनुशासन प्रिय हैं और यह नहीं चाहते कि मन्दिर में कृष्ण रस धारा की आड़ में कृष्णदास की गुप्तरसगंगा भी प्रवाहित होकर वातावरण की पवित्रता को तनिक भी मलिन करे। पर अधिकारी जी की अधिकारिणी से उनका बस न चलता था। मन्दिर के विशाल आँगन में गाँव की स्त्रियों के सम्मुख अपनी और कृष्ण जी की बातें ऐसे सुनातीं जैसे मीराबाई तो कुछ न हों और गंगाबाई का दरजा श्री स्वामिनीजी के बाद कृष्ण के रस दरबार में दूसरा हो। कृष्णदास अपनी प्रौढ़ा भक्तिन की प्रशस्तियाँ गाते नहीं अघाते थे। आचार्य महाप्रभु जी से बार-बार आग्रह निवेदन करके वे गंगा को मन्त्र दीक्षा भी दिलवा चुके थे और कहते थे कि दिव्यात्मा है। लेकिन दूसरों का विचार कुछ और ही था। गंगा मथुरा की बेटी, मथुरा में ही ब्याही, नौ बेटों और एक बेटी की माता बनी। बेटे सब मर गए। आप भी विधवा हुई। फिर बेटी का ब्याह हुआ। वह भी विधवा हुई। उसके लाख रुपए के गहने डकार गई। जब 55 वर्ष की थी तब श्रीनाथ जी की शरण में आई। नारी के मधुर बैनों के लोभी नैनसुख कामी रसिक अधिकारीजी श्रीकृष्ण और श्री वल्लभ के प्रति पूर्ण निष्ठावान होते हुए जाने किस मायावश गंगाशरण हो गए थे।

एक दिन विट्ठलजी ने अपने हाथों ठाकुरजी को राजभोग समर्पित किया और फिर महाप्रसाद ग्रहण करके विश्राम करने लगे। लेटे हुए आधी घड़ी भी न बीती थी कि रामदास भीतरिया उनके पैरों पर सिर रखकर रोने लगे।

"क्या हुआ रामदास", विट्ठलजी ने पूछा।

रामदास ने रोकर कहा–"महाराज श्री ठाकुर जी ने मोहे लात मारके जगायो है सो मैं जाग्यो और दण्डवत करि के हाथ जोड़ ठाड़ो भयो! तब श्री ठाकुर जी ने मोसो कहीं जो मैं भूखों हूँ। तब मैंने श्री नाथ जी से कही कि महराज, भोग तो श्री गुसाईं जी ने समर्प्यो हतो और आप भूखे च्यौं रहें। तब श्री ठाकुर जी मोसों बोले–जो रामभोग मैं कैसे अरोगतो। गोसाईं जी के पाछे छिपी ठाड़ी वा गंगा छत्रारणी तो मेरे भोग पर कुदृष्टि डाल रही हती, राँड की। सो वो मैंने नाहिं पूरोगो और मैं भूखों हूँ।"

भाव-भगवान धर्मी परम भक्त गोस्वामी विट्ठलनाथ जी भीतरिया जी की बात का भीतरी मर्म समझकर भी सेवा-भाव की रक्षा के लिए तुरन्त उठ खड़े हुए। स्नान किया और ऊपर मन्दिर में पधारे। भीतरिया जी भी स्नान करके गोसाईं जी के साथ ही गए। शीतकाल के दिन थे। राजभोग के बाद शयनभोग कीं तैयारी भी करनी थी, इसलिए गुसाईं जी ने कहा कि तत्काल सिद्ध होने वाला भोजन कढ़ी भात करौ और साथ ही शयन के लिए भी तैयार करते चलो।

उस दिन संयोग से जल्दी में बने राजभोग की कढ़ी-भात का प्रसाद ऐसा स्वादिष्ट बना कि मन्दिर में भक्तों ने सराह-सराह कर खाया। जब सबने एक मुख से चर्चा की तो कृष्णदास अधिकारी बड़े भक्तिभाव से बोले–"महाराज, आप ही करने वारे और आप ही परोसनवारे, तौ उत्तम क्यों न होय।" विट्ठलनाथ जी हँसकर बोले–"यह आपही की कृपा का फल भोगना पड़ा है हमें।"

सुनने वाले भाँप गए। यह बात शयन आरती तक कानों-कान फैल चुकी थी कि गंगाबाई की कुदृष्टि पड़ने के कारण भगवान भूखे रहे और गोसाईंजी महाराज को दूसरी बार राजभोग अर्पित करना पड़ा। कृष्णदास अधिकारी सुनकर खून का घूँट पीकर रह गए। भीतरियाजी, जलघड़ियाजी आदि कुछ लोगों ने यह प्रचारित करना आरम्भ किया कि "अधिकारीजी गंगाबाई छत्राणी सों प्रीत करि वाकों बैठाल राखे, सो वाकी राजभोग पै दृष्टि पड़ी। सो यह कृष्णदास को अनुचित कार्य हतो। भला गंगाबाई को हुआँ कहा काम हतो, जा जायके दीठ डारन लगी।"

बदनामी फैली तो कृष्णदास का क्रोध अपने शिखर पर पहुँच गया। रातों-रात गोकुल जाकर गोसाईंजी की भाभी के कान भरे। पुरुषोत्तम जी से कहा–"तुम श्री आचार्य जी के बड़े पुत्र गोपीनाथ जी के पुत्र हो। तुम च्यों चुप बैठि रहे हौ, श्री गोवर्धननाथ जी की सेवा शृंगार सब करौ। टीकैत तो तुम हो और गुसाईं जी ने सब अपनो हुकम करि राख्यो है।"

पुरुषोत्तम जी बोले–"अधिकारी जी, हम श्री काका जी सो बिसारि करैं जौ सामर्थ्य हमारी नहीं है।"

कृष्णदास ने कहा–"तुम हमारे संग न्हाय कै चलौ, पर्वत के ऊपर मन्दिर में श्रीनाथ जी कौ सेवा शृंगार करौ। जो कुछ होयगो हम निपट लेंगे।"

माता के मौनादेश और कृष्णदास के मुखर आग्रहवश पुरुषोत्तमजी उत्थापन

भोग से दो घड़ी पहले नहाए और कृष्णदास अधिकारी के संग मन्दिर में जाके बैठ रहे। स्वयं कृष्णदास मन्दिर के बाहर दण्डौती शिला पर जा्के बैठ गए। इतने में गोसाईं जी स्नान करके मन्दिर में प्रभु सेवार्थ पधारे। कृष्णदास रूखे स्वर में बोले—"श्री पुरुषोत्तमजी न्हाय के मन्दिर में पधारे हैं। टीकैत तो वे हैं। तासों जब वे आपको बुलावेंगे तब आप पर्वत ऊपर आह्यो। तासों अब पर्वत ऊपर मत चढ़ो। श्री गोवर्द्धनधर के दर्शन अब आपको न होयँगे।"

गोस्वामी विट्ठलनाथ सुनकर मौन हो गए। मन्दिर की ध्वजा को झुककर प्रणाम किया और चुपचाप परासौली लौट आए।

ब्रज में तहलका मच गया। गोस्वामी विट्ठलनाथ की प्रतिष्ठा दिनोंदिन बढ़ रही थी। मुगल दरबार के अमीर उमरा उनका सम्मान करते थे। राजा बीरबल, राजा टोडरमल दोनों ही उनके प्रति विशेष अनुरक्ति भाव रखते थे। सूरदास अपनी कीर्तन सेवा के लिए जब आते तो प्रायः एक परिक्रमा करके ही आते थे। परमानन्द दास की कुटी मार्ग में ही पड़ती थी। सूरदास आते-जाते जब-तब उनके यहाँ हो ही लिया करते थे। उस दिन संयोग से कुम्भनदास जी भी रास्ते में जाते हुए मिल गए। वह भी साथ ही हो लिए। तीनों सन्त इस घटना से बड़े दुखी थे। सूर बोले—"कृष्णदास भक्त हृदय तो हैं किन्तु उनकी कुछ लौकिक तृष्णाएँ भी हैं। वे समझकर भी नासमझ बन गए हैं।"

परमानन्द बोले—"क्या आप यह कहना चाहते हैं कि पुराने पुजारियों की भाँति यह भी ठाकुर जी के धन का अपहरण...।"

"नहीं, मैं यह तो नहीं मानता। कृष्णदास महाप्रभु के श्रीचरणों में अनन्य निष्ठा रखते हैं। उनका श्रीकृष्ण प्रेम भी कोरा नाटक नहीं है। परन्तु भाई, जैसा कि हमारे वृन्दावन के हरिदास स्वामीजी कहा करते हैं कि यह तो मोम के घोड़े को आग में दौड़ाने वाला मार्ग हैं।"

"हाँ, लुगाई देखी नहीं कि लूगा गीला हुआ। छिः...अस्तु अब जो कुछ हो रहा है उसे देखना है कि अन्त में परिणाम क्या निकलता है।"

सूरदास बोले—"जब महान् पुरुषों के जीवन में बुरे ग्रहों का योग होता है तो वे दिन भी उनके लिए सुफलदायक ही हो जाते हैं। क्या आप यह अनुभव नहीं करते, दाऊ, श्री आचार्य जी के स्पर्श से जो भाव तरंगें हमें मिलती थीं वही श्याम स्पर्श...।"

"सत्य है सूरदास। श्री विट्ठलनाथ में वा भगवदीय अंश हौं हूँ निहारत हूँ।" कुम्भनदास जी ने कहा।

परमानन्द ने भी कुम्भनदास जी की बात के समर्थन में अपना सिर हिलाया।

सूरदास कहने लगा—"इसलिए मैं तो यह मानता हूँ कि यह तपस्या महापुरुष की चेतना को निश्चय ही नवलोक प्रदान करेगी।"

20

पौष मास में यह घटना हुई थी। शीत के साथ ही भक्तजन मानस में अवसाद की हिमानी हवाएँ कड़ी ठिठुरन पैदा करने लगीं। गोवर्द्धन की परिक्रमा करके गोवर्द्धनधारी के दर्शन करने के लिए आसपास के गाँवों से लगभग सौ-डेढ़ सौ व्यक्ति नित्य नियम से आते थे। तिथि-त्योहार के उत्सवों पर भारी भीड़ें होती थीं। मथुरा आगरा तक के दर्शनार्थी आते थे। अधिक भीड़ मंगला और राजभोग के दर्शनों के समय ही हुआ करती थी। प्रेम पगे अलमस्त ब्रजवासी पहले मन्दिर की सीढ़ियाँ चढ़ते ही प्रायः श्याम रंगरंगी अलबेली मौजों पर चढ़ने लगते थे। कृष्ण के करोड़ों नामों की ध्वनि जयजयकारों में गूँज उठती थी। किन्तु अब वह बात न थी। जयकारें होती थीं पर अब उनमें वह गर्मी न थीं। महाप्रभु जी की गद्दी के टीकैत अधिकारी पुरुषोत्तम जी नियमित रूप से सेवा करते थे, सब उत्सवादि भी पहले के समान होते थे, फिर भी लोगों के मनों में पहले जैसी रौनक न थी। परासौली के राधाचरण चौबे अपनी असंगत मौजों में चाहे और किसी समय न आ सकें पर राजभोग और शयन आरती के दर्शन करने अवश्य आते थे। गोस्वामी विट्ठलनाथ के आदेश से उनकी पत्तल में पंचगुना प्रसाद परोसा जाता था। गोस्वामी जी कभी-कभी उनसे छेड़छाड़ भी कर लिया करते थे। चौबेजी की दृष्टि में केवल दो ही व्यक्ति उनसे बड़े थे, एक महाप्रभुजी दूसरे कुम्भनदास। इसमें भी कुम्भनदास जी क्षत्रिय होने के कारण उनके आशीर्वाद के पात्र थे। स्वयं आयु में छोटे होते हुए भी गाँव के होने के कारण सूरदास जी भी उनके लिए 'करह के छोरा' ही थे। केवल विट्ठल जी के सम्बन्ध में ही उनका यह भाव-भीना उत्तर होता कि "आप तो साक्षात् गोवर्द्धनधर हैं, बड़े या छोटे होने का प्रश्न ही नहीं उठता।" वह राधाचरण चौबे एक दिन शृंगार आरती के समय ही आ धमके। दर्शन किए, आरती ली। तभी गंगाबाई पर नजर पड़ गई। बस, चौबेजी की भाँग तड़क गई—"जे आई राँड की पूतना। नरक कौ द्वारो!"

कृष्णदास को तीखी चुभी, फिर भी संयत स्वर में कहा, "श्री ठाकुर जी के आगाड़ी काइ को कुबचन..."

"जे श्री ठाकुर जी हैं? पाथर है पाथर। श्री ठाकुर जी तो परासौली में विराजमान हैं।"

सुनकर भीड़ सन्न। केवल सूरदास जी ही अछूते मन से अपने कीर्तन कर्त्तव्य का पालन कर रहे थे—"करत शृंगार मैया मन भावत।"

"काल तैं पर्वत पै न चढ़ियो। हौं श्रीठाकुर जी कौ अपमान सहन नाँय करूँगो।" अधिकारी जी ने ताव में आकर आदेश दिया।

उस दिन से राधाचरण चौबे ने पर्वत पर चढ़ना ही छोड़ दिया। वे विट्ठलनाथ

जी के दर्शन करने जाने लगे। और भी अनेक भक्तजन श्रीजी के दर्शन करके एक बार परासौली में गुसाईं जी को प्रणाम करने अवश्य आते थे।

कृष्णदास अधिकारी के लिए यह दिन बड़ी चिड़चिड़ाहट भरे थे, फिर भी चौबेजी के मुखर विद्रोह का इतना प्रभाव तो अवश्य पड़ा कि मन्दिर के प्रांगण में गंगाबाई के स्वच्छन्द बिहार पर अंकुश लग गया। मनचले कभी-कभी राह चलती गंगाबाई पर ऐसी फब्तियाँ कस देते थे कि बड़ी मुँहफट गंगाबाई भी खिसियाकर सबसे मुँह चुराने लगी।

कृष्णदास चारों ओर टीकैत गद्दीधर के लिए न्याय माँगते फिरते थे।

और विट्ठलनाथ यश-अपयश दुर्भाव आदि सबसे दूर अपनी अथाह वेदना की थाह लेने का धैर्य भरा साहस दिखला रहे थे। किसी ने दुःखी होकर उनके सामने कहा—"अधिकारी जी ने आपके दर्शन बन्द करा दिए यह महापाप किया है।"

"हरि हरि! ऐसा क्यों सोचते हो? श्रीजी तो अपने मन्दिर की खिड़की पर आकर मुझे नित्य दर्शन दे जाते हैं। वे मेरे साथ खेलने भी आते हैं।"

वल्लभ नन्दन की यह भाव-भरी बात सत्य-सी प्रचारित और प्रसारित हुई। कृष्णदास और चिढ़ उठे। एक दिन मन्दिर में ही प्रलाप कर उठे, ठाकुरजी की ओर मुख करके कहा—"मैंने तो गुसाईं जी के दर्शन बन्द किए हैं सो तुम बारी पै च्यौं। बैठे? आज मैं या बारी कौ चुनवाय दूँगो।"

उसी दिन कृष्णदास ने वह खिड़की ईंटों से चुनवा दी। परासौली से मन्दिर की यही एक खुली खिड़की दिखलाई देती थी। विट्ठलनाथ का भक्तमानस उसी की राह से अपने भगवान से मिल जाता था। मन सन्तप्त हुआ फिर भी हँसकर कहा—"एक बारी बन्द कर देने से हमारा मिलन भला रोक लेंगे अधिकारी जी। अब तो गगनचुम्बी दीवारें फलाँग-फलाँग कर हमारे मन मिला करेंगे।"

बात ने, क्षण ने प्रेरित किया, सूरदास जी गाने लगे—

"बिरह बिनु नाहिंन प्रीति की खोजी
लागे बिनु करौ कैसे आवै इन अँखियन में रोज॥"

"सूरदास जी आयु में आप मेरे पितृदेव के समकक्ष हैं, सिद्ध प्रेमयोगी हैं। अब यह विरह वेदना क्यों?"

"समाधि को नित्य नवोन्मेष चाहिए। सतत सच्चिदानन्द निर्झर में नहाते हुए श्यामसखा के तन की छींटें हमारे चित्तचन्द्र सरोवर में पड़ती ही रहें। स्फुरणबिन एक पलांश भी न बीते।"

"साधु!"

और अभी तो विरह काल चल रहा है। रासक्रीड़ा के अमृत क्षणों की अमिट स्मृतियाँ, मिलन के उकसावे की सुईयाँ चुभो-चुभोकर विरह के क्षणों को और भी बावला बना देती हैं।"

गोस्वामी विट्ठलनाथ जी अपनी बड़ी-बड़ी पैनी आँखों से सूरदास जी की बड़ी सफेद पुतलियों वाली निर्जीव आँखों को देख रहे थे। जड़ भी कितना चैतन्य होता है यह कोई सूरदास जी की आँखों में आँखें डालकर देखे। कितना बड़ा मूल्य देकर कृष्ण सान्निध्य पाया है इन्होंने। मैंने तो अभी कुछ भी नहीं सहा। प्रणम्य है इनका पुरुषार्थ। सोचकर गोस्वामी जी के कमलनयन श्रद्धाजल से छलछला उठे। आँखें उँगलियों से पोंछकर प्रसंग को बढ़ाते हुए बोले–"आपके भी राधा-मिलन सम्बन्धी प्रारम्भिक पद मैंने सेवकराम लिखिया से लिखवाए थे। कल रात्रि में उन्हें पढ़ रहा था। आप तो ऐसे चित्र आँकते हैं कि मानो प्रत्यक्ष देख रहे हों। कैसे देख लेते हैं।"

सूरदास जी खिलखिलाकर हँस पड़े। फिर संयत होकर कहा–"आप गुरु पुत्र, गुरु समान सर्वज्ञ हैं, फिर भी भोलेपन से प्रश्न किया सो निवेदन है कि मेरे अब दो नहीं द्वादश नेत्र हैं। दसों दिशाओं में ऊपर-नीचे एक साथ इच्छा मत देख लेता हूँ। भीतर का प्रकाश अद्‌भुत होता है गुसाईं।"

गोस्वामी जी चुप रहे, कुछ सोचते रहे, फिर कहा–"आप मुझ पर एक अनुग्रह करें। अब तक युगल रूप के जितने पद आपने रचे हों मुझे एक बार क्रम से सुनाने की कृपा करें।"

सूर गम्भीर हो गए, बोले, "मन की तरंग छबियों में इस समय विरह-प्रसंग के दृश्य ही अधिक आ रहे हैं।"

"वह तो आपके श्रीमुख से अब बराबर सुनता ही रहूँगा, किन्तु निवेदन है कि मुझे श्री राधाकृष्ण मिलन और केलि प्रसंगों के पद भी सुनाने की कृपा करें।"

ऐसे शब्द न कहें, गोसाईं। आप आयु में मुझसे छोटे हैं, परन्तु पद तो श्याम का है। आपकी इच्छा मेरे लिए आदेश है। भविष्य में कभी मुझसे इस प्रकार न कहें, यह प्रार्थना है। वैसे एक बात मैं निवेदन कर दूँ। मेरी राधा न वेद की है न पुराणों की। वह तो ठेठ रावल-बरसाने की है, ब्रज की राधा। मेरा रास गूजरगोपियों का रास है। मेरे रास का उद्‌घोष करने वाली यही इस गाँव की वाजनी शिलाएँ हैं। और सच पूछें तो वह मेवाड़ की ठेठ ब्रजांगना मीराबाई ऐसी चपल बिजली-सी आई कि क्या कहूँ। मुझे कुब्जा सखी कह-कह के छेड़-छेड़ में मन का शृंगार जगा गई वह बँसुरिया रानी," कहकर सूरदास हँसने लगे। फिर बोले, "मेरे मन में जब शृंगार रस पककर उदय हुआ तो आयु 60 को पार कर कुछ आगे ही निकल चुकी थी। खैर, आपकी आज्ञा है तो कल आपको नियमित रूप से सुनाऊँगा। मेरे वे पद मन्दिर के चोपड़े में तो टके नहीं, परन्तु गोपाल उन्हें लिख लेता है। उसको बिठलाकर क्रम से सुनाऊँगा।"

दूसरे दिन सवेरे एक तो सूरदास की बारी भी नहीं थी, परमानन्ददास की बारी थी, फिर भी उन्होंने मन्दिर में यह कहला दिया कि अभी चार दिन मेरी बारी न रखी जाए। श्रीगुसाईं जी की भजन सुनने की इच्छा है।

सुनकर अधिकारी जी सन्न रह गए। यह उन पर बहुत बड़ी चोट थी। सूरदास जी का दिव्य गायन श्रीनाथ जी के मन्दिर की ऐसी शोभा थी कि जिसे कभी अलग नहीं किया जा सकता था। कृष्णदास भीतर-ही-भीतर बौखला गए। सहसा उनके ध्यान में आगरे की एक सुमुखी वेश्या आ गई। दो-चार बार उसका गाना-नाच देख सुन चुके थे। कृष्णदास अधिकारी अपने राजपाट का चौकस प्रबन्ध करके घोड़ी कसवाकर आगरे जा पहुँचे। वेश्या और उसकी माँ को दस मुद्राएँ बयाने की देकर पटाया और मथुरा से आवश्यक सामग्री खरीदकर सबको लादकर गोवर्द्धन ले आए।

दूसरे दिन अधिकारी जी ने बड़े ठाट से सूरदास के अभाव को अति सुन्दर सुरदासी से भर देने की घोषणा की। चारों ओर बड़ी चर्चा हुई। जिस दिन सूरदास जी की बारी आने वाली थी उसके एक दिन पहले एक पहर रात गए कृष्णदास वेश्या के डेरे पर गए। उसका नाच-गाना देखा-सुना और बहुत रीझते रहे। सौ रुपए उसकी अम्मा को दिए। सुमुखी वेश्या से कहा—"तेरौ रूप हू आछौ, गानह आछौ और नृत्य हू आछौ है। परि हमारौ मन तेरे लावनी-टप्पान पै न रीझैगो। ताते मैं जो कहूँ सो गाइयो।

कृष्णदास अधिकारी जी ने उसे पूरबी राग में एक पद रचना करके दी—

"मो मन गिरधर छवि पै अटक्यो।"

सवेरे जब दर्शन होने लगे तो परमानन्ददास, कुम्भनदास आदि किसी भी कीर्तनिए को भीतर न जाने दिया। वेश्या को उसके सामान सहित मणि कोठे में ले गए। वेश्या ने नृत्य किया और गाने भी लगी। पर यह विचित्र संयोग ही था कि 'अटक्यो' शब्द को गाकर, उसे दुहरा-तिहराकर भाव बतलाते समय ही गायक का कण्ठ भी अटक गया और प्राण भी अटक गए। मन्दिर में वेश्या की मृत्यु हो गई। एक ओर जहाँ उक्त वेश्या के पूर्व जन्मों की पुण्य चर्चाएँ होने लगीं वहीं दूसरी ओर यह भी कहा जाने लगा कि भगवान गोवर्द्धननाथ जी अपने मणि कोठे में केवल भगवदीय जनों का कीर्तन ही सुनना पसन्द करते है। लोकरंजिका प्रभुरंजिका कदापि नहीं हो सकती।

उधर परासौली में श्याम-राधा मिलन के प्रसंग सूरवाणी में रस बरसा रहे थे। श्याम और राधा एक-दूसरे का नाम जान चुके थे। बहाने-बहाने से श्याम एक दिन उन्हें अपने घर ले जाकर यशोदा माता से मिलवा चुके थे। मैया यह भी कह चुकी थी—जाओ, राधा के संग खेला करो। और फिर क्रमशः यौवन की चेतना पाने पर रीझते हुए किशोर-किशोरी की अँखियाँ चोरी-चोरी लड़ना भी सीख गईं राधा घर से अपनी गायें दुहने का बहाना करके सखियों के संग दोहनी लेकर निकलती हैं और वहाँ जाती हैं जहाँ हलधर के भैया नन्दलाला बैठे हैं। चार आँखें आपस में टकराती हैं। आनन्द की फुलझड़ियाँ टूट पड़ती हैं। होठों पर बरबस हँसी आ जाती है। आँखों में एक-दूसरे को प्रेमदान देने की होड़ लग गई है। बार-बार मिलकर भी वे नहीं अघातीं और हर बार जब मिलती हैं, तो एक नई आनन्दोर्मि लहराती है। बाहों में

बाहें डाले दोनों ब्रजधाम में विचरण करते हैं। मिलन के बहाने बनाए जाते हैं, "धौरी मेरी गाय बियानी।" चतुराई करके वहाँ गए जहाँ गाय नहीं बछरा नहीं, केवल वहाँ हैं राधारानी। दोनों चल रहे हैं, पानी बरसता है, राधा कहती है–अपने कंधे का कम्बल मुझे दे दो, मैं तान लूँ। राधारानी अपनी मोतीमाला कृष्ण के पास भूल आती हैं। उनकी माता बहुत नाराज होती हैं। राधा बोली–अरे मेरी मोतीमाला कहाँ जाएगी। और मुझे याद भी आ गई कि कहाँ है। मैं अभी लेकर आती हूँ। जिनकी बाँहें एक-दूसरे के लिए अनमोल मालाएँ बन चुकी थीं वे मोतीमाला के बहाने एक बार और मिले। बार-बार मिलते हैं, पर श्रीकृष्ण को अब भी यह नहीं लगता कि राधा से वे अनेक बार मिल चुके हैं–

> यद्यपि नाथ विधु बदन बिलोकति,
> दासन कौ सुख पावति।
> मरि मरि लोचन रूप परम निधि, उर में आन दुरावति।
> विरह-विकल मति दृष्टि दुहुँ दिसि, रुचि साथा ज्यौं धावति।
> चितवत चकित रहति चित अन्तर
> नैन निमेश न लावति।...

भाव के चित-वैचित्र्य उत्पन्न करता हुआ मिलन रस अपनी पराकाष्ठा पर पहुँच रहा है।

परासौली के निवास में श्री विट्ठल सूरदास जी के राधागोपी विरह के पदों से अपनी प्रेम लक्षणा भक्ति को नवोन्मेष दिलाते हुए शक्ति की रसाश्रयी उपासना कर रहे थे। राजभोग दर्शन के उपरान्त बहुत से भक्तगण चूँकि परासौली आते थे, अतः उन्होंने दिन का विश्राम भी त्याग दिया था। कृष्णदास की निन्दा करने वालों से कहते–"कृष्णदास जी परम भक्त हैं और मेरे परम उपकारी भी हैं। वे जो कुछ भी कर रहे हैं, श्री नाथजी महाराज की इच्छा से ही कर रहे हैं।" प्रातःकाल का समय उनकी सेवा-पूजा और पठन-पाठन का था। तीसरे पहर सूरदासजी राधागोपी विरह के पद सुन-सुनकर नई प्रेरणाएँ प्राप्त करते थे। राधानाम श्री जयदेव के गीत गोविन्द में ही कदाचित् पहली बार आता है। स्वयं आन्ध्र के होने के कारण कृष्णप्रिया गोपी 'नप्पिनैन' की ओर भी उनका ध्यान जाता था। बंग देश के विद्वद्भक्त जन यही मानते हैं कि साक्षात् शक्तिस्वरूपिणी शस्यश्यामला बंगभूमि से ही राधाभाव प्रकट हुआ। दक्षिण की नप्पिनैन गोपी साक्षात् लक्ष्मी का अवतार हैं। किन्तु महात्मा सूरदास जी का मत है कि राधेरानी रावल बरसाने की ही हैं। ब्रज की बेटी हैं। यहाँ आदिकाल से गोप गूजरों की रासलीलाएँ होती हैं। स्त्री-पुरुष मुक्तभाव से मिलते हैं। राधाकृष्ण की कथा ब्रज की कथा है। गोस्वामी विट्ठलनाथ जी रात्रि के समय राधा तंत्र सिद्ध करते हैं। उनके ध्यान में समाधि-बिम्ब क्रमशः उभरने लगे हैं। गोकुल अष्टदल कमल के समान खिला हुआ है। जहाँ भगवान के समस्त भक्तगण वास करते हुए कान्ताभाव

से कान्त रूपी भगवान की उपासना करते हैं। मध्य में ध्वज वितान मण्डित माणिक्यमय मण्डप शोभा पा रहा है जिसके केन्द्रस्थल में नाना रत्न खचित दर्पण सदृश अष्टकोण योगपीठ है। सहस्र स्तम्भों और असंख्य तोरणावलियों से सुशोभित मण्डप में माणिक्यमय सिंहासन अष्टदल कमल है। श्री राधा-गोविन्द की युगल मूर्ति अपने भुवनमोहन सौन्दर्य से दिगदिगन्त को आलोकित कर रही है। कमल के अष्टदलों पर ललितादि सखियाँ अपने-अपने स्वभाव में अवस्थित हैं। गौर श्याम राधा गोविन्द की दिव्य और अदिव्य गुह्य लीला दृष्टि के अगोचार में अनुष्ठित हो रही है।

श्री विट्ठलनाथ को इस अभूतपूर्व अनुभूति से नई आस्था प्राप्त हुई। गोसाईं जी तन्त्र साधना सविधि समाप्त होने पर सीधे चन्द्रसरोवर की ओर गए।

बाल वेला थी। सूरदास जी भी सरोवर पर ही मिल गए। सूरदास जी ने कहा—"आज आप अकेले पधारे। सेवक कहाँ है?"

गोस्वामी जी ने कहा—"मेरे अन्तर में विराजमान हरिरूप पिताजी का आदेश है कि मैं अब गोकुल में ही रहूँ।" सूरदास जी क्षणभर खड़े रहे फिर कहा—"श्री आचार्य महाप्रभु के आदेश गहरे अर्थ भरे हैं। देशाधिपति आपके अनुकूल होंगे। लगता है कि अनुकूल समय आ गया है। विरह रूपी ज्येष्ठ बीत गया अब प्रभु का कृपा वर्षण होने ही वाला है।"

आषाढ़ शुक्ल द्वितीया का दिन। राजा बीरबल व्यवस्था के कार्य से गोकुल की ओर आए थे। स्वाभाविक रूप से उनकी इच्छा गोस्वामी विट्ठलनाथ से मिलने की हुई। सन्देश भेजा। पता चला कि गोस्वामी जी तो परासौली में हैं। यहाँ श्री गिरधर जी विराजमान हैं। राजा साहब नवनीतप्रिय भगवान के दर्शन करने के लिए पधारे। श्री गिरधरलाल जी से भी मिले। उन्होंने सब हाल बताया। राजा साहब के क्रोध का ठिकाना न था। उनकी आज्ञा से कृष्णदास अधिकारी बन्दी किए गए।

तहलका मच गया। बात परासौली भी पहुँची। गोस्वामी विट्ठलनाथ जी तड़प उठे। आँखें दुःख से भर आईं। कम्पित स्वर में कहा, "अधिकारी जी परम भगवदीय हैं। आचार्य महाप्रभु और श्रीजी महाराज के वे अनन्य सेवक हैं। जब तक वे नहीं मुक्त होंगे, मैं अन्न-जल गहण नहीं करूँगा।"

मथुरा से मुक्त होकर कृष्णदास सीधे परासौली आए। उनका मन अब निर्मल हो चुका था। अश्रुपूरित नेत्रों से वे गोस्वामी विट्ठलनाथ जी के चरणों में नत हो गए। विट्ठल जी ने उन्हें तुरन्त उठाकर अगने कलेजे रो लगा लिया और अनेक प्रकार से सांत्वना प्रदान की। राजा बीरबल, टोडरमल आदि बड़े-बड़े शासनाधिकारियों की इच्छा से पुष्टि सम्प्रदाय तथा श्रीनाथ जी के मन्दिर का समस्त भार गोस्वामी विट्ठलनाथ जी को सौंपा गया। पुष्टि सम्प्रदाय के इतिहास का एक नया अध्याय आरम्भ हो गया।

21

आचार्य पद पर आसीन होने के बाद गोस्वामी विट्ठल ने गुजरात, मध्य भारत और दक्षिण भारत की यात्राएँ करके बड़ा यश और द्रव्य अर्जित किया। जो कुछ लाए वह सब श्री ठाकुर जी के खजाने में जमा करा दिया। कुछ अवतारी पिता का पुण्य-प्रताप, कुछ अपनी भक्ति-शक्ति और पांडित्य का तेज, बड़े-बड़े धनाधीश, राजे-महाराजे गोस्वामी जी के भक्त हो गए थे। पिता और पुत्र में अन्तर केवल इतना ही था कि वे नंगे पाँव पैदल ही पृथ्वी-परिक्रमा करते थे और गोसाईं जी घोड़े पर आते-जाते थे। काशी में गंगा लाभ करने के कुछ समय पहले तक वे गृहस्थ होकर भी संन्यासीवत् जिए। इसी प्रकार गोस्वामीजी ने प्रतीक रूप में देह से समस्त राज-ऐश्वर्य भोगते हुए भी मन से संन्यासीवत् त्यागमय जीवन बिताया। अकबर बादशाह ने उन्हें गोकुलाधीश बना दिया था।

ऐश्वर्य के विस्तार के साथ-साथ मन्दिर में सेवा का विस्तार भी हो गया था। आठ दर्शनों के आठ कीर्तनिए नियुक्त हुए। वात्सल्य भाव के साथ-साथ माधुर्य भाव भी प्रतिष्ठित हुआ। नन्ददास, चतुर्भुजदास, छीतस्वामी और गोविन्द स्वामी की नियुक्ति से अष्टछाप अथवा अष्ट सखाओं की स्थापना हुई। सूरबाबा उनके सिरमौर बनाए गए। सूर के सन्त निष्काम मानस को इससे भी बड़ा संकोच था, पर क्या करें, "अष्ट गुसाईं करी मेरी अष्ट मध्ये छाप।"

नये युवा कीर्तनकार सूरबाबा के प्रति बहुत आकृष्ट थे। पुराणों में परमानन्द जी और कुम्भनदास जी प्रायः आते-जाते रहते थे। परन्तु इनमें भी नन्ददास का बाबा के प्रति अत्यन्त आत्मीय भाव था। वर्षों पहले जब पुष्टिमार्ग में दीक्षित हुए थे तभी से बाबा के पास आते थे। बीच में वर्षों अपने गाँव में भी रहे पर जब कभी आते तो बाबा के पास ऐसे ही आते जैसे बाहर से घर आकर बच्चा अपने बड़े की गोद में बैठ जाता है।

इधर छः वर्षों से मानसी गंगा के निकट ही रहते हैं। जैसे नित्य नियम से मन्दिर जाते हैं वैसे ही बाबा की कुटिया में भी। आते ही मोखे में रखी पिटारी से बस्ता निकालते हैं। जब से राधा-रानी की सेवा प्रतिष्ठित हुई है तब से गोपाल द्वारा लिखे गए बाबा के वे पद मन्दिर के कीर्तन चोपड़े में भी चढ़ने लगे थे। गोपाल जो कुछ लिखता है वह मन्दिर में जमा कर आता है। नन्ददास उसे पहले ही पढ़ जाते हैं। आज भी आए। गोपाल कुटी में न था और बाबा एक दीवार का टेका लिए बैठे अपने घुटने पर हल्की-हल्की थाप दे रहे थे। नन्ददास बड़े चुपके-चुपके आए और पिटारी वाले कोने की ओर बढ़े, पर बाबा को पता लग ही गया—"नन्ददास।"

"कुछ खाऊ खोजने आयौ हूँ बाबा।"

सूरदास जी हँसे, कहा, "भगवान ने तुझे क्या कुछ कम प्रतिभा प्रसाद दिया है रे, जो यहाँ मुँह मारने आता है।"

"कहा करूँ बाबा, आत्मा कूँ ऐसा दिव्य स्वाद भला और कहाँ ते पाऊँगो। पर आज तो बस्ते में कोरे कागद हैं। जान पड़े गोपाल मेरौ माखन चुराय ले गयौ।" बाबा खिलखिलाकर हँस पड़े।

"रघुनाथ जी के ब्याह में गोकुल नाँय जाओगो बाबा?"

"अब नब्बे-एक इकानबे वर्षों की आयु हुई पुत्र, गिरिराज की परिक्रमा ही करता रहूँ, मन्दिर की सीढ़ियों पर चढ़ने की शक्ति बनी रहे, यही बहुत है।"

"अरे अभी न तो तुम्हारौ एकऊ दाँत टूट्यौ ए और न कमर ही झुकी। चलो हू ऐसे हो कि देखकर हम जैसे जवान लजावें। जी करे है कि तुम्हारी आयु के नौ और एक कूँ आगे-पीछे कर दऊँ।"

बाबा हँसकर बोले, "उन्नीस वर्ष की आयु में तो मैं पहली बार मथुरा आया था।"

"बस तबहिं पे तौ नन्दलाल ने तुम्हारी आयु स्थिर करि रखी है। ऐसो वात्सल्य भाव, ऐसो माधुर्य रस कहा कोऊ बूढ़ो बखानि सके है?"

तभी गोपाल के साथ गौरवपूर्ण के एक जटा दाढ़ी-युक्त तेजस्वी सन्त हाथ में कमण्डलु लिए हुए एक अँगौछा पहने, दूसरा कंधे पर डाले कुटी में आए।

"सीताराम।"

"अरे तुलसी भैया, तुम कहाँ ते आय गए।" नन्ददास ने उठकर आगन्तुक के पैर छुए। तुलसीदास जी मुस्कुराए और सामने बैठे सूरदास जी को साष्टांग प्रणाम किया। नन्ददास जी चकित चितवन से तुलसीदास जी को देखते हुए एक बार उनसे लिपट गए। बाबा से कहा, "जे हमारे गुरु भाई पधारे है बाबा। काशी में शेष सनातन महाराज के चरनन ढिग बैठि के हम दोऊ पढ़े हैं।"

बाबा आनन्द में गा उठे—"ठुमुकि चलत रामचन्द्र बाजत पैजनियाँ।"

तुलसीदास गद्‌गद हो उठे, कहा—"आपके श्रीमुख से यह एक पंक्ति सुनकर कृतकृत्य हुआ। अयोध्या में मैंने आपके पद सुने थे।"

"अरे गोपाल, तुलसीदास जी के हृदय में विराजमान श्रीसीताराम जी तेरे घर पधारे हैं। इनका सत्कार करो।"

"आपके आगे मैं बालक हूँ महाराज।"

"भक्त का हृदय देखा जाता है, आयु नहीं। तुमने बड़े भावभरे पद रचे हैं।"

मार्गदर्शन आप ही ने किया। इस अवसाद-भरे देशकाल में प्रसन्न मुख प्रभु दर्शन तो सबसे पहले आपकी कृपा से मिले। मेरी अनेक रचनाओं में आपका प्रभाव स्पष्ट है।"

सूरदास जी शान्त भाव से सुनते रहे। नन्ददास ने पूछा, "अचानक इतै कैसे पधारे भैया?"

"यात्रा करते हुए ब्रज आया था। मथुरा में तुम्हारा पता लगाया तो कहा गया कि गोकुल में मिलेंगे। वहाँ गया तो जाना कि गोवर्द्धन में मानसी गंगा के निकट अथवा श्रीनाथ जी महाराज के मन्दिर में मिलोगे। मैंने सोचा तुम्हारे बहाने से नवनीत प्रिय भगवान के दर्शन बदे थे। अब श्रीनाथ जी के भी दर्शन लाभ होंगे। लौटकर गिरिराज की राह पकड़ी। मानसी गंगा में सुना कि तुम मन्दिर में हो, वहाँ जा ही रहा था कि गोपाल जी मिल गए। वे बोले, तुम मन्दिर से इधर ही आए हो, मैंने सोचा तुम्हारे बहाने मुझे भक्तिरस सिन्धु के दर्शन भी बदे हैं। पहले इनके चरणों में प्रणाम करूँ तब तुम्हारे साथ श्री गोवर्द्धननाथ जी के दर्शनार्थ जाऊँगा।"

गोपाल गोसाईं जी के भण्डार से प्रसाद लेकर आया। तुलसी प्रसाद ग्रहण करते हुए भी बाबा सूर की ओर ही बार-बार देख रहे थे। बाद में जब आज्ञा माँगी तो बाबा ने उनका हाथ पकड़ लिया और कहा, "बैठो-बैठो रामभक्त, पहले मेरे श्याम सखा का बखान करो फिर दर्शन करने जाना। अब तो तुम्हें शयन आरती के दर्शन ही हो सकेंगे।"

बाबा की आज्ञा शिरोधार्य कर श्री तुलसी ने गाया–

"देखि सखि हरि बदन इन्दु पर।
चिक्कन कुटिल अलक अवली छवि कहि न जाय शोभा अनूपवर।"

"धन्य हो, तुमसे भेंट करके बहुत सुखी हुआ भक्तवर। मेरे राम-श्याम तुम पर सदा यों ही कृपा वर्षण करते रहें और करेंगे, यह मेरा आशीर्वाद है।"

"अब मेरा भी बालहठ स्वीकार हो बाबा, श्रीमुख वाणी का प्रसाद मुझे भी मिले।"

गोधूलि का समय हो रहा था। सूर बाबा बातें करते हुए भी समय का ध्यान रख रहे थे। इकतारा उठा लिया, गोपाल ने कलम-दवात उठाई। सूरदास जी गाने लगे–

"देखन दै पिय बैरिनि पलकैं।
दिखत रूप नन्दनन्दन कौ बीच परैं मनु ब्रज की सलकैं।"

दिन बीत रहे थे। आठों याम श्याम को निरखते हुए सूर और श्याम में अन्तर न रहा था। ज्यों-ज्यों आयु बढ़ती जा रही थी त्यों-त्यों सूर कृष्ण के हेतु राधानुरक्त होते जा रहे थे। वह राधा के समान अपनी अस्मिता को श्याम रूप में ढाल रहे थे। ऐसे ही एक दिन ऐसा आया कि...मन भी अपने आगे अपनी भाव की गठरी न खोल सका। गठरी और भी भारी होती गई।

एक बार अकबर ने मथुरा में सूरदास जी को बुलाया था। भजन सुने और कहा कि कुछ माँगिए। बाबा बोले "अब मुझे फिर कभी न बुलाइएगा।"

श्रीनाथ जी के मन्दिर के पास गोपालपुर ग्राम में एक बनिये की दुकान थी। बड़ा मिठबोला, डण्डी मार के कम तौलने वाला, तिलक छाप से लैस और बड़ा बातूनी। एक दिन सूरबाबा जब ग्वाल आरती करके गोपालपुर आए तो बनिया बोला, "जैसिरी गोपाल जी की, बाबा, आओ तनक मेरी दुकान इ पबितर कर जाओ। सुन्यौ है पातिसाहि ने तुम से कछु माँगिबे कौ कही और तुमने नाहीं कर दीनी।"

"इसलिए मना किया कि उसे कभी प्रभु दर्शनों का सौभाग्य नहीं मिला। और इसीलिए तुम्हारी दुकान पर भी नहीं आऊँगा क्योंकि तुमने कभी दर्शन नहीं किए।"

"ऐसो कहा अपराध भयो है मोंते। हौं तो बैस्नवन कौ दास हूँ महाराज।"

"सच बोल, इतने निकट रहकर भी तैंने कभी श्रीजी महाराज के दर्शन किए हैं। ऊपर से सबके आगे झूठ बोलता है।"

बनिये कि यह आदत थी, सबेरे मंगला की आरती लेकर जो भी वैष्णव पहले नीचे आता उससे पूछता कि आज कौन-सा सिंगार हुआ है भगवान का।

जानकारी प्राप्त करके फिर हर आते हुए दर्शनार्थी से कहता कि आज भगवान का ऐसा श्रृंगार हुआ है, ऐसा हुआ है। लो मेरी दुकान से भोग के लिए बताशे तो लेते जाओ। बनिए की तिलकछाप मुद्रा और वैष्णवोचित मीठी बातों से लोग बड़े प्रभावित होते थे किन्तु बाबा को उसका रहस्य मालूम था। इसलिए जब उन्होंने कहा तो घबराकर दुकान से नीचे उतर आया और चरण छू, हाथ जोड़कर बोला, "बाबा, या बात तुम काहू के आगे मति कहियो।"

"तो तू इतना झूठ क्यों बोलता है रे? साठ वर्ष का हो गया, अब भी मन के किवाड़ नहीं खोले तैंने।"

"कहा कहूँ बाबा, जो हाट छाड़ि दरसन को जाऊँ तौ या गाहक फिरि जाँय औरन की हाट सौदो लैन लागैं; पाछे खाऊँ कहाँ ते? ऐसो कौऊ मानस हू मेरे कने नाँय जो जा समय दरसन के पट खुलै ता समै मोकों खबरि करि देय।"

"भैं तुझे खबर करूँगा। चलेगा?"

"अरे बाबा जरूर चलूँगो। मेरे मन में भी दरसन की भौत लागी है।"

बाबा फिर उत्थान के समय आए, कहा अब चलो।

बनिया सकुचाया, बोला "जा समै तो महाराज गाम के लोग सौदा लेने आवत हैं। जब भोग के दरसन होंय तो मोकूँ खबर करियो।"

बनिया नित्य इसी प्रकार कुछ-न-कुछ बहाने बना देता। परन्तु एक सौ चार बर्षों के बाबा सूरदास जी के मन आँगन में खेलने वाले श्याम बालहठ ठान चुके थे। एक दिन धमका कर बोले, "अच्छा तू नहीं चलेगा। तो मैं तेरी पोल खोल दूँगा। तेरे ऊपर दोहे कवित्त रच के तेरी निन्दा फैलाऊँगा।"

बनिया पाँव पड़कर बोला, "दोहा कवित्त न बनइयो बाबा। मैं हवाल चलूँ।"

बाद में गोसाईं जी ने हँसकर कहा, "सूरदास जी, इस साठ वर्ष के बूढ़े बैल को आपने खूब नाथा।" अष्टछाप के अन्य सखाओं ने सुना तो खूब आनन्द लिया।

कुछ ही महीनों बाद वैशाख शुक्ल पाँच का दिन आया। गोसाईं विट्ठलनाथ जी कुम्भनदास जी और सूरबाबा की जन्मतिथियों पर भगवान का विशेष श्रृंगार करते और उरत्सव मनाते थे।

चतुर्थी के दिन शयन आरती का प्रसाद ग्रहण करके अष्टसखा अपने-अपने

स्थानों को जाने के लिए मन्दिर से उतरे। बनिए ने सीधे का बड़ा भारी थाल सँजोकर पहले से ही तैयार कर रखा था। उसने गोपाल को आवाज़ देकर कहा, "कल्ल बाबा को जन्म दिना है, या ताईं मेरे दान के खीर-पुये ठाकुर जी कूँ समर्पियौ।"

"भला है, तेरी गठरी भी साथ ले जाऊँगा।"

नन्ददास हँसकर बोले, "अरे बाबा, बुढ़ाई में या कंजूस कौ बोझा लादि के कहाँ ले जाओगे?"

"इसने अपना हृदय धन अब ठाकुर जी को अर्पित कर दिया है, यह बोझ तो अब फूल-सा हल्का हो गया है पुत्र।"

रात में सोने से पहले गोस्वामी जी सूर कुटी में पधारे उस समय बाबा गोपाल को साथ लिए कुटी से बाहर निकल रहे थे।

"अरे गोसाईं, आप इस समय?"

"मन ने कहा आपके दर्शन कर आऊँ। कहाँ पधार रहे हैं इस समय?"

"इस भूलोक के ब्रजधाम में एक रात आपका रास और देख लूँ गुसाईं।"

सुनकर गोस्वामी जी को धक्का लगा, धीमे स्वर में पूछा, "कुछ संकेत दे रहे हैं?"

"कल मेरा नया जन्म होगा। जन्म के समय मुझे दर्शन देने अवश्य पधारें। जैसे आज अयाचित अनुग्रह किया वैसे ही मेरी याचना पर कल दर्शन देने की कृपा करें।"

गोस्वामी जी कुछ देर चुप रहे फिर अश्रुकंपित स्वर में कहा, "आपसे दूर कहाँ हूँ। आऊँगा।"

चन्द्र सरोवर। वैशाखी चाँदनी और बसन्ती बयार। उतरकर कुण्ड के जल से आचमन किया, सिर पर छींटे दिए और तट पर बनी बुर्जी में आकर बैठ गए। ऐसे क्षणों में गोपाल सदा दूर ही बैठता है।

सूरदास दिव्य दृष्टि से देखने लगे--आकाश पर देवगणों के रत्नजड़ित विमान ही विमान दिखाई दे रहे हैं। चतुर्थी का चन्द्रमा मानो उनकी आड़ से बचने के लिए ही सरोवर में उतर आया है। सरोवर के एक ओर गन्धर्व गण तरह-तरह के वाद्यों के यन्त्रों के साथ भगवान का निर्मल यशोगान कर रहे हैं। रास प्रारम्भ होता है। सोने के बीच में जैसे नीलमणि की शोभा होती है वैसे ही गोरी गोपियों के बीच श्याम सुहा रहे हैं। तरह-तरह की हस्त मुद्राएँ बनाकर भाव बतलाते हुए जब वे थिरक-थिरककर नाचती हैं तो देखते ही बनता है। गीत की तानों से अखिल विश्व गूँज रहा है। नृत्य में तेजी आ गई है। प्रत्येक गोपी को यह अनुभव हो रहा है कि कृष्ण उसी के साथ नाच रहे हैं। जैसे कोई बालक अपने ही प्रतिबिम्ब से खेल रहा हो। इसी प्रकार किशोर श्याम के साथ किशोरी राधिका उनसे अभिन्न होकर रासक्रीड़ा में मग्न है। सूरदास की टकटकी लग जाती है। बन्द आँखों में वह दिव्य युगल समा जाता है। परासौली की रासभूमि और सुर की चिद्भूमि एक हो जाती है।

भोर में वहीं से स्नान करके सीधे मन्दिर गए।

मंगला के दर्शन हुए। बाबा ने सदा की भाँति ही कीर्तन किया। फिर सूरदास जी के एक सौ पाँचवें जन्म दिन का उत्सव मनाया गया। कुम्भनदास जी के पुत्र चतुर्भुज, परमानन्द दास और नन्ददास ने अपनी अनेक पद रचनाएँ सुनाईं।

शृंगार के दर्शन होने लगे। गोसाईं जी सेवा में थे। ऐसा समय जगमोहन पर खड़े-खड़े गाते हुए सूरदास जी का स्वर आज उन्हें न सुनाई दिया। दर्शन के उपरान्त बाहर निकलकर उन्होंने पूछा, "सूरदास जी कहाँ हैं?"

एक सेवक ने कहा, "बाबा कौं तो आज मंगला के दर्शन करि कैं सबतें भगवत स्मरण करिकैं हमने परासौली की माऊँ जात देखे हते।"

'पुष्टिमार्ग का जहाज अब जाने वाला है।' गोस्वामी जी के मन में कल रात से बैठी शंका अब दृढ़ हो गई। भगवान की सेवा छोड़कर वे जा नहीं सकते थे परन्तु सेवकों को बार-बार परासौली तक दौड़ाया। सबसे यही सुना कि बाबा श्रीनाथजी की ध्वजा की ओर मुख करके चबूतरे पर अचेत पड़े हैं।

देखनेवालों को यह भ्रम होता था कि बाबा अचेत हैं किन्तु उनके हिए में चेतना का चौमुख दिया जल रहा था। सवेरे उत्सव के समय गोविन्द जब गा रहे थे तब बाबा को पहली बार यह अनुभव हुआ कि उनके पैरों के तलवे समसमा रहे हैं कुछ-कुछ निर्जीव से भी होने लगे हैं।

श्याम मन बोला, "अब उठो सूरज। बहुत दिन बैठ लिए यहाँ।"

"चलो, मैं तो तुम्हारे कहने की बाट ही तक रहा था श्याम। आज तो हमारी-तुम्हारी निकुंज लीला है।" कहते हुए मन की कली-कली खिल गई। गुसाईं जी नीचे विश्राम करने गए। सेवकों की भीड़ जहाँ-तहाँ बिखरने लगी। बाबा ने लाठी उठाई और पुकारा, "अरे गोपाल!"

"हाँ बाबा।"

"मुझे चन्द्रसरोवर ले चल।"

"राजभोग नहीं करेंगे बाबा।"

"अब दर्शन वहीं मिलेंगे।"

पैर भारी-भारी लग रहे थे, लगता था चला न जाएगा पर अपनी आयु के एक सौ पाँचवें वर्ष के नए दिन बाबा हार मानने को तैयार न थे। गोपाल उन्हें धीरे चलाना चाहता था किन्तु बाबा का बालहठ हिरण बनकर कुलाँचे भरना चाहता था। रास्ते में कल्पना आ रही है "स्यामहिं सुख दै राधिका निज धाम सिधारी।" गुनगुनाने लगे, फिर हाँफ गए। रास्ते में एक-दो बार पाँव लड़खड़ाए। गोपाल ने सम्हाल लिया। एक जगह बैठाकर पूछा, "आज तुम्हारी चाल कछु दुर्बल है बाबा। जी तो ठीक है तुम्हारो?"

"इतना स्वस्थ जीवन में किसी दिन भी नहीं रहा।" अपने पैरों की पिंडलियों पर हाथ फेरने लगे, पल-भर मौन रहे फिर उठने के लिए गोपाल के कंधे पर हाथ रखा। गोपाल ने सहारा देकर उठा दिया। बायाँ हाथ आगे फैलाकर लाठी माँगी।

चल पड़े...उनके साथ-साथ उनके व्यक्तित्व की कई छोड़ी, ओढ़ी केंचुलें भी लगी-लिपटी चल रही थीं।

बाबा के साथ अंधत्व की हीन भावना से पीड़ित सूरज है, श्याम सखा का लँगोटिया यार सूरज है। अंधत्व की हीनता को आडम्बरी महत्त्वों से मण्डित करने वाला शकुनिया और लोकप्रिय गायक सूर स्वामी भी है...फिर...गुरुकृपा से सूरश्याम हुआ, दास हुआ, राधा भाव से अनुरक्त है। उन्हें राधाश्याम रूप देखने की चाह है। अमा-पूर्णिमा एक होकर दर्शन दें और कुछ नहीं चाहिए।

''चन्द्रसरोवर आ गया रे?''

''हाँ बाबा। अरे, आज तो तिहारे पाँव बेर-बेर लड़खड़ाए हैं। कहा बात है?''

''आज श्याम मुझे अपने कंधों पर उठा ले जाने वाला है न इसीलिए मेरे पैरों को अभी से मुटमर्दी सवार हो रही है।''

महाप्रभु जी का निवास आ गया। द्वार पार किया। भीतर आए। भीतर की ड्यौढ़ी में बायें हाथ बाबा की कुटी है, दाहिनी ओर गुसाईं जी की बैठक। कुटी के पास छौंकरे के पेड़ तले एक छोटा-सा चबूतरा है। गोपाल उन्हें कुटी के भीतर ले जाने लगा किन्तु बाबा बोले; ''यहीं छौंकरे तले लेटूँगा।''

बाबा लेट गए। मुख गोवर्द्धनधर के मन्दिर की ध्वजा की ओर था। उधर से आते हुए कुंजबिहारी की पहली झलक देखने का अवसर मिलेगा।...अभी मिलकर तो आ रहे हैं और अभी फिर मिलने की उत्कंठा जाग पड़ी है। वह श्याम जो सूरज के चित्त चढ़ा, सूर स्वामी सूरदास के चित्त चढ़ा, जिसे ललिता भाव से भजा, उसे ही अब राधारानी के नेहभरे नयनों से अपलक देखते हैं। श्याम उनसे एकरस हो गया है। बस झीना आवरण दोनों के बीच में है, मिश्री-सी गोरी राधा कृष्ण कालिन्दी के जल में घुलकर मिठास तो बन चुकी हैं। पर अभी उसकी रेड़ियाँ दाँतों में करकराती हैं। देखो, कब आए श्याम और कब मिसरी सी मधुर राधा का एक-एक कण कृष्णमय हो जाए। सूर इस समय सूर नहीं 'श्रीराधा' हैं। प्रिय-मिलन की तैयारियों में दीर्घ जीवन का एक-एक क्षण अर्पित किया है। पिया मिलन के प्रिया ने अपना सुहाग कुंज ठीक से झाड़ा-बुहारा, लीपा-पोता और स्वच्छ स्वच्छ किया है। उसमें बदनवारे सजाई हैं, फूलों की लड़ियों और तोरणों से सुशोभित किया है, सुगन्धित पुष्प चुन-चुनकर सेज़ बिछाई है अपना सोलह सिंगार किया है और कुंज के बाहर दिया जलाकर बाट निहार रही हैं—आवें कुंजबिहारी नटनागर रसरूप...जिन्हें देखने के लिए चेतन-चपल नयन उतावले हो रहे हैं।

राजभोग की आरती कराके, अनोसर कराके गोसाईं जी परासौली के लिए चल दिए। साथ में वयोवृद्ध कुम्भनदास जी, उनके पुत्र चतुर्भुज, गोविन्द स्वामी और रामदास भीतरिया भी आए थे। कुछ पगध्वनियाँ सुनीं, बाबा ने सिर उठाकर पूछा, ''कौन आया है गोपाल?''

"गुसाईं जी महराज पधारे..."

"मुझे बैठा झट से।" निढाल शरीर में बिजली-सी तेजी आई पर अब सहारे बिना उठा नहीं जाता। गोसाईं जी ने हाथ पकड़कर कहा, "लेटे रहिए। कैसे हैं?"

तब तक गोपाल और चतुर्भुजदासजी ने सहारे से बाबा को बैठा दिया था। दोनों हाथ जोड़कर बोले, "चरण दे गुसाईं। उन्हें छूने की बाट ही देख रहा था।"

"मोकू छाँड़ि के जाय रये हौ सूरदास, या बात उचित नाँय। मों ते छोटे है के हूँ मोंते पहले..."

"खेलते हुए जिसका दाँव पहले लग जाय दाऊ। हः हः रिसाओ मत। तुम्हारे लिए व्यवस्था करके रखूँगा।"

गोपाल ने सुना और पहली बार उसके ध्यान में यह बात आई कि आज बाबा सदा के लिए उसे छोड़कर जा रहे हैं। बाबा के साथ-साथ रहते गोपाल युवा से अब वृद्ध हो गया है, उनकी छोटी-से-छोटी आवश्यकताओं को भी मुख की भाव-भंगिमाओं से पहचान जाता है। फिर भी यह अनुमान न कर सका कि थोड़ी ही देर में बाबा के बिना गोपाल के लिए ब्रज की कुंजें बैरिन बन जाएँगी। वह बाबा की पीठ को अपने कंधे की टेक दिए हुए था, अब फूट-फूटकर रोने लगा। बाबा ने झिड़का, "छिः रोता है?"

चतुर्भुजदास ने पूछा, "काका, तुमने बोहोत भगवद्‌यश वर्णन कियो है। सहस्रावधि पद रचे हैं, पर कछू श्री आचार्य जी महाप्रभुन कौ हू वर्णन..."

बात पूरी भी न हो पाई कि बाबा बोल उठे, "अब तक मैंने और किया ही क्या है। कुछ न्यारा देखता तो न्यारा कहता।"

"सूरदास जी इस समय आपके चित्त की वृत्ति कहाँ हैं?" गोसाईं जी ने पूछा।

"चित्त?...(गाने लगे) बलि बलि बलि हैं, कुँवरि राधिका नन्द-सुवन जासौं रति मानी।" कण्ठ थक गया। जिसने सहस्रावधि पद रचे हों, घड़ियों, पहरों गाया हो वह अब एक पंक्ति गाकर ही हाँफ गया। समय है हरि। भाव न थकें काया तो नश्वर है ही।

"एक प्रश्न और पूछूँ सूरदास जी, थके तो नहीं?"

"जिन्हें सचल श्रीकृष्ण माना उनके पूछने से थकूँगा भला?"

"आपके नेत्रों की वृत्ति इस समय कहाँ है?"

"हूँः। गोपाल मेरी तानपूरी उठा दे।"

"कष्ट न करें सूरदास जी।"

"कष्ट कहाँ गुसाईं, बतलाने में सुख है।"

तानपूरी आ गई। गोसाईं के आगमन से घर के सेवक भी घिर आए थे। भण्डार घर से बड़ा गोल तकिया भी आ गया था। टेक लगाकर बैठे। तानपूरी उठाई। एक घूँट जल गले में डाला। तार सुर में झनझना उठे। सूर ने खुलकर गाना प्रारम्भ किया—

"खंजन नैन रूप रस माते।" सूर में बसी राधा के नेत्रों की वृत्ति खंजन पक्षी के नेत्रों के समान ही चंचल हो रही है। गायक का स्वर खंजन के चंचल नेत्रों को तूलिका-सा चित्रित कर रहा है। सूर की आँखें भले ही अंधी हों पर अब वे राधे रानी के नयन हैं, अतिशय चारु और विमल। हाँ, प्रिय आगमन की प्रतीक्षा में पलक पिंजरे में इधर-से-उधर बेकली से चक्कर लगा रहे हैं, बड़े चंचल हैं। तेरे नैन बसे कहाँ हैं राधा सखी?...बसे तो पिया के पास हैं और यहाँ भी। यहाँ इस नाते से हैं कि प्रिय अभी आने वाले हैं। उन्हें देखने के लिए आँखों की पुतलियाँ कानों के पास तक दौड़ आती हैं, कानों में लटके ताटंक फलाँग कर धुर कोने तक देखने की उतावली में दौड़ रही हैं। "गुरुपद प्रतिष्ठित, गुरुरूप कृष्णरूप गोस्वामी, मैं बस तुम्हारे आने की बाट ही देख रहा था, नहीं तो यह प्राण-पक्षी अब तक कब का उड़ गया होता।"

शरीर की एक-एक नस नाड़ी से प्राण सिमट रहे हैं। उँगलियाँ तानपूरी बजाते-बजाते शिथिल पड़ गईं। बुझते दिए-सी स्वर की लौ बार-बार ऊँची उठती और फिर-फिर गिर जाती है। तिस पर भी बाबा ने अन्त तक गाया। सूर्यास्त के समय ढलते सूरज की रंगबिरंगी आभा फैल रही थी। तानपूरी हाथ से सरका दी, गोपाल ने तुरन्त उसे उठाकर अलग रख दिया।

"गोपाल! भगवान का चरणामृत मेरे कण्ठ में डाल।"

तुलसी चरणामृत कण्ठ में पड़ा। बाबा सीधे होकर बैठ गए। सबको हाथ जोड़े। मुख से अन्तिम शब्द निकले, "श्रीकृष्णः शरणं मम।"

प्राण कोकिला ब्रह्मरन्ध्र फोड़कर निकल गई। काया का पिंजरा सूना हो गया।

खबर फैलते देर न लगी। गोवर्द्धननाथ प्रभु गोचारण के बाद संध्या को घर तो लौटे पर ब्यारू न किया। सब कहते थे बड़े-बूढ़े के मरने का शौक क्या, पर सभी शोकाकुल थे। कुटी सूनी थी, महाप्रभु के आँगन द्वार भीड़ भरे होने पर भी सूर बिना सूने-सूने लग रहे थे।

शाम से ही ग्रामवासियों की भीड़ परासौली आने लगी। दूसरे दिन तो ऐसा लगा था कि सारा ब्रज ही बाबा के लिए उमड़ आया है। मथुरा तक से दर्शनार्थी आए थे। औरतों-मर्दों की टोलियाँ सूरदास की रचनाएँ गा रही थीं।

बिलोचिस्तान के रहवासी लाल जी सारस्वत गोस्वामी जी के पुत्रसम प्रिय शिष्य थे। परम सेवक। गोवर्द्धन से नित्य मथुरा जाकर ठाकुर जी के लिए कालिन्दी जल के दो घड़े भरकर लाते थे। गोसाईं जी ने उन्हें ही सूरदास की उत्तरक्रिया सम्पन्न करने की आज्ञा दी।

चन्दन चिता की लपटें ऊँची उठ रही थीं। मानो आज ही सूरदास ज्वाला की मीनारों पर चढ़कर पहली बार अपना ब्रजधाम देख रहे हों।

❑❑❑